유연한 소프트웨어를 만드는
설계 원칙

크리스 핸슨, 제럴드 제이 서스먼 **지음**
류광 옮김

유연한 소프트웨어를 만드는 설계 원칙

막다른 골목 없이 진화하는 시스템 개발하기

초판 1쇄 발행 2022년 3월 30일

지은이 크리스 핸슨, 제럴드 제이 서스먼 / **옮긴이** 류광 / **펴낸이** 김태헌
펴낸곳 한빛미디어(주) / **주소** 서울시 서대문구 연희로2길 62 한빛미디어(주) IT출판부
전화 02-325-5544 / **팩스** 02-336-7124
등록 1999년 6월 24일 제25100-2017-000058호 / **ISBN** 979-11-6224-540-8 93000

총괄 전정아 / **책임편집** 서현 / **기획** 이민혁 / **편집** 이민혁 / **교정** 오현숙
디자인 표지·내지 윤혜원 / **전산편집** 백지선
영업 김형진, 김진불, 조유미, 김선아 / **마케팅** 박상용, 송경석, 한종진, 이행은, 고광일, 성화정 / **제작** 박성우, 김정우

이 책에 대한 의견이나 오탈자 및 잘못된 내용에 대한 수정 정보는 한빛미디어(주)의 홈페이지나 아래 이메일로
알려주십시오. 잘못된 책은 구입하신 서점에서 교환해드립니다. 책값은 뒤표지에 표시되어 있습니다.

한빛미디어 홈페이지 www.hanbit.co.kr / **이메일** ask@hanbit.co.kr

지금 하지 않으면 할 수 없는 일이 있습니다.
책으로 펴내고 싶은 아이디어나 원고를 메일(writer@hanbit.co.kr)로 보내주세요.
한빛미디어(주)는 여러분의 소중한 경험과 지식을 기다리고 있습니다.

막다른 골목 없이
진화하는 시스템 개발하기

유연한 소프트웨어를 만드는

설계 원칙

크리스 핸슨, 제럴드 제이 서스먼 지음
류광 옮김

한빛미디어
Hanbit Media, Inc.

컴퓨터는 바이올린과 비슷하다. 바이올린 초보자가 먼저 음반을 재생한 다음에 스스로 바이올린을 켠다고 상상해 보자. 초보자는 자신의 바이올린 소리가 끔찍하다고 말할 것이다. 우리의 인본주의자(humanist)들과 대다수의 컴퓨터 과학자도 그렇게 주장한다. 그들을 컴퓨터 프로그램들이 특정한 목적에는 훌륭하지만, 유연하지 않다고 말한다. 바이올린도 타자기도 유연하지 않다─우리가 사용법을 익히기 전에는.

마빈 민스키, "Why Programming Is a Good Medium for Expressing Poorly-Understood and Sloppily-Formulated Ideas(프로그래밍이 잘 이해되지 않고 허술하게 정식화된 개념들을 표현하기에 좋은 매체인 이유)", *Design and Planning* (1967)

지은이 소개

지은이 **크리스 핸슨**Chris Hanson

크리스 핸슨은 데이테라Datera의 기술 직원이다. 여러 해 동안 MIT에서 지내면서 MIT/GNU 스킴 시스템의 주 저자로 일했다. 구글에서도 10년간 일했다.

지은이 **제럴드 제이 서스먼**Gerald Jay Sussman

제럴드 제이 서스먼은 MIT 전기공학부 파나소닉 교수(Panasonic Professor of Electrical Engineering)이다.

옮긴이 **류광**

25년 이상의 번역 경력을 가진 전문 번역가로, 『컴퓨터 프로그래밍의 예술』(The Art of Computer Programming) 시리즈와 『UNIX 고급 프로그래밍』(Advanced Programming in UNIX Environment) 제2판 및 제3판, 『인공지능: 현대적 접근방식』(Artificial Intelligence: A Modern Approach) 제3판 및 제4판, 『Game Programming Gems』 시리즈를 비롯해 80권 이상의 다양한 IT 전문서를 번역했다.

　개인 웹사이트 류광의 번역 이야기(http://occamsrazr.net)와 게임 개발 웹사이트 Gpg Study(http://gpgstudy.com)를 운영한다.

옮긴이의 말

'고전'으로 칭송되는 SICP(*Structure and Interpretation of Computer Programs*; 번역서『컴퓨터 프로그램의 구조와 해석』)의 저자 중 한 명인 제럴드 서스먼이 공저한 새 책의 번역을 제안받고 설레는 마음이 컸지만, 한편으로는 걱정스럽기도 했습니다. 무엇보다도, 소프트웨어 개발에서 유연성 향상을 주요 목표로 삼는 게 과연 좋은 일일까 하는 의문이 들었습니다. 예를 들어 유연성 향상 때문에 복잡성(complexity)이 증가할 수도 있습니다. 그러나 번역을 마친 지금의 생각은, 유연성 향상 때문에 생기는 복잡성의 상당 부분은 소프트웨어를 만들고 고치기 힘들게 하는 부정적인 요인이라기보다는, 유연성을 담보하는 '축중성'과 '중복성'(§1.3 참고)으로 작용하는 게 아닌가 하는 것입니다. 그리고 복잡성만큼이나 중요한 두 요인인 효율성(성능)과 정확성에도 유연성의 추구가 나쁜 영향을 줄 수 있는데, 이에 관해서는 §1.5 "유연성의 비용"이 답이 될 것입니다.

또 다른 걱정거리는 이 책의 예제 코드가 스킴Scheme이라는, 다수의 번역서 독자에게 생소한 프로그래밍 언어를 사용한다는 점입니다. SICP는 스킴 입문서 역할도 했다고 하는데, 이 책은 부록 A에서 스킴 문법을 간단하게만 소개할 뿐입니다. 이 책 같은 고급 개발서는 본문을 힌트로 코드를 파악하고 코드를 힌트로 본문을 파악하면서 전체적인 이해도를 차츰 높이는 '나선형 독서'가 필요한데, 스킴에 익숙하지 않다면 나선형 루프를 완성하기 어려울 것입니다. 책을 읽어 나가다가 스킴 자체가 학습에 걸림돌이 된다고 판단한다면, 과감하게 책을 덮고 스킴 공부에 시간을 투자하시길 권합니다.

그렇긴 하지만(그리고 이 책을 계기로 스킴의 세계에 푹 빠지는 것도 물론 좋은 일이지만) 이 책이 주창하는 '가산적 프로그래밍'(또는 첨가식 프로그래밍)을 실천하기 위해 자신의 주력 언어를 억지로 스킴으로 바꿀 필요까지는 없을 것입니다. 비록 스킴만큼 간결하고 자연스럽게 표현할 수 없다고 해도, 다른 현대적인 프로그래밍 언어로도 이 책에 나오는 여러 유연성 향상 기법(DSL, 조합, 패턴 부합, 전파, 통합 등등)을 구현할 수 있기 때문입니다. "이 예제를 내가 애용하는 언어로는 어떻게 구현할 수 있을까?"를 생각하면서 읽어 나가면 책을 완독하는 데 도움이 될 것입니다.

예제 코드와 관련해서 한 가지 덧붙이자면, 이 책은 흔히 볼 수 있는 튜토리얼 또는 '따라 하기'식 책이 아니라서 그 자체로는 실행이 안 되는 예제 코드들도 종종 등장함을 주의해야 합니다. 예를 들어 나중에 정의할 프로시저나 형식을 미리 사용하기도 하고, 본문에는 나오지 않고 '지원 소프트웨어'(부록 B 참고)에만 있는 프로그램 구성요소를 사용하는 경우도 있습니다. 본문의 예제 코드를 실제로 실행해 보려면 독자가 능동적으로 빈 구멍을 채워나가야 하는데, 소스 코드 파일들을 빠르게 검색하는 도구가 있으면 한결 편할 것입니다. 번역하면서 저는 GitHub 저장소 https://github.com/jeffhhk/SoftwareDesignForFlexibility를 활용했습니다.

번역하면서 "이걸 굳이 이렇게?"라는 의구심이 "와, 이게 되네!"라는 감탄으로 변하는 순간을 여러 번 겪은 것이 기억에 남습니다. 그런 순간들을 독자 여러분도 느낄 수 있도록 번역과 교정에 힘썼지만, 여전히 오역과 오타, 다듬어지지 않은 문장이 남아 있을 것입니다. 오탈자 및 오역 제보와 의견 교환을 위한 공간을 제 웹사이트의 https://occamsrazr.net/book/SD4Flex 페이지에 마련해 두었으니 많이 활용해 주세요.

끝으로, 전체 과정을 매끄럽고 합리적으로 진행해 주신 한빛미디어 이민혁 대리님과 차분하면서도 생동감 있는 디자인으로 책을 조판해 주신 백지선 실장님을 비롯해 이 책의 탄생에 관여한 모든 분께 감사 인사 드립니다. 그리고 이번에도 번역 원고를 꼼꼼히 검토하고 무수한 오타와 비문을 잡아낸 아내 오현숙에게 고맙고 사랑하는 마음을 전합니다.

재미있게 읽으시길!

— 옮긴이 류광

추천사

프로그램을 작성하다 보면 막다른 곳에 봉착할 때가 종종 있다. 그 이유는 문제의 일부 측면을 제대로 파악하지 못했기 때문일 수도 있지만, 프로그램 설계 초기에 내린 결정, 이를테면 데이터 구조 선택이나 코드 조직화 방식에 관한 결정이 알고 보니 너무 제한적이었으며, 지금 와서 되돌리기가 너무 어렵기 때문일 때가 훨씬 많다.

이 책은 유연성을 유지하는 구체적인 프로그램 조직화 전략들에 관한 하나의 '마스터 클래스 master class'◆이다. 다들 알고 있겠지만, 처리할 데이터를 담기 위해 별생각 없이 고정된 크기의 배열을 선언해 두면, 나중에 예상보다 더 긴 입력을 받아야 하거나 더 많은 개수의 레코드를 처리해야 할 필요가 생길 때 후회하게 된다. 보안 버그 중에는 고정 된 크기로 메모리 버퍼를 할당하고는 입력 데이터가 그 버퍼에 맞는 크기인지 점검하는 것을 까먹어서 생긴 것이 많다 (특히 인터넷 코드에서). 동적으로 할당된 저장소(C 스타일의 `malloc` 라이브러리가 제공한 것이든, 자동적인 쓰레기 수거기(garbage collector)가 제공한 것이든)는 고정 크기 배열보다 훨씬 복잡하지만 유연성은 훨씬 좋으며, 그래서 오류와 실수의 여지가 적다는(특히, 배열 참조 시 색인이 범위 안에 있는지를 항상 점검하는 프로그래밍 언어에서) 추가적인 장점도 있다. 이외에도 유연성에는 여러 가지 장점이 있다.

여러 초기 프로그래밍 언어 설계들은 하버드 아키텍처Harvard architecture라고 부르는 하드웨어 조직화 스타일을 반영한 하나의 설계 원리를 따랐다. 그 원리란, 코드와 데이터는 독립적인 존재로서 명확히 분리되며, 데이터를 주무르는(massage) 것이 코드의 임무라는 것이다. 그러나 코드와 데이터의 이런 유연하지 않은 분리는 프로그램 조직화에 심대한 제약이 되었다. 20세기가 끝나기 훨씬 전에 우리는 코드를 데이터처럼 취급하는 능력과 데이터를 코드처럼 취급하는 능력이 유용하다는 점을, 그리고 작은 코드 조각과 관련 데이터를 묶는 것이 코드와 데이터를 획일적인 조각들로 분리하는 것보다 유리하다는 점을 함수형 프로그래밍 언어(ML, 스킴, 하스켈 같은)와 객체 지향적 프로그래밍 언어(시뮬라, 스몰토크, C++, 자바 등)로부터 배웠

◆ 옮긴이 마스터 클래스는 특정 분야의 전문가가 해당 분야 학생들에게 한시적으로 제공하는 수업이다. '명인 강좌'라고 부르기도 한다.

다. 가장 유연한 종류의 데이터는, 수치나 문자 같은 '기본 데이터 항목'뿐만 아니라 함수 같은 실행 가능 코드에 대한 참조도 담을 수 있는 레코드 구조이다. 가장 강력한 종류의 코드는 적절한 양의 선별된 자료와 함께 묶인 다른 코드를 생성하는 코드이다. 그러한 묶음(번들)은 단지 '함수 포인터'가 아니라, 하나의 **클로저**closure(함수형 언어에서) 또는 **객체**(객체 지향적 언어에서)이다.

이 책에서 크리스 핸슨과 제리 서스먼은 앞 문단에서 언급한 기본적인 유연성 전략을 더욱 확장하는 일단의 기법을 제시한다. 이 기법들은 합해서 100년이 넘는 두 저자의 프로그래밍 경험에서 뽑은, 그리고 수십 년의 MIT 수업에서 개발하고 검증한 것이다. 꽉 막힌 보통의 함수 대신 "끝이 열려 있는(open-ended)" 일반적(generic) 함수를 사용하라. 함수를 작게 유지하라. 종종 함수가 할 수 있는 최선의 일은 다른 함수(선별된 데이터로 커스텀화된)를 돌려주는 것이다. 데이터를 코드처럼 다루는 데 주저하지 말라. 필요하다면, 여러분의 응용 프로그램 안에 새로운 내장 프로그래밍 언어를 만드는 수준까지 나아가게 될 수도 있다. (사실 스킴 언어 자체가 이런 관점에서 만들어진 것이다. 리스프의 한 방언(파생 언어)인 MacLisp는 완전히 일반적인 형태의 함수 클로저를 지원하지 않았기 때문, 제리와 나는 MacLisp를 이용해서 우리에게 필요한 종류의 함수 클로저를 지원하는 리스프의 또 다른 내장형 방언을 만들었다.) 기존 데이터 구조를, 원래의 데이터 구조를 포함하며 그 능력을 확장하는 좀 더 일반적인 데이터 구조로 대체하는 데 주저하지 말라. 어떤 데이터 항목이 입력이고 어떤 데이터 항목이 출력인지에 관한 섣부른 결정을 피하기 위해 자동 제약 전파를 활용하라.

이 책은 개괄서(survey)나 튜토리얼이 아니다. 앞에서 말했듯이 이것은 하나의 마스터 클래스이다. 각 장에서 여러분은 두 전문가가 고급 기법을 시연하는 모습을 보게 될 것이다. 두 저자는 작동하는 코드 조각을 점차 발전시켜 나가면서 주요 전략을 설명하며, 종종 피해야 할 함정을 알려 주거나 제한을 제거하기 위한 힌트를 제공한다. 여러분 스스로 데이터 구조를 확장해서, 또는 추가적인 코드를 작성해서 이 기법들을 직접 펼쳐 보여야 할 때를 위해, 더 나아가서는 저자들이 보여준 것 이상으로 여러분의 상상력과 창조력을 활용해야 할 때를 위해 열심히 공부하기 바란다. 이 책에 담긴 개념과 착안은 풍부하고 심오하다. 문장과 코드 둘 다 세심하게 읽고 파악한다면 큰 보상이 따를 것이다.

가이 L. 스틸 Jr.^{Guy L. Steele Jr.}

매사추세츠주 렉싱턴

2020년 8월

서문

우리 개발자들은, 기존 코드를 작성 당시에는 인식하지 못한 방식으로 사용할 수 있도록 변형하는 데 너무 많은 시간을 허비해왔다. 이는 끔찍한 시간 낭비이자 노력 낭비이다. 안타깝게도, 우리는 재사용할 수 있는 부품이 몇 개 없는, 아주 특화된 용도 하나로만 매우 잘 작동하는 코드를 작성해야 한다는 압박을 많이 받는다. 그렇지만 우리 저자들은 꼭 그래야 하는 것은 아니라고 생각한다.

설계자가 예측한, 좀 더 다양한 부류의 상황들에서 적절하게 행동하는 시스템을 구축하기란 어려운 일이다. 최고의 시스템은 진화 능력을 갖추고 있다. 그런 시스템들은 사소한 수정만으로도 새 상황에 적응한다. 그런 종류의 유연성을 갖춘 시스템을 설계하려면 어떻게 해야 할까?

기존 코드 기반(code base)을 수정하지 않고 그냥 새 코드를 더 작성하는 것만으로 프로그램에 새 기능을 추가할 수 있다면 좋을 것이다. 코드 기반을 특정한 몇 가지 조직화 원리를 이용해서 구축해 둔다면, 그리고 구축 과정에서 적절한 '훅hook'들을 코드 기반에 끼워 둔다면 그런 일이 가능할 때가 많다.

생체계(biological system; 생물학적 시스템)를 관찰하면 유연하고 진화하는 시스템을 만드는 방법에 관해 많은 것을 배울 수 있다. 원래는 기호적 인공지능을 지원하기 위해 개발된 기법들을, 프로그램을 비롯한 여러 공학적 시스템의 유연성과 적응성을 개선하는 방법으로도 볼 수 있다. 반면 컴퓨터 과학 분야에서는, 프로그램을 새로운 환경에서 사용하도록 고치기 쉬운 방식으로 시스템을 구축하는 데 오히려 방해되는 관행들이 흔하게 통용된다.

우리 저자들은 프로그램을 짜다가 막다른 골목에 갇히는, 그리고 거기서 벗어나기 위해 코드를 엄청나게 리팩터링한 경우가 많다. 그러다 보니, 원래의 설계에서는 생각하지 않았던 용도에 맞게 적응시킬 수 있는 대형 시스템을 구축하는 데 효과적인 전략들과 기법들을 식별하고, 격려하고, 시연하는 데 충분한 경험이 쌓였다. 이 책에서 우리 저자들은, 합해서 100년이 넘는 프로그래밍 경험에서 얻은 '열매' 중 일부를 공유하고자 한다.

이 책

이 책은 우리가 MIT에서 컴퓨터 프로그래밍을 가르치는 과정에서 개발된 것이다. 수년 전에 그 강좌를 시작할 때 우리의 의도는 인공지능 응용의 핵심부에 해당하는 프로그램을 작성하는 데 유용한 기법과 기술(수학적 기호 조작과 규칙 기반 시스템 등)을 학부 고학년과 대학원생에게 가르치는 것이었다. 우리는 수강생들이 그런 시스템들을 조합해서 더욱더 강력한 시스템을 구축할 수 있을 정도로 유연하게 시스템을 구축하게 되길 원했다. 또한 우리는 수강생들에게 의존성을 추적하는 방법과 의존성을 설명과 역추적 제어에 활용하는 방법을 가르치고자 했다.

그 강좌는 지금까지 성공적으로 진행되고 있지만, 초기에는 수업 내용을 우리가 생각하는 것만큼 잘 이해하지는 못했음이 드러났다. 그래서 우리는 도구들을 다듬고 개념들을 더욱 정교하게 만드는 데 큰 노력을 들였다. 이제는 이런 기법들이 단지 인공지능 응용 프로그램만을 위한 것이 아님을 알고 있다. 우리는 컴퓨터 언어 컴파일러나 통합 개발 환경 같은 복잡한 시스템을 구축하는 그 누구에게도 우리의 경험이 이로울 것이라고 믿는다. 이 책은 현재 우리의 수업에 쓰이는 강의 내용과 문제 집합을 기반으로 한다.

내용

이 책에는 한 학기 강좌에서 다룰 수 있는 것보다 훨씬 많은 내용이 들어 있다. 그래서 MIT 강좌에서는 이 책에서 몇몇 주제만 선택해서 수업을 진행한다. 제1장에서는 우리의 프로그래밍 철학을 소개한다. 여기서는 유연성을 자연과 공학이라는 좀 더 큰 맥락에서 살펴본다. 여기서 우리는 유연성이 효율성과 정확성만큼이나 중요한 문제라고 주장한다. 이후의 장들에서는 유연성을 위한 기법들을 소개하고 일단의 예제와 연습문제를 통해서 설명한다. 이는 이 책의 중요한 구성 원리이다.

제2장에서는 성장의 여지가 있는 시스템을 구축하기 위한, 보편적으로 적용할 수 있는 방법 몇 가지를 살펴본다. 유연한 시스템을 조직화하는 강력한 방법 하나는, DSL(영역 특화 언어)들을 조립해서 시스템을 구축하는 것이다. 제2장에서는 DSL 개발을 위한 기본 수단들을 개발한다. 짜맞춤(mix-and-match; 조합식) 부품들을 위주로 하위 시스템들을 조직화하는 방

법, 그런 하위 시스템들을 **조합자**(combinator)를 이용해서 유연하게 조립하는 방법, 부품들을 **래퍼**wrappers를 이용해서 일반화하는 방법, 문제 영역 모형(domain model)을 추상화해서 프로그램을 단순화하는 방법을 배우게 될 것이다.

제3장에서는 극도로 강력하지만 잠재적으로 위험한 유연성 기법인, 술어로 디스패치되는 **일반적 프로시저**(generic procedure)를 소개한다. 기존 산술 패키지를 기호 수식(기호적 대수 표현식)도 다룰 수 있도록 확장하는 것으로 출발해서, 데이터에 형식 태그를 적용해서 이러한 일반화의 효율성을 높이는 방법을 살펴보고, 간단하지만 확장하기 쉬운 어드벤처 게임의 설계를 예로 들어서 이러한 기법의 위력을 보여준다.

제4장에서는 기호적 **패턴 부합**(pattern matching)을 소개하고, 이를 이용해서 항 재작성(term-rewriting) 시스템을 구현한다. 제4장의 후반부에서는 **통합**(unification)을 이용해서 형식 추론(type inference)을 수월하게 구현하는 방법도 살펴본다. 그 과정에서 **역추적**(backtracking)의 필요성이 제기된다. 통합은 **부분 정보**(partial-information) 구조들을 표현하고 조합하는 기능의 위력이 처음으로 드러나는 지점이다. 제4장 끝에서는 패턴 부합 개념을 일반적인 그래프로 확장한다.

제5장에서는 **해석**(interpretation)과 **컴파일**(compilation)의 위력을 살펴본다. 우리는, 프로그래머라면 주어진 문제의 해법을 표현하는 데 더 적합한 언어를 위한 해석기(인터프리터)를 작성해서 현재 사용 중인 프로그래밍 언어의 제약을 벗어나는 방법을 알아 두어야 마땅하다고 믿는다. 제5장에서는 비결정론적 **amb** 연산자를 구현해서 역추적 검색을 해석기/컴파일러 시스템에 자연스럽게 통합하는 방법과 **후속**(continuation) 프로시저를 사용하는 방법도 살펴본다.

제6장에서는 **계층적 데이터**(layered data)와 **계층적 프로시저**(layered procedure)들로 시스템을 구축하는 방법을 살펴본다. 그런 시스템에서는 각 데이터 항목에 다양한 메타데이터를 **주해**(annotation)로 달 수 있다. 그러한 메타데이터가 바탕 데이터의 처리 자체에는 영향을 미치지 않으며, 바탕 데이터를 처리하는 코드는 그런 메타데이터를 참조하지 않으며 알지도 못

한다. 메타데이터는 개별 프로시저가 데이터와는 사실상 병렬적으로 처리한다. 이러한 기법을, 수치적 수량에 단위를 부여하는 시스템과 의존성 정보를 전달, 유지하는(그럼으로써 기본 출처에서 유도된 데이터의 기원을 파악할 수 있는) 시스템을 예로 들어서 살펴본다.

제6장의 기법들이 기반해서, 제7장에서는 컴퓨터 언어들의 표현식 지향적 패러다임에서 벗어나기 위한 **전파**(propagation) 개념을 소개한다. 전파에 기초한 설계는 여러 모듈이 연결된 배선도(wiring-diagram)에 비유된다. 이러한 설계에서는 다양한 출처에서 온 부분 정보를 유연하게 통합할 수 있다. 계층적 데이터를 이용해서 의존성을 추적하는 덕분에, 크고 복잡한 시스템의 검색 공간을 크게 줄여주는 **의존성 지향적 역추적**(dependency-directed backtracking)을 구현할 수 있다.

이 책을 다양한 종류의 고급 강좌에 사용할 수 있을 것이다. 제2장에서 소개한 조합자 개념과 제3장에서 소개한 일반적 프로시저는 그 이후의 모든 장에 쓰인다. 그러나 제4장의 패턴 언어 및 패턴 부합과 제5장의 평가자는 이후 장들에 쓰이지 않는다. 제5장의 내용 중 이후의 장들에 쓰이는 것은 §5.4와 §5.4.1에서 소개한 amb 뿐이다. 제6장의 계층화 개념은 일반적 프로시저 개념과 밀접한 관련이 있지만, 고유한 특성도 존재한다. 제6장에서 하나의 예제로 소개한, 계층화를 이용한 의존성 추적의 구현은 전파(제7장)의 필수 요소로 쓰인다. 제7장은 역추적 검색을 최적화하기 위해 의존성을 활용한다.

스킴

이 책의 예제 코드는 스킴Scheme으로 작성되었다. 스킴은 리스프의 일종으로, 함수형 언어 (functional language)에 아주 가까운 언어이다.◆ 스킴이 인기 있는 언어도 아니고 업계에서 널리 쓰이는 언어도 아니지만, 이 책의 목적에는 딱 맞다.[1]

....

◆ 옮긴이 원문은 "a mostly functional language"인데, mostly가 붙은 이유는 "순수한" 함수형 언어에는 없는(또는, 허용되지 않는) 기능들도 갖추고 있기 때문이다.

1 부록 B에서 스킴 언어의 특징과 문법을 간단하게나마 소개한다.

이 책의 목적은 프로그래밍 개념들을 제시하고 설명하는 것이다. 여러 가지 이유로, 스킴을 이용하면 그런 개념들을 보여주는 예제 코드를 다른 인기 있는 언어보다 더 짧고 간단하게 표현할 수 있다. 그리고 다른 언어로는 보여주기가 거의 불가능한 개념들도 있다.

리스프 계열이 아닌 언어들은 간단한 것을 표현할 때도 사전 '의식(ceremony)'이 많이 필요하다. 반면, 이 책의 예제 코드들에서 코드가 길어지는 유일한 원인은 우리 저자들이 계산 가능한 객체에 길고 서술적인 이름을 붙이길 좋아한다는 점뿐이다.

스킴의 문법은 극도로 단순하다. 스킴 코드는 그냥 구문 파스 트리를 자연스럽게 표현한 것일 뿐이라서 파싱이 아주 간단하다. 이 덕분에 해석기나 컴파일러, 수식 조작기처럼 프로그램 텍스트 자체를 다루는 프로그램을 손쉽게 작성할 수 있다.

스킴은 규범적인(normative) 언어라기보다는 관대한(permissive) 언어라는 점이 중요하다. 스킴에는 프로그래머가 "멍청한" 일을 하지 못하게 하는 제약이 없다. 덕분에 산술 연산자의 의미를 동적으로 변조하는 등의 강력한 기법이 가능하다. 좀 더 제한적인 규칙을 강제하는 언어로는 그런 일이 불가능하다.

스킴이 배정(assignment)을 허용하긴 하지만, 기본적으로 스킴은 함수형 프로그래밍을 권장한다. 스킴에는 정적 형식(static type)이 없다. 대신, 안전한 동적 저장소 할당과 쓰레기 수거(garbage collection)를 허용하는 아주 강력한 동적 형식 시스템이 있다. 사용자 프로그램은 포인터를 날조할 수 없으며, 아무 메모리 장소에나 접근할 수도 없다. 우리도, 정적 형식이 나쁜 것이라고는 생각하지 않는다. 정적 형식 시스템은 다양한 버그를 미연에 방지해 준다. 그리고 하스켈 비슷한 형식 시스템은 전략을 고찰하는 데 도움이 된다. 그러나 이 책의 목적에서, 정적 형식의 지적(intellectual) 부담은 잠재적으로 위험한 유연성 전략들을 고찰하는 데 방해가 된다.

스킴은 또한 다른 대부분의 언어에서는 찾아볼 수 없는, 실체화된(reified) 후속과 동적 바인딩 같은 특별한 기능들도 제공한다. 이런 기능들 덕분에 비결정론적 amb 같은 강력한 메커니즘을 스킴 자체로 직접(해석기나 컴파일러를 거치지 않고) 구현할 수 있다.

감사의 글

우리 수업을 들은 수많은 MIT 학생의 도움이 없었다면 이 책이 나오지 못했을 것이다. 학생들은 실제로 문제를 풀었으며, 우리의 잘못된 결정과 실수를 자주 지적해 주었다. 특히, 수년간 조교로 일한 학생들에게 감사한다. 마이클 블레어Michael Blair, 알렉세이 라둘Alexey Radul, 파벨 판체카Pavel Panchekha, 로버트 L. 매킨타이어Robert L. McIntyre, 라스 E. 존슨Lars E. Johnson, 엘리 데이비스Eli Davis, 미카 브로드스키Micah Brodsky, 마뉴샤케 무코Manushaqe Muco, 케니 첸Kenny Chen, 레일라니 헨드리나 길핀Leilani Hendrina Gilpin이 특히나 도움이 되었다.

이 책의 여러 개념은 동료들과 졸업생들의 도움으로 개발된 것이다. 리처드 스톨먼Richard Stallman, 존 도일Jon Doyle, 데이비드 매컬리스터David McAllester, 라민 자비Ramin Zabih, 요한드 클리어Johan de Kleer, 켄 포버스Ken Forbus, 제프 시스킨드Jeff Siskind는 우리가 의존성 지향적 역추적을 이해하는 데 도움을 주었다. 그리고 제7장의 전파에 대한 우리의 이해는 리처드 스톨먼, 가이 루이스 스틸 Jr.Guy Lewis Steele Jr., 알렉세이 라둘Alexey Radul과 수년간 일한 결과이다.

우리는 함수형 프로그래밍 공동체의, 특히 스킴 팀의 도움과 지원에 특별히 감사한다. 가이 스틸은 1970년대에 제럴드 제이 서스먼과 함께 스킴을 고안했으며, 거의 매년 우리 수업에서 초청 강연을 베풀었다. 아서 글레클러Arthur Gleckler, 기예르모 후안 로사스Guillermo Juan Rozas, 조 마셜Joe Marshall, 제임스 S. 밀러James S. Miller, 헨리 마냔 우Henry Manyan Wu는 MIT/GNU 스킴의 개발을 도왔다. 이 훌륭한 시스템의 주된 기여자는 테일러 캠벨Taylor Campbell과 맷 버콜즈Matt Birkholz이다. 우리는 또한 구획 변수와 통합을 이해하는 데 도움을 준 윌 버드Will Byrd와 마이클 밸런타인Michael Ballantyne에게도 감사한다.

제럴드 제이 서스먼과 함께 *Structure and Interpretation of Computer Programs*(컴퓨터 프로그램의 구조와 해석)를 공저한 핼 애빌슨Hal Abelson과 줄리 서스먼Julie Sussman은 이 책의 개념들과 착안들을 형성하는 데 도움을 주었다. 이 책은 여러모로 SICP의 고급 후속편이라 할 수 있다. 댄 프리드먼Dan Friedman과 그의 여러 훌륭한 학생들과 친구들은 프로그래밍에 대한 우리의 이해에 깊은 공헌을 했다. 우리는 윌리엄 케이헌William Kahan, 리처드 스톨먼Richard Stallman, 리처드 그린블랫Richard Greenblatt, 빌 고스퍼Bill Gosper., 톰 나이트Tom Knight 같은 위대한 마법사들과 프로그래밍의 예술(art of programming)에 관해 많은 대화를 나누었다. 여러 해 동안 잭 위즈덤Jack Wisdom과 함께 수학적 동역학(mathematical dynamics)을 연구한 경험은 이 책에서 다루는 여러 문제를 명확히 하는 데 도움이 되었다.

서스먼은 스승들의 기여에 특별한 감사의 뜻을 표하고자 한다. 이 책이 주되게 언급하는 인물은 마빈 민스키Marvin Minsky, 세이무어 패퍼트Seymour Papert, 제롬 레트빈Jerome Lettvin, 조엘 모지스Joel Moses, 폴 펜필드Paul Penfield., 에드워드 프레드킨Edward Fredkin이다. 그밖에, 민스키와 패퍼트를 함께 사사한 칼 휴잇Carl Hewitt, 데이비드 왈츠David Waltz., 패트릭 윈스턴Patrick Winston도 언급된다. 제프 시스킨드와 알렉세이 라둘은 아주 미묘한 버그 몇 가지를 지적하고 해결을 도왔다.

크리스는 구글과 데이테라Datera에서 일할 때 대규모 프로그래밍에 관해 아주 많은 것을 배웠다. 이 경험은 이 책의 여러 곳에 영향을 미쳤다. 아서 글레클러는 격주간 점심 식사에서 이 책에 관해 유용한 피드백을 제공했다. 마이크 솔즈베리Mike Salisbury는 구글의 정기 회합에서 이 책의 진척에 큰 관심을 보였다. 홍타오 후앙Hongtao Huang과 피유시 자나와드카Piyush Janawadkar는 이 책의 초안을 검토했다. 크리스에게 람다 논문들을 소개하고 이 책으로의 긴 여정을 시작하게 한 MIT 동창생 릭 듀크스Rick Dukes에게 특별한 감사의 마음을 전한다.

우리는 MIT 전기공학 및 컴퓨터과학 학부(Department of Electrical Engineering and Computer Science)와 MIT 컴퓨터과학 및 인공지능 연구실(Computer Science and Artificial Intelligence Laboratory, CSAIL)의 호의와 물적 지원에 감사한다. 우리는 석좌교수 자리를 통해서 제럴드 제이 서스먼을 지원한 파나소닉사(전 마쓰시타 전기공업사)에 감사한다. 크리스 핸슨도 이 저술 작업에서 CSAIL의, 그리고 이후에는 구글의 지원을 받았다.

PPA 학위를 지닌 줄리 서스먼은 이 책을 세심하게 읽고, 우리가 본문의 주요 부분들을 다시 저술하고 조직화할 수밖에 없었을 정도로 중요한 비평을 제공했다. 줄리는 또한 여러 해 동안 제럴드 제이 서스먼을 발전시키고 유지보수했다.

여러 해 동안 크리스의 배우자로 지내온 엘리자베스 비커스Elizabeth Vickers는 크리스와 두 자녀 앨런Alan과 에리카Erica에게 고무적이고 안정적인 환경을 제공했다. 엘리자베스는 또한 두 저자가 메인주에서 긴 작업 세션을 진행하는 동안 훌륭한 음식도 만들어 주었다. 앨런은 가끔이지만 열정적으로 초안을 검토해 주었다.

크리스 핸슨과 제럴드 제이 서스먼

CONTENTS

CONTENTS

제4장   패턴 부합

CONTENTS

제1장

자연과 설계의 유연성

어떤 특정한 작업을 아주 잘 수행하면서도 범용적인 메커니즘을 설계하기란 어려운 일이라서, 대부분의 공학적 시스템(engineered system)은 기본적으로 특정한 하나의 작업을 수행하도록 설계된다. 스크루드라이버 같은 범용 발명품은 드물고, 그런 만큼 대단히 중요하다. 디지털 컴퓨터는, 그 어떤 정보 처리 기계도 흉내(시뮬레이션) 낼 수 있는 범용 기계라는 점에서,[1] 이런 종류의 발명품 중에서도 획기적이다. 우리는 우리가 하고자 하는 어떤 구체적인 작업을 컴퓨터가 시뮬레이션하게 만들기 위해 소프트웨어를 작성한다.

우리 소프트웨어 개발자들은 특정한 작업을 아주 잘 수행하는, 과거의 공학적 실천의 확장으로서의 소프트웨어를 설계해 왔다. 개별 소프트웨어는 비교적 좁은 범위의 작업을 수행하도록 설계된다. 풀고자 하는 문제가 변하면 소프트웨어도 변해야 한다. 그렇지만, 문제가 조금만 바뀌어도 소프트웨어는 크게 바꾸어야 할 때가 많다. 소프트웨어의 설계가 너무 빡빡해서 유연성이 부족하다. 그래서 시스템이 우아하게 진화하지 못한다. 소프트웨어는 깨지기 쉬워서(brittle), 문제 영역(problem domain)이 변하면 설계를 완전히 새롭게 갈아치워야 한다.[2]

---

1 앨런 튜링[124]이 만능(보편) 기계의 존재를 발견한 것, 그리고 튜링 기계로 계산할 수 있는 함수들의 집합이 알론조 처치의 λ 산법[17, 18, 16]으로 표현할 수 있는 함수들의 집합과 동치일 뿐만 아니라 쿠르트 괴델[45]과 자크 에르브랑[55]의 일반 재귀 함수들의 집합과도 동치라는 사실이 밝혀진 것은 20세기의 가장 위대한 지적 성취에 속한다.

2 물론 훌륭한 예외도 몇 가지가 있다. 예를 들어 확장성 있는 편집기인 이맥스Emacs[113]는 컴퓨팅 환경의 변화와 사용자 기대의 변화에 맞춰 우아하게 진화해 왔다. 컴퓨팅 세계가 Microsoft의 .Net이나 Sun의 자바 같은 공학적 '프레임워크'를 탐색하기 시작한 것은 그리 오래되지 않았다. 이런 프레임워크들은 진화 가능한 시스템을 지원하는 기반구조로 의도된 것이다.

그런 재설계는 시간과 비용이 많이 든다.

공학적 시스템이 꼭 깨지기 쉬워야 하는 것은 아니다. 인터넷은 하나의 작은 시스템에서 전 지구적 규모의 시스템으로 확장되었다. 도시들은 유기적으로 진화하면서 새로운 사업 모형과 생활 양식, 교통 및 통신 수단을 수용하고 제공한다. 사실, 생체계(biological system)들을 관찰하면 개체 수준에서나 진화 집단 수준에서나 환경의 변화에 적응(adaptation)하는 시스템을 구축하는 것이 불가능하지는 않음을 알 수 있다. 대부분의 소프트웨어를 우리가 그런 식으로 설계하고 구축하지 않는 이유는 무엇일까? 역사적인 이유도 있지만, 주된 이유는 일반적으로 그런 설계 방법을 우리가 알지 못하기 때문이다. 현재로서는, 어떤 시스템이 요구사항의 변화에도 강건하게 적응한다면 그냥 우연일 뿐이다.

가산적 프로그래밍

이 책에서 우리 저자들의 목표는, 요구사항의 변화에 수월하게 적응하도록 계산 시스템을 구축하는 방법을 살펴보는 것이다. 요구사항이 변해도 작동 중인 프로그램을 뜯어고칠 필요 없이, 그냥 새로운 기능을 구현한 코드를 추가하거나 기존 함수를 새로운 요구사항에 맞게 조정할 수 있어야 한다. 이런 프로그래밍 접근 방식을 우리는 **가산적 프로그래밍**(additive programming; 또는 첨가식 프로그래밍)이라고 부른다. 이 책의 기법들이 그러한 코드 추가의 정확성을 보장하지는 않는다. 추가 코드는 개별적으로 디버깅해야 한다. 그렇지만 추가 코드가 실수로 기존 기능성에 피해를 주어서는 안 된다.

이 책의 기법 중 다수는 새로운 것이 아니다. 일부는 컴퓨팅 초창기 시절까지 거슬러 올라간다! 또한, 필요한 모든 기법을 이 책이 제시하지도 않는다. 단지 우리 저자들이 유용하다고 판단한 몇 가지 기법을 소개할 뿐이다. 우리의 의도는 이 기법들을 사용해야 한다고 주장하는 것이 아니라, 유연성에 초점을 둔 사고방식을 권장하는 것이다.

가산적 프로그래밍이 가능하려면 프로그램의 작동 방식과 사용 방식에 관한 가정 (assumption)을 최소화해야 한다. 프로그램을 설계하고 구축하는 과정에서 세운 가정들은 프로그램의 향후 확장 가능성을 줄일 위험이 있다. 우리는 그런 가정들을 세우는 대신, 프로그램이 실행 환경에 기초해서 즉석에서 결정을 내릴 수 있도록 프로그램을 구축하고자 한다. 이런 종류의 설계를 지원하는 몇 가지 기법을 이 책에서 살펴볼 것이다.

여러 프로그램을 결합해서, 각 프로그램이 지원하는 행동들의 합집합을 얻는 것은 언제라도 가능하다. 그러나 우리는 전체가 부분의 합보다 크길 원한다. 즉, 시스템의 부품들이 연동함으로써 그 어떤 부품도 혼자서는 하지 못 하는 일을 시스템이 할 수 있게 만들고자 한다. 그러나 여기에는 절충(tradeoff)이 존재한다. 시스템 구축을 위해 결합하는 부품들은 반드시 관심사(concern)들을 명확하게 분리해야 한다. 한 가지 일을 극도로 잘 해내는 부품은 서로 무관한 여러 가지 기능을 결합한 부품보다 재사용하기 쉽고 디버깅하기도 쉽다. 시스템을 가산적으로 구축하려면, 의도치 않은 상호작용을 최소화하면서 부품들을 조합할 수 있어야 한다.

가산적 프로그래밍을 위해서는 시스템의 부품들을 최대한 간단하고 일반적으로 만들어야 한다. 예를 들어 풀고자 하는 문제에 꼭 필요한 것보다 더 넓은 범위의 입력을 받는 부품은 그렇지 않은 부품보다 쓸모가 더 크다. 그리고 한 부품군(family)에 속한 부품들을 표준화된 인터페이스 명세에 따라 만들면, 그 부품들을 이리저리 조합해서 아주 다양한 시스템을 만들어 낼 수 있다. 이때 중요한 것은, 부품군의 논의 영역(domain of discourse; 또는 담화 영역)을 식별하고 그 영역에 맞게 부품군을 구축함으로써 부품군의 정확한 추상 수준을 선택하는 것이다. 이런 요구사항에 관해서는 제2장에서부터 살펴본다.

유연성을 극대화하려면 한 부품의 출력 범위가 상당히 작고 잘 정의되어야 한다. 특히, 부품의 출력 범위는 그 출력을 받는 모든 부품의 입력 허용 범위보다 훨씬 작아야 한다. 이는 컴퓨터 시스템 관련 기초 강좌[126]의 학생들에게 우리가 가르치는 디지털 추상의 정적 규율(static discipline)에 대응되는 원칙이다. 디지털 추상의 핵심은, 출력이 항상 다음 단계의 허용 가능한 입력보다 좋아야 한다는 것이다(잡음을 억제할 수 있도록).

소프트웨어 공학에서는 이 원리를 인터넷 선구자 존 포스텔Jon Postel의 이름을 딴 '포스텔의 법칙(Postel's law)'으로 떠받든다. RFC760[97]에서 인터넷 프로토콜(IP)을 서술하면서 포스텔은 이렇게 썼다: "프로토콜의 구현은 반드시 견고해야(robust) 한다. 각 구현은 서로 다른 사람이 만든 다른 구현의 상호작용을 반드시 예상해야 한다. 이 명세서의 목표는 프로토콜을 명확하게 서술하는 것이지만, 그 구현들은 서로 다를 수 있다. 일반적으로 구현은 전송에서는 보수적이고(conservative) 수신에서는 관대하게(liberal) 행동한다." 이 원문을 요약한 "당신이 하는 일은 보수적으로, 다른 사람에게 받을 때는 관대하게"가 흔히 통용된다.

꼭 필요하다고 간주되는 것보다 더 일반적인 부품들을 사용하면 시스템 전체 구조에 어느 정도의 유연성이 추가된다. 그런 시스템은 요구사항의 교란(perturbation)을 견뎌낸다. 왜냐하면 시스템의 모든 구성요소가 교란된(잡음 섞인) 입력을 받아들이도록 설계되어 있기 때문이다.

특정 논의 영역을 위한 짜맞춤(mix-and-match) 부품들로 이루어진 부품군은 **영역 특화 언어**(domain-specific language)의 토대이다. 어려운 문제군을 공략하는 최고의 방법은 그 문제들의 해답을 손쉽게 표현할 수 있는 언어(기본 요소들과 그 조합 수단들, 추상화 수단들의 집합)를 만드는 것일 때가 많다. 따라서 우리에게는 필요에 따라 적절한 영역 특화 언어들을 선택하고 그런 언어들을 유연하게 조합하는 능력이 있어야 한다. 영역 특화 언어는 제2장에서부터 논의한다. 좀 더 강력하게는, 직접 평가를 이용해서 그런 언어들을 구현할 수 있다. 이런 착안은 제5장에서 좀 더 이야기한다.

유연성을 향상하는 전략 하나는 다수의 프로그래머에게 익숙한 **일반적 디스패치**(generic dispatch)이다. 이 개념은 제3장에서 자세히 살펴본다. 일반적 디스패치는 프로시저에 전달된 인수들의 세부 사항에 기초해 추가적인 처리부(handler)를 추가함으로써 프로시저의 적용 능력을 확장하는 데 유용할 때가 많다. 처리부(혹은 메서드)들이 반드시 서로 다른 인수 집합들에 반응해야 한다는 제약을 강제하면, 새 처리부를 추가해도 기존 프로그램이 망가지는 일을 피할 수 있다. 그러나 전형적인 객체 지향적 프로그래밍 문맥과는 달리 이 책에서 말하는 일반적 디스패치에는 클래스나 인스턴스, 상속 같은 개념들이 관여하지 않는다. 그런 개념들은 불필요한 존재론적 책무(ontological commitment)를 도입함으로써 관심사의 분리를 약하게 만들 뿐이다.

이와는 상당히 다른 전략 하나를 제6장에서 살펴보는데, 바로 데이터와 프로시저를 **계층화**(layering)하는 것이다. 이 전략은, 데이터에는 흔히 데이터와 함께 처리할 수 있는 연관 메타데이터metadata가 있다는 점을 활용한다. 예를 들어 수치 데이터에는 단위(unit)가 연관된다. 나중에 계층을 추가할 수 있는 유연성이 있으면 프로그램의 기존 코드를 전혀 수정하지 않고도 프로그램에 새로운 기능을 추가할 수 있음을 제6장에서 보게 될 것이다.

또한, 여러 **부분 정보**(partial information)의 출처들을 조합해서 좀 더 복잡한 해답을 산출하는 시스템을 구축하는 것도 가능하다. 이 전략은 서로 독립적인 정보 출처들이 부분 정보를 기여하는 상황에서 가장 강력해진다. 제4장에서 형식 추론(type inference)이 사실은 그냥 여러 부분 정보 출처를 조합하는 문제라는 점을 설명한다. 어떤 값의 형식을 지역적으로 연역할 수 있는 단서들(이를테면 수치 비교는 수치 입력을 요구하며 부울 출력을 산출한다는 점)을 다른 지역 형식 제약들과 조합함으로써 비지역 형식 제약들을 산출할 수 있다.

제7장에서는 부분 정보를 조합하는 또 다른 방법을 살펴본다. 가까운 별까지의 거리는 연주 시차(parallax)를 이용해서 기하학적으로 추정할 수 있다. 지구가 태양을 중심으로 공전함에 따라 배경 우주에 비해 별의 이미지가 조금 이동하는데, 그 각도를 측정해서 별까지의 거리를 추정하는 것이 가능하다. 별까지의 거리는 별의 밝기와 스펙트럼으로도 추정할 수 있는데, 이 때는 별의 구조와 진화에 관한 우리의 지식이 동원된다. 이런 추정치들을 조합함으로써 개별 기여들보다 더 정확한 추정치를 얻을 수 있다.

이와 짝을 이루는 착안은 **축중성**(degeneracy)◆의 활용이다. 축중성을 활용한다는 것은, 뭔가를 계산하는 방법을 여러 개 마련하고 그것들을 필요에 따라 조합하거나 변조하는 것을 말한다. 축중성은 오류 검출, 성능 관리, 침입 검출 등 여러 용도로 유용하게 쓰인다. 중요한 점은, 축중성은 가산적이기도 하다는 것이다. 결과에 기여하는 각 부품은 자기 완결적(self-contained)이라서 그 자신만으로 결과를 산출할 수 있다. 축중성의 흥미로운 용법 하나는, 한 가지 알고리즘을 여러 가지 방법으로 구현하고 문맥에 따라 적절한 구현을 선택하는 것이다. 이렇게 하면 구현이 어떻게 사용될 것인가에 대해 미리 가정을 둘 필요가 없다.

유연성을 위한 설계와 구축에는 명확한 비용이 따른다. 주어진 문제를 푸는 데 필요한 것보다 더 다양한 입력을 받을 수 있는 프로시저는 꼭 필요한 수준보다 코드가 길 뿐만 아니라 프로그래머가 고민하고 생각해야 할 것도 꼭 필요한 수준보다 많다. 일반적 디스패치, 계층화, 축중성 활용에도 메모리 공간, 계산 시간, 프로그래머 시간의 일정한 추가 부담이 따르게 된다. 그러나 소프트웨어의 주된 비용은 제품의 수명 동안 프로그래머가 소비하는 시간인데, 여기에는 제품을 유지보수하고 요구사항의 변화에 따라 적응시키는 시간도 포함된다. 따라서, 필요한 코드 재작성과 리팩터링이 최소가 되도록 소프트웨어를 설계하고 점진적인 추가로 제품의 수명을 관리하면 제품을 완전히 다시 작성할 때보다 전체적인 비용을 줄일 수 있다. 줄여서 말하면, 장기 비용은 승산적(multiplicative)이 아니라 가산적이다.

◆ 옮긴이 축중성은 생물학에서 비롯한 용어로, 퇴행성이라고도 한다. 축중성은 어떤 한 기능을 다수의 요소가 수행할 수 있는 성질을 말하는데, 예를 들어 DNA에서 특정 종류의 아미노산을 합성할 수 있는 코돈이 한 가지가 아니라 여러 가지인 것이 축중성이다.

1.1 계산과 건축

건축(architecture)의 비유를 이용하면 이 책에서 고찰하는 종류의 시스템을 이해하는 데 도움이 될 것이다. 건축가는 건물 부지의 성격과 건물 구조의 요구조건을 파악한 후 **파르티**parti라는 개념을 이용해서 설계 과정을 시작한다. 파르티는 설계의 조직 원리이다.[3] 일반적으로 파르티는 부품들을 기하학적으로 배치한 스케치의 형태를 띤다. 파르티에 추상적인 개념을 포함하기도 하는데, 이를테면 루이스 이저도어 칸Louis Isadore Kahn의 저서[130]에 나오는 '서비스받는 공간(served space)'과 '서비스하는 공간(servant space)'이 그런 개념의 예이다. 이러한 분할은 예를 들어 학교 건물에서 복도, 화장실, 기계실, 승강기 같은 기반구조 요소들과 연구실, 교실, 사무실 같은 서비스받는 공간을 분리함으로써 건축 설계 문제를 여러 조각으로 나누기 위한 것이다.

파르티는 하나의 모형(model)이지만, 일반적으로 완전히 작동 가능한 구조물은 아니다. 설계가 완성되려면 기능 요소들을 구체적으로 서술해야 한다. 계단과 승강기를 어떻게 끼워 넣을 것인가? 난방 및 공기 조절기(HVAC) 배관과 상하수도관, 전기 배선과 통신 시스템은 어떻게 배치할 것인가? 서비스 차량이 편하게 오갈 수 있도록 하려면 도로를 어떻게 배치해야 하는가? 이런 점들을 고려하다 보면 파르티 자체를 수정해야 할 수도 있다. 그래도 파르티는 여전히 상술(elaboration)을 만들어나갈 때 비계(scaffold)로 작용한다.

프로그래밍에서 파르티는 수행할 계산에 대한 추상적인 계획서에 해당한다. 소규모 시스템이라면 추상적인 알고리즘과 자료 구조를 서술한 문서가 파르티가 될 것이다. 더 큰 시스템에서는 계산 단계(phase)들의 추상적인 구성과 병렬 분기 구조가 파르티이다. 더욱더 큰 시스템이라면 기능들을 논리적으로(경우에 따라서는 물리적으로) 여러 로캘locale에 배정하는 문서가 파르티일 것이다.

예전부터 프로그래머들이 건축가처럼 설계하지는 못했다. 자바Java처럼 상세한 프로그래밍 언어로 만든 소프트웨어에서, 파르티는 상술들과 밀접하게 결합되어 있다. '서비스받는 공간', 즉 원하는 행동을 실제로 서술하는 표현식들이 형식 선언, 클래스 선언, 라이브러리 가져오기/

---

3 파르티는 건축의 핵심 개념이다. 파르티는 "전체로서 인식되는, 세부 사항은 나중에 채워 넣을 (건축적) 구성"[62]이다.

내보내기 같은 '서비스하는 공간'과 끔찍하게 뒤섞여 있는 것이다.[4] 리스프나 파이썬 같은 좀 더 여유 있는 언어들은 서비스하는 공간을 위한 여지가 거의 없으며, 프로그래머는 주어진 파르티의 미덕을 훼손한다는 이유로 선언(declaration)의 추가를 꺼린다(심지어 그런 추가가 권장되는 경우에도).

건축의 파르티는 분석과 비평에 사용할 수 있는 모형을 제작하는 데 충분할 정도로 상세해야 한다. 프로그램의 골격을 서술한 계획서는 분석과 비평에 적합해야 할 뿐만 아니라, 실험과 디버깅을 위해서는 실행이 가능해야 한다. 건축가가 건물을 실현하려면 파르티에 세부 사항을 채워 넣어야 하듯이, 계산 시스템을 실현하려면 프로그래머는 계획서를 구체화해야 한다. 이런 종류의 상술이 가능한 종류의 시스템을 구축하는 한 방법이 제6장에서 소개하는 계층화이다.

1.2 유연성을 위한 똑똑한 부품

대규모 시스템은 다수의 더 작은 구성요소(component)들로 구성된다. 각 구성요소는 어떠한 기능(function)에 개별적으로 기여할 수도 있고(그 기능의 한 부품을 제공함으로써) 또는 시스템 설계자가 해당 기능을 실현하기 위해 지정한 어떤 패턴에 따라 다른 구성요소와 연동해서 기능에 기여할 수도 있다. 시스템 공학의 핵심 문제는 구성요소들의 기능을 조합해서 복합적인 기능을 구축할 수 있도록 구성요소들을 연동하기 위한 인터페이스를 확립하는 것이다.

비교적 단순한 시스템에서는, 연동할 구성요소들의 구현자가 충족해야 할 여러 인터페이스를 시스템 설계자가 명시적으로 서술할 수도 있다. 일제로, 전자제품 산업의 엄청난 성공은 그런 명세서를 작성하고 충족하는 것이 현실적으로 가능하다는 사실에 기초한다. 고주파 아날로그 장비는 표준화된 임피던스 특성을 가진 동축 케이블과, 그리고 표준화된 일련의 커넥터들과 연결된다.[4] 전자제품의 세계에서는, 한 구성요소의 기능과 인터페이스 행동을 매개변수 몇 개만으로 명시할(specify) 수 있다.[60] 디지털 시스템에서는 상황이 더욱 명확하다. 신호의 의미에 대한 정적 명세(디지털 추상)와 신호의 타이밍에 대한 동적 명세[126]가 존재하며, 구성요

---

4 자바가 인터페이스를 지원하는 것은 사실이며, 인터페이스는 프로그램의 추상적 표현이므로 인터페이스를 파르티의 일종으로 간주할 수도 있다. 그러나 파르티는 추상적 요소와 구체적 요소를 모두 가지는 반면 자바의 인터페이스는 전적으로 추상이다. 또한, 많은 프로그래머가 인터페이스의 남용을 '코드 악취(code smell)'로 간주하는 것은 말할 필요도 없을 것이다.

소의 폼 팩터form factor에 대한 기계적 명세도 존재한다.[5]

안타깝지만, 시스템이 복잡해질수록 이런 식으로 모든 것을 미리 명시하는 것이 점점 더 어려워진다. 체스 프로그램을 만든다고 할 때, **적법한 게임을 두는**, 그러니까 체스 규칙을 철저히 따르는 프로그램의 명세를 만드는 것은 가능하겠지만, 체스를 잘 두는 프로그램의 명세를 만드는 것은 어려운 일이다. 우리가 만드는 소프트웨어 시스템은 다수의, 고도로 특화된 맞춤형 부품들로 구성된다. 구성요소의 개별 특성 때문에 소프트웨어 구성요소의 명시는 더욱더 어려워진다.

반면 생물학은 엄청나게 복잡한 시스템을 아주 큰 명세서 없이도 구축한다(생명체가 풀어야 하는 문제가 얼마나 복잡한지 생각해 보라!). 우리 몸의 모든 세포는 수정란 하나의 후손이다. 모든 세포는 그 수정란에서 물려받은 동일한 정보(ROM 약 1GB 분량)를 가지고 있다. 그런데도 우리 몸에는 피부세포, 신경세포, 근육세포 등 다양한 세포가 존재한다. 이 ROM 1GB 에는 엄청나게 많은 수의 고장 나기 쉬운 부품들로 엄청나게 복잡한 기계(사람)를 구축하는 방법이 명시되어 있다. ROM 1GB는 그런 기본 부품들의 작동 방법과 구성 방법을 명시한다. 또한, 복합적인 기계를 긴 수명 동안 다양한 적대적 조건에서 안정적으로 운영하는 방법과 기계를 먹어 치우려는 다른 기계들로부터 기계를 보호하는 방법도 명시한다.

소프트웨어 구성요소가 좀 더 단순하고 일반적이라면 명세도 더 간단할 것이다. 구성요소가 주변 환경에 스스로 적응할 수 있다면, 명세가 조금 부정확해도 큰 문제가 되지 않는다. 생체계는 이 두 전략을 모두 활용해서 안정적이고 복잡한 유기체를 구축한다. 소프트웨어 구성요소와의 차이점은, 생물 세포는 동적으로 구성이 가능하고 환경에 맞게 스스로 적응할 수 있다는 것이다. 이것이 가능한 이유는 세포가 환경에 맞게 분화(differentiation), 구체화되기 때문이다. 일반적으로 소프트웨어에는 그런 능력이 없기 때문에, 반드시 각 부품을 우리 프로그래머가 일일이 적응시켜야 한다. 생물은 어떻게 그렇게 작동하는 것일까?

---

5 *The TTL Data Book for Design Engineers*[123]는 성공적인 디지털 시스템 구성요소 명세서의 고전적인 예이다. TTL 은 내부적으로 일관된 중소규모 집적회로(IC) '부품군'들을 명시한다. 이 부품군들은 속도나 전력 소비량 같은 특성들에서는 차이가 나지만 기능은 동일하다. 명세서는 각 부품군의 정적 · 동적 특성들과 기능들, 부품의 물리적 패키징 특성을 서술한다. 부품군들은 내부적으로 일관될 뿐만 아니라, 각 기능이 각 부품군에 공통으로 존재한다는 점과 패키징과 서술 용어들도 동일하다는 점에서 부품군들 사이에서도 일관성이 있다. 이 덕분에 설계자는 먼저 복합 기능을 설계한 후 구현을 위해 특정 부품군을 선택하는 식으로 작업을 진행할 수 있다. 모든 좋은 공학자는(그리고 생물학자도!) TTL의 교훈에 익숙해야 할 것이다.

다른 예를 생각해 보자. 뇌의 여러 구성요소가 엄청나게 많은 수의 뉴런 다발과 연결되어 있음은 알려진 사실이다. 그런데 유전체(genome)에는 뉴런들의 연결 관계를 모두 세세하게 명시하는 정보가 없다. 뇌의 여러 부분이 중요한 경험을 공유한다는 사실을 생각할 때, 뇌의 여러 부분은 서로 연결하는 방법을 스스로 배워나갈 가능성이 크다.[6] 즉, 인터페이스들이 몇 가지 일관성 규칙과 환경에서 얻은 정보, 그리고 확장성 있는 탐색 행동에 기초해서 자신을 구성해 나간다고 봐야 할 것이다. 이 구성 과정은 부팅 비용이 상당이 크지만(번듯한 사람 행세를 하려면 몇 년이 걸린다), 오늘날 공학 제품들에서는 볼 수 없는 종류의 견고함을 제공한다.

한 가지 착안은, 생체계가 명령이 아니라 정보를 제공하는 문맥 신호(contextual signal)를 활용한다는 것이다.[7] 즉, 각 부품은 어떤 중앙 사령부에서 자신이 할 일을 명령받는 것이 아니라, 주변 환경에 기초해서 자신의 역할을 선택할 뿐이다. 세포의 행동 방식이 신호 자체에 부호화되어 있지는 않다. 행동 방식은 개별적으로 유전체에 표현되어 있다. 신호들의 조합은 특정 행동들을 활성화하고 그 밖의 행동은 비활성화한다. 이러한 약한 연결 관계 덕분에, 로캘을 정의하는 메커니즘을 수정하지 않고도 로캘에 따라 행동의 구현이 다양해질 수 있다. 정리하자면, 이런 식으로 조직화된 시스템은 다른 로캘들에 있는 하위 시스템의 행동을 변경하지 않고도 몇몇 로캘들에서 적응적 변화를 도모한다는 점에서 진화 능력을 가진다.

전통적으로 소프트웨어 시스템은 명령형 모형을 중심으로 구축된다. 그런 모형에는 제어의 위계구조(hierarchy)가 구조 자체에 내장되어 있다. 개별 부품은 그냥 주어진 명령을 따르기만 하는 멍청한(dumb) 행위자로 간주된다. 이런 모형은 모든 변경을 전체 제어 구조에 반영해야 하므로 적응이 아주 어렵다. 사회의 엄격한 권력 구조와 중앙집중적 명령이 가진 문제점을 우리 모두 잘 안다. 그러나 우리의 소프트웨어는 그런 결함 있는 모형을 따른다. 그보다는, 부품들을 좀 더 똑똑하게(smart) 만들고 각자가 자신을 스스로 책임지게 함으로써 적응을 촉진하는 것이 더 낫다. 그러면 뭔가가 바뀌었을 때 그 변화에 직접 영향을 받는 부품들만 변경하면 된다.

체제

모든 척추동물의 체제(body plan; 동물 몸의 기본 형식)는 본질적으로 동일하지만, 척추동

---

6 이러한 자기 구성 행동의 초보적인 버전을 제이컵 빌Jacob Beal이 석사학위 논문[9]에서 제시했다.
7 커슈너와 게어하트가 이 문제를 연구했다.[70]

물들의 세부 사항은 엄청나게 다양하다. 사실, 좌우 대칭인 모든 동물은 혹스 복합체(Hox complex) 유전자 같은 호메오복스homeobox 유전자를 공유한다. 그런 유전자는 동물의 발전 과정에서 근사적인 좌표계를 산출함으로써 동물들이 서로 다른 로캘들로 분리되어 진화하게 만든다.[8] 로캘은 세포의 분화를 위한 문맥을 제공한다. 그리고 이웃 세포와의 접촉에서 도출한 정보에서 추가적인 문맥이 산출되며, 그 문맥은 세포의 유전 프로그램에 있는 가능한 행동 중 특정한 행동을 선택하는 데 쓰인다.[9] 심지어는 구축 방법들도 공유된다. 연결된 샘(gland)이나 폐, 신장 같은 기관들의 발생(morphogenesis)은 단일한 발생학상의 요령에 기초하는데, 그것은 바로 상피세포를 중간엽에 함입해서 분화된 중간엽으로 둘러싸인, 갈라지고 끝이 막힌 관들의 미로를 마치 마법처럼 자동으로(automagically)[10] 만들어 내는 것이다.[11]

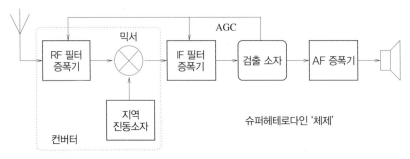

그림 1.1 슈퍼헤테로다인(고감도 수신 장치)의 구조. 1918년에 에드윈 암스트롱 소령이 고안한 이 설계는 지금도 라디오 수신기의 주된 '체제'이다.

좋은 설계는 모듈식(modular)이라는 점에서, 좋은 공학적 시스템도 이와 비슷한 특성을 가진다. 라디오 수신기의 설계를 생각해 보자. 지금까지 고안된 주요 라디오 수신기 '체

---

8 이 문장은 모르포젠morphogen 농도 기울기와 관련된 복잡한 과정을 아주 막연하게만 설명한 것임을 주의하자. 이 책이 생물학에 관한 책이 아니므로 여기서 더 자세한 설명을 덧붙일 생각은 없다. 우리는 단지 공학이 생물학에서 무엇을 배울 수 있는지를 이야기하고 싶을 뿐이다.

9 우리는 이런 종류의 전개와 관련된 몇 가지 프로그래밍 문제를 우리의 Amorphous Computing(비정형 컴퓨팅) 프로젝트[2]에서 조사한 바 있다.

10 Automagically: "Automatically, but in a way which, for some reason (typically because it is too complicated, or too ugly, or perhaps even too trivial), the speaker doesn't feel like explaining(자동으로, 그러나 어떤 이유로[주로는 너무 복잡하거나, 너무 추하거나, 어쩌면 너무 자명해서] 화자가 군이 설명할 생각이 없는 방식으로)." *The Hacker's Dictionary*[117, 101]

11 이런 종류의 메커니즘이 잘 연구된 사례는 쥐의 턱밑샘 형성이다. 이를테면 [11]의 서술이나 [7] §3.4.3의 요약을 보라.

제'로는 직접 변환(direct conversion), TRF(tuned radio frequency), 슈퍼헤테로다인 superheterodyne을 들 수 있다. 각 체제는 일련의 로캘(혹스 복합체 유전자의 공학 버전에 해당하는)들이 있는데, 이들은 안테나에서 출력 변환기에 이르기까지 시스템의 패턴을 형성한다. 예를 들어 슈퍼헤테로다인 수신기(그림 1.1)는 표준적인 일단의 로캘들로 구성된다(코에서 꼬리까지).

이 체제의 모듈들은 각자 다른 모듈들(진동 소자, 믹서, 필터, 증폭기 등)로 분해되며, 그런 모듈들 역시 개별 전자 부품 수준에 도달할 때까지 계속 분해된다. 또한, 각 모듈의 인스턴스화 방식이 여러 가지라는 점도 중요하다. 예를 들어 RF 부분을 그냥 필터 하나로 둘 수도 있고, 정교한 필터와 증폭기(amplifier)의 조합으로 만들 수도 있다. 실제로, 아날로그 TV 수신기에서 믹서 출력의 일부는 비디오 체인이 진폭 변조(AM) 방식으로 처리하는 반면 또 다른 일부는 음성 출력을 위해 주파수 변조(FM) 방식으로 처리된다. 그리고 컨버터 같은 부분들은 재귀적인 상술을 통해서(마치 혹스 복합체 유전자의 일부를 복제하듯이) 다중 변환 수신기를 구현할 수 있다.

생체계에서 이런 분할 구획(compartment) 구조는 유기체의 좀 더 높은 수준에서도 지원된다. 구획의 경계를 형성하는 데 특화된 세포 조직이 있는가 하면 구획들을 연결하는 데 특화된 관(tube)이 있다. 생물의 장기(organ)들은 그런 세포 조직으로 둘러싸이며, 관으로 연결된다. 그리고 그러한 구조 전체는 체강(coelom; 더 높은 수준의 유기체에 있는 특별한 세포 조직으로 구획되는 공간)에 들어맞게 꾸려진다.

소프트웨어에도 이와 비슷한 기법을 사용할 수 있다. 소프트웨어의 '체제'는 그냥 부분적으로 명시된 구성요소들을 조합하는 하나의 래퍼wrapper이다. 이 래퍼는 하위 부품들을 결합해서 더 큰 부품을 만드는 조합자(combinator)에 해당한다. 구성요소들과 그것들을 조합해서 만든 조합체(composite)가 모두 동일한 인터페이스 명세를 가지는 조합자 언어(combinator language)를 만드는 것도 가능한 일이다. 조합자 언어가 있으면 적은 수의 짜맞춤 구성요소들로 얼마든지 큰 조합체를 만들어 낼 수 있다. 구조에 자기 유사성(self-similarity)이 있으면 조합하기가 쉽다. 제2장에서 이런 조합자 기반 소프트웨어를 구축하기 시작한다. 이 주제는 이 책의 나머지 부분 전체에 등장한다.

영역 특화 언어로도 이와 비슷한 일을 할 수 있다. 문제 영역의 추상을 만들어 두면, 동일한 영역 독립적 추상을 서로 다른 여러 문제 영역에서 사용할 수 있다. 예를 들어 수치 적분기(numerical integrator)는 수치적 특성이 있는 그 어떤 영역에서도 유용하다. 또 다른 예는 제4장에서 다루는 패턴 부합(pattern matching)이다. 패턴 부합은 대단히 다양한 영역에 적용할 수 있다.

생물 메커니즘은 원칙적으로 각 구성요소가 임의의 다른 구성요소처럼 행동할 수 있다는 점에서 범용적(universal)이다. 그런 측면에서 아날로그 전자 부품은 범용적이 아니다. 그런 전자 부품은 국소 신호에 기초해서 주변 환경에 적응하지 않는다. 그렇지만 범용적인 전기 구축 블록은 존재한다(이를테면 아날로그 인터페이스가 있는 프로그래밍 가능 컴퓨터!).[12] 저주파 응용의 경우에는 그런 구축 블록들로 아날로그 시스템을 만들 수 있다. 만일 시스템의 다른 임의의 블록처럼 작동하는 데 필요한 모든 코드가 각 블록에 들어 있지만 각 블록이 이웃 블록과의 상호작용에 특화되어 있다면, 그리고 만일 패키지에 여분의 특화되지 않은 '줄기세포'들이 존재한다면, 스스로 구성하고 스스로 수리하는 아날로그 시스템을 만들 수도 있을 것이다. 그렇지만 아직 우리는 그런 부품들을 개별적으로 설계하고 구축할 뿐이다.

프로그래밍에는 범용 요소라는 개념이 존재한다. 바로 **평가자**(evaluator)이다. 평가자는 수행할 계산의 서술과 계산의 입력들을 받고, 만일 해당 계산을 실제로 구현한 구성요소에 입력들을 전달했다면 나왔을 출력을 산출한다. 계산에는 강력하고 유연한 배아 발달 전략을 추구할 가능성이 존재한다. 평가자 기술의 활용은 제5장에서 좀 더 자세하게 살펴본다.

1.3 중복성과 축중성

생체계들은 견고성(robustness; 또는 강건성)을 엄청나게 진화시켰다. 생체계의 한 가지 특징은 **중복성**(redundancy)이다. 간이나 콩팥 같은 장기는 중복성이 높다. 이들의 용량과 처리 능력은 실제로 필요한 것보다 훨씬 크다. 그래서 사람의 콩팥 하나 또는 간의 일부를 제거해도 신체 능력이 별로 떨어지지 않는다. 또한, 생체계는 **축중성**(degeneracy)도 높다. 즉, 주어진 요구사항을 충족하는 방법이 하나가 아니라 여러 가지이다.[13] 한 예로, 손가락 하나를 다쳐도 다른 손가락들을 적절히 움직여서 물체를 집을 수 있다. 또한 우리는 생명에 필요한 에너지를 아주 다양한 근원에서 얻는다. 우리 인간은 탄수화물과 지방, 단백질을 소화할 수 있다. 비

---

12 표트르 미트로시는 잠재적으로 범용적인 구축 블록들로부터 아날로그 회로를 만드는 혁신적인 설계 전략을 고안했다. [92]를 보라.

13 몇몇 극단적인 경우에서는 명확하지만, 생물학자들이 중복성과 축중성을 가르는 기준은 다소 희미하다. 좀 더 자세한 사항은 [32]를 보기 바란다.

록 소화와 에너지 추출 메커니즘은 영양소의 종류마다 상당히 다르지만 말이다.

유전 부호(genetic code) 자체가 축중적이다. 코돈codon(뉴클레오타이드 세 개의 순서쌍)에서 아미노산으로의 사상(mapping)은 일대일 사상이 아니다. 가능한 코돈은 64가지이지만, 그 코돈들이 명시하는 아미노산은 20가지뿐이다.[86, 54] 그래서 다수의 점 돌연변이(point mutation; 뉴클레오타이드 하나가 변하는 것)는 코딩 영역이 명시하는 단백질을 다른 것으로 바꾸지 않는다. 또한, 한 아미노산을 그와 비슷한 다른 아미노산으로 바꾸어도 해당 단백질의 생물학적 활동이 저하되지 않을 때가 상당히 많다. 이러한 축중성 덕분에, 표현형의 명백한 변화 없이 변형(variation)이 축적될 여지가 생긴다. 더 나아가서, 유전체가 복제될 때(그리 드문 일은 아니다) 원본과 약간 다른 복사본이 만들어질 수 있으며, 그러면 현재의 생활력에 피해를 주지 않고도 나중에 가치가 있을 만한 변형들이 발달할 여지가 생긴다. 또한, 복사본들이 다른 전사(transcriptional) 통제 속에 배치될 수도 있다.

축중성은 진화의 산물이다. 그리고 축중성은 진화를 가능하게 하는 요인임이 확실하다. 아마 축중성 자체가 자연선택에 의해 선택되었을 것이다. 축중성이 충분한 생물만이 환경의 변화에 적응해서 살아남았을 것이라는 점에서 말이다.[14] 어떤 필수 기능을 수행하는 메커니즘이 하나가 아니라 여러 가지이고 그 메커니즘들이 아주 다른 생물을 생각해 보자. 환경이(또는 요구 조건이) 변해서 필수 기능을 수행하는 메커니즘 하나가 무용지물이 되어도 그 생물은 계속 생존하고 번식할 수 있다(소프트웨어로 치면, 시스템은 계속해서 자신의 명세를 충족한다). 또한, 무용지물이 된 하위 시스템은 시스템 전체의 생명력에 피해를 주지 않고도 돌연변이(또는 수리)가 허용된다.

물리학의 이론적 구조도 축중성이 깊다. 예를 들어 고전 역학의 문제들은 여러 방향에서 접근할 수 있다. 뉴턴의 벡터 기반 동역학 정식화(formulation)가 있는가 하면 라그랑주와 해밀턴의 변분법(variation method) 기반 동역학 정식화들도 있다. 뉴턴의 방식과 변분법 방식들이 모두 적용되는 문제의 경우, 그중 어떤 것을 적용해도 동등한(equivalent)◆ 운동방정식이 나온다. 마찰력처럼 흩어지는 힘이 작용하는 동역학계를 분석할 때는 벡터 동역학이 효과적이다. 그런 종류의 계에는 변분법이 잘 맞지 않는다. 강체 제약이 있는 시스템을 다룰 때는

---

14 몇몇 컴퓨터 과학자가 시뮬레이션을 이용해서 진화 가능성의 진화를 연구한 바 있다.[3]

◆ 옮긴이 equivalent/equivalence는 문맥에 따라 동등, 동치, 동격, 등가, 등치 등으로 세분할 수 있으나, 이 번역서에서는 꼭 필요한 경우가 아니라면 구분 없이 '동등'을 사용하기로 한다.

라그랑주 동역학이 벡터 동역학보다 훨씬 낫다. 그리고 해밀턴 동역학은 정준변환(canonical transformation) 능력을 제공하기 때문에 위상 공간을 이용해서 계를 이해하는 데 도움이 된다. 라그랑주 정식화와 해밀턴 정식화는 대칭과 보존된 수량의 역할을 깊이 이해하는 데 유리하다. 하나의 동역학계를 세 가지 방식(서로 겹치는)으로 서술할 수 있으며 셋 모두를 적용할 수 있는 문제에 대해서는 셋 다 동등한 해를 제공한다는 사실은, 그 어떤 문제라도 다수의 공략 방법이 존재함을 말해준다.[121]

공학적 시스템에도 중복성이 존재하는 경우가 있다. 특히, 장애의 비용이 극히 큰 임계적 시스템(critical system)이 그렇다. 그렇지만 생체계에서 볼 수 있는 종류의 축중성을 의도적으로 공학적 시스템에 도입하는 경우는 거의 없다. 최적이 아닌 설계의 부수 효과로 축중성이 도입되는 예외가 있을 뿐이다.**15**

축중성은 시스템에 가치를 더할 수 있다. 중복성에서처럼, 우리는 축중적 계산들의 답들을 비교함으로써 시스템의 견고성을 향상할 수 있다. 그러나 축중적 계산들은 단순한 중복이 아니다. 그런 계산들은 서로 다르다. 이는, 한 계산의 버그가 다른 계산들에는 영향을 미칠 가능성이 작다는 뜻이다. 이런 특성은 신뢰성(reliability)뿐만 아니라 보안(security)에도 도움이 된다. 다수의 축중적 부품들을 모두 침해해야 공격이 성공할 것이기 때문이다.

축중적 부품들이 부분 정보를 산출한다고 할 때, 그런 정보를 조합한 결과가 임의의 한 부품의 결과보다 나을 수 있다. 이런 착안을 이용해서, 여러 위치 추정치를 조합해서 아주 정확한 결과를 뽑아내는 내비게이션 시스템들이 있다. 부분 정보의 조합이라는 개념은 제7장에서 살펴본다.

1.4 탐색 행동

생체계의 가장 강력한 견고성 메커니즘 하나는 탐색 행동(exploratory behavior)이다.**16** 탐색 행동은 바람직한 결과를 생성 및 판정(generate-and-test) 메커니즘(그림 1.2)으로 산

---

15 사실 공학적 시스템에 축중성을 도입하는 것에 반대하는 목소리도 많다. 예를 들어 프로그래밍 언어 파이썬이 추구하는 철학에 따르면, "그 일을 수행하는 명백한 방법이 하나는 있을 것이며, 단 하나면 더 좋다."[95]

16 커슈너와 게어하트의 책[70]은 이 논제를 꼼꼼하게 탐구한다.

출한다는 개념에 기초한다. 이런 조직화에서는, 생성기가 산출한 특정 결과('제안')를 받아들이거나 거부하는 판정 메커니즘들과는 독립적으로 작동하도록 생성기 메커니즘을 일반화하는 것이 가능하다.

예를 들어 세포의 형태를 유지하는 강체 골격(rigid skeleton)에서 중요한 구성요소 하나는 미세소관 배열(array of microtubules)이다. 각 미세소관은 다수의 단백질 조각들로 구성된다. 미세소관들은 살아있는 세포 안에서 끊임없이 만들어지고 파괴된다. 생성 시 이들은 모든 방향으로 자란다. 그러나 동원체(kinetochore)나 세포막의 다른 안정 성분(stabilizer)과 접촉한 미세소관만 안정화되므로, 형태의 유지는 그런 안정 성분들의 위치에 따라 결정된다.[71] 따라서 세포 형태의 성장과 유지 메커니즘은 그 형태를 명시하는 메커니즘과는 상대적으로 독립적이다. 복잡한 유기체에 있는 다양한 종류의 세포들의 형태를 부분적으로 결정하는 이러한 메커니즘은 동물계에서 거의 보편적으로 나타난다.

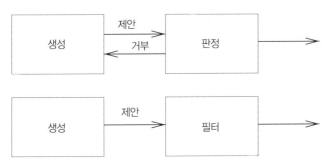

그림 1.2 탐색 행동은 두 가지 방식으로 달성할 수 있다. 한 방식에서는 생성기가 하나의 동작(또는 결과)을 제안하고, 판정기가 그것을 승인하거나 명시적으로 거부한다. 명시적으로 거부한 경우 생성기는 반드시 대안을 제안해야 한다. 다른 한 방식에서는 생성기가 모든 대안을 산출해서 필터에 보내고, 피드백은 받지 않는다. 필터는 제안된 대안 중 적절한 것(들)을 선택한다.

탐색 행동은 생체계의 거의 모든 세부 수준에서 나타난다. 발달 중인 배아의 신경계는 엄청나게 많은 뉴런을 생성하는데, 모든 뉴런이 성체가 될 때까지 유지되지는 않는다. 다른 뉴런들이나 감각기관, 근육에서 적절한 목표를 발견한 뉴런들만 살아남으며, 목표를 찾지 못한 뉴런들은 스스로 소멸한다. 손(hand)은 세포 소멸(프로그래밍된 세포의 죽음)에 의한 채움(padding) 및 삭제(deletion)와 손가락들 사이의 물질의 산물이다.[131] 뼈는 조골세포(osteoblast; 뼈를 생성한다)와 파골세포(osteoclast; 뼈를 파괴한다)에 의해 끊임없이 리모

델링된다. 뼈의 형태와 크기는 환경(근육, 인대, 힘줄, 다른 뼈 등 주어진 뼈와 연관된 부품들)에 따른 제약들로 결정된다.

생성기는 판정기가 자신의 제안을 평가하고 판정하는 방법을 알 필요가 없고 판정기는 생성기가 제안을 생성하는 방법을 알 필요가 없으므로, 두 부품은 각자 독립적으로 발달할 수 있다. 두 하위 시스템의 상보적인 진화 없이 각 하위 시스템이 개별적으로 진화할 수 있으므로 적응과 진화의 효율성이 높아진다. 그렇지만 이러한 격리는 비용 상승의 요인이 되기도 한다(제안이 거부되면 생성 비용이 무산되므로).[17]

사실 생성과 판정은 진화 전체의 은유이다. 생물 변동의 메커니즘은 무작위 돌연변이에 의한 유전 명령들의 수정이다. 대부분의 돌연변이는 적합도(fitness)에 직접 영향을 미치지는 않는다(시스템의 축중성 때문에)는 의미에서 중립적(neutral)이다. 자연선택은 판정 단계에 해당한다. 자연선택은 변동 메커니즘과는 무관하며, 변동 메커니즘은 선택의 효과를 예측하지 않는다.

이보다도 더 두드러진 현상이 있다. 바로, 가까운 종들의 성체에서 거의 동일한 구성요소들도, 배아 발달 단계에서는 서로 완전히 다른 메커니즘으로 구축된다는 것이다.[18] 멀리 떨어진 종들의 경우에는 공통 구조의 이러한 서로 다른 구축 메커니즘들이 '수렴 진화(convergent evolution) 때문이라고 설명할 수 있겠지만, 가까운 종들에서는 이런 현상을 세부 수준들의 분리(결과가 그 결과를 달성하는 방법과는 다소 독립적으로 명시되는)를 말해주는 증거로 보는 것이 좀 더 합당하다.

공학적 시스템도 이와 비슷한 구조를 지닐 수 있다. 우리는 명세와 구현의 분리를 추구한다. 명세를 충족하는 방법이 여러 가지일 때가 많으며, 설계 시 여러 구현 중 하나를 선택할 수 있다. 한 데이터 집합을 정렬하는 최상의 방법은 그 데이터 집합의 기대 크기에 의존하며, 요소를 비교하는 데 드는 계산 비용에도 의존한다. 다항식의 적절한 표현은 다항식이 희소한지 조밀한

---

17 충분한 정보를 제공해서 반드시 판정해야 할 후보들의 수를 빠르게 줄인다면 이러한 비용을 크게 낮출 수 있다. 이런 최적화의 아주 그럴듯한 예를 제7장에서 살펴볼 것이다.

18 병아리의 각막과 쥐의 각막은 거의 동일하지만, 해당 형태 형성 과정은 서로 전혀 다르다. 형성 사건들의 순서조차도 같지 않다. 바드의 책 [7]의 §3.6.1은 서로 다른 종들에서 같은 구조가 서로 다른 방법으로 생성되는 것이 흔한 일이라고 보고한다. 그는 몇 가지 사례를 인용하는데, 두드러진 사례는, 개구리의 한 종인 **가스트로테카 리오밤바**Gastrotheca riobambae는 원반 모양의 배아에서 통상적인 개구리 형태 형성 과정을 거치지만, 다른 개구리 종들은 공 모양의 배아에서 발달한다는 것이다(델 피노와 엘린슨의 [28]을 보라).

지에 달려 있다. 그렇지만, 그런 선택을 동적으로 내린다면(그런 시스템은 드물다), 선택은 결정론적이다. 하나의 문제를 동시에 여러 방식으로 풀고 그중 가장 먼저 수렴하는 것을 선택하는 시스템은 많지 않다(그 많은 CPU 코어는 어디다 쓰려는지?). 한 방법이 실패하면 다음 방법을 시도하는 식으로 여러 방법을 차례로 시도하는 시스템조차도 드물다. 제5장에서 자동 역추적을 언어에 집어넣는 방법을 배울 것이다. 그리고 제7장에서는 실패 사례들에서 최대한 많은 정보를 추출하는 의존성 지향 역추적 메커니즘을 구축하는 방법을 살펴본다.

1.5 유연성의 비용

리스프 프로그래머는 모든 것의 가치(value)를 알지만, 그 어떤 것의 비용(cost)도 알지 못한다.

앨런 펄리스(오스카 와일드의 말을 변형했음)

앞에서 우리는 일반적 디스패치, 계층화, 중복성, 축중성, 탐색 행동을 활용하는 시스템은 그 일반성과 진화 능력이 향상됨을 살펴보았다. 이런 요소들은 각자 따로 떼어놓고 보면 비용이 크다. 같은 결과를 내더라도, 광범위한 입력에 대해 작동하는 메커니즘은 특정 입력에 특화된 메커니즘보다 더 많은 일을 해야 한다. 중복성이 큰 메커니즘은 그와 기능이 같지만 중복이 없는 메커니즘보다 더 많은 부품을 사용한다. 축중성이 높은 메커니즘은 그 비용이 더욱더 크다. 그리고 생성 및 판정 방법들을 이용해서 탐색을 수행하는 메커니즘은 감당할 수 없을 정도로 큰, 지수적인 검색 비용을 치르게 될 가능성이 있다. 그렇지만 이들은 모두 진화 가능한 시스템의 핵심 재료이다. 진정으로 견고한 시스템을 만들기 위해서는 상당히 정교하고 비싸 보이는 기반구조를 위한 비용을 기꺼이 치러야 할 것이다.

문제의 일부는, 우리가 비용을 잘못된 관점에서 생각한다는 점이다. 시간과 공간의 소비량이 중요한 것은 사실이지만, 그런 비용들이 어디에서 비롯되는가에 대한 우리의 직관은 그리 정확하지 않다. 공학자라면 다들 알겠지만, 시스템의 실제 성능을 평가할 때 상세하고 세심한 측정이 필요하다. 그리고 종종 의외의 지점에서 비용이 발생함을 그런 측정을 통해서 발견하게 된다. 복잡도가 증가함에 따라 의외의 비용도 커진다. 그렇지만 우리는 여전히 프로그램의 모든 수준에서 실제 가치를 모른 채로 섣부른 최적화에 매달리고 있다.

시스템의 부품들을 빨라야 하는 것들과 똑똑해야 하는 것들로 분류한다고 하자. 그런 분류 정책에서 일반성과 진화 능력의 비용은 똑똑해야 하는 부품들에만 적용하면 된다. 이런 관점이 컴퓨팅 시스템에서는 흔치 않지만, 우리의 일상 체험에서는 아주 흔하다. 어떤 새로운 기술을 배울 때(예를 들어 어떤 악기의 연주법을 배우는 등), 초기 단계에서 우리는 우리가 의도한 효과와 그 효과를 산출하는 데 필요한 물리적 조작을 의식적으로 연관시킨다. 그러나 기술이 숙달되면 대부분의 작업을 의식적으로 주의를 기울이지 않고 수행하게 된다. 빠른 연주를 위해서는 이러한 무의식 활동이 꼭 필요하다(의식적인 활동은 너무 느리므로).

하드웨어와 소프트웨어의 구별에서도 이와 비슷한 논법을 발견할 수 있다. 하드웨어는 효율성 위주로 설계되며, 효율성을 위해 인터페이스가 고정된다는 단점을 감수한다. 이후 우리는 그 인터페이스에 기초해서 그 인터페이스를 사용하는 소프트웨어를 구축하며, 결과적으로 하나의 가상 기계가 만들어진다. 이러한 여분의 추상층이 추가 비용을 유발한다는 점은 잘 알려져 있지만, 그래도 일반성이 증가한다는 장점이 그 비용을 상쇄하고도 남는다. (이것이 참이 아니라면 우리는 아직도 어셈블리 언어로 프로그래밍하고 있을 것이다!) 요지는, 이러한 계층 구조는 효율성과 유연성을 모두 제공하는 방법을 제공한다는 것이다. 우리 저자들은, 시스템 전체를 가능한 가장 효율적인 방식으로 구축해야 한다고 강제하면 미래의 요구에 적응하기 위한 유연성이 나빠져서 오히려 역효과가 생긴다고 믿는다. 시스템의 진정한 비용은 프로그래머가 시스템의 설계, 이해, 유지보수, 수정, 디버깅에 소비한 시간이다. 따라서 향상된 적응성의 가치는 더욱더 극단적일 수 있다. 적응과 유지보수가 쉬운 시스템은 가장 큰 비용 중 하나를 제거한다. 그 비용이란, 새 프로그래머에게 기존 시스템의 작동 방식을 극도로 세세하게 가르치는(나중에 어떤 코드를 어떻게 고쳐야 하는지 알 수 있도록) 데 드는 비용이다. 사실, 큰 장애에 따른 비용이든 재설계와 재구축 때문에 잃어버린 기회비용이든, 유연하지 않은 기반구조의 비용은 유연한 설계의 비용을 훨씬 넘을지 모른다. 그리고 새 프로그래머가 시스템을 다시 프로그래밍하는 데 드는 시간의 상당 부분을 시스템이 새로운 상황에 스스로 적응하게 만드는 것으로 제거할 수 있다면, 유연성이 주는 이득이 더욱 커진다.

정확성의 문제

낙관론자는 유리컵이 반이 차 있다고 생각한다. 비관론자는 반이 비었다고 생각한다. 공학자는 유리컵이 꼭 필요한 용량의 두 배라고 생각한다.

작자 미상

그렇지만, 우리가 설계 시점에서 고려한 상황들보다 더 많은 상황에 적용할 수 있도록 시스템을 구축하는 방식에는 앞에서 언급한 것보다 더 큰 대가를 치를 수 있다. 대가란 바로 정확성이다. 즉, 우리가 미리 고려하지 않은 상황들에서도 작동하는 시스템을 만들려고 하면, 그 시스템이 항상 정확하게 작동하리라고 보장할 수 없다.

컴퓨터 과학에서 우리는 소프트웨어의 '정확성(correctness)'이 최고의 가치라고 배운다. 또한, 정확성을 얻으려면 구성요소들과 그 구성요소들로 이루어진 시스템을 공식적으로 명시한 명세들을 만들고, 구성요소들의 조합의 명세가 구성요소 명세들과 구성요소들을 조합하는 패턴의 명세들을 충족하는지 증명해야 한다고 배운다.[19] 우리 저자들은 이러한 원칙들이 오히려 시스템을 깨지기 쉽게 만든다고 주장한다. 사실, 진정으로 견고한 시스템을 구축하려면 이런 엄격한 원칙을 반드시 폐기해야 한다.

정확성을 위해 증명이 필요하다는 것의 문제점은, 일반적인 메커니즘의 일반적인 성질을 증명하기가 제한된 상황에 쓰이는 특수한 메커니즘의 특수한 성질을 증명하기보다 대체로 어렵다는 것이다. 그러다 보니 우리는 증명을 단순하게 만들기 위해 부품들과 그 조합들을 최대한 특수하게 만들게 된다. 그러나 고도로 특화된 부품들의 조합은 변동의 여지가 없어서 깨지기 쉽다.[20]

우리 저자들이 정확성의 증명에 반대하는 것은 아니다. 적용할 수 있기만 하다면, 증명은 멋진 것이다. 사실 증명은 쓰레기 수거기(garbage collector)◆나 리보솜 같은 임계적 시스템 구성요소에 꼭 필요하다.[21] 그렇지만 자율주행 시스템처럼 안전이 극도로 중요한 임계적 시스템에서도, 시스템이 명세대로 정확히 작동함을 증명할 수 있는 상황들에서만 시스템을 사용하

---

19 복잡한 시스템을 완전히 명시하는 것은 어려우며, 어쩌면 불가능할 것이다. p.34에서 언급했듯이, 규칙에 따라 체스를 두는 체스 프로그램을 명시하기는 쉽지만, 체스를 잘 두는 프로그램을 명시하려면 어찌할 바를 모르게 된다. 그리고 체스는 규칙이 변하지 않지만, 대부분의 시스템은 요구조건과 용법이 변함에 따라 그 명세가 동적으로 변한다. 세목(세금) 코드들이 빛의 속도로 변하는 상황에서 회계 시스템을 어떻게 명시하겠는가?

20 실제로, 포스텔의 법칙(p.29)은 정밀하고 구체적으로 명시된 부품들로 시스템을 구축한다는 관행과 완전히 어긋난다. 포스텔의 법칙을 따르려면, 우리는 각 부품을 특정한 응용에 꼭 필요한 것보다 더 일반적으로 적용할 수 있게 만들어야 한다.

◆ 옮긴이 이 용어에 관해서는 http://occamsrazr.net/tt/107을 참고하자.

21 쓰레기 수거기 같은 기본적인 저장소 관리 하위 시스템에 있는 미묘한 버그는 디버깅하기가 극히 어렵다. 특히, 병렬 처리를 수행하는 시스템이면 더욱더 그렇다. 그렇지만 그런 하위 시스템을 간단하고 작게 만들면 감당할 수 있을 정도의 노력으로 하위 시스템을 명시할 수 있으며, 어쩌면 '정확성'까지도 증명할 수 있다.

도록 제한하면 오히려 불필요한 장애가 발생할 여지가 생긴다. 실제로, 비행기가 설계자가 예측하지 못한 방식으로 고장 난 경우 비행을 아예 포기하는 자율주행 시스템보다는, 그런 상황에서도 최대한 안전하게 비행하려고 시도하는 자율주행 시스템이 더 바람직하다.

우리가 반대하는 것은 증명이 필수이어야 한다는 규칙이다. 시스템을 어떤 상황에 적용하기 전에 먼저 모든 것이 그 상황에서 제대로 작동할 것임을 증명해야 한다고 요구하면, 설계의 견고함을 향상할 수도 있는 기법들을 필요 이상으로 금지하게 된다. 특히, 어떤 방법이 이미 증명된 영역 바깥에서 쓰일 수도 있게 만드는 기법들과 시스템의 요소들이 확장되는 방식에 대한 한계를 바꾸지 않고도 미래의 확장 능력을 제공하는 기법들이 불필요하게 금지된다.

안타깝게도, 이 책에서 우리 저자들이 주장하는 여러 기법은 증명의 문제를 더욱더 어렵게 (현실적으로 불가능할 정도는 아니더라도) 만든다. 한편, 어떤 문제를 공략하는 최선의 방법은 증명이 간단해질 때까지 문제를 일반화하는 것인 경우도 종종 있다.

제2장

영역 특화 언어(DSL)

프로그래밍 프로젝트에 유연성을 도입하는 강력한 전략 하나는, 개발할 프로그램의 주제를 반영한 *DSL*, 즉 **영역 특화 언어**(domain-specific language)를 만드는 것이다. DSL은 문제 영역(problem domain)에 직접 연관된 언어의 명사들과 동사들로 이루어진 하나의 추상이다. 그런 언어가 있으면 응용 프로그램을 해당 문제 영역의 용어와 어법으로 직접 작성할 수 있다. 애초에 DSL은 해당 영역의 상당히 완결적인, 특정한 하나의 응용 프로그램이 요구하는 것 이상의 모형(model)을 구현한다.[1] 구체적인 하나의 문제에 꼭 필요하지 않은 것까지 구현하려면 추가적인 작업이 필요할 것 같지만, 실제로는 단일 용도 프로그램을 작성할 때보다 일이 적을 때가 많으며, 이런 식으로 만들어진 프로그램은 수정과 디버깅, 확장이 훨씬 쉽다.

따라서 DSL 계층(layer)은 특정 프로그램 하나의 개발보다 더 많은 것을 지원하기 위해 만들어진다. DSL 계층은 문제 영역을 공유하는, 서로 연관된 다양한 프로그램들을 구축하기 위한 일반적인 틀(프레임워크)을 제공한다. DSL이 있으면 기존 응용 프로그램을 해당 영역으로 확장하는 것도 간단해진다. 또한, DSL은 연관된 응용 프로그램들의 연동을 위한 기반도 제공한다.

이번 장에서는 DSL 계층의 구축을 위한 강력한 조직화 전략인 조합자 시스템(§2.1)을 소개한다. 이 전략이 얼마나 효과적인지 보이기 위해, 이번 장은 문자열 부합을 위한 정규표현식의 지저분한 구현을 스킴에 내장된 멋진 조합자 기반 DSL로 재정식화(reformulation)하는 과

---

[1] 영역 모형의 이러한 일반성은 '포스텔의 법칙'(p.29)의 한 예이다.

정을 예제로 제시한다. 그런데 깔끔한 시스템에 딱 들어맞지는 않은 구성요소들도 종종 있다. 그런 경우에는 적응자 시스템(§2.3.2)이 필요하다. 이 문제는 단위 변환 래퍼를 위한 DSL, 즉 한 단위 시스템을 이용하는 프로시저를 그와는 다른 단위 시스템으로도 사용할 수 있게 만드는 DSL을 예로 삼아서 설명한다. 게임의 규칙을 위한 해석기를 구축함으로써 문제 영역의 세부 사항을 추상화하는 것이 어떻게 가능한지 배우게 될 것이다.

2.1 조합자

생체계들이 가진 적응성(adaptability)의 상당 부분은 세포라는 대단히 일반적인 부품들을 활용하는 것에서 비롯한다. 세포들은 동적으로 조직화되므로 환경의 변화에 잘 적응한다. 계산 시스템들이 이런 전략을 직접적으로 사용하는 경우는 그리 많지 않다. 대신 계산 시스템들은 맞춤형 부품들과 그 조합들의 위계구조(hierarchy)에 의존한다. 최근에는 잘 명시된 고수준 부품들을 갖춘 대형 라이브러리들이 이런 활동의 추상화 수준을 높였다. 그러나 조합의 수단이 '패턴' 이외의 형태로 추상화되거나 공유되는 경우는 드물다.[2]

상황에 따라서는, 공유된 조합 메커니즘의 활용을 촉진하는 간단한 전략들을 이용해서 이런 관행을 좀 더 개선할 수 있다. 서로 조합해서 새로운 구성요소를 만들 수 있는 '짜맞춤(mix-and-match)' 구성요소들로 시스템을 구축한다면, 요구사항들이 소폭으로 변했을 때 그냥 구성요소들을 재배치해서 시스템을 적응시킬 수 있다.

조합자 시스템(system of combinators)은 기본 부품들의 집합이자 기본 부품들을 조합해서 만든 새 부품이 기본 부품들과 동일한 인터페이스 명세를 따르게 되는 식으로 부품들을 조합하는 수단들의 집합이다. 그런 조합자 시스템이 있으면 부품들이 의도치 않은 방식으로 상호작용하는 문제 없이 시스템을 구축할 수 있다. 역사적으로 유명한, 복잡한 디지털 시스템의 구축을 위한 표준 부품들과 조합들의 라이브러리인 TTL[123]은 이런 조합자 시스템에 비견할 수 있는 고전적인 예이다.

조합자 시스템은 DSL을 위한 설계 전략 하나를 제공한다. 시스템의 요소들은 DSL의 단어

---

2 몇 가지 주목할 만한 예외는 존재한다. 자바 8에 도입된 함수형 프로그래밍 확장들은 유용한 조합들을 직접적으로 포착한다. 리스프나 하스켈 같은 함수형 프로그래밍 언어에는 유용한 조합 메커니즘들의 라이브러리가 있다.

들에 대응되며, 조합자들은 그러한 요소('단어')들을 조합해서 문장을 만들어 내는 수단이다. 조합자 시스템은 구축하기 쉽고 추론하기 쉽다는 중요한 장점이 있다. 그렇지만 한계도 있는데, 이에 관해서는 §3.1.5에서 논의한다. 문제 영역에 잘 들어맞기만 한다면, 조합자 시스템은 탁월한 전략적 선택이다.

그런데 짜맞춤 부품군의 요소들을 조합해서 시스템을 구축하려면 어떻게 해야 할까? 이를 위해서는 기본(primitive) 구성요소들을 정의하고 그 구성요소들을 조합해서 기본 구성요소들과 동일한 인터페이스를 따르는 복합 구성요소를 만드는 조합자(combinator)들도 정의해야 한다. 이러한 조합자들의 집합을 명시적으로 정의할 때도 있지만, 수학 표기법을 이용해서 암묵적으로 정의할 때가 더 많다.

2.1.1 함수 조합자

조합자를 정의할 때는 흔히 수학의 함수 표기법을 이용한다. 함수(function)가 받을 수 있는 인수들의 집합을 정의역이라고 부르고, 함수가 산출할 수 있는 결과(함숫값)들의 집합을 치역(range) 또는 공역(codomain)이라고 부른다. 이러한 함수들을 조합해서 새로운 함수를 생성하는 조합자들이 존재한다. 예를 들어 함수 f와 g의 합성(composition)인 $f \circ g$는 g의 정의역에 속한 인수를 받고 f의 공역에 속한 값을 돌려주는 새로운 함수이다. 두 함수의 정의역들과 공역들이 각각 동일하다면, 그리고 공통의 공역에 대해 산술(사칙연산 등의 수학 계산)이 정의된다면, 함수들의 합(또는 곱)을 정의할 수 있다. 공통의 정의역에 속한 인수가 주어졌을 때, 두 함수의 합(또는 곱)은 그 인수에 대한 두 함수의 함숫값들의 합(또는 곱)이다. 일급(first-class) 프로시저를 지원하는 언어는 이런 조합 수단을 지원하는 메커니즘을 지원하지만, 여기서 정말로 중요한 것은 좋은 짜맞춤 부품군을 갖추는 것이다.

조합자들을 중심으로 시스템을 조직화하면 몇 가지 장점이 생긴다. 우선, 기존 부품들을 임의로 섞고 짜 맞춰서 새 부품을 만들 수 있다. 인터페이스 제약 덕분에, 부품들을 어떤 식으로 조합하든 적법한(legal) 프로그램이 만들어진다. 그러한 프로그램의 행동은 오직 부품들의 행동과 그것들이 조합되는 방식에만 투명하게 의존한다. 한 부품이 어떤 문맥에서 등장하는지가 부품의 행동에 영향을 미치지 않는다. 따라서 복합 부품을 새로운 문맥에 사용해도 위험이 없다. 따라서 프로그램을 작성하기가 쉽고, 읽고 이해하거나 검증하기도 쉽다. 조합자들로 구축한 프로그램은 확장성이 좋다. 새 부품이나 새 조합자를 도입해도 프로그램의 기존 행동에는 영향이 없기 때문이다.

함수 조합자라는 것을, 부품들을 조합해서 함수를 구축하는 방법을 명시하는 하나의 배선도(wiring diagram)를 구현하는 것이라고 생각해도 될 것이다. 예를 들어, 앞에서 언급한 함수 합성을 [그림 2.1]처럼 작은 상자 두 개가 들어 있는 하나의 상자로 표현할 수 있다. 상자 전체의 출력은 첫 작은 상자의 결과를 둘째 작은 상자에 입력해서 나온 결과이다. 이러한 개념을 프로그램으로 구현하는 것은 간단한 일이다.

```
(define (compose f g)
  (lambda args
    (f (apply g args))))
```

(항수(arity)를, 즉 인수 개수가 일치하는지까지 점검한다면 좀 더 흥미로워진다. 지금 예에서 프로시저 f가 나타내는 함수는 인수를 하나만 받으므로, 프로시저 g가 나타내는 함수의 출력도 하나이어야 한다. g가 여러 개의 결과를 돌려줄 수 있고 f가 그것들을 모두 인수로 받아들일 수 있어야 한다면 더욱더 흥미로워진다. 또한, 합성 함수 자체에 전달된 인수들의 개수가 g의 항수와 맞는지도 점검해야 할 수 있다. 그러나 이런 세부 사항들은 나중에 처리하기로 한다.)

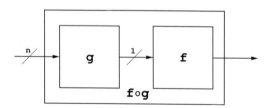

그림 2.1 함수 f와 g의 합성인 $f \circ g$는 이 '배선도'로 정의되는 새로운 함수이다. $f \circ g$의 입력이 g에 전달되며, g의 출력이 f로 전달된다. f의 출력이 $f \circ g$의 출력이다.

다음은 앞의 compose를 이용한 함수 합성의 간단한 예이다.

```
((compose (lambda (x) (list 'foo x))
          (lambda (x) (list 'bar x)))
 'z)
(foo (bar z))
```

조합자가 돌려주는 프로시저에 이름을 붙일 수 있으면 좋을 때도 있다. 다음은 이를 위해 compose 프로시저를 다시 작성한 것이다.

```
(define (compose f g)
  (define (the-composition . args)
    (f (apply g args)))
  the-composition)
```

이 예의 경우 compose 정의의 범위 바깥에 the-composition이라는 이름이 정의되지 않았으므로, compose 프로시저를 이런 식으로 정의한다고 해서 어떤 특별한 장점이 생기지는 않는다. compose의 첫 버전에서처럼 lambda 표현식으로 정의한 익명 프로시저를 프로그램에서 사용하는 것은 흔한 일이다. 따라서, 이처럼 이름을 붙이느냐 마느냐는 대체로 프로그래밍 스타일의 문제일 뿐이다.[3]

이 compose 조합자만으로도 꽤 우아한 코드를 작성할 수 있다. 함수 $f^n(x) = f(f^{n-1}(x))$를 n번 반복한 결과를 계산하는 문제를 생각해 보자. 이를 다음과 같은 우아한 코드로 구현할 수 있다.

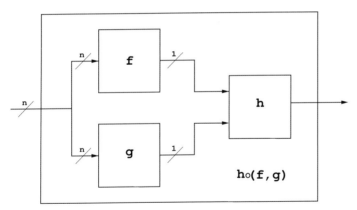

그림 2.2 parallel-combine에서 함수 f와 g는 같은 수의 인수들을 받는다. 이 '병렬 조합'의 입력은 두 함수 모두에 전달되며, 두 함수의 출력을 인수 두 개를 받는 함수 h가 조합한다.

---

3 지금은 코드가 간단하지만, 내부 프로시저가 많이 있는 복잡한 프로그램에서는 서술적인 이름들이 있으면 코드를 읽고 이해하기가 쉬워질 수 있다. MIT/GNU 스킴에서는, 지금 예제처럼 반환된 프로시저에 이름을 붙이면 디버거에 그 이름이 표시되므로 익명 프로시저보다 약간 낫다.

```
(define ((iterate n) f)
  (if (= n 0)
      identity
      (compose f ((iterate (- n 1)) f))))

(define (identity x) x)
```

((iterate n) f)의 결과는 f와 같은 형식의 새 함수이다. f를 사용할 수 있는 곳이면 어디에서든 이 새 함수를 사용할 수 있다. 따라서 (iterate n)은 그 자체로 하나의 함수 조합자이다. 이제 하나의 수를 거듭해서 제곱한 결과를 구해 보자.

```
(((iterate 3) square) 5)
390625
```

여기서 이러한 비유에 주목하자: 함수 합성은 곱셈과 비슷하므로, 함수 반복(iteration)은 거듭제곱과 비슷하다.

프로그래밍에 일반적으로 유용한 단순 조합자들이 많다. 여기서는 몇 가지만(무엇이 얼마나 가능할지 감을 잡을 수 있을 정도로만) 소개하겠다.

두 함수를 병렬로 적용하고 그 결과들을 조합 함수로 조합할 수도 있다(그림 2.2). 다음은 이러한 병렬 조합을 구현하는 프로시저이다.

```
(define (parallel-combine h f g)
  (define (the-combination . args)
    (h (apply f args) (apply g args)))
  the-combination)

((parallel-combine list
                   (lambda (x y z) (list 'foo x y z))
                   (lambda (u v w) (list 'bar u v w)))
 'a 'b 'c)
((foo a b c) (bar a b c))
```

parallel-combine 조합자는 복잡한 과정을 조직화할 때 유용할 수 있다. 예를 들어 다수의 채소 사진 이미지들이 있으며, 주어진 이미지에 담긴 채소의 색상을 추정하는 프로시저와 채소의 형태(잎, 뿌리, 줄기 등등)를 서술하는 프로시저, 그리고 그 두 프로시저의 결과를 조합해서 채소의 종류를 판정하는 또 다른 프로시저가 있다고 하자. 그러면 `parallel-combine`으로 세 프로시저를 깔끔하게 조합해서 채소 인식 시스템을 만들 수 있을 것이다.

항수

프로그래밍에 사용할 수 있는 조합자 중에는 우리가 흔히 생각지 못한 것들도 많다. 그런 조합자들은 주로 수학적 맥락에서 흔히 볼 수 있다. 예를 들어 텐서tensor는 선형대수를 인수가 여러 개인 선형 연산자로 확장한 것이다. 그렇지만 개념 자체는 수학 외의 분야에서도 적용할 수 있을 정도로 훨씬 일반적이다. 두 프로시저의 '텐서 조합'은 그냥 두 프로시저의 인수들을 조합한 자료 구조를 받는 새 프로시저일 뿐이다. 이 새 프로시저는 인수들을 두 프로시저에 분배하고, 두 프로시저의 결괏값들로 이루어진 하나의 자료 구조를 산출한다. 자료 구조를 풀어헤쳐서 그 값들을 개별적으로 처리한 후 다시 하나의 자료 구조로 묶는 것은 프로그래밍에서 흔하게 요구되는 작업이다. [그림 2.3]의 배선도는 이러한 작업에 해당하는 `spread-combine` 프로시저를 나타낸 것이다. 이것은 다중선형대수(multilinear algebra)의 텐서곱(tensor product)을 일반화한 것이라 할 수 있다. 수학의 텐서곱에서 f와 g는 해당 인수들의 선형함수(일차함수)이고 h는 어떤 공유된 색인들에 대한 자취(trace; 대각합)이다. 그러나 텐서는 이 조합자에 영감을 준 하나의 특수 사례일 뿐이다.

`spread-combine`을 구현하는 코드는 `parallel-combine`의 것보다 약간 더 복잡한데, 정확한 인수들을 f와 g에 분배해야 하기 때문이다. 다음은 첫 번째 시도이다.

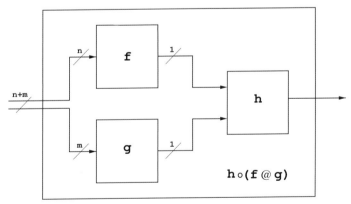

그림 2.3 `spread-combine`은 $n+m$개의 인수들을 함수 f와 g에 분배한다. 처음 n개의 인수는 f에 전달되고 나머지 m개의 인수는 g로 간다. 함수 h는 두 함수의 출력을 인수로 받아서 두 함수의 결과를 조합한다.

```
(define (spread-combine h f g)
  (let ((n (get-arity f)))
    (define (the-combination . args)
      (h (apply f (list-head args n))
         (apply g (list-tail args n))))
    the-combination))
```

정확한 개수의 인수들을 f에 넘겨주고 나머지 것들을 g에 넘겨주려면, 프로시저가 받는 인수들의 개수, 즉 항수(arity)를 알아낼 수 있어야 한다. 잠시 후 소개할 get-arity 프로시저가 바로 그러한 능력을 제공한다.

이 버전의 spread-combine은 그리 좋지 않다. 가장 두드러진 문제점은, the-combination 프로시저는 임의의 개수의 인수들을 받으므로 항수가 구체적인 수치(number)로 정의되지 않으며, 따라서 항수를 요구하는 다른 조합자에게 the-combination을 전달할 수 없는 것이다. 예를 들어 spread-combine의 결과를 다른 spread-combine의 둘째 인수 f로서 전달할 수는 없다. 그러므로 어떻게든 the-combination에 적절한 항수를 부여할 수 있어야 한다. 다음은 이 점을 반영한 둘째 버전이다.

```
(define (spread-combine h f g)
  (let ((n (get-arity f)) (m (get-arity g)))
    (let ((t (+ n m)))
      (define (the-combination . args)
        (h (apply f (list-head args n))
           (apply g (list-tail args n))))
      (restrict-arity the-combination t))))
```

이 버전이 돌려주는 the-combination 프로시저에는 항수가 명시적으로 지정되어 있으므로, 항수를 요구하는 다른 조합자들의 입력으로 사용할 수 있다. restrict-arity 프로시저는 하나의 프로시저를 받고, get-arity가 적절한 항수를 돌려주도록 그 프로시저에 항수를 부여해서 돌려준다.

이 버전은 꽤 좋지만, 최고의 프로그램을 만들어 내려면 편집증적인 집착이 필요하다! 오류는 가능한 한 빨리, 그러니까 찾기 어려워지거나 다른 심각한 장애를 일으키기 전에 잡아내는 것이 바람직하다. 그럼 편집증적 프로그래밍 스타일(Paranoid Programming Style)에 따라, 이 코드에 조합의 인수 개수가 정확한지 판정하는 단언(assertion)들을 추가해 보자.

```
(define (spread-combine h f g)
  (let ((n (get-arity f)) (m (get-arity g)))
    (let ((t (+ n m)))
      (define (the-combination . args)
        (assert (= (length args) t))
        (h (apply f (list-head args n))
           (apply g (list-tail args n))))
      (restrict-arity the-combination t))))

((spread-combine list
                 (lambda (x y) (list 'foo x y))
                 (lambda (u v w) (list 'bar u v w)))
 'a 'b 'c 'd 'e)
((foo a b) (bar c d e))
```

여기에 쓰인 특수형(special form) 표현식 **assert**는 그냥 주어진 인수가 참이 아니면 오류를 보고하는 편의 수단일 뿐이다.

앞의 코드에 쓰인 두 프로시저 **restrict-arity**와 **get-arity**는 다음과 같이 정의하면 될 것이다.

```
(define (restrict-arity proc nargs)
  (hash-table-set! arity-table proc nargs)
  proc)

(define (get-arity proc)
  (or (hash-table-ref/default arity-table proc #f)
      (let ((a (procedure-arity proc)))  ;항수가 해시 테이블에 없는 경우
        (assert (eqv? (procedure-arity-min a)
                      (procedure-arity-max a)))
        (procedure-arity-min a))))
(define arity-table (make-key-weak-eqv-hash-table))
```

get-arity의 정의는 해시 테이블hash table을 활용해서 프로시저에 일종의 '포스트잇'을 붙인 다.[4] 이것은 기존 객체에 정보를 추가하는 간단한 기법이지만, 대상 객체의 고유성에 의존하므로 조심해서 사용해야 한다.

---

4 MIT/GNU 스킴의 해시 테이블 프로시저들은 [51]에 문서화되어 있다.

get-arity 프로시저가 arity-table에서 명시적인 함수 값을 찾지 못하면, 바탕 MIT/GNU 스킴 시스템의 기본 요소(primitive)들을 이용해서 함수를 계산한다. 그런데 그런 기본 요소들은 좀 더 일반적인 개념의 함수를 지원하기 때문에 설명하기가 좀 복잡하다. 프로시저에는 꼭 필요한 최소한의 인수 개수가 있을 뿐만 아니라, 프로시저에 따라서는 최대 인수 개수가 있을 수도 있다. 우리의 함수 계산 코드는 프로시저의 함수가 고정되어 있다고 가정하므로, get-arity는 함수가 고정되어 있지 않은 프로시저를 지원하지 않는다. 그래서, 임의의 개수의 인수를 받는 + 같은 유용한 프로시저들을 사용할 수 없다. 좀 더 일반적인 개념의 함수를 지원하도록 함수 계산 코드를 변경하면 코드가 꽤 복잡해지는데, 지금 우리의 목표는 일반 해를 제시하는 것이 아니라(이에 대해서는 연습문제 2.2를 보라) 함수 합성과 조합을 명확하게 설명하는 것이므로 더 이상의 개선은 생략한다.

■ 연습문제 2.1 함수 수정

앞에서 소개한 compose 프로시저와 parallel-combine 프로시저는 조합의 함수를 제공해야 한다는 요구조건을 충족하지 않는다. 따라서 이들은 우리의 조합자 모음에서 훌륭한 시민이 될 수 없다. compose와 parallel-combine의 구현을 다음과 같이 수정하라.

- 구성요소들의 함수들이 호환되는지 점검한다.
- 구축되는 조합(합성 함수)이, 호출 시 정확한 개수의 인수가 주어졌는지 점검한다.
- get-arity를 위해 조합에 정확한 함수를 부여한다.

■ 연습문제 2.2 함수 확장

앞에서 본 조합자들이 유용하긴 하지만, 이 조합자들이 사용하는 함수 메커니즘은 MIT/GNU 스킴이 사용하는 좀 더 일반적인 함수 메커니즘을 지원하지 않는다. 예를 들어 기호 +의 값인 덧셈 프로시저는 임의의 개수의 인수를 받을 수 있다.

```
(procedure-arity-min (procedure-arity +)) = 0
(procedure-arity-max (procedure-arity +)) = #f
```

그 어떤 언어라도 기본 요소와 그 조합 수단, 그리고 추상 수단이 존재한다. 조합자 언어 (combinator language)는 기본 요소들과 조합 수단을 정의하며, 추상 수단들은 바탕 프로그래밍 언어에서 물려받는다. 지금 예에서 기본 요소는 함수이고 조합 수단은 compose, parallel-combine, spread-combine 조합자(그리고 이후에 소개할 또 다른 조합자들)이다.

다중 값

parallel-combine과 spread-combine은 f와 g의 결과들에 조합 함수 h를 적용한다는 점에서 서로 비슷하다. 그러나 이 조합자들을 구축하는 데 compose를 사용하지는 않았다. 이 패턴을 추상화하려면 f와 g의 조합으로부터 다수의 값을 반환할 수 있어야 하며, 그 다중 값들을 h의 인수들로 사용할 수 있어야 한다. 복합 자료 구조를 돌려주는 식으로 이를 구현할 수도 있겠지만, 스킴의 다중 값 반환 메커니즘을 사용하는 것이 더 낫다. 다중 값 기능이 있으면 spread-combine을 두 부품, 즉 h라는 한 부품과 f와 g의 조합이라는 또 다른 한 부품의 합성으로 정의할 수 있다(그림 2.4).[5]

```
(define (spread-apply f g)
  (let ((n (get-arity f)) (m (get-arity g)))
    (let ((t (+ n m)))
      (define (the-combination . args)
        (assert (= (length args) t))
        (values (apply f (list-head args n))
                (apply g (list-tail args n))))
      (restrict-arity the-combination t))))
```

_____

5 이러한 분해를 독자에게 알려주라고 제안한 가이 L. 스틸 Jr.Guy L. Steele Jr.에 감사한다.

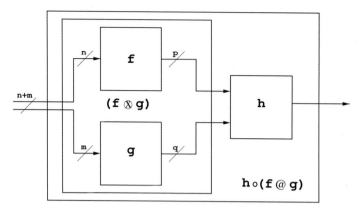

그림 2.4 조합자 spread-combine은 두 부품의 합성이다. 첫 부품 spread-apply는 f와 g의 조합인데, 각각에 정확한 개수의 인수들이 전달된다. 둘째 부품은 조합 함수 h로, 그냥 첫 부품과 조합된다. 이러한 분해 덕분에 스킴의 다중 값 메커니즘을 사용할 수 있게 된다.

스킴 프로시저 values는 f와 g를 모두 적용해서 나온 값들을 돌려준다.[6]

다음은 [그림 2.4]에 나온 추상을 직접 구현할 수 있도록 compose를 일반화한 spread-combine 조합자이다.

```
(define (spread-combine h f g)
  (compose h (spread-apply f g)))
```

이 프로시저의 사용법은 원래의 compose와 같다.

```
((spread-combine list
                 (lambda (x y) (list 'foo x y))
                 (lambda (u v w) (list 'bar u v w)))
 'a 'b 'c 'd 'e)
((foo a b) (bar c d e))
```

이 spread-combine 조합자가 실제로 작동하려면, 조합 요소들이 다중 값을 주고받도록 compose를 일반화해야 한다.

---

6 values, call-with-values, let-values는 [51]과 [109]에 문서화되어 있다.

```
(define (compose f g)
  (define (the-composition . args)
    (call-with-values (lambda () (apply g args))
      f))
  (restrict-arity the-composition (get-arity g)))
```

다음 예에서 compose의 둘째 인수는 두 개의 값을 돌려준다.

```
((compose (lambda (a b)
            (list 'foo a b))
          (lambda (x)
            (values (list 'bar x)
                    (list 'baz x))))
 'z)
(foo (bar z) (baz z))
```

이제 추가적인 일반화가 가능해졌다. 이 조합자들은 조합할 모든 함수가 다중 값을 돌려주는 경우도 지원한다. f와 g가 둘 다 여러 개의 값을 돌려준다고 해도, 그 값들을 the-combination이 돌려줄 수 있는 다중 값들과 조합할 수 있다.

```
(define (spread-apply f g)
  (let ((n (get-arity f)) (m (get-arity g)))
    (let ((t (+ n m)))
      (define (the-combination . args)
        (assert (= (length args) t))
        (let-values ((fv (apply f (list-head args n)))
                     (gv (apply g (list-tail args n))))
          (apply values (append fv gv))))
      (restrict-arity the-combination t))))
((spread-combine list
                 (lambda (x y) (values x y))
                 (lambda (u v w) (values w v u)))
 'a 'b 'c 'd 'e)
(a b e d c)
```

유일한 제약은, 반환값들의 전체 개수가 h의 항수에 적합해야 한다는 것이다.

parallel-combine을 두 부품의 합성이 되도록, 그리고 부품들이 다중 값을 반환할 수 있도록 재정식화하라.

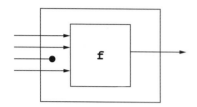

그림 2.5 조합자 (discard-argument 2)는 3인수 함수 f를 받고, 셋째 인수(i=2)를 무시하고 나머지 인수들을 f에 전달하는 새로운 4인수 함수를 만든다.

작은 라이브러리 하나

흔히 쓰이는 패턴 중에는 조합자로 만들 수 있는 것들이 많다. 그런 기법을 이용하면 아주 깔끔한 프로그램을 만들 수 있을 때가 많다. 그런 공통 패턴들을 식별하고 추상화하면 우리에게 도움이 될 것이다. 다음은 몇 가지 생각해 볼 사항이다.

어떤 인터페이스가 구체적인 한 상황에 필요한 것보다 더 일반적일 때가 종종 있다. 그런 경우에서, 그 인터페이스를 유지하되 일반적인 경우에서 제공할 수 있는 매개변수들을 모두 필요로 하지는 않는 어떤 특화된 프로시저들을 호출하고 싶을 수도 있다. 한 가지 방법은, 그 특화된 프로시저와 같은 일을 하되 몇몇 인수들을 무시하는 버전을 새로 만드는 것이다.

아래의 discard-argument 프로시저는 폐기할 인수를 뜻하는 색인 i를 받고 하나의 조합자를 돌려준다. 그 조합자는 인수가 n개인 함수 f를 받아서, 인수 $n + 1$을 받되 i번째 인수를 삭제한 나머지 n개의 인수를 f에 적용한 결과를 돌려주는 함수 the-combination을 돌려준다. [그림 2.5]에 이러한 개념이 나와 있다. 다음은 이 discard-argument 조합자의 코드이다.

```
(define (discard-argument i)
  (assert (exact-nonnegative-integer? i))
  (lambda (f)
    (let ((m (+ (get-arity f) 1)))
      (define (the-combination . args)
```

```
        (assert (= (length args) m))
        (apply f (list-remove args i)))
    (assert (< i m))
    (restrict-arity the-combination m)))))
```

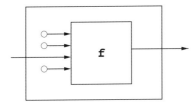

그림 2.6 조합자 ((curry-argument 2) 'a 'b 'c)는 4인수 함수 f의 인수 세 개를 지정해서 인수 하나 짜리 함수를 돌려준다. 셋째(i=2) 인수는 그 1인수 함수를 호출할 때 지정한다.

```
(define (list-remove lst index)
  (let lp ((lst lst) (index index))
    (if (= index 0)
        (cdr lst)
        (cons (car lst) (lp (cdr lst) (- index 1))))))

(((discard-argument 2)
  (lambda (x y z) (list 'foo x y z)))
 'a 'b 'c 'd)
(foo a b d)
```

다수의 인수들을 폐기할 수도 있도록 이 조합자를 일반화해봐도 좋을 것이다.

discard-argument의 반대 상황도 흔히 발생한다. [그림 2.6]은 인수 하나를 뺀 모든 인수를 미리 지정해서 프로시저를 특화한다는 개념을 나타낸 것이다. 그렇게 특화된 프로시저는 생략된 인수만 지정해서 호출하면 된다. 이런 특수화 방식을, 조합 논리[7]의 초기 연구자인 논리학자 해스켈 커리Haskell Curry를 기리는 취지에서 **커링**currying이라고 부른다.

---

7 조합 논리(combinatory logic)는 20세기 초에 모지스 쇤핑켈[108]이 고안하고 해스켈 커리[26]가 발전시켰다. 그들의 목표는 계산과는 무관했다. 그보다는 한정된 변수(quantified variable)의 필요성을 없애서 수학의 토대를 단순화하는 것이 목표였다.

커링을 구현한 **curry-argument**의 코드는 다음과 같이 간단하다.

```
(define ((curry-argument i) . args)
  (lambda (f)
    (assert (= (length args) (- (get-arity f) 1)))
    (lambda (x)
      (apply f (list-insert args i x)))))
```

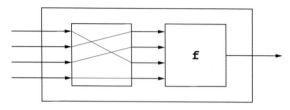

그림 2.7 조합자 (permute-arguments 1 2 0 3)은 4인수 함수 *f*를 받고, 주어진 네 개의 인수를 지정된 색인들에 따라 치환한 인수들을 *f*에 적용하는 새로운 4인수 함수를 돌려준다.

```
(define (list-insert lst index value)
  (let lp ((lst lst) (index index))
    (if (= index 0)
        (cons value lst)
        (cons (car lst) (lp (cdr lst) (- index 1))))))

(((((curry-argument 2) 'a 'b 'c)
  (lambda (x y z w) (list 'foo x y z w)))
 'd)
(foo a b d c)
```

여기서 **restrict-arity**를 사용할 필요는 없음을 주목하자. 반환된 프로시저는 인수가 정확히 하나이기 때문이다.[8] 연습문제 2.5에서는 이 커링 조합자를, 하나가 아니라 다수의 인수를 나중에 지정할 수 있도록 확장한다.

어떤 기존 프로시저의 인수들을 현재 응용 프로그램에 사용하는 표준과는 다른 순서로 적용하는 프로시저가 유용할 때가 있다. 그런 프로시저도 우리의 작은 라이브러리에 추가하면 좋

----

8 get-arity에 쓰이는 MIT/GNU 스킴 procedure-arity는 반환되는 프로시저의 수치 항수를 산출하므로, 항수 점검을 위한 '포스트잇'을 붙여 둘 필요는 없다.

을 것이다. 인수 순서를 바꾸기 위해 프로시저를 위한 특별한 인터페이스를 새로 만드는 것보다는, 일반적인 치환(permutation) 프로시저를 이용해서 인수들의 순서를 바꾸는 것이 낫다. [그림 2.7]이 이를 나타낸 것이다. 다음에서 보듯이 이러한 치환을 구현하는 조합자의 코드도 간단하다. 그러나 조합자가 돌려주는, 그리고 args에 대해 실제로 실행되는 the-combination 프로시저가 반드시 치환 명세를 해석해야 하는 것은 아님을 주목하자. 그러한 해석은 the-combination을 감싼 let에서 한 번만 일어나며, 그 안에서 참조된다. 일반적으로, 이런 식으로 코드를 작성하면 이른 계산(early computation)에 의한 몇 가지 저수준 최적화가 가능해진다(심지어는 바인딩이 아주 늦게 일어나는 상황에서도!).

```
(define (permute-arguments . permspec)
  (let ((permute (make-permutation permspec)))
    (lambda (f)
      (define (the-combination . args)
        (apply f (permute args)))
      (let ((n (get-arity f)))
        (assert (= n (length permspec)))
        (restrict-arity the-combination n)))))

(((permute-arguments 1 2 0 3)
  (lambda (x y z w) (list 'foo x y z w)))
 'a 'b 'c 'd)
(foo b c a d)
```

make-permutation 프로시저는 정의가 간단하지만, 효율적이지는 않다.

```
(define (make-permutation permspec)
  (define (the-permuter lst)
    (map (lambda (p) (list-ref lst p))

         permspec))
  the-permuter)
```

2.1.2 조합자와 체제

이 이야기의 교훈은, 그러니까 지금까지의 논의에서 명심할 점 하나는, 조합자들의 조합으로 구성된 구조가 동물의 체제(body plan)나 슈퍼헤테로다인 라디오 수신기(p.36의 그림 1.1)의 공학적 패턴과 아주 비슷한 하나의 체제라는 점이다. compose 조합자를 생각해 보자. 이 조합자는 로캘들, 즉 프로시저 f와 g의 한 배치(arrangement)를 돌려준다. 이 로캘들은 표준적인 내부 연결 방식으로 연결되며, f와 g에 요구되는 것은 그것이 전부이다. 사실, 정확한 개수의 인수를 받고 정확한 개수의 값들을 돌려주기만 한다면 그 어떤 것도 f와 g가 될 수 있다. 따라서 조합자는 혹스 유전자처럼 조직화 원리(organizing principle)에 해당한다. 즉, 조합자는 로캘들과 그들의 관계를 지정하되, 각 로캘 안에서 일어나는 일에 대해서는 아무것도 요구하지 않는다.

■ 연습문제 2.4 합성으로 구현?

discard-argument나 curry-argument, permute-arguments가 만들어 내는 조합자들을 인수 조작과 프로시저의 합성(composition)으로 볼 수도 있음을 깨달은 독자도 있을 것이다. 이 조합자들을, 다중 값 반환 메커니즘을 이용해서 합성의 형태로 재구축하라.

■ 연습문제 2.5 유용한 조합자들

우리의 작은 라이브러리를 좀 더 키울 때가 되었다.

a. 조합자 discard-argument와 curry-argument를, 여러 개의 인수를 무시하거나 미리 지정할 수 있도록 일반화할 수 있을 것이다. permute-arguments를 위해 인수 치환을 명시하는 방법은, 프로시저 호출 시 인수들을 그 순서(첫 인수가 0번)에 따라 지정하는 상당히 일반적인 방식으로 보인다. discard-argument와 curry-argument를 일반화한 discard-arguments와 curry-arguments를 작성하라. 일반화된 버전들은 반드시 본문에 나온 코드와 호환되어야 한다. 즉, (curry-arguments 2)는 (curry-argument 2)와 정확히 동일한 일을 해야 한다.

b. 그밖에 유용할 만한 조합자는 무엇일까? 그런 조합자들의 목록을 만들고, 실제 코드에서 만날 만한 적절한 용례(use case)들도 작성하라. 그리고 그 조합자들을 실제로 구현해서 여러분의 라이브러리에 추가하라.

c. compose를, 임의 개수의 함수 인수들을 받도록 더 일반화하라. 표현식 (compose f g h)가 (compose f (compose g h))와 동등해야 하며, 더 나아가서 (compose (compose f g) h)와도 동등해야 한다. 주의: 인수가 0개일 때의 합성 결과는 무엇일까?

2.2 정규표현식

정규표현식(regular expression), 줄여서 정규식은 문자열 부합(matching)에 널리 쓰인다. 정규식 시스템은 완벽하게 유효한 수학적 형식화(formalism)에서 유도된 것이지만, 그러한 형식화를 유용한 소프트웨어 시스템으로 확장하는 과정에서 구현자가 종종 끔찍한 선택을 하기도 한다. 특히, 정규표현식 시스템들이 채용한 인용(quotation) 관례는 대단히 '비정규적(irregular; 불규칙)'이다. 그룹화에서나 역참조에서나, 괄호를 잘못 사용하면 그야말로 신기한 결과가 펼쳐진다. 게다가, 표현력을 증가하고 이전 설계의 단점을 해결하려는 시도들 때문에 호환성이 없는 파생 언어들이 많이 생겼다.

표현식의 조각들을 조합해서 좀 더 복잡한 표현식을 만들 수 있다는 점에서, 언뜻 보면 정규식은 일종의 조합자 언어처럼 보인다. 그렇지만 한 표현식 조각의 의미는 그것이 어떤 표현식 안에 있느냐에 따라 크게 다르다. 예를 들어 대괄호 표현식 [...] 안에서는 캐럿 기호(∧)를 조심해서 사용해야 한다. 대괄호 표현식의 첫 문자가 아닌 경우 캐럿은 그냥 캐럿 자체를 뜻하지만, 첫 문자일 때는 대괄호 표현식의 의미가 반대가 된다. 이 때문에, 캐럿 하나로만 된 대괄호 표현식은 불가능하다.

간단히 말해서, 정규식 언어의 문법은 끔찍하다. 서로 호환되지 않는 다양한 언어 형식이 존재하며, 인용 관례는 '바로크식'이다. ◆ 정규식 언어는 DSL이지만, 나쁜 DSL이라 할 수 있다. 여기서 정규식을 살펴보는 취지의 일부는, 상황이 얼마나 나빠질 수 있는지를 체험해 보자는 것이다.

그렇긴 하지만, 원하는 행동을 정규식을 이용해서 지정하는 유용한 소프트웨어는 대단히 많다. grep이 좋은 예이다. 이번 절에서는 정규표현식 지정을 위한 더 나은 영역 특화 조합자 언어 하나와 그 언어를 통상적인 정규식 문법으로 번역하는 수단을 만들어 본다. 번역 대상으로 삼을 기존 정규식 문법은 POSIX BRE(Basic Regular Expression) 문법[96]이다. 이 문법을 선택한 것은, 이것이 다른 대부분의 정규식 문법들의 한 부분집합이기 때문이다. POSIX에는 ERE(Extended Regular Expression)라는 좀 더 강력한 문법도 있는데, 이 문법은 연습문제에서 고찰한다.

....

◆ 옮긴이 원문은 *baroquen* [sic]인데, [sic]은 baroquen이 오표기임을 저자가 알면서도 사용했음을 나타낸다. baroquen은 아마도 바로크식이라는 뜻과 함께 기괴한, 장식이 많은 등의 뜻을 가진 'baroque'의 오표기일 것인데, 'broken(깨진, 고장난)'도 연상시킨다.

정규식을 위한 영역 특화 조합자 언어와 번역 수단이 있으면 grep 같은 시스템들의 기능을 스킴 환경 안에서 사용할 수 있게 된다. 게다가 조합자 언어의 모든 장점도 누릴 수 있다. 즉, 시스템을 깔끔하고 모듈식으로 서술할 수 있을 뿐만 아니라 기존 도구들을 사용하는 능력도 그대로 가질 수 있다. 가독성보다 간결한 표현을 중시하는 사용자가 아닌 이상, 이 언어가 있으면 *grep*은 더 이상 사용할 필요가 없을 것이다.

다른 여러 언어처럼 이 언어에도 기본 요소들과 조합 수단들, 추상화 수단들이 있다. 이 언어는 grep 같은 유틸리티가 문자열 데이터에 부합시킬 수 있는 패턴을 구축하는 기능을 제공한다. 이 언어는 스킴 안에 내장되므로, 스킴의 위력을 그대로 물려받는다. 즉, 스킴 언어의 구축 요소들을 이용해서 패턴들을 조합하고, 스킴의 프로시저들을 이용해서 그것들을 추상화할 수 있다.

2.2.1 정규표현식 조합자 언어

다음은 패턴을 구축하는 데 사용할 수 있는 기본 패턴(primitive pattern)들이다.

(r:dot)은 새 줄(newline)을 제외한 임의의 한 문자와 부합한다.

(r:bol)은 한 줄의 시작에만 부합한다.

(r:eol)은 한 줄의 끝에만 부합한다.

(r:quote *문자열*)은 문자열 자체와 부합한다.

(r:char-from *문자열*)은 문자열의 한 문자와 부합한다.

(r:char-not-from *문자열*)은 문자열에 없는 한 문자와 부합한다.

　　이런 패턴들을 조합해서 복합 패턴을 만들 수 있다.

(r:seq *패턴* ...)

　　이 표현식은 인수 *패턴*을 왼쪽에서 오른쪽으로 차례로 부합한다.

(r:alt *패턴* ...)

　　이 패턴은 인수 *패턴*들을 왼쪽에서 오른쪽으로 하나씩 시도해서 부합하는 것을 찾는다. 부합하는 것이 하나도 없으면 이 패턴은 주어진 문자열과 부합하지 않는 것이다.

(r:repeat *min max* 패턴)

> 이 패턴은 인수 *패턴*이 최소 *min*번, 최대 *max*번 반복된 문자열과 부합한다. *max*가 #f이면 반복 횟수의 상한이 없는 것이다. *max*와 *min*이 같으면 패턴은 딱 그만큼만 반복되어야 한다.

다음은 몇 가지 예제 패턴이다.

(r:seq (r:quote "a") (r:dot) (r:quote "c"))

> 이 패턴은 abc나 aac, acc처럼 a로 시작하고 c로 끝나는 문자 세 개짜리 문자열과 부합한다.

(r:alt (r:quote "foo") (r:quote "bar") (r:quote "baz"))

> 이 패턴은 foo나 bar, baz와 부합한다.

(r:repeat 3 5 (r:alt (r:quote "cat") (r:quote "dog")))

> 이 패턴은 catdogcat이나 catcatdogdog, dogdogcatdogdog와는 부합하지만 catcatcatdogdogdog와는 부합하지 않는다.

이제부터 이런 패턴들을 스킴 표현식으로 구현한다. 패턴이 곧 스킴 표현식이므로 다른 임의의 스킴 코드와 섞어서 사용할 수 있으며, 따라서 스킴 프로그래밍 언어의 모든 능력을 사용할 수 있다.

2.2.2 패턴 번역기 구현

그럼 이 언어의 구현을 살펴보자. 정규식 문자열들은 POSIX BRE 문법을 따른다.

```
(define (r:dot) ".")
(define (r:bol) "^")
(define (r:eol) "$")
```

이들은 해당 정규표현식 문법에 직접 대응된다.

다음으로, r:seq는 주어진 정규표현식 조각 집합을 하나의 자기 완결적(self-contained) 요소로 취급하는 방법을 제공한다.

```
(define (r:seq . exprs)
  (string-append "\\(" (apply string-append exprs) "\\)"))
```

결과 문자열의 괄호들은 주어진 표현식 조각의 내용과 그것을 감싼 문맥을 분리하기 위한 것이다. 안타깝게도, 번역된 출력에서 \는 피할 수 없다. 기본적인 정규식에서 괄호 문자들은 자체 인용(self-quoting) 문자◆로 취급된다. 그러나 지금 예에서 괄호 문자는 그룹화(그룹으로 묶기) 연산자로 작용해야 하므로, 각각에 역슬래시를 앞에 붙여 주어야 한다. 설상가상으로, 이 정규표현식을 스킴 문자열로 표현할 때는 각 역슬래시에 또 다른 역슬래시를 붙여 주어야 한다. 따라서, 예를 들어 표현식 (r:seq (r:quote "a") (r:dot) (r:quote "c"))는 정규식 \(\(a\).\(c\)\)로 번역되며, 이에 해당하는 스킴 문자열은 "\\(\\(a\\).\\(c\\)\\)"이다.

r:quote의 구현은 좀 더 어렵다. 정규표현식에서 대부분의 문자는 자체 인용 문자이지만, 몇몇 문자는 정규표현식 연산자라서 반드시 역슬래시를 붙여서 명시적으로 인용해 주어야 한다. 번역 결과가 자기 완결적인(self-contained) 패턴 문자열이 되게 하기 위해, 번역 결과를 r:seq를 이용해서 한 번 더 감싸준다.

```
(define (r:quote string)
  (r:seq
    (list->string
      (append-map (lambda (char)
                    (if (memv char chars-needing-quoting)
                        (list #\\ char)
                        (list char)))
                  (string->list string)))))

(define chars-needing-quoting
  '(#\. #\[ #\\ #\^ #\$ #\*))
```

다음으로, 여러 부분 표현식(subexpression; 줄여서 부분식) 중 하나를 선택하는 r:alt는 부분식들 사이에 수직선 기호가 삽입된 패턴 문자열로 번역한 후 그 결과를 r:seq로 감싼다.

```
(define (r:alt . exprs)
  (if (pair? exprs)
      (apply r:seq
```

◆ 옮긴이 어떤 특수한 용도 없이 그 문자 자체로 취급되는 문자를 말한다.

```
            (cons (car exprs)
                  (append-map (lambda (expr)
                                (list "\\|" expr))
                              (cdr exprs)))))
      (r:seq)))
```

예를 들어 (r:alt (r:quote "foo") (r:quote "bar") (r:quote "baz"))는 \(\(foo\)\|\(bar\)\|
\(baz\)\)로 번역된다. 괄호 문자들을 명시적으로 인용하는 것 외에, 수직선 문자도 현재 문법
에서 자체 인용 문자이므로 명시적으로 인용해야 한다. 이 예제가 지원하는 정규표현식의 다른
모든 요소와는 달리, 대안 표현식은 BRE 문법이 지원하는 것이 아니다. 이들은 GNU grep이
정의한 하나의 확장 기능인데, GNU 이외의 여러 구현도 이 기능을 지원한다(ERE는 대안 표
현식을 지원한다).

반복 패턴은 주어진 정규식의 복사본들을 이용해서 간단하게 구현할 수 있다.

```
(define (r:repeat min max expr)
  (apply r:seq
         (append (make-list min expr)
                 (cond ((not max) (list expr "*"))
                       ((= max min) '())
                       (else
                        (make-list (- max min)
                                   (r:alt expr "")))))))
```

이 프로시저는 expr의 복사본이 min개 나오고 그다음에 expr 복사본과 빈 표현식으로 구성된
대안 표현식이 (- max min)개 나올 수 있는 패턴을 생성한다. max(반복 상한)가 주어지지 않으
면[9] 이 프로시저는 표현식 다음에 임의의 횟수의 반복을 뜻하는 별표(*)를 붙인다. 예를 들어
(r:repeat 3 5 (r:alt (r:quote "cat") (r:quote "dog")))는 독자가 기절할 정도로 긴 패턴
문자열로 번역된다.

r:char-from과 r:char-not-from의 구현은 바로크식 인용 관례 때문에 꽤나 복잡하다. 이
들은 두 부분으로 나누어서 구현하는 것이 최선이다. 첫 부분은 두 패턴을 차별화하고, 둘째 부
분은 공통의 인용 처리를 수행한다.

---

9 r:repeat 호출 시 반복 상한을 생략하려면 max 인수에 #f를 지정하면 된다.

```
(define (r:char-from string)
  (case (string-length string)
    ((0) (r:seq))
    ((1) (r:quote string))
    (else
     (bracket string
              (lambda (members)
                (if (lset= eqv? '(#\- #\^) members)
                    '(#\- #\^)
                    (quote-bracketed-contents members)))))))
(define (r:char-not-from string)
  (bracket string
           (lambda (members)
             (cons #\^ (quote-bracketed-contents members)))))
(define (bracket string procedure)
  (list->string
   (append '(#\[)
           (procedure (string->list string))
           '(#\]))))
```

r:char-from은 case 문을 이용해서 빈 문자 집합과 단원소 문자 집합들을 특별히 처리한다. 이들은 일반적인 경우의 처리를 단순화하기 위한 것이다. 또한, 문자 집합에 캐럿과 하이픈만 있는 경우도 특수한 경우이다. r:char-not-from에는 이런 특수 경우들이 없다.

앞에서 언급한 특수 경우 이외의 일반적인 경우에서는, 대괄호 표현식에서 안에서 특별한 의미를 가지는 세 가지 문자를, 그 문자가 연산자로 간주되지 않는 위치에 넣음으로써 적절히 인용한다. (이번 장 도입부에서 정규표현식의 구현이 "지저분하다"고 했음을 기억할 것!)

```
(define (quote-bracketed-contents members)
  (define (optional char)
    (if (memv char members) (list char) '()))
  (append (optional #\])
          (remove
           (lambda (c)
             (memv c chars-needing-quoting-in-brackets))
           members)
          (optional #\^)
          (optional #\-)))
(define chars-needing-quoting-in-brackets
  '(#\] #\^ #\-))
```

이 코드를 테스트하기 위해, 번역된 패턴 문자열을 포함한 grep 명령을 출력한다. 이 출력을 복사해서 셸에 붙여넣어 실행하면 된다. 셸마다 인용 관례가 다르므로, 정규식 패턴을 인용해야 할 뿐만 아니라 사용할 셸도 선택해야 한다. 여기서는 대단히 널리 쓰이는, 그리고 인용 관계가 비교적 간단한 본 셸Bourne shell을 사용하기로 한다.

```
(define (write-bourne-shell-grep-command expr filename)
  (display (bourne-shell-grep-command-string expr filename)))
(define (bourne-shell-grep-command-string expr filename)
  (string-append "grep -e "
                 (bourne-shell-quote-string expr)
                 " "
                 filename))
```

본 셸은 문자열 인수를 작은따옴표로 감싸는 인용 관례를 사용한다. 두 작은따옴표 사이의 모든 것이 하나의 문자열로 간주된다. 그렇다면 작은따옴표 자체가 문자열에 포함된 경우에는 그 작은따옴표 앞에 역슬래시를 붙여 주어야 한다. 셸은 인접한 역슬래시와 작은따옴표를 하나의 토큰으로 처리한다. (지저분한 처리가 거의 끝나가니 조금만 참으시길!)

```
(define (bourne-shell-quote-string string)
  (list->string
   (append (list #\')
           (append-map (lambda (char)
                         (if (char=? char #\')
                             (list #\' #\\ char #\')
                             (list char)))
                       (string->list string))
           (list #\'))))
```

이 이야기의 교훈

우리의 번역기는 아주 복잡하다. 이는, 대부분의 정규표현식 문법은 정규식 조각을 조합해서 더 큰 정규식을 만들 수 있는 조합 능력이 없기 때문이다(극단적인 수단을 이용해서 부품들을 격리하지 않는 한). 우리의 번역기가 그런 일을 하지만, 그 때문에 번역기가 생성하는 정규식에는 불필요한 상용구(boilerplate)가 아주 많다. 사람은 이런 정규식을 작성하지 않는다. 사람은 꼭 필요할 때만 상용구를 사용하기 때문이다. 한편으로, 사람은 꼭 필요한 상용구를 빼먹기도 한다. 그러면 찾기 어려운 버그가 생긴다.

이 이야기의 교훈은, 정규표현식은 시스템의 **잘못된** 구축 방식을 잘 보여주는 예라는 것이다. 조합 가능한 부품들을 조합자들로 조합해서 새 부품을 만드는 구축 방식을 사용하면 좀 더 단순하고 강건한 구현이 만들어진다.

■ 연습문제 2.6 정규식에 *와 + 추가

전통적인 정규표현식 언어에서, 한 부분 패턴 다음의 별표(*) 연산자는 그 부분 패턴이 0회 이상 반복됨을 뜻한다. 또한, 부분 패턴이 1회 이상 반복됨을 뜻하는 더하기 기호(+) 연산자도 정규표현식 언어에 흔히 추가되는 기능이다.

패턴을 받아서 적절히 반복하는 스킴 프로시저 r:*와 r:+를 정의하라. 기존의 r:repeat를 이용하면 수월하게 구현할 수 있을 것이다.

작성한 프로시저들을 복잡한 패턴과 실제 데이터에 적용해 보라.

■ 연습문제 2.7 버그 하나, 나쁜 농담 하나, 수정 두 개, 깨달음 하나

벤 빗디들^{Bitdiddle}은◆ 우리의 (r:repeat min max expr) 구현에서 문제점 하나를 발견했다.

r:repeat 프로시저 끝의 (r:alt expr "")는 다소 까다롭다. expr의 값이 표현식이라 할 때, 이 코드 조각은 \(표현식\|\)로 번역된다. 이 코드 조각은 어떤 문자열과 빈 문자열의 대안 선택이 "하나 또는 없음"과 같은 뜻이라는 사실에 기반한다. (이 설명의 나머지 부분에서는 필수적인, 그러나 헷갈리는 역슬래시들을 생략하겠다.) 즉, \(표현식\|\)은 표현식이 하나 있거나 아예 없음을 뜻한다. 안타깝게도 이 코드는 공식 POSIX 표준의 정규표현식 기능이 아니라 문서화되지 않은 GNU 확장 기능에 의존한다.

좀 더 구체적으로, POSIX 표준의 §9.4.3[10]에 따르면 닫는 괄호 바로 앞의(또는 여는 괄호 바로 다음의) 수직선 기호는 미정의 행동(undefined behavior)을 유발한다. 본질적으로, 하나의 정규식은 널 문자열일 수 없다.

GNU grep은 그냥 (x|)를 "나름대로 적당히" 처리하는 것일 뿐이다. 모든 grep 구현이 이렇

◆ 옮긴이 가상의 인물로, Bitdiddle은 bit(비트, 약간)와 diddle(속이다, 빈둥거리다)을 조합한 것으로 보인다. 이 연습문제의 나머지 인물들도 이름이 뭔가를 암시하는 가상의 인물이다.

10 "ERE Special Characters"([96]의 #tag_09_04_03).

게 관대하지는 않다.

따라서, 벤은 코드 해커 세 명(루이스, 알리사, 에바)으로 이루어진 자신의 팀에게 대안적인 우회책을 제출하라고 지시했다. 또한 벤 자신도 해결책을 제안했다. 이 연습문제에서 여러분이 구현할 것이 바로 그 해결책이다.

- 루이스 리즈너$^{\text{Luise Reasoner}}$는 코드 조각 (r:alt expr "")를 직접적인 (r:repeat 0 1 expr) 호출로 대체하는 간단하고도 우아한 수정안을 제안했다.

- 알리사 P. 해커$^{\text{Alyssa P. Hacker}}$는 (r:repeat 3 5 x)를 문제 있는 POSIX 비호환 정규식 조각 $xxx(x|)(x|)$ 대신 그에 상응하는 $(xxx|xxxx|xxxxx)$로 번역하도록 r:repeat의 else 절을 고칠 것을 제안했다. 알리사는 POSIX 정규표현식 문서화의 §9.4.7[11]을 참조했다.

- 에바 루 에이터$^{\text{Eva Lu Ator}}$는 POSIX 표준 §9.4.6.4[12]의 물음표 연산자(?)에 주목해서, r:? 연산자를 구현하고 (r:alt expr "")를 (r:? expr)로 대체하는 것이 더 나은 해결책이라고 제안했다.

- 한편, 벤은 POSIX의 정규표현식 명세를 자세히 살펴본 후 깨달음을 하나 얻었다. 벤은 '구간 표현식(interval expression)'을 산출하도록 r:repeat를 다시 구현할 것을 제안했다. 구간 표현식은 POSIX 문서화의 §9.3.6.5[13]에 나와 있다. POSIX 표준 문서를 읽기가 수월하지는 않을 것이다.

그럼 각 제안을 좀 더 살펴보자.

a. 루이스의 실없는 농담에 모두가 킥킥 웃었다. 뭐가 우스울까? 루이스의 착안에 뭐가 문제일까?

답은 촌철살인의 한 문장으로 충분할 것이다.

b. 에바의 제안이 코드와 데이터 두 측면 모두에서 알리사의 것보다 나은 점은 무엇일까?

간결하지만 설득력 있는 문장 몇 개면 충분하다.

....

11 "ERE Alternation"([96]의 #tag_09_04_07)

12 "EREs Matching Multiple Characters"([96]의 #tag_09_04_06)

13 "BREs Matching Multiple Characters"([96]의 #tag_09_03_06)

c. 벤의 제안이 다른 제안보다 나은 점은 무엇인가? 구체적으로, 벤이 인용한 POSIX 문서의 절(section)을 다른 팀원들이 인용한 절들과 비교해서 숙고하고, 연습문제 2.10을 미리 잠깐 살펴본 후 그 의미를 고찰해 보기 바란다. 또한, 이 제안에 따라 작성한 새 코드의 출력 문자열 크기와 코드의 전반적인 가독성(명확성)도 고찰해야 한다.

이 문제 역시, 답은 간결한 한 두 문장으로 충분하다.

d. 벤의 제안에 따라, 구간 표현식을 산출하도록 r:repeat를 재구현하라. 힌트: 스킴의 `number->string` 프로시저가 유용할 것이다. 주의: 역슬래시에 신경을 써야 한다.

잘 선택한 예제 입력 몇 가지에 대해 r:repeat가 산출한 결과를 제시하라. 복잡한 패턴과 실제 데이터에 적용해 보라.

■ 연습문제 2.8 과한 중첩

우리의 프로그램은 꼭 필요하지 않을 때도 정규식 조각을 괄호로 묶기 때문에, 과도하게 중첩된(nested) 정규식이 나온다. 예를 들어 다음과 같은 간단한 패턴도 과도하게 복잡한 정규식으로 번역된다.

```
(display (r:seq (r:quote "a") (r:dot) (r:quote "c")))
\(\(a\).\(c\)\)
```

또 다른 문제점은, BRE 기반 정규식 패턴에는 역참조(back-reference)가 관여할 수도 있다는 점이다. (POSIX 정규표현식 문서화의 §9.3.6.3[14]을 보라.) 역참조란 이미 지나친 괄호 부분식(괄호로 묶은 부분 표현식)을 참조하는 것을 말한다. 따라서, 패턴 작성자가 명시적으로 배치한 괄호 부분식 이외의 것을 우리의 번역기가 괄호로 묶어서는 안 된다. (반복을 위한 그룹화와 향후 참조를 위한 그룹화에 동일한 괄호 문자로 사용한다는 것은 그야말로 최악의 아이디어이다!)

과제: 우리의 프로그램에서 불필요한 중첩을 최대한 제거하라. 조심해서 다루어야 할 특수 경우들이 존재한다. 어떤 경우들일까? 개선한 프로그램을 제시하고, 미묘한 특수 경우들도 잘

---

14 "BREs Matching Multiple Characters" ([96]의 `#tag_09_03_06`)

처리하는지를 예제 입력들을 통해서 확인하라.

  힌트: 우리의 프로그램은 문자열을 중간 표현 수단이자 최종 결과로 사용한다. 문자열 이외
의 것을 중간 표현 수단으로 사용하는 것도 고려할 것.

■ 연습문제 2.9 역참조

역참조를 생성하는 프로시저를 추가하라. (연습문제 2.8을 참고할 것.) 헷갈리는 BRE의 세계
를 탐험할 기회이다.

■ 연습문제 2.10 표준?

  표준의 가장 좋은 점은 선택할 표준이 아주 많다는 것이다.

앤드루 S. 타넨바움

POSIX 정규표현식 문서화[96]에는 BRE(Basic Regular Expressions) 외에 ERE
(Extended Regular Expressions)라는 것도 정의되어 있다. egrep 같은 몇몇 소프트웨어
는 이 버전의 정규표현식 문법을 사용한다. 안타깝게도 ERE는 BRE의 보수적 확장이 아니다.
사실 ERE 문법은 BRE 문법과는 호환되지 않는다! 우리의 스킴 패턴 언어를 BRE뿐만 아니라
ERE도 지원하도록 확장하는 것은 흥미로운 프로젝트일 것이다.

a. 이러한 확장 작업을 고통스럽게 만드는 BRE와 ERE의 중대한 차이점은 무엇인가? 반드시
해결해야 할 차이점들을 나열하라.

b. 정규표현식 조합자 언어를 필요에 따라 BRE와 ERE 중 하나의 정규식으로 번역하도록 번
역기를 수정하려면 어떻게 해야 할까? 대상 정규표현식 언어와는 독립적인 추상층을 유지하려
면? 여러분의 전략을 설명하라.

c. 부문제 **b**의 전략을 구현하라. 새 번역기가 grep뿐만 아니라 egrep도 제대로 실행하는지, 부
문제 **a**에서 나열한 차이점들을 시험하는 사례들을 적용했을 때 두 경우에 대해 동등한 결과가
나오는지 확인하라.

2.3 래퍼

프로그램을 새로 작성하는 대신, 기존 프로그램을 어떤 래퍼wrapper로 감싸서 원래와는 다른 용도로 사용하는 것이 가능할 때가 종종 있다. 구(공)에 담긴 기체의 압력을 유지하면서 온도를 변화할 때 구의 반지름이 어떻게 변하는지 계산하는 문제를 생각해 보자. 이상기체(ideal gas)의 부피, 온도, 압력은 다음 공식을 따른다.

$$PV = nRT; \tag{2.1}$$

여기서 P는 압력이고 V는 부피, n은 기체의 양, T는 온도이다. 다음은 이 공식에 따라 기체의 부피를 계산하는 코드이다.

```
(define (gas-law-volume pressure temperature amount)
  (/ (* amount gas-constant temperature) pressure))
(define gas-constant 8.3144621)          ;J/(K*mol)
```

그리고 다음은 구의 반지름을 계산하는 코드이다.

```
(define (sphere-radius volume)
  (expt (/ volume (* 4/3 pi)) 1/3))
(define pi (* 4 (atan 1 1)))
```

(참고: 4/3과 1/3은 유리수 상수이다. 슬래시는 중위(infix) 나눗셈 연산자가 아니다.) 기체 상수(gas-constant)를 J/(K*mol) 단위의 값으로 선택했으므로, 이 프로그램 전체는 SI 단위를 사용한다. 즉, 압력의 단위는 제곱미터당 뉴턴이고 온도의 단위는 켈빈, 양(분자량)의 단위는 몰mole, 부피의 단위는 세제곱미터, 반지름의 단위는 미터이다.

지금까지는 문제가 간단해 보이지만, 다른 단위를 사용하게 되면 상황이 복잡해진다. 예를 들어 온도를 화씨 단위로 측정하고, 압력을 제곱인치당 파운드, 반지름을 인치로 측정해야 한다고 하자. 수치 해를 계산하는 것보다 정확한 단위 변환 공식을 찾는 것이 훨씬 더 복잡하다. 이상기체 공식이 간단하므로 그냥 이 공식을 미국 단위계의 단위에 맞게 변경할 수도 있겠지만, 그러면 프로그램이 특정 문제에 특수화되므로 이 프로그램의 취지가 훼손된다. 그보다는, 좀 더 모듈화된 단위 변환 방법을 사용하는 것이 낫겠다.

단위 변환은 그 역변환(inverse)과 연관된 프로시저이다. 그럼 화씨와 섭씨, SI 단위들과 미국 단위계 단위들을 서로 변환하는 프로시저(이하 간단히 '변환' 또는 '변환기')들을 작성해 보자.

```
(define fahrenheit-to-celsius
  (make-unit-conversion (lambda (f) (* 5/9 (- f 32)))
                        (lambda (c) (+ (* c 9/5) 32))))
(define celsius-to-kelvin
  (let ((zero-celsius 273.15)) ;섭씨 0도는 켈빈 273.15도
    (make-unit-conversion (lambda (c) (+ c zero-celsius))
                          (lambda (k) (- k zero-celsius)))))
```

역변환은 unit:invert로 얻을 수 있다. 예를 들면 다음과 같다.

```
(fahrenheit-to-celsius -40)
-40
(fahrenheit-to-celsius 32)
0
((unit:invert fahrenheit-to-celsius) 20)
68
```

단위 변환들을 조합할 수도 있다.

```
((compose celsius-to-kelvin fahrenheit-to-celsius) 80)
299.81666666666666
```

그리고 복합 단위 변환도 정의할 수 있다. 예를 들어 다음은 제곱인치 당 파운드로 표현된 압력을 제곱미터당 뉴턴으로 변환하는 변환기이다.[15]

```
(define psi-to-nsm
  (compose pound-to-newton
           (unit:invert inch-to-meter)
```

---

15 두 미터→인치 변환 인스턴스의 합성이 합당한 제곱미터→제곱인치 변환 방법임을 주목하자. 그러나 이런 방식의 합성이 유효하지 않은 단위 변환도 있다. 예를 들어 켈빈→섭씨 변환의 제곱은 말이 되지 않는다(비록 수치 계산은 일관된 결과를 내긴 하지만). 이는 섭씨온도와 물리적으로 의미 있는 켈빈온도의 변환 공식에 오프셋(덧셈 항)이 존재하기 때문이다. 사실 섭씨온도의 제곱은 물리적으로 의미가 없다.

```
      (unit:invert inch-to-meter)))
```

이제 68°F와 14.7psi에서 1몰^{mole}의 이상기체가 차지하는 구의 반지름을 인치 단위로 계산할 수 있다.

```
((unit:invert inch-to-meter)
 (sphere-radius
  (gas-law-volume
   (psi-to-nsm 14.7)
   ((compose celsius-to-kelvin fahrenheit-to-celsius) 68)
   1)))
7.049624635839811
```

그러나 이 단위 변환 시스템은 엉망이다. 구현하기는 간단했지만, 읽고 사용하기가 어렵다. 그래도 여러 관심사(concern)가 잘 분리되긴 했다. 기체 법칙의 물리학이 구의 기하학과, 그리고 측정 단위와 분리되어 있다. 물리학적 서술과 기하학적 서술이 정돈되어 있고, 둘 다 읽기 쉽다.

이보다 더 나은 시스템을 만들 수 있을 것이다. 문제 영역이 단위인 작은 DSL을 하나 만들면 어떨까? 그러면 새 변환 프로시저를 구축하는 작업이 간단해지며, 따라서 변환 프로시저를 읽기가 더 쉬워질 것이다.

2.3.1 특수화 래퍼

한 가지 전략은 gas-law-volume 같은 프로시저 하나를 받고 그 프로시저의 출력과 입력을 위한 단위 변환들로 특화한 버전의 프로시저를 산출하는 래퍼들의 일반적인 모임(family)을 만드는 것이다. 여기서는 단위 변환에만 적용하지만, 다른 임의의 데이터 변환을 위한 래퍼들을 구축하는 데도 충분할 정도로 일반적인 코드를 만들 수 있을 것이다.

지금 예제에서는, 자신의 고유 단위(SI)를 아는 gas-law-volume 프로시저를 위한 특수화 래퍼를 구축해 보겠다. 이러한 특수화 래퍼(specialization wrapper) 또는 특화기(specializer)는 기본 단위 변환들의 적절한 조합으로 컴파일되는 하나의 간단한 언어로 정의된다. 이는 이번 장 앞에서 이야기한 조합자 시스템과 다소 비슷하나, 조합자들을 컴파일러가 고수준 명세에 따라 생성한다는 점이 다르다. 이 기법은 제4장에 다시 등장한다. 거기서는 패턴들로부터 패턴 부합 프로시저들의 조합을 컴파일하는 데 이 기법을 사용한다.

```
(define make-specialized-gas-law-volume
  (unit-specializer
    gas-law-volume
    '(expt meter 3)                 ; 출력(부피)
    '(/ newton (expt meter 2))      ; 압력
    'kelvin                         ; 온도
    'mole))                         ; 분자량
```

다른 단위를 사용하는 버전의 **gas-law-volume** 프로시저를 만들려면, 그냥 사용하고자 하는 단위를 제공하면 된다.

```
(define conventional-gas-law-volume
  (make-specialized-gas-law-volume
    '(expt inch 3)                  ; 출력(부피)
    '(/ pound (expt inch 2))        ; 압력
    'fahrenheit                     ; 온도
    'mole))                         ; 분자량
```

이 프로시저를 이용해서 세제곱인치 단위의 부피를 구할 수 있으며, 따라서 인치 단위의 반지름을 구할 수 있다.

```
(sphere-radius (conventional-gas-law-volume 14.7 68 1))
7.04962463583981
```

2.3.2 특화기 구현

이상의 해법이 실제로 작동하려면 두 가지 부품이 필요한데, 하나는 주어진 프로시저를 필요한 단위 변환으로 감싸는 **unit-specializer** 프로시저이고 다른 하나는 주어진 단위 표현식들을 적절한 단위 변환으로 번역하는 수단이다. 첫 부품은 다음과 같다.

```
(define (unit-specializer procedure implicit-output-unit
                          . implicit-input-units)
  (define (specializer specific-output-unit
                       . specific-input-units)
    (let ((output-converter
           (make-converter implicit-output-unit
                           specific-output-unit))
          (input-converters
           (map make-converter
                specific-input-units
                implicit-input-units)))
      (define (specialized-procedure . arguments)
        (output-converter
         (apply procedure
                (map (lambda (converter argument)
                       (converter argument))
                     input-converters
                     arguments))))
      specialized-procedure))
  specializer)
```

unit-specializer 프로시저는 특수화할 프로시저와 암묵적인 고유 단위들을 받고, 특정 단위들을 받아서 그에 맞게 프로시저를 특수화한 버전을 생성하는 특화기를 돌려준다. 여기서 까다로운 부분은 단위 표현식들을 정확한 순서로 make-converter에 전달하는 것뿐이다.

이 해법의 둘째 부품은 make-converter이다. 이 프로시저는 단위 표현식 두 개를 받고 데이터를 첫 단위에서 둘째 단위로 변환하는 변환 프로시저를 돌려준다. 지금 문제를 위해서는, make-converter의 아주 멍청한 버전을 만들기로 한다. 이 버전은 단위 표현식들을 equal?로 비교할 수 있는 리터럴 상수로 취급한다. 이렇게 단순화하면 make-converter는 테이블 조회(table lookup)를 이용해서 적절한 변환 프로시저를 찾을 수 있다. 단, 이런 방식에서는 필요한 모든 변환을 우리가 명시적으로 제공해야 한다(기본 단위 변환들로부터 유도하는 것이 아니라). 다음은 그런 테이블을 만드는 예이다.

```
(register-unit-conversion 'fahrenheit 'celsius
                          fahrenheit-to-celsius)
(register-unit-conversion 'celsius 'kelvin
                          celsius-to-kelvin)
```

이 코드는 앞에서 정의한 변환들을 등록한다. 변환들을 등록하고 나면, make-converter는 주어진 인수들의 순서에 해당하는 방향으로의 적절한 변환을 찾을 수 있다.

그런데 우리에게 필요한 것은 이 변환들이 아니라 화씨→켈빈 변환, 즉 fahrenheit에서 kelvin으로의 변환이다. 이 변환을 기존 정의들로부터 추론하게 만드는 것은 지금 단계에서 바람직하지 않으므로(흥미롭긴 하지만 구현이 훨씬 복잡하다), 기존 변환들로부터 복합 변환들을 우리가 직접 구축하기로 하자. 우선, 작업의 편의를 위해 다음과 같은 단위 변환들의 '대수(algebra)'를 도입한다.

```
(define (unit:* u1 u2)
  (make-unit-conversion (compose u2 u1)
                        (compose (unit:invert u1)
                                 (unit:invert u2))))
```

이 프로시저 unit:*와 unit:invert를 조합하면 단위 변환들을 조합하는 일반적인 능력이 생긴다. 편의를 위해 다음 프로시저들도 추가하자. 이들은 unit:*와 unit:invert에서 어렵지 않게 유도할 수 있다.

```
(unit:/ u1 u2)
(unit:expt u n)
```

다음은 이상의 단위 변환 '대수'를 이용해서 기체 문제에 필요한 변환들을 정의하는 코드이다.

```
(register-unit-conversion 'fahrenheit 'kelvin
    (unit:* fahrenheit-to-celsius celsius-to-kelvin))
(register-unit-conversion '(/ pound (expt inch 2))
                          '(/ newton (expt meter 2))
    (unit:/ pound-to-newton
            (unit:expt inch-to-meter 2)))
(register-unit-conversion '(expt inch 3) '(expt meter 3)
    (unit:expt inch-to-meter 3))
```

2.3.2 적응자

지금까지 살펴본 것은 기존 코드를 수정하지 않고도 기존 프로그램의 가용성을 확장하는 기법 중 하나였다. 이 기법으로 만들어 낸 결과물은 하나의 '적응자(adapter)' 메커니즘인데, 이 메커니즘은 그 자체로 확장성이 있으며, 다른 여러 종류의 프로그램을 일반화하는 데 사용할 수 있다.

이상의 논의를 다음과 같은 하나의 주요 원리로 정리할 수 있겠다: 기존 프로그램을 새 용도에 적응시키기 위해 프로그램을 아예 다시 작성하는 대신, 간단하고 일반적인 기반 프로그램으로 시작해서 그것을 특정 용도에 맞게 래퍼로 감싸는 것이 더 낫다. 프로그램은 래퍼에 관해 아무것도 알지 못하며, 래퍼는 바탕 프로그램에 대해 가정을 조금만 둔다. 그리고 unit-specializer 프로시저는 래퍼와 바탕 프로그램 모두에 대해 거의 아는 것이 없다. 이 세 부품이 이토록 느슨하게 결합된 덕분에 각각을 수많은 용도로(지금까지 우리가 고찰한 것 이외에도) 일반화할 수 있다. 이는 계층화(layering) 전략의 일종이다. 계층화는 제6장에서 좀 더 자세히 살펴본다.

■ 연습문제 2.11 단위 변환 구현

이 연습문제에서는 이 시스템이 작동하는 데 필요한 세부 사항을 채워 넣는다.

a. 몸풀기로, `register-unit-conversion` 프로시저와 `make-converter` 프로시저를 작성하라.

b. `unit:/` 프로시저와 `unit:expt` 프로시저를 작성하라.

c. 미국 단위계의 단위들을 SI 단위들로 변환하는 일단의 변환 프로시저들을 작성하라. 질량과 길이를 변환하는 프로시저들이 필요하다. (시간은 두 단위계 모두 초(second) 단위이다. 그렇지만 응용에 따라서는 초 외에 분, 시, 일, 주, 년 같은 단위들로의 변환이 필요할 수도 있을 것이다. 이것을 범용적으로 만들려다 막다른 골목에 빠지지는 말 것.)

d. 속도나 가속도 같은 유용한 복합 변환들도 작성해 보라.

e. 실제 프로젝트를 위해, 이 특화기 시스템을 측정 단위와는 무관한 다른 프로그램의 데이터 변환에 맞게 확장하라.

f. 또 다른 큰 확장은 `make-converter`가 요구에 따라 복합 변환을 이미 등록된 변환들로부터

유도(derivation)할 수도 있게 만드는 것이다. 이를 위해서는 그래프 검색(graph search)이 필요하다.

2.4 문제 영역의 추상화

이번 절에서는 범용 보드게임 소프트웨어를 위한 하나의 기반으로 작용하는 DSL 계층을 만들어 본다. 보드게임들에는 공통점이 많다. 특정한 하나의 게임에는 그런 공통 특징 중 일부가 조합되어 있다. 일정한 부류에 속하는 보드게임들을 서술하는 추상 개념들로부터, 그 보드게임 부류의 공통 구조를 반영하는 **영역 모형**(domain model)을 만드는 것이 가능하다. 보드게임을 서술하는 추상 개념으로는 이를테면 기물(piece; 게임 말), 잠재적 위치, 이동이나 포획 같은 기본 행동 등이 있다.

하나의 구체적인 보드게임 프로그램을 전적으로 그러한 영역 모형을 기반으로 구축하는 것도 가능할 수 있다. 충분히 일반적인 영역 모형은 모형 자체를 변경하지 않고도 추가적인 변형들을 지원한다.

체스나 체커 같은 보드게임을 생각해 보자. 둘 다 정사각 격자 형태의 게임판(보드)을 사용하는 2인용 게임이다. 플레이어는 그 보드 위에 여러 기물을 배치한다. 게임판의 임의의 한 장소(칸)는 많아야 하나의 기물만 놓을 수 있다. 두 플레이어가 번갈아 수(move)를 둔다. 각 수에서 플레이어는 특정한 기물 하나를 게임판의 다른 장소로 옮긴다. 종종 상대방의 기물을 잡기도 한다(capture; 포획). 이상은 체스 같은 부류의 보드게임들에 대한 영역 모형의 비형식적인 서술이다.

이런 종류의 영역 모형에 기초해서, 체커를 위한 **심판**(referee)을 만들어 보겠다. 이 심판은 주어진 플레이 상태에서 주어진 플레이어가 둘 수 있는 모든 적법한 수를 계산한다. 모든 기물, 좌표, 게임판의 구현을 제공하는 영역 모형을 구현하려면 상당히 복잡하다. 간결한 설명을 위해, 여기서는 심판에게 필요한 부분만 구현하기로 한다.

심판의 기본적인 작동 방식은, 기물마다 유효한 수들을 모두 생성한 후 그 수들을 취합하는 것이다. 이를 위해서는, 한 기물의 행마(수)가 유발하는 효과들을 추적하는◆ 하나의 추상이 유용할 것이다. 예를 들어 기물의 위치가 바뀌는 것이 하나의 효과이고, 기물의 종류가 바뀌는 것(이를테면 체커의 '왕 만들기(kinging')')이 또 다른 효과이다. 또한, 상대방의 기물을 잡는 것도 효과이다. 각각의 적법한 수는 그 수의 초기 상태에 그런 일련의 변화를 적용한 결과이다.

좋은 프로그램을 만들려면 코드를 여러 번 다시 작성해야 한다. 이번 절의 예제 프로그램도 마찬가지이다. 첫 번째 초안(draft)에서는 관심사들이 그리 깔끔하게 분리되지 않겠지만, 그래도 초안을 만들어 보면 문제의 구조를 파악하는 데 도움이 된다. 여기서는 두 가지 서로 다른 구현을 제시한다. 이들을 통해서, 초안의 단점을 식별하고 프로그램을 진화시키는 방법을 배우게 될 것이다.

2.4.1 획일적(monolithic) 구현

우리가 해야 할 일이 무엇인지 파악하는 데 도움이 되도록, 일단 심판을 간단하게만 구현해 보자.

체커의 문제 영역 모형

첫 구현은 체커에 특화된, 상당히 단순한 영역 모형을 기반으로 한다. 이후 구현에서는 체커에 특화된 부분들을 추상화하고 영역 모형의 여러 세부 사항을 숨긴다. 최종 영역 모형은 비슷한 부류의 다른 보드게임들을 지원하며, 어쩌면 다른 종류의 문제 영역까지도 지원할 수 있다.

여기서 사용할 영역 모형에는 추상 형식(abstract type)이 세 개 있다. 하나는 살아 있는 기물들과 다음에 수를 둘 플레이어(현재 플레이어)의 색을 추적하는 게임판(board)이다. 영역 모형은 게임판의 특정 위치에 어떤 기물이 있는지를 알려준다. 다른 하나는 색 속성, 위치 속성, 왕(king) 여부 속성을 가진 기물이고, 나머지 하나는 좌표(coordinates)로 지정되는 위치(position)이다. 좌표는 현재 플레이어의 위치에 상대적이다. 다음은 게임판에 대한 연산들이다.

(current-pieces *board*)
  현재 플레이어에 속한 기물들의 목록(list)을 돌려준다.

....

◆ 옮긴이 지금 맥락에서 "추적한다(track)"는 대상 상태를 저장하고 상태가 변하면 저장 내용을 적절히 갱신하는 것을 말한다. 따라 갱신하는 것을 말한다.

(is-position-on-board? *coords* *board*)

주어진 좌표 *coords*가 게임판 *board*의 유효한 위치에 해당하는지 판정한다. 이 술어를 만족하지 않는 좌표를 다른 연산에 사용하면 오류가 발생한다.

(board-get *coords* *board*)

좌표 *coords*에 있는 기물을 돌려준다. 그 위치에 기물이 없으면 #f를 돌려준다.

(position-info *coords* *board*)

게임판 *board*의 좌표 *coords*에 무엇이 있는지 조회한다. 그 위치가 비어 있으면 unoccupied를 돌려주고, 그 위치에 현재 플레이어의 기물이 있으면 occupied-by-self 를, 상대방의 기물이 있으면 occupied-by-opponent를 돌려준다.

(is-position-unoccupied? *coords* *board*)

position-info가 unoccupied를 돌려주는 경우에 해당하는 상황인지 판정한다.

(is-position-occupied-by-self? *coords* *board*)

position-info가 occupied-by-self를 돌려주는 경우에 해당하는 상황인지 판정한다.

(is-position-occupied-by-opponent? *coords* *board*)

position-info가 occupied-by-opponent를 돌려주는 경우에 해당하는 상황인지 판정한다.

기물에 대해서도 이와 비슷한 몇 가지 연산이 있다.

(piece-coords *piece*)

기물 *piece*의 좌표를 돌려준다.

(should-be-crowned? *piece*)

기물 *piece*를 왕으로 만들어야 하는지 판정한다. 구체적으로 말하면, 기물이 아직은 왕이 아니며 상대방의 홈 행(home row)에 도달했는지 판정한다.

(crown-piece *piece*)

보통의 기물이 아니라 왕이라는 점만 빼고는 *piece*와 동일한 새 기물을 돌려준다.

(possible-directions *piece*)

유효한 수가 될 수 있을 만한 *piece*의 이동 방향들의 목록을 돌려준다. 이 연산이 현재 게임판에서 그 방향으로의 이동이 허용되는지까지 고려하지는 않는다.

좌표계는 간단하다. 좌표는 그냥 행 번호와 열 번호의 순서쌍이다. 이하의 논의에서 **좌표**는 게임판의 절대 좌표를 뜻하고, 상대적인 좌표는 **오프셋**이라고 칭한다. 오프셋을 좌표에 더해서 새 좌표를 얻을 수 있고, 한 좌표에서 다른 한 좌표를 빼서 오프셋을 얻을 수도 있다. **방향** (direction)은 행과 열이 0이나 1, −1인 오프셋이다. 체커에서는 전방으로의 두 대각선 방향만, 즉 행이 1이고 열이 −1이나 1인 오프셋들만 가능하다. 단, 기물이 왕이 되면 후방 두 대각선 방향(행이 −1인)도 가능하다. 체스에서는 기물의 종류마다 가능한 방향이 다르다. 예를 들어 기사(나이트)의 가능한 방향과 행마는 좀 더 복잡하다. 좌표를 조작하는 연산들도 있지만, 구현이 자명하므로 여기서 따로 제시하지 않겠다.

체커 심판

각 수를 표현하는 자료 구조가 필요하다. 체커에서는 하나의 수에서 기물의 위치를 여러 번 바꿀 수 있으므로, 걸음 또는 **걸음**(step; 걸음) 객체들의 목록을 사용하기로 한다. 각 걸음 객체(이하 간단히 걸음)은 그 걸음 이전의 기물 위치와 걸음 이후의 기물 위치, 걸음 이전의 게임판과 걸음 이후의 게임판, 그리고 그 걸음이 '점프(상대방 말을 뛰어넘는 것)'인지의 여부를 서술한다. 이런 걸음들의 목록을 **경로**(path)라고 부르기로 하자. 경로에서 걸음들은 가장 최신의 것에서 가장 오래된 것으로 나열된다. 이런 순서를 사용하면, 하나의 수를 진행하는 방법이 여러 가지일 때 공통의 부분경로(subpath)를 공유하기가 쉽다.

(step-to *step*)

걸음 *step*을 적용한 후의 기물을 돌려준다.

(step-board *step*)

걸음 *step*을 적용한 후의 게임판을 돌려준다.

(make-simple-move *new-coords piece board*)

기물 *piece*를 게임판 *board*의 좌표 *new-coords*에 해당하는 새 위치로 옮기는 걸음을 돌려준다.

(make-jump *new-coords jumped-coords piece board*)

기물 *piece*를 게임판 *board*의 좌표 *new-coords*로 옮기고 좌표 *jumped-coords*에 있는 상대방 기물을 제거하는 걸음을 돌려준다.

(replace-piece *new-piece old-piece board*)

게임판 *board*의 기물 *old-piece*를 새 기물 *new-piece*로 대체하는 걸음을 돌려준다.

(path-contains-jumps? *path*)

경로 *path*에 점프에 해당하는 걸음이 있는지 판정한다.

그럼 체커 심판을 구축해보자. 우선, 주어진 출발점에서 주어진 방향으로의 단순한 걸음들을 서술하는 것으로 시작하겠다. try-step 프로시저는 가능한 다음 걸음을 찾아서 주어진 경로에 추가함으로써 그 경로를 증강(augmentaion)한다. 만일 가능한 걸음이 없으면 #f를 돌려준다.

```
(define (try-step piece board direction path)
  (let ((new-coords
         (coords+ (piece-coords piece) direction)))
    (and (is-position-on-board? new-coords board)
         (case (position-info new-coords board)
           ((unoccupied)
            (and (not (path-contains-jumps? path))
                 (cons (make-simple-move new-coords
                                         piece
                                         board)
                       path)))
           ((occupied-by-opponent)
            (let ((landing (coords+ new-coords direction)))
              (and (is-position-on-board? landing board)
                   (is-position-unoccupied? landing board)
                   (cons (make-jump landing
                                    new-coords
                                    piece
                                    board)
                         path))))
           ((occupied-by-self) #f)
           (else (error "Unknown position info"))))))
```

이 프로시저는 주어진 방향으로 한 걸음 나아간 위치를 조사한다. 그 위치가 비어 있으면 그 걸음은 가능한 걸음이다. (이것이 점프의 후속(continuation) 걸음인지 명시적으로 판정한다. 체커에서는 그런 행마를 허용하지 않기 때문이다.) 만일 그 위치에 현재 플레이어의 기물이 있다면, 그 방향으로는 더 이상 걸음이 불가능하다. 그러나 상대방의 기물이 있다면, 그리고 그 방향으로의 다음 위치가 비어 있다면, 상대방 기물을 뛰어넘어서(점프) 그 기물을 잡을 수 있다.

주어진 기물의 모든 가능한 방향을 시도해야 한다. compute-next-steps 프로시저는 걸음 하나로 기존 경로를 증강해서 만들어 낼 수 있는 모든 가능한 경로의 목록을 돌려준다.

```
(define (compute-next-steps piece board path)
  ;; filter-map은 거짓인 값들을 폐기한다.
  (filter-map (lambda (direction)
                (try-step piece board direction path))
              (possible-directions piece)))
```

체커 규칙에 따르면, 점프가 가능할 때는 반드시 점프 수를 두어야 한다(여러 개의 점프가 가능하면 그중 하나를 선택해서).

```
(define (evolve-paths piece board)
  (let ((paths (compute-next-steps piece board '())))
    (let ((jumps (filter path-contains-jumps? paths)))
      (if (null? jumps)
          paths
          (evolve-jumps jumps)))))
```

첫 점프 이후에는 또 다른 점프가 가능한지 판정해야 한다.

```
(define (evolve-jumps paths)
  (append-map (lambda (path)
                (let ((paths
                       (let ((step (car path)))
                         (compute-next-steps (step-to step)
                                             (step-board step)
                                             path))))
                  (if (null? paths)
                      (list path)
```

```
                          ;; 가능하면 계속 점프한다
                          (evolve-jumps paths)))))
              paths))
```

이상이 기물 하나의 수들을 생성하는 논리이다. 심판은 모든 기물에 대해 이런 식으로 수들을 생성해서 모두 취합한다.

```
(define (generate-moves board)
  (crown-kings
    (mandate-jumps
      (append-map (lambda (piece)
                    (evolve-paths piece board))
                  (current-pieces board)))))
```

이 generate-moves 프로시저는 수들을 생성하는 것 외에 두 가지 일을 수행한다. 첫째로, 점프가 가능하면 반드시 점프 수를 두어야 하므로, 취합한 수 중에 점프가 있다면 보통의 수들은 모두 제거하고 점프 수들만 남긴다.

```
(define (mandate-jumps paths)
  (let ((jumps (filter path-contains-jumps? paths)))
    (if (null? jumps)
        paths
        jumps)))
```

둘째로, 상대방의 홈 행에 도달한 기물이 있으면 그 기물을 왕으로 만든다.

```
(define (crown-kings paths)
  (map (lambda (path)
         (let ((piece (step-to (car path))))
           (if (should-be-crowned? piece)
               (cons (replace-piece (crown-piece piece)
                                    piece
                                    (step-board (car path)))
                     path)
               path)))
       paths))
```

비평

이 코드는 꽤 그럴듯하다. 놀랄 만큼 간결하고, 영역 모형을 기반으로 작성되었다. 그렇지만 체커 규칙들이 코드 전반에 분산되어 있다는 점이 아쉽다. 점프 가능 여부는 `try-step` 프로시저가 판정하지만, 점프를 연달아 여러 번 할 수 있는지는 `evolve-jumps`에서 판정된다. 또한, 점프가 가능할 때 반드시 점프를 해야 한다는 하나의 규칙이 `evolve-paths` 프로시저와 `mandate-jumps` 프로시저에 나뉘어 있다. 좀 더 미묘한 문제점은, 심판의 제어 구조가 규칙들과 뒤섞여 있다는 것이다. 점프 필수 규칙의 논리가 두 곳에 나뉘어 있는 것은 제어 구조가 분산되어 있다는 점에서 생긴 결과이다.

2.4.2 문제 영역의 분해

그럼 앞의 구현에 존재하는 문제점들을 개선해 보자. 우선, 영역 모형과 제어 구조를 체커 규칙들과 분리할 수 있는지 살펴보기로 한다.

영역 모형

좌표와 기물, 게임판은 앞의 획일적 구현에 있는 것을 그대로 사용해도 된다. 이들은 딱히 개선할 점이 없다. 그렇지만 왕 기물과 보통 기물이라는 구체적인 개념은 제거하고, 대신 여러 종류의 기물을 대표하는 기호 형식(symbolic type) 하나를 사용하기로 하겠다. 이를 위해 다음 두 연산을 추가한다.

(piece-type *piece*)

> 기물 *piece*의 종류(type; 형식)를 돌려준다.

(piece-new-type *piece type*)

> 기물 *piece*와 동일하되 종류가 *type*인 새 기물을 돌려준다.

`should-be-crowned?`와 `crown-piece`는 이 기물 종류를 사용하도록 재정의한다. 이 프로시저들은 이전과 동일하게 행동하지만, 이제는 핵심 영역 모형의 일부가 아니다.

　`possible-directions` 프로시저가 체커에 특화되긴 했지만, 여기서도 사용한다. 단, 체커 규칙들을 정의할 때만 쓰일 뿐, 새 영역 모형의 일부가 아니다.

주어진 걸음이 점프인지의 여부를 담고 있다는 점에서, 걸음 자료 구조 역시 체커에 특화된 존재이다. 이번에는 걸음 자료 구조를 변경(change)이라고 부르는 좀 더 일반적인 자료 구조로 대체한다.

(make-change board *piece flags*)

> 새 변경 객체를 생성한다. *flags* 인수는 기물 포획 같은 상태 변경을 나타내는 데 쓰인다. 하나의 변경은 게임판, 기물, 플래그들로 구성되며, 각각을 선택자 get-board, get-piece, get-flags로 얻을 수 있다.

기물 종류처럼 변경 플래그도, 영역 모형을 뜯어고치지 않고도 특정 게임에 특화된 기능들을 영역 모형에 추가하는 수단을 제공한다.

경로라는 개념은 **부분 수**(partial move)라는 좀 더 추상적인 개념으로 대체하기로 한다. 하나의 부분 수는 초기 게임판과 기물, 그리고 0개 이상의 변경들로 구성된다. 코드에서는 부분 수 객체를 pmove로 지칭하기로 하자.

(initial-pmove *board piece*)

> 변경도 없고 플래그도 없는 새 부분 수를 생성한다.

(is-pmove-empty? *pmove*)

> 부분 수 *pmove*가 비어 있는지, 즉 아무런 변경도 없는지 판정한다.

(is-pmove-finished? *pmove*)

> 부분 수 *pmove*가 완료되었는지(완료 플래그가 있는지) 판정한다.

(current-board *pmove*)

> 부분 수 *pmove*의 가장 최근 변경에 담긴 게임판을 돌려준다. 만일 부분 수에 변경이 없으면 초기 게임판, 즉 initial-pmove의 인수로 주어진 게임판을 돌려준다.

(current-piece *pmove*)

> 부분 수 *pmove*의 가장 최근 변경에 담긴 기물을 돌려준다. 만일 부분 수에 변경이 없으면 initial-pmove의 인수로 주어진 기물을 돌려준다.

다음 연산들은 부분 수를 여러 가지 방식으로 확장한다. "무엇무엇으로 부분 수를 확장한다"라는 말은 "무엇무엇을 수행하는 변경 객체를 추가해서 부분 수를 확장한다"라는 뜻이다.

(new-piece-position *coords pmove*)

좌표 *coords*로 기물을 이동하는 것으로 부분 수 *pmove*를 확장한다.

(update-piece *procedure pmove*)

기존 기물을 그 기물에 프로시저 *procedure*를 적용한 결과로 대체하는 것으로 부분 수 *pmove*를 확장한다.

(finish-move *pmove*)

수가 완료되었음을 뜻하는 플래그를 가진 변경 객체를 추가하는 것으로 부분수 *pmove*를 확장한다. 그 결과는 항상 is-pmove-finished? 술어를 충족한다.

§2.4.1의 구현에서는 **점프**와 **포획**이 같은 뜻이었다. 그러나 포획은 좀 더 일반적인 개념이다. 예를 들어 체스에서 포획은 상대방 기물을 뛰어넘는 것이 아니라 상대방 기물을 게임판에서 제거하고 그 위치를 차지하는 식으로 일어난다. 이번 구현에서는 변경 플래그를 이용해서 기물 포획 방식을 부호화한다. 다음은 플래그를 관리하는 프로시저들이다.

(captures-pieces? *pmove*)

부분 수 *pmove*가 상대방의 기물을 하나라도 포획하는지의 여부를 판정한다.

(capture-piece-at *coords pmove*)

좌표 *coords*에 있는 기물을 제거하는 것으로 부분 수 *pmove*를 확장한다. *coords*에 해당하는 위치에는 반드시 상대방의 기물이 있어야 한다. 이 연산은 또한 새 변경 객체에 기물이 포획되었음을 뜻하는 플래그를 설정한다. 결과적으로, 확장된 부분 수는 항상 captures-pieces?를 충족한다.

규칙 집행

제어 구조와 체커 규칙 집합을 수월하게 분리하기 위해, 규칙의 구체적 내용을 도입하지 않고도 제어 구조를 반영하는 하나의 규칙 집행기(rule executive)를 구축한다. 이런 종류의 게임에는 두 종류의 규칙이 있다. 이 책에서 **진화 규칙**(evolution rule)이라고 부르는 한 종류는 부분 수를 증강(augmentation)하며, 경우에 따라서는 다수의 파생 부분 수들을 돌려준다. 다른 한 종류인 **취합 규칙**(aggregate rule)은 부분 수들의 집합에 작용하는 규칙인데, 허용되지 않는 부분 수들을 제거하거나 어떠한 변경(왕 만들기 등)을 도입해서 기존 부분 수들을 확장한다.

지금 예제에서 집행기는 플레이어 기물당 하나씩의 빈 부분 수들로 출발해서, 진화 규칙들을 이용해서 그 부분 수들을 완료된 수들을 나타내는 부분 수들의 집합으로 진화시킨다. 그런 다음에는 취합 규칙들을 완료된 부분 수 집합에 적용해서 적법한 수들의 집합을 만들어 내고, 그것을 최종 결과로 돌려준다.

진화 규칙은 주어진 부분 수를 새 부분 수들의 집합으로 변환하는 하나의 프로시저 형태로 구현된다. 새 부분 수 중 일부는 완료된 부분 수(is-pmove-finished?를 충족하는)이다. 집행기는 모든 부분 수가 완료될 때까지 모든 진화 규칙을 부분 수 집합에 재귀적으로 적용한다.

취합 규칙은 완료된 부분 수 집합을 받고 새로운 부분 수 집합을 산출하는 프로시저의 형태로 구현된다. 각 취합 규칙은 한 번씩만 적용되며, 취합 규칙들의 적용 순서에 관한 제약은 없다. 따라서 규칙 집행기는 그 규칙들을 하나의 프로시저로 조합해서 사용할 수 있다. 그러한 프로시저는 하나의 합성(composite) 취합 규칙에 해당한다. 취합 규칙이 하나도 없는 경우 합성 취합 규칙은 그냥 주어진 인수를 그대로 돌려준다.

```
(define (execute-rules initial-pmoves evolution-rules
                       aggregate-rules)
  ((reduce compose (lambda (x) x) aggregate-rules)
   (append-map (lambda (pmove)
                 (evolve-pmove pmove evolution-rules))
               initial-pmoves)))
(define (evolve-pmove pmove evolution-rules)
  (append-map (lambda (new-pmove)
                (if (is-pmove-finished? new-pmove)
                    (list new-pmove)
                    (evolve-pmove new-pmove evolution-rules)))
              (append-map (lambda (evolution-rule)
                            (evolution-rule pmove))
                          evolution-rules)))
```

집행기가 사용할 진화 규칙들은 define-evolution-rule이라는 프로시저로 등록하고, 취합 규칙들은 define-aggregate-rule 프로시저로 등록한다. 각 규칙은 규칙 이름, 적용할 게임, 그리고 규칙의 행동을 구현한 프로시저로 구성된다.

체커 규칙

다음은 단순한(복합 수가 아닌) 수들을 위한 규칙이다. 이 규칙은 가능한 방향들에서 빈 인접 위치를 찾고, 해당 위치로의 수를 포함하도록 부분 수를 확장한다. 그런 수 다음에는 더 이상의 수가 불가능하므로, 부분 수의 완료 플래그를 설정한다.

```
(define-evolution-rule 'simple-move checkers
  (lambda (pmove)
    (if (is-pmove-empty? pmove)
        (get-simple-moves pmove)
        '())))
(define (get-simple-moves pmove)
  (filter-map
   (lambda (direction)
     (let ((landing (compute-new-position direction 1 pmove))
           (board (current-board pmove)))
       (and (is-position-on-board? landing board)
            (is-position-unoccupied? landing board)
            (finish-move (new-piece-position landing pmove)))))
   (possible-directions (current-piece pmove))))
```

get-simple-moves가 호출하는 compute-new-position 프로시저는 주어진 부분 수의 방향 (direction)과 거리로 이동했을 때의 위치를 돌려준다. offset* 프로시저는 주어진 오프셋에 배수를 곱한 새 오프셋을 돌려준다.

```
(define (compute-new-position direction distance pmove)
  (coords+ (piece-coords (current-piece pmove))
           (offset* direction distance)))
```

점프 규칙도 비슷하되, 주어진 방향으로 상대방 기물이 차지한 위치 바로 다음에 빈 위치가 있는지 점검한다는 점이 다르다. 더 이상의 점프가 불가능하면 부분 수의 완료 플래그를 설정한다.

```
(define-evolution-rule 'jump checkers
```

```
  (lambda (pmove)
    (let ((jumps (get-jumps pmove)))
      (cond ((not (null? jumps))
              jumps)
            ((is-pmove-empty? pmove)
             '()) ; 이 pmove는 폐기
            (else
             (list (finish-move pmove)))))))
(define (get-jumps pmove)
  (filter-map
   (lambda (direction)
     (let ((possible-jump
             (compute-new-position direction 1 pmove))
           (landing (compute-new-position direction 2 pmove))
           (board (current-board pmove)))
       (and (is-position-on-board? landing board)
            (is-position-unoccupied? landing board)
            (is-position-occupied-by-opponent? possible-jump
                                               board)
            (capture-piece-at possible-jump
                              (new-piece-position landing
                                                  pmove)))))
   (possible-directions (current-piece pmove))))
```

왕 만들기는 다른 규칙들과는 독립적이다. 그냥 완료된 수들에서 상대방 홈 행에 도달한 왕이 아닌 기물을 찾아서 그 기물을 왕으로 만들면 된다. ◆

```
(define-aggregate-rule 'coronation checkers
  (lambda (pmoves)
    (map (lambda (pmove)
           (let ((piece (current-piece pmove)))
             (if (should-be-crowned? piece)
                 (update-piece crown-piece pmove)
                 pmove)))
         pmoves)))
```

마지막으로, 점프가 가능하면 반드시 점프 수를 두어야 한다는 규칙은, 실제로 점프 수가 존재한다면 비점프 수들을 모두 제거하는 것으로 구현할 수 있다.

....

◆ 옮긴이 참고로, 규칙 이름 'coronation'은 '즉위' 또는 '대관식'을 뜻한다.

```
(define-aggregate-rule 'require-jumps checkers
  (lambda (pmoves)
    (let ((jumps (filter captures-pieces? pmoves)))
      (if (null? jumps)
          pmoves
          jumps))))
```

비평

지금까지 살펴본 체커 심판의 규칙 기반 구현은 이전에 언급한 획일적 구현의 문제점들을 해결한다. 이 구현은 프로그램에서 제어 구조를 빼내서 집행기 안에 배치한다. 그 결과로 규칙들이 구체적이다. 각 체커 규칙은 하나의 프로시저로 표현된다. 이전 구현과는 달리 하나의 규칙이 프로그램의 여기저기에 분산되지 않는다.

그렇지만 여기에는 대가가 따른다. 바로, 적용 대상이 아닌 부분 수에 규칙이 적용되지 않게 하기 위해 각 규칙에 적용 가능성 조건을 추가해야 한다는 것이다.[16] 예를 들어 simple-move는 비지 않은 부분 수에는 적용하면 안 된다. 비지 않은 부분 수에는 점프가 하나 이상 들어 있을 수 있는데, 체커에서 점프 다음에 단순한 한 칸 이동(걸음)은 허용되지 않기 때문이다. 이 문제는 규칙 기반 시스템에서 모든 규칙이 반드시 그 어떤 규칙의 출력도 받아들일 수 있어야 한다는 점에서 비롯한 것인데, 이는 규칙 기반 시스템들에서 흔히 볼 수 있는 결함이다. 흔히, 규칙을 적용할 데이터 안에 제어 상태(control state)를 부호화함으로써 이 문제를 해결한다.

■ 연습문제 2.12 약간의 체스 규칙

체커에 사용한 영역 모형으로 체스 규칙들을 구현하는 것도 가능하다. 체스는 기물의 종류가 훨씬 다양하다는 것 말고도 체스와 체커에는 중요한 차이점이 여러 개 있다. 한 가지는 룩rook, 비숍, 퀸이 다른 기물에 막히지만 않으면 얼마든지 여러 칸을 이동할 수 있다는 점이다. 또한, 상대방 기물을 뛰어넘는 것이 아니라 그 위치를 차지해서 상대방 말을 잡는다는 점도 중요한 차이점이다. 이 연습문제에서는 룩과 나이트knight만 고려한다. 나머지 기물들은 연습문제 2.13에서 다룬다.

a. 체커 심판과 비슷하되 룩의 유효한 수들을 생성하는 심판을 구축하라. 캐슬링 규칙(castling

---

16 그러나 규칙 집행기가 완료된 부분 수들을 명시적으로 처리하므로, 규칙의 그런 사항들은 점검할 필요가 없다.

rule)까지 구현하려 들 필요는 없다.

b. 나이트의 수들도 생성하도록 심판을 확장하라.

■ 연습문제 2.13 **체스 규칙 더 추가**

체스 규칙을 완전히 구현하라.

■ 연습문제 2.14 **고급 프로젝트**

보드게임이 아닌 다른 문제 영역 하나와 그 영역의 한 과정(process)을 선택하고, 그 과정의 규칙들을 영역 모형과 규칙 집행기를 이용해서 구현하라. 쉽지 않을 것이다.

2.5 요약

이번 장에서 소개하고 설명한 기법들은 모든 대규모 시스템의 설계와 개발에 도움이 된다. 인터페이스가 잘 정의된, 짜맞춤 방식의 교체 가능한(interchangeable) 부품들로 시스템을 구축하는 것은 거의 항상 유익하다.

　스킴이나 자바처럼 고차(higher-order) 프로시저를 지원하고 어휘순 범위(lexical scope)◆를 사용하는 언어로는 교체 가능 부품들의 라이브러리를 위한 조합자 시스템(compose 같은 표준 조합 수단들로 이루어진)을 만들기가 쉽다. 또한, 공통의 인터페이스 명세를 따르는 매개변수적(parametric) 부품들을 만들기도 쉽다. 예를 들어 공통의 인터페이스 명세가 인수 하나를 받고 값 하나를 돌려주는 프로시저라고 할 때, 다음 코드는 교체 가능한 증가자(incrementer)들의 집합을 정의한다.

....

◆ 옮긴이 프로그램 구성요소의 범위와 관련해서 '어휘순(lexical)'은 해석기 또는 컴파일러가 어휘 분석(lexical analysis) 과정에서 소스 코드의 토큰들을 인식하는 순서(아주 간단히 말하면 위에서 아래, 왼쪽에서 오른쪽)와 관련된 용어로, 일상 언어에서 말하는 사전순(가나다순, 알파벳순 등)을 뜻하는 것이 아님을 주의하기 바란다. '동적 범위(dynamic scope)'와는 대조되는 범위라는 점에서 어휘순 범위를 '정적 범위(static scope)'라고 부르기도 한다.

```
(define (make-incrementer dx)
  (lambda (x) (+ x dx)))
```

어휘순 범위의 고차 프로시저가 없는 C 같은 언어에서는 이런 조합자 시스템과 라이브러리를 만들기가 훨씬 어렵다. 그렇지만 세심한 설계와 노력을 투자한다면 불가능한 일은 아니다.

정규표현식처럼 깔끔하게 조합되지 않는 부품들에 기초한 시스템을 다루어야 하는 경우, 메타프로그래밍metaprogramming을 이용하면 어려움이 줄어들 수 있다. 이번 장에서 정규표현식 언어로 컴파일되는 새로운 조합자 기반 언어를 구축한 것도 그러한 접근 방식의 예다. 우리의 정규표현식 조합자 언어는 문자열 부합이 필요한 프로그램을 위한 쓸 만한 영역 특화 중간 언어이지만, 사용자가 직접 입력해서 사용하는 스크립팅 언어 정도로 편리하지는 않다. 그런 목적이라면 우리의 조합자 기반 중간 언어로 컴파일되는 좀 더 깔끔하고 간결한 문자열 부합 문법을 설계하는 것이 바람직하다.[17]

래퍼는 기존 코드를 새 문맥에서 사용하려 할 때 흔히 사용하는 전략이다. 이번 장에서는 특정 단위계에 맞게 작성된 기존 프로그램을 다른 단위계로도 사용할 수 있도록, 필요한 단위 변환을 자동으로 수행하는 래퍼들의 시스템을 구축했다. 이를 위해 우리는 단위 변환을 표현하는 작은 DSL과 그것을 적절한 래퍼로 컴파일하는 수단을 만들었다.

그런데 래퍼의 용도는 기존 코드를 새 문맥에 적응시키는 것 외에도 다양하다. 예를 들어 어떤 프로시저를, 그 입력 인수들이 유효한지, 출력이 주어진 입력들에서 절대로 나올 수 없는 값은 아닌지 등을 점검하고, 그런 점검이 실패한 경우 오류 신호를 발생하는 래퍼로 감쌀 수도 있다. 이러한 '편집증적 프로그래밍 스타일'은 프로그램의 오작동 방지와 디버깅을 위한 대단히 강력한 도구이다.

정규표현식 예제와 단위 변환 예제에서 보았듯이, 특정 부류의 문제들을 공략하는 최선의 방법은 그 부류의 문제들에 대한 해답을 손쉽게 표현할 수 있는 DSL을 만드는 것일 때가 많다. 이 전략을 살펴보기 위해, 이번 장의 후반부에서는 보드게임의 유효한 수들을 생성하는 문제를 세 개의 개별적으로 확장할 수 있는 조각들로 나누어서 공략했다. 하나는 영역 모형이고 다른 하나는 제어 구조 집행기, 나머지 하나는 게임의 구체적인 규칙들이다. 영역 모형은 규칙을 조합하는 데 사용할 기본 요소들을 제공한다. 영역 모형은 규칙을 표현하는 하나의 언어로 작용

----

17 SRFI 115[110]에 흥미로운 예제가 있다.

한다. 제어 구조 집행기는 일련의 규칙들을 적용한다. 이들의 조합은 체커 같은 보드게임들의 규칙을 표현하기 위한 DSL의 핵심부에 해당한다.

모든 좋은 언어에는 기본 요소들, 기본 요소들을 조합하는 수단들, 그리고 조합들을 추상화하는 수단들이 있다. 이번 장의 예제들은 스킴 안에 내장되므로 스킴의 강력한 조합 수단들과 추상화 수단들을 사용할 수 있다. 제5장에서는 이러한 내장(embedding) 전략을, 메타언어 추상이라는 강력한 개념을 이용해서 더욱 발전시킨다.

제 3장

산술 주제의 변형들

이번 장에서는 엄청나게 강력하지만 위험할 수도 있는 유연성 기법인, 술어로 디스패치되는 일반적 프로시저(generic procedure)를 소개한다. 다루기가 비교적 수월한 산술(arithmetic)로 시작해서 연산자 기호의 의미를 변조해 나갈 것이다.

이번 장에서는 우선 기본적인 산술을 기호 수식(기호적 대수 표현식)도 다룰 수 있도록 일반화하고, 그런 다음 함수로까지 일반화한다. 이를 위해, 기본 요소들로 산술 연산자들의 패키지를 조합하는 조합자 시스템을 만든다.

그러한 시스템에서 만족하지 않고, 더욱더 큰 유연성을 위해 동적으로 확장할 수 있는 일반적 프로시저들을 만들어 본다. 이 일반적 프로시저에서 한 처리부(handler)의 적용 가능 여부는 주어진 인수들에 대한 술어로 결정된다. 이는 대단히 강력할 뿐만 아니라 만들고 사용하기 즐거운 시스템이다. 일반적 프로시저를 이용해서 산술이 '미분 객체'들에도 작동하도록 확장하면, 아주 적은 노력으로 자동 미분 프로그램을 구현하게 된다.

그런데 술어 디스패치(predicate dispatch)는 비용이 꽤 크므로, 이번 장에서는 그러한 비용을 완화하는 방법들도 살펴본다. 그 과정에서 일종의 '태그된(태그가 붙은) 데이터'를 고안하는데, 여기서 태그는 그냥 술어의 값을 메모화(memoization)하는 수단일 뿐이다. 마지막으로, 일반적 프로시저의 위력을 보여주기 위해 단순하지만 확장하기 쉬운 어드벤처 게임 하나를 설계하는 것으로 이번 장을 마무리한다.

3.1 산술 연산의 조합

어떤 유용한 수치 결과를 계산하는 프로그램이 있다고 하자. 이 프로그램은 프로그램 텍스트가 참조하는 산술 연산자들의 의미에 의존한다. 이 연산자들을, 프로그램이 기대하는 수치 이외의 대상들도 다루도록 확장할 수 있다. 그러면 프로그램은 프로그램 작성 당시에는 예상하지 않았던 다른 유용한 일들도 수행할 것이다. 수치 계산 프로그램에서 흔히 보는 패턴 하나는, 수치 가중치(weight)들과 기타 인수들을 받고 각 인수에 각 가중치를 곱해서 모두 합한 가중합(weighted sum) 또는 선형 결합(linear combination; 일차 결합)을 계산하는 것이다. 그런데 덧셈 연산자와 곱셈 연산자를 원래의 수치(스칼라)뿐만 아니라 수치들의 튜플tuple들도 다루도록 확장한다면, 그 프로그램은 벡터들의 선형 결합도 계산하게 된다. 이런 종류의 확장이 가능한 것은, 산술 연산자들의 집합이 잘 명시되고 응집적인(coherent; 통일성 있는) 개체이기 때문이다. 이런 식으로 수치 프로그램을 좀 더 강력한 산술로 확장하려면, 새로운 수량(quantity)◆들이 프로그램 작성자가 가정한 제약들을 위반하지 않아야 한다. 예를 들어 행렬 곱셈은 교환법칙을 충족하지 않으므로, 수들을 곱하는 순서가 달라도 같은 결과가 나온다고 가정하는 수치 프로그램을 이런 식으로 확장할 수는 없다. 이 문제는 일단 무시하기로 한다.

3.1.1 단순 상미분방정식 적분기[1]

미분방정식(differential equation)은 독립 변수가 변할 때 시스템의 상태가 어떻게 변하는지를 서술한 방정식이다. 시스템 상태의 변화를 진화(evolution)라고 부르기도 한다. 시스템 상태의 진화는 독립적인 여러 표집점(sampling point)에서 변수를 표집(sampling; 추출)하고, 각 표집점에서의 상태 변화를 근사함으로써 근사할 수 있다. 이러한 근사 과정을 **수치적분**(numerical integration)이라고 부른다.

그럼 2차 상미분방정식을 위한 수치적분기에 쓰이는 산술 연산들의 일반성을 조사해 보자. 여기서는 일정한 간격으로 독립 변수를 표집(sampling)하는 적분기를 사용한다. 그러한 간격을 단계(step)라고 부른다. 다음 방정식을 생각해 보자.

◆ 옮긴이 이 책에서(특히 산술의 문맥에서) '수량'은 단순히 개수나 분량 같은 좁은 뜻이 아니라, 수학 연산의 대상이 되는 수학적 개체라는 좀 더 넓은 뜻으로 쓰인다.

1 상미방으로 줄여 부르기도 하는 상미분방정식(ordinary differential equation, ODE)은 독립 변수가 하나인 미분방정식을 뜻한다.

$$D^2 x(t) = F(t, x(t)) \tag{3.1}$$

여기서 핵심은, 미지의 함수의 2차 도함수의 이산적(discrete) 근사는 몇 개의 이전 단계들에서의 2차 미분들의 선형 결합이라는 것이다. 구체적인 계수(coefficient)들은 수치 해석으로 결정하는데, 지금 논의에서는 중요하지 않으므로 생략한다. 다음은 이전 단계들의 선형 결합으로 2차 미분을 근사하는 공식이다.

$$\frac{x(t+h) - 2x(t) + x(t-h)}{h^2} = \sum_{j=0}^{k} A(j) F(t - jh, x(t - jh)) \tag{3.2}$$

여기서 h는 단계 크기이고 A는 '마법의 계수'들의 배열이다.

예를 들어 다음은 2차 스퇴르메르 적분법(Störmer method)의 수치 적분기이다.

$$
\begin{aligned}
& x(t+h) - 2x(t) + x(t-h) \\
& = \frac{h^2}{12} = (13F(t, x(t)) - 2F(t-h, x(t-h)) + F(t-2h, x(t-2h))
\end{aligned} \tag{3.3}
$$

이 적분기로 x의 미래를 계산하는 프로그램을 작성해 보자. 아래의 stormer-2는 주어진 함수(F)와 단계 크기(h)에 대한 적분기에 해당하는 프로시저를 돌려준다. x의 이전 시점(time) 값들이 담긴 '이력(history; 또는 내역)'이 주어졌을 때, 이 적분기 프로시저는 그 이력에 기반해서 다음 시점의 값 $x(t + h)$를 추정한다. 프로시저 x는 이력에서 특정 시점의 값을 추출한다. 예를 들어 (x 0 history)는 $x(t)$를 돌려주고 (x 1 history)는 $x(t - h)$를, (x 2 history)는 $x(t - 2h)$를 돌려준다. 비슷하게, 프로시저 t는 특정 단계의 시점을 추출한다. 예를 들어 (t 1 history)는 $t - h$를 돌려준다.

```
(define (stormer-2 F h)
  (lambda (history)
    (+ (* 2 (x 0 history))
       (* -1 (x 1 history))
       (* (/ (expt h 2) 12)
          (+ (* 13 (F (t 0 history) (x 0 history)))
             (* -2 (F (t 1 history) (x 1 history)))
             (F (t 2 history) (x 2 history)))))))
```

아래의 **stepper**는 이력을 받고 주어진 적분기에 대해 시점을 h만큼 전진시킨 새 이력을 돌려주는 프로시저를 돌려준다.

```
(define (stepper h integrator)
  (lambda (history)
    (extend-history (+ (t 0 history) h)
                    (integrator history)
                    history)))
```

이 **stepper** 프로시저는 **evolver**라는 또 다른 프로시저에 쓰인다. 이 프로시저는 이력을 한 단계 전진시키는 **step** 프로시저를 산출한다. **step** 프로시저 자체는 이력을 주어진 수의 단계(크기는 h)만큼 전진시키는 **evolve** 프로시저에 쓰인다. 단계 수를 계산할 때는 개수 세기에만 특화된 정수 산술 연산(프로시저 **n:>**와 **n:-**)을 사용하는데, 이 덕분에 다른 어떤 대상을 위한 새로운 종류의 산술 연산들을 도입해도 단순한 개수 세기에는 영향이 미치지 않는다.[2]

```
(define (evolver F h make-integrator)
  (let ((integrator (make-integrator F h)))
    (let ((step (stepper h integrator)))
      (define (evolve history n-steps)
        (if (n:> n-steps 0)
            (evolve (step history) (n:- n-steps 1))
            history))
      evolve)))
```

일반적으로, [식 3.1] 같은 2차 미분방정식으로 유일한 자취(trajectory; 궤적)를 구하려면 초기 조건이 두 개 필요하다. 초기 조건 $x(t_0)$과 $x'(t_0)$이 있으면 모든 t에 대해 $x(t)$를 구할 수 있다. 그러나 스퇴르메르의 다단계 적분기에서는 세 개의 이전 값 $x(t_0)$, $x(t_0 - h)$, $x(t_0 - 2h)$가 있어야 그 다음 값 $x(t_0 + h)$를 구할 수 있다. 따라서, 이 적분기로 자취를 진화시키려면 x의 이전 값이 세 개 있는 초기 이력으로 시작해야 한다.

다음과 같은 아주 간단한 미분방정식을 생각해 보자.

---

2 이후 MIT/GNU 스킴 시스템의 여러 연산자의 의미를 변조할 것이므로, 우리는 나중에 필요할 수도 있는 기본 프로시저들을 지칭하는 특별한 연산자들을 만들었다. 그런 프로시저들은 이름이 **n:**으로 시작한다. MIT/GNU 스킴에서 원래의 기본 프로시저들은 system-global-environment에서 원래의 이름으로 항상 사용 가능하므로, 그냥 그 프로시저들을 사용할 수도 있었다.

$$D^2x(t) + x(t) = 0$$

이 방정식을 [식 3.1]에 나온 형태로 정리하면 우변은 다음이 된다.

```scheme
(define (F t x) (- x))
```

이 방정식의 모든 해는 사인파(sinusoid)들의 선형 결합이므로, 사인 함수의 세 값으로 된 이력으로 초기화하면 단순 사인 함수가 나온다.

```scheme
(define numeric-s0
  (make-initial-history 0 .01 (sin 0) (sin -.01) (sin -.02)))
```

여기서 make-initial-history 프로시저는 다음과 같은 인수들을 받는다.

```scheme
(make-initial-history t h x(t) x(t - h) x(t - 2h))
```

스킴의 내장 산술 연산을 사용해서, 크기가 h = .01인 단계를 100번 전진시키면 $\sin(1)$을 꽤 정확하게 근사할 수 있다.

```scheme
(x 0 ((evolver F .01 stormer-2) numeric-s0 100))
.8414709493275624
(sin 1)
.8414709848078965
```

3.1.2 산술 연산들의 변조

그럼 덧셈, 곱셈 같은 산술 연산들의 의미를 프로그래머가 예상하지 않은 어떤 새로운 데이터 형식에 맞게 변조(modulation)하는 것이 가능한지 생각해 보자. 구체적으로, 수치가 아니라 기호 표현식들에 작용해서 새 기호 표현식을 산출하도록 산술 연산자들을 바꾸어 보겠다. 이러한 확장은 순수한 수치 계산을 디버깅하는 데 도움이 된다. 기호로 된 인수들을 지정했을 때 나온 기호 표현식을 살펴보면 프로그램이 계산을 제대로 수행하는지 확인할 수 있기 때문이다. 또한, 이러한 산술 연산자들에 기반해서 수치 계산 프로그램의 최적화를 위한 부분 평가기

(partial evaluator)를 구현할 수도 있다.

앞 문단에서 말한 목표를 달성하는 한 가지 방법으로, 여기서는 **산술 패키지**(arithmetic package)라는 개념을 사용하겠다. 산술 패키지는 주어진 연산자 이름을 그에 해당하는 연산(구현)에 대응시키는 하나의 맵이다. 산술 패키지를 사용자의 REPL(read-eval-print loop) 환경에 설치하면, 연산자들의 기본 연산이 산술 패키지에 구현된 연산들로 바뀐다.

`make-arithmetic-1` 프로시저는 새 산술 패키지를 생성한다. 이 프로시저는 새 산술 패키지의 이름과 연산 생성기 프로시저(operation-generator)를 받는다. 그 연산 생성기는 주어진 연산자 이름에 대응되는 연산(operation)을 구축한다. `make-arithmetic-1` 프로시저는 각 산술 연산자로 주어진 연산 생성기 프로시저를 호출하고 그 결과들을 새 산술 패키지에 추가한다. 기호 산술 패키지를 만드는 경우, 각 연산은 연산자 이름을 `cons`를 이용해 해당 인수들의 목록에 추가해서 하나의 기호 표식을 만드는 프로시저의 형태로 구현하면 된다.

```
(define symbolic-arithmetic-1
  (make-arithmetic-1 'symbolic
    (lambda (operator)
      (lambda args (cons operator args)))))
```

이제 이 기호 산술 패키지를 아래와 같이 현재 환경에 설치하면 해당 기호 연산들을 사용할 수 있게 된다.[3]

```
(install-arithmetic! symbolic-arithmetic-1)
```

`install-arithmetic!` 프로시저는 산술 패키지에 정의된 산술 연산자 이름들이 해당 산술 연산에 연결되도록 사용자의 전역 변수들을 수정한다. 다음은 기호 산술 패키지를 사용하는 예이다.

```
(+ 'a 'b)
(+ a b)
```

---

3 최신 스킴 표준[109]에는 '라이브러리' 기능이 있다. 라이브러리는 프로그램에 있는 자유 참조(free reference)들의 바인딩을 지정하는 수단을 제공한다. 산술 패키지와 그것을 사용하는 코드를 라이브러리를 이용해서 연결할 수도 있지만, 지금 중요한 것은 산술 연산들의 변조이므로 그냥 REPL 환경을 수정하는 방식을 사용하기로 한다.

```
(+ 1 2)
(+ 1 2)
```

이제 스퇴르메르 진화의 한 단계를 취한 결과를 기호적으로 관찰할 수 있다.[4, 5]

```
(pp (x 0
       ((evolver F 'h stormer-2)
        (make-initial-history 't 'h 'xt 'xt-h 'xt-2h)
        1)))
(+ (+ (* 2 xt) (* -1 xt-h))
   (* (/ (expt h 2) 12)
      (+(+(* 13(negate xt))(* -2 (negate xt-h)))
       (negate xt-2h))))
```

symbolic-arithmetic-1의 cons를 대수적 단순화(algebraic simplification) 프로시저로 대체한다면 결과 표현식이 더 간단해질 것이다. (대수적 단순화는 §4.2에서 살펴본다.)

원래의 설계에서는 기호 계산을 고려하지 않았지만, 나중에 기호 계산을 지원하도록 프로그램을 확장하는 것이 놀랄 만큼 간단했다는 점을 주목하자. 벡터 산술이나 행렬 산술 등도 이런 식으로 간단하게 지원할 수 있다.

연산자 재정의의 문제점

앞의 예제에서처럼 프로그램을 만든 후에 연산자들을 재정의할 수 있으면 유연성이 대단히 향상되지만, 대신 새로운 종류의 버그들이 생길 수 있다. (evolver 프로시저에서 단계 수를 세기 위해 특화된 산술 연산자 n:>와 n:-를 사용한 것은 바로 이런 문제점을 피하기 위한 것이다.)

좀 더 미묘한 문제점들도 있다. 정수 연산의 정확성(exactness)◆에 의존하는 프로그램은 정확하지 않은 부동소수점 수들에 대해서는 올바르게 작동하지 않을 수 있다. 이는 생명체나 공학적 시스템의 진화에 필연적으로 따르는 문제점이다. 어떤 돌연변이는 치명적인 결과를 낳

---

4 pp 프로시저는 주어진 목록을 "예쁘게(pretty)" 출력한다. 줄 바꿈과 들여쓰기 덕분에 목록의 구조를 좀 더 쉽게 파악할 수 있다.

5 스킴에서 덧셈 연산과 곱셈 연산은 임의의 개수의 인수를 받을 수 있지만, 이 기호 표현식들에서는 이들이 이항 연산으로 표현되어 있음을 눈치챘을 것이다. install-arithmetic! 프로시저는 다항(n-항) 버전을 이항 연산의 중첩으로 구현한다. 그와 비슷하게, 단항 -은 negate로 바뀐다. 다항 뺄셈과 나눗셈 역시 이항 연산의 중첩으로 구현된다.

◆ 옮긴이 이 문맥에서 정확성은 근삿값(반올림 등)이 아니라 참값을 구하는 것을 말한다.

을 수 있다! 그렇지만 대단히 가치 있는 돌연변이들도 있으므로, 이러한 유연성을 위해 치르는 대가와 그 반대의 대가(좁고 깨지기 쉬운 프로그램이 만들어지는 것)의 균형을 잘 잡아야 할 것이다.

사실, 덧셈 같은 아주 근본적인 프로시저들이 재정의될 수 있는 상황에서는 프로그램에 관해 증명할 수 있는 것이 별로 많지 않다. 원래 정의된 형식들에 한해서는 프로그램이 잘 작동함을 증명하는 것 정도가 가능할 뿐이다. 이는 일반화로 가는 쉽지만 위험한 길이다.

3.1.3 산술 패키지 조합

기호 산술 패키지는 수치 계산을 할 수 없으므로, 기호 산술 패키지를 설치해서 산술 연산들을 재정의하면 앞의 수치 적분 예제는 더 이상 작동하지 않게 된다. 우리가 정말로 원하는 것은 연산자가 인수(피연산자)의 형식에 따라 적절한 연산을 수행하는 것이다. 예를 들어 (+ 1 2)는 수치 덧셈을 수행하고 (+ 'a 'b)는 기호들의 목록을 생성해야 마땅하다. 이를 위해서는, 산술 패키지가 주어진 인수에 적합한 처리부(handler)를 선택할 수 있어야 한다.

개선된 산술 추상

각 연산에 **적용성 명세**(applicability specification; 종종 그냥 **적용성**이라고 부르기도 한다)를 주해로 달아 두면, 서로 다른 산술 패키지들을 조합해서 사용할 수 있게 된다. 예를 들어 기호 산술 패키지와 수치 산술 패키지를 조합해서, 인수들이 기호이면 기호 산술을, 수치이면 수치 산술을 적용하게 만드는 것이 가능하다.

연산에 부여되는 적용성 명세는 그냥 **사례**(case)들의 목록이다. 그리고 각 사례는 number? 나 symbolic? 같은 술어들의 목록이다. 주어진 인수들이 어떤 한 연산의 사례 중 하나를 충족한다면(즉, 해당 인수에 대해 그 사례의 모든 술어가 참이라면), 그 인수들에는 그 연산을 적용할 수 있는 것이다. 예를 들어 이항 수치 산술 연산자들의 적용성 명세는 (number? number?)라는 사례 하나로 충분할 것이고, 기호 산술 연산자들의 적용성 명세는 ((number? symbolic?) (symbolic? number?) (symbolic? symbolic?))가 되어야 할 것이다.

다음은 연산자 이름과 적용성 명세, 연산을 수행하는 프로시저로 구성된 하나의 연산을 생성하는 make-operation 프로시저이다.

```
(define (make-operation operator applicability procedure)
  (list 'operation operator applicability procedure))
```

그리고 다음은 주어진 연산의 적용성 명세를 돌려주는 프로시저이다.

```
(define (operation-applicability operation)
  (caddr operation))
```

이제 연산의 적용성 정보를 작성하기 위한 추상을 도입하자. all-args 프로시저는 인수 두 개를 받는데, 첫 인수는 연산이 받는 인수들의 개수(p.53에서 말한 '항수')이고 둘째 인수는 각 인수에 대해 반드시 참이어야 하는 술어이다. all-args 프로시저는 주어진 인수들에 연산을 적용할 수 있는지 판정하는 데 쓰이는 적용성 명세를 돌려준다. 수치 산술의 모든 연산은 인수들이 수치 형식이어야 한다는 적용성 명세를 가진다.

다음은 all-args를 이용해서 단순 연산들의 연산 생성자를 구현하는 코드이다.

```
(define (simple-operation operator predicate procedure)
  (make-operation operator
                  (all-args (operator-arity operator)
                            predicate)
                  procedure))
```

또한, 주어진 객체(이를테면 행렬이나 함수)가 주어진 산술 연산의 인수가 될 수 있는지를 판정하는 정의역 술어(domain predicate)도 있으면 편리할 것이다. 예를 들어 수치 연산의 인수는 술어 number?를 충족해야 한다. 이러한 좀 더 정교한 개념을 지원하기 위해, 산술 패키지를 생성하는 make-arithmetic이라는 프로시저를 만들기로 한다. make-arithmetic 프로시저는 p.106의 make-arithmetic-1과 비슷하되, 인수가 더 많다.

```
(make-arithmetic  이름
                  정의역-술어
                  기반-산술-패키지들
                  상수-이름-상수-맵
                  연산자이름-연산-맵)
```

이름은 산술 패키지의 기호 이름으로, 디버깅을 위한 것이다. 정의역-술어는 앞에서 말한 정의역 술어이다. *기반-산술-패키지*들은 새 산술 패키지의 기반으로 삼을 다른 산술 패키지들의 목록이다. 마지막 두 매개변수는 상수 이름들을 해당 상수에 대응(사상)시키는 맵과 연산자 이름들을 해당 연산에 대응시키는 맵이다. 이들은 새 산술 패키지의 상수 집합과 연산자 집합을 만드는 데 쓰인다.

기반 산술 패키지 사용법을 위해 벡터 산술을 예로 들겠다. 벡터는 성분들의 순서쌍으로 표현되므로, 벡터에 대한 산술은 그 성분들에 대한 산술로 정의된다. 따라서 벡터 산술 패키지의 기반 산술 패키지는 벡터 성분들에 적합한 산술 패키지이어야 한다. 수치 성분들로 이루어진 벡터에 대한 산술 패키지는 수치 산술 패키지를 기반 패키지로 삼아야 하고, 기호 성분들로 이루어진 벡터에 대한 산술 패키지는 기호 산술 패키지를 기반 패키지로 삼아야 한다. 간결함을 위해, 패키지 D가 패키지 B를 기반 패키지로 사용한다는 것을 'B 기반 D'로 표현하겠다. 이를테면 '수치 기반 벡터', '기호 기반 벡터' 등이다.

기반 산술 패키지에 정의된 상수들과 연산자들은 파생 패키지에서도 정의된다. 파생 패키지의 상수들은 기반 패키지들의 모든 상수와 파생 패키지 자신이 정의한 상수들의 합집합이다. 연산자 역시 기반 패키지들과 파생 패키지의 모든 연산자의 합집합이다. 기반 패키지가 없는 경우에는 표준적인 상수들과 연산자 이름들이 정의된다.

이상의 새 기능들을 이용해서 적용성 정보를 가진 수치 산술 패키지를 만들어 보자. 수치 산술은 스킴의 기본 기능들에 기반하므로, 스킴 수치 인수를 위한 연산자에 적합한 처리부는 그냥 스킴 구현에 있는 연산자 기호의 값 자체이다. 단, 덧셈의 항등원과 곱셈의 항등원 같은 특정 기호들은 명시적으로 연결해 주어야 한다.

```scheme
(define numeric-arithmetic
  (make-arithmetic 'numeric number? '()
    (lambda (name)                  ;상수 생성기
      (case name
        ((additive-identity) 0)
        ((multiplicative-identity) 1)
        (else (default-object))))
    (lambda (operator)              ;연산 생성기
      (simple-operation operator number?
        (get-implementation-value
          (operator->procedure-name operator))))))
```

이 코드의 마지막 두 행은 스킴 구현이 해당 연산자 이름에 대해 구현한 프로시저를 찾는다.[6]

주어진 산술 패키지에 기반한 기호 산술 패키지를 구축하는 생성자도 이와 비슷한 방식으로 만들 수 있다. 다음의 symbolic-extender 프로시저가 그러한 생성자이다.

```
(define (symbolic-extender base-arithmetic)
  (make-arithmetic 'symbolic symbolic? (list base-arithmetic)
    (lambda (name base-constant)        ;상수 생성기
      base-constant)
    (let ((base-predicate
           (arithmetic-domain-predicate base-arithmetic)))
      (lambda (operator base-operation) ;연산 생성기
        (make-operation operator
                        (any-arg (operator-arity operator)
                                 symbolic?
                                 base-predicate)
                        (lambda args
                          (cons operator args)))))))
```

기호 산술 패키지와 수치 산술 패키지의 한 가지 차이점은, 기호 산술은 아무(any) 인수 하나라도 기호 표현식이면 적용할 수 있다는 것이다.[7] 이를 위해 위의 생성자는 all-args가 아니라 any-arg를 사용한다. any-arg는 적어도 하나의 인수가 둘째 인수로 주어진 술어를 충족하고 나머지 인수들은 모두 셋째 인수로 주어진 술어를 충족하는지 점검하는 적용성 명세를 돌려준다.[8] 이 생성자가 base-arithmetic 인수로 주어진 산술 패키지에 기반해서 기호 산술 패키지를 생성한다는 점도 주목하기 바란다. 이 덕분에 이런 종류의 산술 패키지를 다양하게 구축할 수 있다.

적용성 명세가 처리부에서 일종의 보호 장치(guard)로 쓰이는 것은 아니다. 처리부가 잘못

---

6 default-object 프로시저는 가능한 그 어떤 상수와도 다른 객체를 산출한다. default-object?는 그 객체의 값을 돌려준다.

7 수치 산술 패키지의 constant-generator 프로시저와 operation-generator 프로시저는 형식 매개변수(formal parameter)가 하나뿐이지만 기호 산술 패키지의 해당 생성 프로시저들은 둘이라는 또 다른 차이점을 눈치챈 독자도 있을 것이다. 기호 산술 패키지는 기반 산술 패키지 위에 구축되므로, 기반 산술 패키지의 상수나 연산이 해당 생성 프로시저에 전달된다.

8 (any-arg 3 p1? p2?) 호출은 다음과 같은 일곱 가지 사례로 이루어진 적용성 명세를 산출한다. 이 적용성을 충족하는 방법은 총 일곱 가지이기 때문이다.

((p2? p2? p1?) (p2? p1? p2?) (p2? p1? p1?) (p1? p2? p2?) (p1? p2? p1?) (p1? p1? p2?) (p1? p1? p1?))

된 인수들에 적용되는 것을 적용성 명세가 방지하지는 않는다. 적용성 명세는 단지 산술 패키지들을 조합할 때(조합 방법은 아래에서 이야기한다) 각 연산자가 할 수 있는 연산들을 식별하는 수단일 뿐이다.

산술 패키지 조합자

기호 산술 패키지와 수치 산술 패키지는 같은 방식으로 구축되므로 그 형태가 동일하다. symbolic-extender 프로시저는 주어진 기반 산술 패키지와 동일한 연산자들을 가진 산술 패키지를 만들어 낸다. 다양한 산술 패키지들을 산출하기 위해서는, 부품들로부터 합성 산술 패키지를 구축하는 조합자 언어를 만드는 것이 바람직한 접근 방식일 것이다.

아래의 add-arithmetics 프로시저는 산술 패키지들을 위한 조합자이다. 이 조합자는 정의역 술어가 주어진 산술 패키지들의 정의역 술어들의 논리합(disjuction, OR)이고 연산자들이 주어진 산술 패키지들의 연산들의 합집합에 대응되는 새 산술 패키지를 만들어 낸다.[9]

```
(define (add-arithmetics . arithmetics)
  (add-arithmetics* arithmetics))
(define (add-arithmetics* arithmetics)
  (if (n:null? (cdr arithmetics))
      (car arithmetics)  ;산술 하나만
      (make-arithmetic 'add
                       (disjoin*
                        (map arithmetic-domain-predicate
                             arithmetics))
                       arithmetics
                       constant-union
                       operation-union)))
```

make-arithmetic의 셋째 인수는 조합할 산술 패키지들의 목록이다. 이 산술 패키지들은 반드시 동일한 연산자 이름들과 그 연산들을 정의해야 한다. 넷째 인수는 다수의 상수를 조합하는 constant-union 프로시저이다. 이 프로시저는 다음과 같이 인수로 주어진 상수 중 하나를 선

---

9 disjoin*는 술어 조합자이다. 이 조합자는 술어들의 목록을 받고 그 술어들의 논리합에 해당하는 하나의 술어를 산출한다.

택하는데, 이에 관해서는 나중에 좀 더 이야기하겠다.[10]

```
(define (constant-union name . constants)
  (let ((unique
          (remove default-object?
                  (delete-duplicates constants eqv?))))
    (if (n:pair? unique)
        (car unique)
        (default-object))))
```

마지막 인수인 operation-union은 결과 산술 패키지에서 주어진 이름의 연산자가 사용할 연산을 생성한다. 조합되는 산술 패키지 중 하나라도 적용할 수 있는 연산은 결과 산술 패키지에서도 적용할 수 있다.

```
(define (operation-union operator . operations)
  (operation-union* operator operations))
(define (operation-union* operator operations)
  (make-operation operator
                  (applicability-union*
                   (map operation-applicability operations))
                  (lambda args
                    (operation-union-dispatch operator
                                              operations
                                              args))))
```

operation-union-dispatch 프로시저는 주어진 인수들에 맞는 연산을 결정한다. 이 프로시저는 주어진 산술 패키지들의 연산 중에서 주어진 인수들에 적합한 연산을 선택해서 그 연산을 인수들에 적용한다. 적용 가능한 연산이 있는 산술 패키지가 여러 개이면, add-arithmetics의 인수들로 주어진 산술 패키지 중 첫 번째 것의 연산을 사용한다.

```
(define (operation-union-dispatch operator operations args)
  (let ((operation
          (find (lambda (operation)
                  (is-operation-applicable? operation args))
                operations)))
```

---

10 상수를 임의로 선택하는 것은 그리 합리적이지 않다. 예를 들어 영벡터(모든 성분이 0인 벡터)는 수치 0과 다를 뿐만 아니라, 다른 차원의 영벡터와도 다르다. 일단은 이 문제를 무시하기로 한다.

```
   (if (not operation)
       (error "Inapplicable operation:" operator args))
   (apply-operation operation args)))
```

흔히 쓰이는 산술 패키지 조합 패턴은 기반 산술 패키지와 그 패키지의 산술 연산들을 확장하는(extend) 산술 패키지를 조합하는 것이다. 수치 산술 패키지를 기반으로 해서 기호 산술 패키지를 조합하는 것이 그러한 예이다. 이는 흔한 패턴이므로, 이 패턴을 위한 추상을 추가하기로 하자.

```
(define (extend-arithmetic extender base-arithmetic)
  (add-arithmetics base-arithmetic
                   (extender base-arithmetic)))
```

그럼 이 extend-arithmetic을 이용해서 수치 산술 패키지와 기호 산술 패키지를 조합해 보자. 적용성 명세의 사례들(수치 산술의 경우에는 모든 인수가 수치이어야 하고 기호 산술의 경우에는 적어도 하나의 인수가 기호 표현식이어야 한다)이 논리합으로 조합되므로 여기서는 add-arithmetics에 전달하는 인수들의 순서가 중요하지 않다(잠재적인 성능 문제를 제외한다면).

```
(define combined-arithmetic
  (extend-arithmetic symbolic-extender numeric-arithmetic))
(install-arithmetic! combined-arithmetic)
```

다음은 조합된 합성 산술 패키지를 사용하는 예이다.

```
(+ 1 2)
3
(+ 1 'a)
(+ 1 a)
(+ 'a 2)
(+ a 2)
(+ 'a 'b)
(+ a b)
```

수치 적분기는 여전히 수치 계산을 수행한다(p.105과 동일).

```
(define numeric-s0
  (make-initial-history 0 .01 (sin 0) (sin -.01) (sin -.02)))
(x 0 ((evolver F .01 stormer-2) numeric-s0 100))
.8414709493275624
```

한편, 기호에 대해서는 기호적으로 작동한다(p.107와 동일).

```
(pp (x 0
      ((evolver F 'h stormer-2)
       (make-initial-history 't 'h 'xt 'xt-h 'xt-2h)
       1)))
(+ (+ (* 2 xt) (* -1 xt-h))
   (* (/ (expt h 2) 12)
      (+ (+ (* 13 (negate xt)) (* -2 (negate xt-h)))
         (negate xt-2h))))
```

다음은 수치 산술과 기호 산술을 섞은 예인데, 이력은 수치적이지만 단계 크기 h는 기호적이다.

```
(pp (x 0 ((evolver F 'h stormer-2) numeric-s0 1)))
(+ 9.999833334166664e-3
   (* (/ (expt h 2) 12)
      -9.999750002487318e-7))
```

이상의 예에서 이 접근 방식의 위력을 실감할 수 있을 것이다. 우리는 기호 산술을 수행하는 코드와 수치 산술을 수행하는 코드를 조합해서 둘 다 할 수 있는 코드를 만들었다. 두 능력 모두에 의존하는 산술을 수행할 수 있는 하나의 시스템을 만들어 낸 것이다. 이는 단지 두 능력의 합집합이 아니다. 각각 따로는 풀 수 없는 문제를 두 메커니즘이 연동해서 푸는 것임을 주목하기 바란다.

3.1.4 함수에 대한 산술

전통적인 수학은 수치적 수량(numerical quantity)에 대한 산술을 그와는 다른 종류의 여러 대상(객체)으로 확장한다. 수백 년 동안 '산술'은 복소수, 벡터, 선형결합과 그 행렬 표현 등 다양한 대상으로 확장되었다. 특히나 뜻깊은 확장은 함수에 대한 산술이다. 같은 종류의 함수들을 다음과 같이 산술 연산자들을 이용해서 조합할 수 있다.

$$(f+g)(x) = f(x) + g(x)$$
$$(f-g)(x) = f(x) - g(x)$$
$$(fg)(x) = f(x)g(x)$$
$$(f/g)(x) = f(x)/g(x)$$
$$\vdots$$

함수들을 조합할 수 있으려면 함수들의 정의역이 모두 같아야 하고, 공역(치역)도 모두 같아야 한다. 또한, 공역에 대해 산술이 정의되어야 한다.

산술을 함수로 확장하는 것은 어렵지 않다. 조합할 함수들의 공역에 대한 산술 패키지가 주어졌다고 할 때, 함수 산술을 위한 산술 패키지를 다음과 같이 만들어 낼 수 있다. 여기서는 함수가 프로시저의 형태로 구현된다고 가정한다.

```
(define (pure-function-extender codomain-arithmetic)
  (make-arithmetic 'pure-function function?
                   (list codomain-arithmetic)
    (lambda (name codomain-constant)    ; *** 본문 설명 참고
      (lambda args codomain-constant))
    (lambda (operator codomain-operation)
      (simple-operation operator function?
        (lambda functions
          (lambda args
            (apply-operation codomain-operation
                             (map (lambda (function)
                                    (apply function args))
                                  functions)))))))))
```

상수 생성기(*** 주석이 있는 부분)가 반드시 각 공역 상수에 대해 하나의 상수 함수를 산출해야 함을 주목하자. 예를 들어 함수 산술에서 덧셈의 항등원은 임의의 개수의 인수를 받고 공역에 대한 덧셈의 항등원을 돌려주는 함수이어야 한다. 함수 산술 패키지를 공역에 대한 산술 패키지와 조합하면 유용한 산술 패키지가 나온다.

```
(install-arithmetic!
  (extend-arithmetic pure-function-extender
                     numeric-arithmetic))
((+ cos sin) 3)
```

```
-.8488724885405782
(+ (cos 3) (sin 3))
-.8488724885405782
```

이 combined-arithmetic을 기반 패키지로 삼아서 좀 더 흥미로운 결과를 얻을 수 있다.

```
(install-arithmetic!
  (extend-arithmetic pure-function-extender
                     combined-arithmetic))
((+ cos sin) 3)
-.8488724885405782
((+ cos sin) 'a)
(+ (cos a) (sin a))
(* 'b ((+ cos sin) (+ (+ 1 2) 'a)))
(* b (+ (cos (+ 3 a)) (sin (+ 3 a))))
```

수학적 전통은 수치적 수량과 함수의 조합도 허용한다. 이때 비결은 수치적 수량을 그것과 조합할 함수와 같은 종류의 상수 함수로 취급하는 것이다.

$$(f+1)(x) = f(x)+1 \tag{3.4}$$

수치적 수량에서 상수 함수로의 강제 변환(coercion)은 아주 간단하게 구현할 수 있다. pure-function-extender 프로시저를 약간 수정하면 된다.

```
(define (function-extender codomain-arithmetic)
  (let ((codomain-predicate
          (arithmetic-domain-predicate codomain-arithmetic)))
    (make-arithmetic 'function
                     (disjoin codomain-predicate function?)
                     (list codomain-arithmetic)
      (lambda (name codomain-constant)
        codomain-constant)
      (lambda (operator codomain-operation)
        (make-operation operator
                        (any-arg (operator-arity operator)
                                 function?
                                 codomain-predicate)
          (lambda things
            (lambda args
```

```
(apply-operation codomain-operation
  (map (lambda (thing)
         ;; 상수를 함수로 강제 변환
         (if (function? thing)
             (apply thing args)
             thing))
       things)))))))))
```

공역의 수량(수치 등)을 상수 함수로 변환할 수 있으려면, 새 함수 산술 패키지의 정의역이 함수들뿐만 아니라 함수들의 공역의 성분들(가능한 함숫값들)도 포함해야 한다. 연산자 구현은 인수 중 아무것이나 함수이면 적용할 수 있다. 그리고 함수들은 주어진 인수들에 적용된다. make-arithmetic의 상수 생성기가 공역 상수들을 함수로 강제 변환할 필요가 없음을 주목하자. 그 지점에서는 상수들을 직접 사용할 수 있기 때문이다.

다음은 개선된 함수 산술 조합자를 사용하는 예이다.

```
(install-arithmetic!
  (extend-arithmetic function-extender combined-arithmetic))
((+ 1 cos) 'a)
(+ 1 (cos a))
(* 'b ((+ 4 cos sin) (+ (+ 1 2) 'a)))
(* b (+ 4 (cos (+ 3 a)) (sin (+ 3 a))))
```

여기서 흥미로운 문제 하나가 제기된다. 바로, a나 b처럼 리터럴 수를 표현하는 기호는 있지만, 리터럴 함수(literal function)를 표현하는 기호는 없다는 점이다. 예를 들어 다음 표현식을 생각해 보자.

```
(* 'b ((+ 'c cos sin) (+ 3 'a)))
```

현재의 함수 산술 패키지는 c를 리터럴 수로 취급한다. 그러나 함수와 조합되는 리터럴 함수를 c 같은 기호로 표현할 수도 있으면 더 좋을 것이다. 현재의 설계에서는 그런 기능을 지원하기가 어렵다. 왜냐하면, c에는 그 어떤 형식 정보도 없으며, 문맥만으로는 기호의 용도를 구분하기가 충분치 않기 때문이다.

하지만 이름 이외의 속성은 하나도 없는 리터럴 함수를 만드는 것은 가능하다. 그런 함수는 그냥 자신의 이름을 인수들의 목록에 덧붙이기만 한다.

```
(define (literal-function name)
  (lambda args
    (cons name args)))
```

이 정의가 있으면 리터럴 함수 c를 다음과 같이 올바르게 조합할 수 있다.

```
(* 'b ((+ (literal-function 'c) cos sin) (+ (+ 1 2) 'a)))
(* b (+ (+ (c (+ 3 a)) (cos (+ 3 a))) (sin (+ 3 a))))
```

하지만 이것은 유용한 사례 하나를 처리하는 좁은 해법이다.

3.1.5 조합자의 문제점

지금까지 구축한 산술 구조는 단순한 구조들을 조합자로 조합해서 복잡한 구조를 구축하는 접근 방식의 좋은 예이다. 그런데 조합자를 이용해서 구축한 이 시스템에는 몇 가지 심각한 단점이 존재한다. 첫째로, 이 산술 구조에는 조합 수단에 종속되는 속성들이 몇 개 있다. 예를 들어 add-arithmetics는 인수들을 특정한 순서로 처리하기 때문에 인수들의 순서가 연산 결과에 영향을 미친다. 둘째로, 반드시 공역 산술 패키지를 함수 산술 패키지보다 먼저 구축해야 한다는 점에서 이 설계는 계층화를 함축한다. 이 때문에 함수 산술 패키지를 먼저 구축한 후 공역 산술 패키지로 함수 산술 패키지를 증강하는 식으로는 개발을 진행할 수 없다. 마지막으로, 함수를 돌려주는 함수를 위한 산술 패키지도 만들 수 있으면 좋겠지만, 지금의 틀에서는 그런 산술 패키지를 일반적인 방식으로 구축할 수 없다. 이를 위해서는 자기 참조 메커니즘을 도입해야 하는데, 자기 참조는 잘 정리하기가 쉽지 않다.

조합자가 강력하고 유용하지만, 조합자로 구축한 시스템이 대단히 유연하지는 않다. 한 가지 문제점은, 조합할 부품들의 공통 형태를 반드시 미리 결정해야 한다는 것이다. 이 접근 방식이 제공하는 일반성은 부품들의 형태에 대한 상세한 계획에 의존하며, 부품들을 조합하는 방식에 대한 국소화된(localized) 계획도 반드시 마련해야 한다. 산술 같은 잘 알려진 문제 영역에서는 이것이 별문제가 되지 않지만, 개방형(open-ended) 구축에는 이런 접근 방식이 적합하지 않다. §3.2에서는 새 산술 패키지가 전체 위계구조에 어떻게 배치될지 미리 결정해 두지 않고도, 그리고 이미 잘 작동하는 기존 부품들을 변경하지 않고도 새로운 종류의 산술 패키지를 점진적으로 추가하는 방법을 살펴본다.

조합자 시스템의 모든 부품의 행동이 문맥과는 독립적이어야 한다는 요구조건도 조합자의 문제점이라 할 수 있다. 오히려 문맥에 따라 작동하는 시스템을 구축하는 것도 설계자가 사용할 수 있는 유연성의 강력한 근원이다. 시스템의 문맥을 변경함으로써 시스템의 다양한 행동을 이끌어낼 수 있다. 물론, 행동이 어떻게 변할지 예측하기 어려운 상황에서는 이런 접근 방식이 상당히 위험하다. 그렇지만 행동의 변화를 세심하게 통제할 수 있다면 이런 접근 방식이 유용할 수 있다.

■ 연습문제 3.1 부울 산술로 몸풀기

흔히 디지털 설계에서는 부울(boolean) 논리곱(AND), 논리합(OR), 부정(NOT) 연산을 각각 연산자 *, +, -로 표기한다.

스킴에는 주어진 대상이 #t나 #f일 때만 참이 되는 boolean?라는 술어가 있다. 이 술어를 이용해서, 앞에서 만든 산술 패키지들과 조합할 수 있는 부울 산술 패키지를 작성하라. 논리곱, 논리합, 부정 이외의 모든 산술 연산자는 부울 값들에 정의되지 않으므로, 부울 값에 cos 같은 연산을 적용하면 오류가 보고되게 해야 한다.

다음 틀로 시작하면 문제를 푸는 데 도움이 될 것이다.

```
(define boolean-arithmetic
  (make-arithmetic 'boolean boolean? '()
    (lambda (name)
      (case name
        ((additive-identity) #f)
        ((multiplicative-identity) #t)
        (else (default-object))))
    (lambda (operator)
      (let ((procedure
             (case operator
               ((+) <...>)
               ((-) <...>)
               ((*) <...>)
               ((negate) <...>)
               (else
                (lambda args
                  (error "Operator undefined in Boolean"
                         operator))))))
        (simple-operation operator boolean? procedure)))))
```

디지털 설계에서 연산자 -는 단항 연산자로만 쓰이며, 흔히 **negate** 연산자를 이용해서 구현된다. 산술 패키지 설치 프로시저는 주어진 산술 패키지의 이항 연산자 +, *, -, /를 다항(n-항) 연산자로 일반화한다.

설치 프로시저 단항 적용 표현식 (- *피연산자*)를 (**negate** *피연산자*)로 변환한다. 따라서, 부울 값에 대한 - 연산자가 제대로 작동하려면 **negate** 연산자에 대한 단항 부울 연산을 정의해 주어야 한다.

■ 연습문제 3.2 벡터 산술

이 연습문제에서는 기하학 벡터를 위한 산술 패키지를 작성하고 설치한다. 꽤 큰 과제라서, 지금까지 개발한 시스템의 여러 어려운 점과 불충분한 점을 발견하게 될 것이다.

a. 벡터를 수치적 수량들의 스킴 **vector**로 표현하기로 하자. 벡터의 성분들은 어떤 데카르트 좌표계를 기준으로 한 좌표 성분들이다. 그런데 해결해야 할 문제점이 몇 가지 있다. 덧셈(그리고 뺄셈)은 오직 차원이 같은 벡터들에만 정의되므로, 벡터 산술 패키지는 벡터의 차원을 인식할 수 있어야 한다. 먼저, 벡터 좌표 성분들에 적용할 수 있는 연산들을 갖춘 산술 패키지를 기반으로 벡터의 덧셈, 부정, 뺄셈만 정의하는 산술 패키지를 작성하라. 그 밖의 연산을 벡터에 적용하면 오류가 보고되어야 한다. 힌트: 다음 프로시저들이 도움이 될 것이다.

```
(define (vector-element-wise element-procedure)
  (lambda vecs     ; 참고: 이 람다 표현식은 다수의 벡터를 받는다
    (ensure-vector-lengths-match vecs)
    (apply vector-map element-procedure vecs)))
(define (ensure-vector-lengths-match vecs)
  (let ((first-vec-length (vector-length (car vecs))))
    (if (any (lambda (v)
               (not (n:= (vector-length v)
                         first-vec-length)))
             vecs)
        (error "Vector dimension mismatch:" vecs))))
```

여기서 **apply**의 용법은 다소 미묘하다. 다음의 가상의 예처럼 추가적인 인수들을 말줄임표(마침표 세 개)로 표시할 수 있는 언어를 생각하면 이해에 도움이 될 것이다.

```
(define (vector-element-wise element-procedure)
  (lambda (v1 v2 ...)
    (vector-map element-procedure v1 v2 ...)))
```

문제가 요구하는 부울 산술 패키지를 구축하고, 수치 벡터들에 잘 작동하는지뿐만 아니라 수치 성분들과 기호 성분들이 섞여 있는 벡터들에도 잘 작동하는지 확인하라.

b. 벡터 덧셈을 위해서는 좌표 성분들의 덧셈이 필요하다. 좌표 성분 덧셈 프로시저를 install-arithmetic!가 사용자의 환경에 추가한 + 연산자로 구현할 수도 있고, 벡터 산술 패키지가 기반으로 삼은 산술 패키지의 덧셈 연산으로 구현할 수도 있다. 둘 다 여러 테스트를 통과하겠지만, 설치 프로시저가 추가한 연산을 사용하는 것이 일반성이 더 좋을 수 있다. 부문제 **a**에서 여러분은 무엇을 사용했는가? 거기서 사용하지 않은 다른 옵션으로 좌표 성분 덧셈 프로시저를 구현하라. 이 선택이 시스템의 추가 확장 능력에 어떤 영향을 미칠까? 여러분의 추론을 설명하라.

힌트: 한 프로시저 안의 연산자 구현들을 손쉽게 관리하는 방법 하나는, 사용할 연산자들을 인수들로 받는 '작성기(maker)' 프로시저를 만들고 그 프로시저를 이용해서 구체적인 프로시저를 생성하는 것이다. 예를 들어 다음은 벡터의 크기(magnitude)를 계산하는 vector-magnitude 프로시저에 쓰이는 산술 연산들을 제어하기 위한 작성기 프로시저이다.

```
(define (vector-magnitude-maker + * sqrt)
  (let ((dot-product (dot-product-maker + *)))
    (define (vector-magnitude v)
      (sqrt (dot-product v v)))
    vector-magnitude))
```

c. 벡터 곱셈은 어떻게 할까? 우선, 벡터가 두 개인 경우에는 두 벡터의 점곱(dot product), 즉 내적을 두 벡터의 곱셈으로 정의하면 될 것이다. 그렇지만 여기에는 내적 자체가 덧셈 연산과 함께 곱셈 연산(어쩌면 좌표 성분들에 대한 산술 패키지에 있는)을 요구한다는 작은 문제점이 있다. 이 문제는 풀기 어렵지 않다. 두 벡터의 곱셈을 두 벡터의 내적으로 정의하도록 벡터 산술 패키지를 수정하고, 내적이 잘 작동하는지 확인하라.

d. 벡터 크기 연산을 벡터 산술 패키지에 추가하라. 벡터의 크기(길이)를 돌려주는 수치 연산자 magnitude를 추가하면 된다. 부문제 **b**에서 제시한 코드를 이용하면 순식간에 만들 수 있을

것이다.

e. 벡터와 스칼라의 곱셈 또는 스칼라와 벡터의 곱셈은 벡터의 스칼라 곱(벡터의 각 성분에 해당 스칼라를 곱해서 나온 벡터)으로 구현해야 한다. 따라서, 이 산술 패키지에서 곱셈은 인수(피연산자)의 형식에 따라 스칼라 곱 아니면 점곱이 된다. 이런 곱셈들이 가능하도록 벡터 산술 패키지를 수정하고, 점곱과 스칼라 곱 모두 잘 처리되는지 확인하라. 힌트: p.113의 operation-union을 이용하면 이 문제를 대단히 우아하게 풀 수 있다.

■ 연습문제 3.3 확장 순서

벡터 산술 패키지(연습문제 3.2)를 기존 산술 패키지와 조합해서 산술 패키지를 확장하는 방법은 요소들을 조합하는 순서에 따라 두 가지이다.

```
(define vec-before-func
 (extend-arithmetic
  function-extender
  (extend-arithmetic vector-extender combined-arithmetic)))
(define func-before-vec
 (extend-arithmetic
  vector-extender
  (extend-arithmetic function-extender combined-arithmetic)))
```

확장의 순서가 결과 산술 패키지의 속성들에 어떤 영향을 미칠까? 다음 프로시저는 단위원(unit circle; 반지름이 1인 원)에 있는 점을 생성한다.

```
(define (unit-circle x)
  (vector (sin x) (cos x)))
```

만일 다음 표현식들을 vec-before-func를 설치한 환경과 func-before-vec을 설치한 환경에서 실행한다면,

```
((magnitude unit-circle) 'a)
((magnitude (vector sin cos)) 'a)
```

다음과 같은 결과가 나와야 한다(단순화하지 않은 형태이다).

$(sqrt\ (+\ (*\ (sin\ a)\ (sin\ a))\ (*\ (cos\ a)\ (cos\ a))))$

그런데 실제로는, 두 환경 중 하나에서는 이 표현식들이 제대로 평가되지 않는다. 산술 패키지들을 어떤 순서로 조합하든 평가가 정확하도록 산술 패키지를 만드는 것이 가능한지, 가능하다면 어떻게 하면 되는지 설명하라.

3.2 확장성 있는 일반적 프로시저

§3.1에서처럼 조합자들로 시스템을 구축하면 아름다운 다이아몬드 같은 시스템이 나온다. 이것이 적합한 상황도 있으며, 그런 예를 이 책에서도 다시 보게 될 것이다. 그러지만 다이아몬드에 뭔가를 더 추가하기란 대단히 어렵다. 반면 시스템이 진흙 덩이(ball of mud)처럼 만들어졌다면 진흙을 더 추가하기가 아주 쉽다.[11]

진흙 덩이를 조직화하는 방법 하나는, 확장성 있는(extensible) 일반적 프로시저(generic procedure)들로 이루어진 토대 위에 시스템을 세우는 것이다. 리스프나 스킴, 파이썬 같은 현대적인 동적 형식(dynamic typing) 언어들은 정수, 부동소수점 수, 유리수, 복소수 같은 다양한 수치 형식들에 대해 일반적으로 적용되는 산술 연산들을 내장하고 있다[115, 64, 105]. 그렇지만 그런 언어들로 구축한 시스템이라도, 나중에 더 확장하기가 쉬운 경우는 흔하지 않다.

조합자 add-arithmetics 때문에 생기는 문제점을 §3.1.5에서 지적했었다. 이 문제점을 해결하기 위해, add-arithmetics 자체를 폐기하기로 하자. 그렇지만 산술 패키지 추상 자체는 여전히 유용하며, 산술 패키지들의 조합을 이용한 확장이라는 개념도 여전히 유용하다. 여기서는 동적으로 새로운 행동을 추가할 수 있는 일반적 프로시저들로 연산들을 구현하는 일반적 산

---

11 APL-79 콘퍼런스에서 조얼 모지스[Joel Moses]가 이런 말을 했다고 알려져 있다: "APL은 아름다운 다이아몬드와 비슷하다. 흠집 없고 아름답게 대칭적이다. 그러나 아무것도 추가할 수 없다. 접착제로 다른 다이아몬드에 붙여도 더 큰 다이아몬드가 되지는 않는다. 리스프는 진흙 덩이와 비슷하다. 진흙을 더 추가해도 여전히 진흙 덩이이다. 여전히 리스프처럼 보인다." 그러나 조얼 자신은 이런 말을 한 적이 없다고 주장한다.

술 패키지를 구축하고, 다른 산술 패키지를 추가해서 일반적 산술 패키지를 확장해 본다.[12]

우선 일반적 프로시저들, 즉 한 번 정의한 후에도 처리부들을 더 추가해서 동적으로 확장할 수 있는 프로시저들을 구현해 보자. 일반적 프로시저는 디스패처dispatcher와 **규칙 집합**으로 이루어진다. 규칙 집합의 각 규칙은 주어진 인수 집합에 적합한 처리부를 서술한다. 그런 규칙은 한 처리부와 그 처리부의 적용성(applicability)을 연관시킨다.

일반적 프로시저의 작동 방식을 이해하는 데 도움이 되도록, 수치적 수량들과 기호적 수량들의 덧셈 연산처럼 작동하는 plus라는 일반적 프로시저를 정의해 보자.

```
(define plus (simple-generic-procedure 'plus 2 #f))
(define-generic-procedure-handler plus
  (all-args 2 number?)
  (lambda (a b) (+ a b)))
(define-generic-procedure-handler plus
  (any-arg 2 symbolic? number?)
  (lambda (a b) (list '+ a b)))
(plus 1 2)
3
(plus 1 'a)
(+ 1 a)
(plus 'a 2)
(+ a 2)
(plus 'a 'b)
(+ a b)
```

simple-generic-procedure 프로시저는 인수 세 개를 받는다. 첫 인수는 새 일반적 프로시저를 식별하는 임의의 이름으로, 디버깅을 위한 것이다. 둘째 인수는 프로시저의 항수이다. 셋째 인수는 기본 처리부이다. 기본 처리부를 지정하지 않으려면 셋째 인수를 #f로 하면 된다. 그런 경우, 만일 적용 가능한 구체적인 처리부가 없으면 오류가 보고된다. 여기서는 plus를 simple-

---

12 이런 종류의 메커니즘은 대부분의 '객체 지향 언어'들에 암묵적으로 내장되어 있지만, 대부분은 상속(inheritance) 같은 존재론적 메커니즘에 단단히 묶여 있다. 확장성 있는 일반적 프로시저의 핵심 개념은 SICP[1]에 잘 설명되어 있으며, tinyCLOS[66]와 SOS[52]가 이를 유용하게 제공한다. SICM[121]은 술어 디스패치에 기초한 확장성 있는 일반적 프로시저 시스템을 이용해서 수학 표현 시스템을 구현한다. 술어 디스패치를 잘 설명한 문헌으로는 언스트의 [33]이 있다. 요지는, 일반적 프로시저가 수십 년 간 리스프 공동체에 침투한 강력한 도구라는 것이다. 이 착안을 철저하게 발전시킨 것은 Common Lisp Object System(CLOS)[42]이다. 바탕 구조는 Metaobject Protocol[68]에 아름답게 표현되어 있다. 이 개념을 더욱 정교화한 것이 '측면 지향 프로그래밍(Aspect-oriented programming) 운동[67]이다.

generic-procedure가 돌려준 새 일반적 프로시저에 바인딩했다. 이제 plus는 특정한 개수의 인수들로 호출할 수 있는 하나의 스킴 프로시저이다.

define-generic-procedure-handler 프로시저는 규칙 하나를 기존 일반적 프로시저에 추가한다. 첫 인수는 확장할 일반적 프로시저이고 둘째 인수는 추가할 규칙의 적용성 명세 (p.108), 셋째 인수는 그 명세를 충족하는 인수들을 처리하는 처리부이다.

```
(define-generic-procedure-handler 일반적-프로시저
                                  적용성-명세
                                  처리부-프로시저)
```

형식이 다른 인수들에 대해 서로 다른 규칙을 지정해야 할 때가 많다. 예를 들어 벡터 산술 패키지를 만들려면 * 연산자의 처리 방식을 명시해야 한다. 두 인수 모두 벡터이면 내적을 계산하는 처리부가 적합하고, 한 인수는 스칼라이고 다른 인수는 벡터이면 벡터 성분들에 스칼라값을 곱하는 처리부가 적합하다. 둘째 인수로 주어지는 적용성 명세는 바로 이러한 동적 처리를 위한 것이다.

일반적 프로시저 plus를 만드는 데 사용한 simple-generic-procedure 생성자는 generic-procedure-constructor라는 프로시저를 이용해서 만든 것이다.

```
(define simple-generic-procedure
  (generic-procedure-constructor make-simple-dispatch-store))
```

여기서 make-simple-dispatch-store는 처리부의 저장, 조회, 선택을 위한 전략을 캡슐화하는 프로시저이다.

generic-procedure-constructor 프로시저는 디스패치 저장소 생성자를 받아서 일반적 프로시저 생성자(generic-procedure constructor)를 생성한다. 이 일반적 프로시저 생성자 자체는 세 개의 인수를 받는다. 하나는 디버깅용 이름, 다른 하나는 항수, 나머지 하나는 적용 가능한 처리부가 없을 때 적용할 기본 처리부이다. 기본 처리부 인수에 #f를 지정하면, 호출 오류를 보고하는 내장 기본 처리부가 쓰인다.

```
((generic-procedure-constructor 디스패치-저장소-생성자)
 이름
```

일반적 프로시저들을 이런 식으로 만드는 이유는, 주어진 디스패치 저장소에 따라 차별화되는 일반적 프로시저 모임(family)들을 만들어야 하기 때문이다.

§3.2.3에서 이 메커니즘을 구현하는 방법 하나를 소개한다. 일단은 사용법부터 살펴보자.

3.2.1 일반적 산술 패키지

이 새로운 일반적 프로시저 메커니즘을 이용해서, 연산자들이 일반적 프로시저들로 구현된 연산들에 대응되는 산술 패키지들을 만들어 보자. 그런 산술 패키지가 있으면 자기 참조 구조를 만들 수 있다. 예를 들어 벡터들과 벡터 성분들을 동일한 일반적 프로시저들로 조작할 수 있는, 벡터 산술을 포함한 일반적 산술 패키지를 만든다고 하자. 이전에 만든 add-arithmetics만으로는 그런 구조를 구축할 수 없다.

```
(define (make-generic-arithmetic dispatch-store-maker)
  (make-arithmetic 'generic any-object? '()
    constant-union
    (let ((make-generic-procedure
           (generic-procedure-constructor
            dispatch-store-maker)))
      (lambda (operator)
        (simple-operation operator
                any-object?
                (make-generic-procedure
                 operator
                 (operator-arity operator)
                 #f))))))
```

make-generic-arithmetic 프로시저는 새 산술 패키지를 만들어 낸다. 각 산술 연산자에 대해 이 프로시저는 임의의 인수에 적용할 수 있는, 일반적 프로시저로 구현된 연산을 구축한다. (술어 any-object?는 모든 객체에 대해 참이다.) 이 프로시저로 만든 산술 패키지는 이전과 동일한 방식으로 설치할 수 있다.

먼저 일반적 프로시저들을 위한 처리부 몇 개를 만들어 보자. 일반적 산술 객체가 갖추어졌으므로 처리부들을 구현하는 것은 아주 간단하다. 예를 들어, 이미 구축된 산술 패키지의 연산들과 상수들을 그대로 가져올 수 있다.

```
(define (add-to-generic-arithmetic! generic-arithmetic
                                    arithmetic)
  (add-generic-arith-constants! generic-arithmetic
                                arithmetic)
  (add-generic-arith-operations! generic-arithmetic
                                 arithmetic))
```

이 코드가 정의하는 프로시저는 일반적 산술 패키지와 보통의 산술 패키지(일반적 산술 패키지와 동일한 종류의 연산자들을 가진)를 받고, 후자의 상수들을 constant-union을 이용해서 전자의 상수들과 병합한다. 또한, 후자의 연산자마다 그에 해당하는 일반적 프로시저로의 처리부를 추가한다.

특정 연산자를 위한 처리부를 추가할 때는 표준 일반적 프로시저 메커니즘을 사용해서, 산술 패키지의 연산으로부터 필요한 적용성 명세와 프로시저를 추출한다.

```
(define (add-generic-arith-operations! generic-arithmetic
                                       arithmetic)
  (for-each
   (lambda (operator)
     (let ((generic-procedure
            (simple-operation-procedure
             (arithmetic-operation operator
                                   generic-arithmetic)))
           (operation
            (arithmetic-operation operator arithmetic)))
       (define-generic-procedure-handler
         generic-procedure
         (operation-applicability operation)
         (operation-procedure operation))))
   (arithmetic-operators arithmetic)))
```

add-generic-arith-operations! 프로시저는 주어진 산술 패키지의 각 연산자에 대응되는 일반적 프로시저를 찾고, 그 일반적 프로시저를 위한 처리부를 주어진 산술 패키지의 해당 연산자의 처리부로 정의한다. 이때 주어진 산술 패키지에 있는, 그 처리부에 대한 적용성 명세를 사용한다.

보통의 산술 패키지의 상수들을 일반적 산술 패키지에 추가하는 코드도 비슷하다. 우선, 일반적 산술 패키지의 각 상수에 대해 그와 동일한 이름의 항목을 보통의 산술 패키지의 상수 맵에서 찾고, 일반적 산술 패키지의 상수 값을 그 상수와 보통의 산술 패키지에 있는 상수의 합집합(constant-union)으로 대체한다.

```
(define (add-generic-arith-constants! generic-arithmetic
                                      arithmetic)
  (for-each
   (lambda (name)
     (let ((binding
            (arithmetic-constant-binding name
                                         generic-arithmetic))
           (element
            (find-arithmetic-constant name arithmetic)))
       (set-cdr! binding
                 (constant-union name
                                 (cdr binding)
                                 element)))))
   (arithmetic-constant-names generic-arithmetic)))
```

일반적 산술 패키지의 사용 예

일반적 산술 패키지에 다른 여러 산술 패키지를 추가해서 흥미로운 행동을 이끌어낼 수 있다.

```
(let ((g
       (make-generic-arithmetic make-simple-dispatch-store)))
  (add-to-generic-arithmetic! g numeric-arithmetic)
  (add-to-generic-arithmetic! g
    (function-extender numeric-arithmetic))
  (add-to-generic-arithmetic! g
    (symbolic-extender numeric-arithmetic))
  (install-arithmetic! g))
```

이 코드는 수치 산술 패키지를 수치 산술 기반 기호 산술 패키지와 수치 산술 기반 함수 산술 패키지와 조합한 하나의 일반적 산술 패키지를 산출한다.

```
(+ 1 3 'a 'b)
(+ (+ 4 a) b)
```

p.114에서처럼 좀 더 복잡한 문제를 푸는 것도 가능하다.

```
(pp (x 0 ((evolver F 'h stormer-2) numeric-s0 1)))
(+ 9.999833334166664e-3
  (* (/ (expt h 2) 12)
     -9.999750002487318e-7))
```

그리고 이전처럼 기호와 함수를 섞을 수도 있다.

```
(* 'b ((+ cos sin) 3))
(* b -.8488724885405782)
```

그러나 다음처럼 기호적 수량 (cos a)와 (sin a)를 수치로서 더하려 하면 오류가 발생한다.

```
(* 'b ((+ cos sin) 'a))
```

오류의 원인은 cos와 sin이 + 같은 수치 연산자이기 때문이다. 현재의 일반적 산술 패키지를 조합할 때 수치 산술 기반 기호 산술 패키지를 사용했으므로, 이 연산자들은 기호 인수(지금 예제의 a)에 대해 기호적 출력 (cos a)와 (sin a)를 산출하도록 확장되어 있다. 그리고 수치 산술 기반 함수 산술 패키지도 조합에 사용했으므로, 함수를 수치적으로 조합하는(지금 예에서는 +로) 경우 그 출력들은 오직 출력들이 수치일 때만 조합된다. 그러나 기호적 결과들은 수치적으로 더할 수 없다. 이는 우리가 산술 패키지 g를 구축한 방식에서 오는 결과이다.

그렇지만 일반적 산술 패키지에는 마법 같은 닫힘(closure) 성질이 있다. 즉, 일반적 산술 패키지에 대한 모든 확장을 일반적 산술 패키지에 적용할 수 있는 것이다!

```
(let ((g
       (make-generic-arithmetic make-simple-dispatch-store)))
  (add-to-generic-arithmetic! g numeric-arithmetic)
  (extend-generic-arithmetic! g symbolic-extender)
  (extend-generic-arithmetic! g function-extender)
  (install-arithmetic! g))
```

위의 코드는 공통의 패턴을 반영한 extend-generic-arithmetic!라는 새 프로시저를 사용한다. 이 프로시저의 정의는 다음과 같다.

```
(define (extend-generic-arithmetic! generic-arithmetic
                                    extender)
  (add-to-generic-arithmetic! generic-arithmetic
      (extender generic-arithmetic)))
```

이제는 함수들이 일반적 산술 패키지를 기반으로 정의되므로, 다음과 같이 복잡한 혼합 표현식도 가능하다.

```
(* 'b ((+ 'c cos sin) (+ 3 'a)))
(* b (+ (+ c (cos (+ 3 a))) (sin (+ 3 a))))
```

심지어는 함수를 돌려주는 함수들도 사용할 수 있다.

```
(((+ (lambda (x) (lambda (y) (cons x y)))
     (lambda (x) (lambda (y) (cons y x))))
  3)
 4)
(+ (3 . 4) (4 . 3))
```

그렇다면 우리는 드디어 열반에 다다른 것일까?

3.2.2 구축의 순서 의존성 문제

안타깝게도, 이 시스템은 일반적 프로시저들에 규칙들을 추가하는 순서에 크게 의존한다. 애초에 일반적 프로시저 시스템 자체가 배정(assignment)에 의해 구축되므로, 이는 당연하다면 당연한 일이다. 다음과 같이 구축 순서를 바꾸어 보면 이 문제점이 명확히 드러난다.

```
(let ((g
       (make-generic-arithmetic make-simple-dispatch-store)))
  (add-to-generic-arithmetic! g numeric-arithmetic)
  (extend-generic-arithmetic! g function-extender) ;*
  (extend-generic-arithmetic! g symbolic-extender) ;*
  (install-arithmetic! g))
```

이전에는 성공했던 표현식을 평가해 보자.

```
(* 'b ((+ 'c cos sin) (+ 3 'a)))
```

이전과는 달리 이 표현식의 평가는 실패한다. 왜냐하면, 이제는 기호 산술 패키지가 (+ 'c cos sin)으로부터 기호 표현식을 산출하는데, 그 표현식은 (+ 3 a)를 적용할 수 있는 함수가 아니기 때문이다. 문제의 근원은 이렇다. +에 대한 기호적 연산의 적용성 명세가 적어도 하나의 인수는 기호 인수이고 다른 인수들은 기반 패키지의 정의역 술어를 충족하는 인수들인 인수 집합을 받아들인다. 그러나 기호 산술 패키지는 일반적 산술 패키지를 기반으로 만들어졌으며, 그리고 일반적 산술 패키지는 모든 것을 받아들인다! 같은 인수 집합에 적용 가능한 +에 대한 함수 연산이 존재하긴 하지만, 전체 산술 패키지를 조합하는 데 사용한 확장 순서 때문에 그 연산은 선택되지 않는다. 안타깝지만 규칙의 선택은 중의적이다(ambiguous). 각 인수 집합에 적용 가능한 연산이 하나씩만 존재한다면 좋았을 것이다.

이 문제를 푸는 한 가지 방법은 기호적 수량들이 오직 수치만 나타내도록 제한하는 것이다. 기호 산술 패키지가 일반적 산술 패키지 전체가 아니라 수치 산술 패키지를 기반으로 하도록 (p.129에서처럼) 바꾸면 된다.

```
(let ((g
        (make-generic-arithmetic make-simple-dispatch-store)))
   (add-to-generic-arithmetic! g numeric-arithmetic)
   (extend-generic-arithmetic! g function-extender)
   (add-to-generic-arithmetic! g
       (symbolic-extender numeric-arithmetic))
   (install-arithmetic! g))
```

이렇게 하면 규칙의 선택에 중의성이 없으므로, 시스템이 순서와 무관하게 잘 작동한다. 이제는 'c가 하나의 상수(function-extender가 상수 함수로 강제 변환할)로 취급된다.

```
(* 'b ((+ 'c cos sin) (+ 3 'a)))
(* b (+ (+ c (cos (+ 3 a))) (sin (+ 3 a))))
```

그렇지만, 상황에 따라서는 수치 이외의 수량들에 대한 기호 표현식이 필요할 수도 있다. 이 문제에 대한 일반적인 해법은 아직 구현할 수 없다. 그렇지만 지금이라도, c라는 이름의 리터럴 함수가 꼭 필요하다면 이전에 했던 것처럼 literal-function을 이용하면 된다.

```
(* 'b ((+ (literal-function 'c) cos sin) (+ 3 'a)))
(* b (+ (+ (c (+ 3 a)) (cos (+ 3 a))) (sin (+ 3 a))))
```

이 표현식은 일반적 산술 패키지의 구축 순서와는 무관하게 잘 평가된다.

이상의 메커니즘 덕분에, 이제는 리터럴 함수가 있는 스퇴르메르 적분기를 평가할 수 있다.

```
(pp (x 0 ((evolver (literal-function 'F) 'h stormer-2)
          (make-initial-history 't 'h 'xt 'xt-h 'xt-2h)
          1))
(+ (+ (* 2 xt) (* -1 xt-h))
  (* (/ (expt h 2) 12)
    (+ (+ (* 13 (f t xt))
          (* -2 (f (- t h) xt-h)))
      (f (- t (* 2 h)) xt-2h))))
```

그러나 코드가 상당히 지저분하다. 두 적분 단계의 출력을 보면 더욱더 그렇다. 그렇긴 해도, 2
단계 적분을 단순화한 결과는 흥미롭다. 마법의 기호 표현식 단순화 프로시저를 적용하면 상당
히 읽기 좋은 표현식이 나온다. 이런 결과는 수치 계산 프로그램을 디버깅할 때 유용할 것이다.

```
(+ (* 2 (expt h 2) (f t xt))
  (* -1/4 (expt h 2) (f (+ (* -1 h) t) xt-h))
  (* 1/6 (expt h 2) (f (+ (* -2 h) t) xt-2h))
  (* 13/12
    (expt h 2)
    (f (+ h t)
      (+ (* 13/12 (expt h 2) (f t xt))
        (* -1/6 (expt h 2) (f (+ (* -1 h) t) xt-h))
        (* 1/12 (expt h 2) (f (+ (* -2 h) t) xt-2h))
        (* 2 xt)
        (* -1 xt-h))))
  (* 3 xt)
  (* -2 xt-h))
```

예를 들어, 가속도 함수 f의 구별되는 최상위 호출은 단 네 번임을 주목하자. 네 번째 최상위
호출의 둘째 인수는 이미 계산된 세 번의 f 호출을 사용한다. 공통의 부분식들을 제거하면 다
음이 나온다.

```
(let* ((G84 (expt h 2)) (G85 (f t xt)) (G87 (* -1 h))
       (G88 (+ G87 t)) (G89 (f G88 xt-h)) (G91 (* -2 h))
       (G92 (+ G91 t)) (G93 (f G92 xt-2h)))
  (+ (* 2 G84 G85)
     (* -1/4 G84 G89)
     (* 1/6 G84 G93)
     (* 13/12 G84
        (f (+ h t)
           (+ (* 13/12 G84 G85)
              (* -1/6 G84 G89)
              (* 1/12 G84 G93)
              (* 2 xt)
              (* -1 xt-h))))
     (* 3 xt)
     (* -2 xt-h)))
```

이제 f에 대한 서로 구별되는 호출이 단 네 개임이 더욱 명확해졌다. 비록 이 기본적인 적분기의 각 반복 단계에서 f를 세 번 호출하긴 하지만, 두 단계는 중간의 두 호출과 겹친다. 지금 같은 간단한 예에서는 이 점이 명백하므로 굳이 기호 표현식을 동원할 필요가 없어도, 좀 더 본격적인 수치 계산을 파악할 때는 기호적 평가가 도움이 될 것을 독자도 납득할 수 있을 것이다.

3.2.3 일반적 프로시저의 구현

앞에서 우리는 일반적 프로시저들을 이용해서 멋진 일들을 수행할 수 있음을 보았다. 여기서는 그런 일들을 실제로 가능하게 만드는 기반 도구들을 구체적으로 살펴보자.

일반적 프로시저 생성자 만들기

p.126에서 다음과 같이 단순(simple) 일반적 프로시저 생성자를 정의했다.

```
(define simple-generic-procedure
  (generic-procedure-constructor make-simple-dispatch-store))
```

generic-procedure-constructor 프로시저가 받는 인수(make-simple-dispatch-store)는 하나의 '디스패치 전략(dispatch strategy)' 프로시저이다. 이 프로시저는 이름과 항수, 기본 처리부 명세를 받는 하나의 일반적 프로시저 생성자를 돌려준다. 이 생성자 자체는 세 인수를 이용해서 하나의 일반적 프로시저를 돌려준다. 그 일반적 프로시저에는 이름, 항수, 디스패치 전략의 인스턴스, 기본 처리부(생략 가능)가 담긴 메타데이터 저장소(metadata store)가 연관되어 있다. 디스패치 전략 인스턴스는 처리부들과 그 적용성 명세들, 그리고 일반적 프로시저에 주어진 인수 집합에 맞는 처리부를 결정하는 메커니즘을 관리한다.

generic-procedure-constructor를 구현하는 코드는 다음과 같다.

```
(define (generic-procedure-constructor dispatch-store-maker)
  (lambda (name arity default-handler)
    (let ((metadata
           (make-generic-metadata
             name arity (dispatch-store-maker)
             (or default-handler
                 (error-generic-procedure-handler name)))))
      (define (the-generic-procedure . args)
        (generic-procedure-dispatch metadata args))
      (set-generic-procedure-metadata! the-generic-procedure
                                       metadata)
      the-generic-procedure)))
```

이 구현은 보통의 스킴 프로시저인 the-generic-procedure를 이용해서 일반적 프로시저를 표현한다. 그리고 이 구현은 그 프로시저의 행동 방식을 결정하기 위해 하나의 메타데이터 저장소(규칙들 등)를 사용한다. 이 저장소는 '포스트잇'(p.55의 항수 조회에 쓰인 것 같은)을 이용해서 일반적 프로시저와 연관되며, 이후 generic-procedure-metadata 프로시저로 얻을 수 있다. 이 조회 프로시저 덕분에 define-generic-procedure-handler 같은 프로시저가 주어진 일반적 프로시저의 메타데이터를 얻어서 수정할 수 있다.

generic-procedure-constructor의 인수는 처리부들의 저장과 조회를 위한 디스패치 저장소(dispatch store)를 생성하는 프로시저이다. 이 디스패치 저장소는 처리부 선택 전략을 캡슐화한다.

다음은 이전 예제들에서 사용한 단순 디스패치 저장소 생성자의 정의이다. 디스패치 저장소는 메시지 하나를 받는 프로시저의 형태로 구현된다.

```
(define (make-simple-dispatch-store)
  (let ((rules '()) (default-handler #f))
    (define (get-handler args)
```

```
    ;; 구체적인 정의 코드는 아래 본문에서.
    ...)
  (define (add-handler! applicability handler)
    ;; 구체적인 정의 코드는 아래 본문에서.
    ...)
  (define (get-default-handler) default-handler)
  (define (set-default-handler! handler)
    (set! default-handler handler))
  (lambda (message)        ; 단순 디스패치 저장소
    (case message
      ((get-handler) get-handler)
      ((add-handler!) add-handler!)
      ((get-default-handler) get-default-handler)
      ((set-default-handler!) set-default-handler!)
      ((get-rules) (lambda () rules))
      (else (error "Unknown message:" message))))))))
```

단순 디스패치 저장소는 그냥 규칙들의 목록 하나를 관리한다. 목록의 각 규칙은 처리부와 그 적용성 명세의 쌍(pair)이다. 일반적 프로시저에 주어진 인수들로 내부 프로시저 get-handler를 호출하면 get-handler는 규칙 목록의 처리부들을 차례로 훑으면서 주어진 인수들이 해당 적용성 명세를 충족하는 처리부를 찾아서 돌려준다. 그런 처리부가 하나도 없으면 #f를 돌려준다.

```
(define (get-handler args)
  (let ((rule
         (find (lambda (rule)
                 (predicates-match? (car rule) args))
               rules)))
    (and rule (cdr rule))))
```

이 프로시저는 그냥 목록에서 처음 발견된 처리부를 돌려주지만, 실행할 처리부를 선택하는 전략은 그 밖에도 다양하다. 예를 들어 적용 가능한 모든 처리부를 돌려주는 전략도 가능하다. 적용할 수 있는 처리부가 둘 이상인 경우 그것들을 모두 시도해서(병렬로?) 그 결과들을 비교할 수도 있다! 디스패치 저장소 생성자를 generic-procedure-constructor의 한 인수로 둔 덕분에, 한 가지의 처리부 선택 전략을 구현에 고정하는 대신 프로시저 생성 시 임의의 전략을 선택할 수 있게 되었다.

처리부를 일반적 프로시저에 추가

일반적 프로시저의 처리부를 정의하는 define-generic-procedure-handler 프로시저는 디스패치 저장소의 내부 프로시저 add-handler를 호출해서 새 규칙을 추가한다. 앞에서 본 make-simple-dispatch-store의 경우 add-handler는 새 규칙을 규칙 목록의 앞쪽(머리)에 추가한다. (단, 주어진 적용성 명세에 대응되는 규칙이 이미 있으면 그냥 처리부를 대체한다.) add-handler는 다음과 같다.

```
(define (add-handler! applicability handler)
  (for-each (lambda (predicates)
              (let ((p (assoc predicates rules)))
                (if p
                    (set-cdr! p handler)
                    (set! rules
                          (cons (cons predicates handler)
                                rules)))))
            applicability))
```

define-generic-procedure-handler 프로시저 자체는 메타데이터 테이블을 이용해서 일반적 프로시저의 메타데이터 레코드를 조회한다. add-handler! 프로시저를 이용해서 디스패치 저장소를 얻고, 그것을 이용해서 적용성 명세와 처리부를 연관시키는 규칙을 메타데이터에 추가한다. 이 과정에서, 주어진 일반적 프로시저의 디스패치 저장소 인스턴스를 generic-metadata-dispatch-store를 이용해서 조회한다.

```
(define (define-generic-procedure-handler generic-procedure
                                          applicability
                                          handler)
  (((generic-metadata-dispatch-store
     (generic-procedure-metadata generic-procedure))
    'add-handler!)
   applicability
   handler))
```

마지막으로, 이 메커니즘의 핵심부인 디스패치 프로시저를 살펴보자. 일반적 프로시저 (p.135의 the-generic-procedure)가 이 프로시저를 호출하면 이 프로시저는 적절한 처리부를 찾아서 적용한다. 적절한 프로시저가 없으면, 일반적 프로시저를 생성할 때 주어진 기본

처리부를 호출한다.[13]

```
(define (generic-procedure-dispatch metadata args)
  (let ((handler
          (get-generic-procedure-handler metadata args)))
    (apply handler args)))
(define (get-generic-procedure-handler metadata args)
  (or ((generic-metadata-getter metadata) args)
      ((generic-metadata-default-getter metadata))))
```

확장성 있는 일반적 프로시저의 위력

확장성 있는 일반적 프로시저들을 기초로 시스템을 구축한다는 것은 강력한 개념이다. 이번 장의 예제들에서 우리는 언어 설계자가 예상하지 않은 새로운 자료 형식들에 대한 산술 연산(덧셈, 곱셈 등)의 의미를 정의할 수 있었다. 예를 들어, 어떤 시스템의 산술 연산자들을 일반적 프로시저들로 구현한다면, 사용자는 사원수(quaternion), 벡터, 행렬, 소수(prime)를 법으로 한(modulo) 정수, 함수, 텐서, 미분 형식(differential form) 등을 지원하도록 시스템을 확장할 수 있다. 이는 단지 새로운 기능을 가능하게 만드는 것만이 아니라, 기존 프로그램을 확장하는 것이기도 하다. 즉, 단순한 수치적 수량들만 다루도록 작성된 프로그램을 스칼라값 함수들을 다루는 데에도 유용하게 만들 수 있는 것이다.

앞에서 우리는 이러한 확장성 있는 일반적 프로시저들을 사용할 때 발생할 수 있는 문제점들도 언급했다. 그렇지만 극히 가치 있는 '돌연변이'도 존재한다. 예를 들어 기호적 수량들을 다루도록 산술 패키지를 확장하는 것이 가능한데, 가장 간단한 방법은 모든 연산자에 대해, 기호적 수량들을 인수로 받고 그 인수들에 대해 지정된 연산을 표현하는 자료 구조를 돌려주는 일반적 확장을 만드는 것이다. 수식 단순화 수단(§4.2)을 추가한다면, 순식간에 기호 조작 시스템이 만들어진다. 이는 순수한 수치 계산 시스템을 디버깅할 때 유용하다. 수치 대신 기호 인수들을 지정했을 때 출력된 기호 표현식들을 살펴보면, 계산이 우리가 의도한 방식으로 진행되었는지 좀 더 수월하게 확인할 수 있기 때문이다. 또한, 이러한 기호 조작 시스템은 수치 프로그램의 최적화를 위한 부분 평가자(partial evaluator)의 기반이기도 하다. 그리고 함수 미분은 산술에서 복합 자료 형식으로의 일반적 확장으로 볼 수 있다(§3.3 참고). 우리 저자들이

---

13 generic-metadata-getter와 generic-metadata-default-getter는 일반적 프로시저의 메타데이터에 담긴 디스패치 저장소 인스턴스에서 get-handler 프로시저와 get-default-handler 프로시저를 조회한다.

고전 역학을 가르치는 데 사용하는 scmutils[121]는 미분을 바로 그런 방식으로 구현한다.

■ 연습문제 3.4 함수의 함수

일반적 산술 구조에서는 함수를 돌려주는 함수가 작동할 수 있도록 시스템을 닫는 것이 가능하다. 다음이 그러한 예이다.

```
(((( * 3
     (lambda (x) (lambda (y) (+ x y)))
     (lambda (x) (lambda (y) (vector y x))))
  'a)
 4)
(* (* 3 (+ a 4)) #(4 a))
```

a. §3.1에서 소개한 순수한 조합자 기반 산술 패키지를 이러한 응용을 지원하도록 확장하는 것이 얼마나 힘들고 그 이유는 무엇인가?

b. 연습문제 3.3(p.123)에서는 벡터 산술과 함수 산술을 조합하는 순서가 결과에 미치는 영향을 고찰했다. 일반적 시스템이 아래의 두 표현식(연습문제 3.3에 나온 것들이다)을 모두 지원할 수 있을까? 그 답을 설명하라.

```
((magnitude unit-circle) 'a)
((magnitude (vector sin cos)) 'a)
```

c. 다음 사례가 작동하게 만들 방법이 있을까?

```
((vector cos sin) 3)
#(-.9899924966004454 .1411200080598672)
```

이것을 작동하게 만드는 코드를 제시하거나, 작동하게 만들기가 어려운 이유를 설명하라.

■ 연습문제 3.5 괴상한 버그 하나

다음은 arith.scm 파일에 있는 +-like라는(-는 빼기가 아니라 하이픈) 프로시저이다. 이 프로시저는 산술 패키지 설치 과정에서 다항 프로시저 +와 *를 구현하는 데 쓰인다. 이 프로시저는 이름과 프로시저의 쌍을 돌려주며, 산술 패키지 설치 프로시저는 그 이름을 그 프로시저에 바인딩한다.

코드를 보면, 이 프로시저는 아무 인수 없이 연산이 호출될 때마다 `get-identity` 프로시저를 이용해서 연산자 ID를 계산하는 것 같다.

```
(define (+-like operator identity-name)
  (lambda (arithmetic)
    (let ((binary-operation
           (find-arithmetic-operation operator arithmetic)))
      (and binary-operation
        (let ((binary
                (operation-procedure binary-operation))
              (get-identity
                (identity-name->getter identity-name
                                        arithmetic)))
          (cons operator
                (lambda args
                  (case (length args)
                    ((0) (get-identity))
                    ((1) (car args))
                    (else (pairwise binary args)))))))))))
```

연산자의 ID를 이처럼 처리부가 호출될 때마다 계산하는 것이 아니라 한 번만 계산해야 마땅하다. 다음은 그 점을 반영해서 수정한 코드이다.

```
(define (+-like operator identity-name)
  (lambda (arithmetic)
    (let ((binary-operation
           (find-arithmetic-operation operator arithmetic)))
      (and binary-operation
        (let ((binary
                (operation-procedure binary-operation))
              (identity
                ((identity-name->getter identity-name
                                         arithmetic))))
          (cons operator
                (lambda args
                  (case (length args)
                    ((0) identity)
```

```
((1) (car args))
(else (pairwise binary args)))))))))))
```

그런데 여기에는 미묘한 버그가 하나 있다. 그 버그를 드러내 보고, 무엇이 문제인지 설명하라.

■ 연습문제 3.6 행렬

행렬(matrix)은 과학 계산과 기술 계산에서 광범위하게 쓰이는 수학적 대상이다.

a. 수치 성분 행렬을 다루는 산술 패키지를 작성하고 설치하라. 이 산술 패키지는 행렬(들)에 대한 +, -, negate 연산을 지원해야 한다. 행렬 곱셈을 위해서는 산술 패키지가 행렬의 행(row) 수와 열(column) 수를 알아내야 함을 주의할 것. 행렬 곱셈은 첫 행렬의 열 수가 둘째 행렬의 행 수와 일치할 때만 가능하다.

산술 패키지는 스칼라나 벡터와 행렬을 곱하는 연산도 지원해야 한다. 행렬과 벡터의 연산을 제대로 수행하려면 행벡터와 열벡터를 구분해야 할 것이다. 이러한 요구사항이 벡터 산술 패키지의 설계에 어떤 영향을 미칠까? (p.121의 연습문제 3.2를 참고할 것.)

벡터와 행렬의 차원이 아주 크지는 않다고 가정해도 된다. 즉, 희소(sparse) 표현◆을 다룰 필요는 없다. 스킴에서 행렬을 표현하는 적당한 방법 하나는 하나의 행렬을 행 벡터들의 벡터로 표현하는 것, 즉 행렬의 한 행의 성분들을 하나의 스킴 벡터에 담고 그런 벡터들을 하나의 벡터에 담는 것이다.

b. 벡터와 행렬에 기호 수치적(symbolic numerical) 수량들이 있어도 산술이 잘 일어나게 구현하라.

c. 이 산술 패키지는 역행렬을 구하는 데에도 적합하다. 그러나 조밀한(dense) 기호 행렬의 그 역행렬을 구하려면 차원 수의 계승(factorial)에 비례하는 저장 공간이 필요할 수 있다. 왜 그럴까? 참고: 이유만 설명하면 된다. 역행렬 자체를 구현할 필요는 없다.

◆ 옮긴이 예를 들어 1,000차원 벡터의 성분 1,000개 중 한두 개만 0이 아니고 나머지는 모두 0인 경우, 벡터 하나를 100원소 배열로 벡터를 표현하는 것보다는 0이 아닌 성분들의 색인과 값만 따로 저장하는 '희소 표현'이 저장 비용 면에서(그리고 연산의 성격과 구현에 따라서는 계산 비용 면에서도) 효율적이다. 이런 것을 희소 표현이라고 부른다.

벡터와 행렬의 기호 표현식들에 대한 대수(algebra) 연산들을 갖춘, 리터럴 행렬과 리터럴 벡터에 대한 산술 패키지를 만드는 것도 가능하다. 이런 복합 구조들에 대한 기호 대수가 기호 수치적 수량들을 성분으로 하는 벡터 및 행렬과 잘 어울리게 만들 수 있는가? 주의: 이것은 꽤 어려운 문제이다. 장기 프로젝트의 일부로 삼는 것이 나을 수도 있다.

3.3 예제: 자동 미분

확장성 있는 일반적 프로시저의 중요한 응용 분야 하나는 **자동 미분**(automatic differentiation)[14]이다. 자동 미분 기능이 있으면, 주어진 프로그램이 계산하는 함수의 미분(derivative)을◆ 계산하는 프로그램을 매우 효과적으로 구현할 수 있다.[15] 현재 자동 미분은 기계학습(machine learning) 응용 프로그램의 중요한 구성요소이다.

이번 절에서 보겠지만, **미분 객체**(differential object)들도 다루도록 일반적 산술의 기본 요소들을 확장하면 자동 미분을 간단하게 구현할 수 있다. 그러한 확장은 수치 함수뿐만 아니라 기호 함수의 자동 미분도 가능하게 한다. 또한, 고차 프로시저, 즉 다른 프로시저를 값으로 돌려주는 프로시저의 자동 미분도 가능해진다.

이번 절의 주제가 어떤 것인지 감을 잡는 데 도움이 되는 간단한 자동 미분의 예를 하나 보자.

```
((derivative (lambda (x) (expt x 3))) 2)
12
```

---

14 *automatic differentiation*이라는 용어는 1964년에 웽거트[129]가 고안했다.

◆ 옮긴이 이 번역서에서, 문맥으로 충분히 구별할 수 있는 경우 도함수와 미분계수를 그냥 '미분'이라는 하나의 용어로 칭하기도 하겠다.

15 여기서 말하는 미분은 표현식(수식)의 미분이 아니라 함수의 미분이다. f가 하나의 함수라고 할 때, f의 미분(도함수) Df는 새로운 하나의 함수이다. 도함수를 x에 적용하면 하나의 값 $Df(x)$가 나온다. 함수 미분과 수식 미분의 관계는 다음과 같다.

$$Df(t) = \frac{d}{dx}f(x)\big|_{x=t}$$

인수의 세제곱을 계산하는 함수의 도함수는 새로운 하나의 함수이다. 인수 2로 도함수를 평가하면 12가 나온다.

기호 표현식들도 다루도록 산술 패키지를 확장하면, 그리고 미분 결과를 대수적으로 단순화하면 다음이 나온다.

```
((derivative (lambda (x) (expt x 3))) 'a)
(* 3 (expt a 2))
```

이것은 스킴 표현식이므로, 고차 함수를 비롯해 스킴 프로그래밍 언어의 모든 기능을 사용할 수 있다는 점도 주목하자. 이런 종류의 시스템은 흥미로운 물리학 문제들에 등장하는 아주 큰 표현식들을 다루는 데 유용하다.[16]

그럼 간단한 응용으로, 한 방정식의 근(root)을 뉴턴 방법(Newton's method)으로 구해보자. $f(x) = 0$이 되는 x의 값을 구하고자 한다. 함수 f가 충분히 매끄럽다면, 그리고 x의 초기치 x_0을 근과 충분히 가깝게 추측한다면, 새 추측값 x_1을 다음 공식으로 계산함으로써 추측값을 개선할 수 있다.

$$x_{n+1} = x_n - \frac{f(x_n)}{Df(x_n)}$$

이러한 개선 과정을 필요한 만큼 반복하면 충분히 정확한 결과가 나온다. 다음은 이 과정을 구현한 초보적인 프로그램이다.

```
(define (root-newton f initial-guess tolerance)
  (let ((Df (derivative f)))
    (define (improve-guess xn)
      (- xn (/ (f xn) (Df xn))))
    (let loop ((xn initial-guess))
      (let ((xn+1 (improve-guess xn)))
        (if (close-enuf? xn xn+1 tolerance)
            xn+1
            (loop xn+1))))))
```

---

16 이번 절의 자동 미분 코드는 MIT에서 서스먼이 잭 위즈덤과 함께 가르친 고급 고전 역학 강좌[121, 122]를 지원하기 위해 우리 저자들이 작성한 코드에 기반한 것이다.

root-newton 안에 있는 Df라는 이름의 지역 프로시저가 미분을 계산한다. 이 프로시저에 인수로 주어지는 *f*는 미분 대상 함수이다.

예를 들어 $\cos(\theta) = \sin(\theta)$가 되는 1사분면의 각도 θ를 구해야 한다고 하자. (답은 $\pi/4 \approx$ .7853981633974484이다.) 그러면 다음과 같은 코드를 작성하면 된다.

```
(define (cs theta)
  (- (cos theta) (sin theta)))
(root-newton cs 0.5 1e-8)
.7853981633974484
```

결과는 컴퓨터의 정밀도 한계 안에서 완전히 정확하다.

3.3.1 자동 미분의 작동 방식

자동 미분 프로그램은 미분의 정의 자체에서 직접 유도된다. 함수 *f*와 함수 정의역 안의 한 점 *x*가 주어졌을 때, 그 근방의 한 점에서의 함숫값 $f(x + \Delta x)$를 구한다고 하자. 여기서 Δx는 작은 증분(increment)이다. 함수 *f*의 도함수 *Df*는, 특정한 인수 *x*에 대한 *Df*의 값에 증분 Δx를 곱한 결과가 *x*에 그 증분을 더한 인수에 대한 *f* 자체의 값과 최대한 가까운 선형 근삿값이라는 조건을 충족하는 함수, 즉 다음과 같은 등식이 성립하는 함수이다.

$$f(x + \Delta x) \approx f(x) + Df(x)\Delta x$$

이 정의를, 미분 객체(differential object)라고 부르는 데이터 형식을 이용해서 구현해 보자. 미분 객체 [*x*, δx]라는 것을 한 수치에 아주 작은 증분이 더해진 또 다른 수치 $x + \delta x$ 라고 생각할 수도 있겠다. 그러나 여기서는 이것을 복소수와 비슷한 수치적 수량으로 취급한다. 복소수가 실수부와 소수부로 구성되는 것과 비슷하게, 미분 객체는 유한한 값을 가진 부분인 유한부(finite part)와 무한히 작은 값을 가진 부분인 무한소부(infinitesimal part)로 구성된다.[17]

....

17 이런 성격의 미분 객체를 이원수(dual number)라고 부른다. 1873년에 클리퍼드가 소개한[20] 이원수는 실수에 $\epsilon^2 = 0$을 충족하는 새로운 요소 ϵ를 결합해서 실수 집합을 확장한 것이다. 그런데 다변량 미분(인수가 여러 개인 함수의 미분)을 편하게 계산하려면 각 독립 변수에 새로운 무한소부를 도입하는 것이 도움이 된다. 따라서 우리의 미분 대수 공간은 단일 ϵ 이원수 공간보다 훨씬 복잡하다. 우리의 미분 객체는 또한 1948년에 에드윈 휴잇이 고안한 초실수(hyperreal number)[59]와도 비슷하다.

각각의 기본 산술 함수를 이러한 미분 객체에 맞게 확장할 것이다. 각각의 기본 산술 함수 f는 반드시 자신의 도함수 Df를 알 것이므로, 다음과 같은 사상(대응 관계)이 성립한다.

$$[x, \delta x] \overset{f}{\longmapsto} [f(x), Df(x)\delta x] \tag{3.5}$$

여기서 $Df(x)$, 즉 점 x에서 f의 미분이 그 결과로 나온 미분 객체에서 무한소부에 있는 계수 δx임을 주목하기 바란다.

이제 강력한 개념이 등장한다. 만일 $f([x, \delta x])$의 결과(식 3.5)를 다른 함수 g에 넣으면, 우리가 원했던 연쇄 법칙(chain-rule)의 해가 나온다.

$$[f(x), Df(x)\delta x] \overset{g}{\longmapsto} [g(f(x)), Dg(f(x))Df(x)\delta x]$$

즉, 미분 객체에 대한 모든 기본 함수의 결과를 계산하면, 미분 객체에 대한 그 함수들의 모든 합성의 결과를 계산할 수 있다. 그리고 그런 결과가 주어지면, 그 합성의 미분을 추출할 수 있다. 이 미분은 결과 미분 객체의 무한소 증분의 계수이다.

일반적 산술 연산자를 미분 객체 계산을 위해 확장하는 데 필요한 것은 그 연산자가 지칭하는 기본 산술 함수의 미분을 계산하는 프로시저 하나뿐이다. 그렇게 확장하고 나면, 기본 함수들의 임의의 조합의 미분을 그냥 스킴의 통상적인 합성 기능으로 구할 수 있다.[18]

단항 함수 f를 구현한 프로시저가 주어지면, derivative 프로시저는 f가 계산하는 함수의 미분을 계산하는 새 프로시저 the-derivative를 돌려준다.[19] the-derivative는 새 무한소 증분 dx를 생성하고 그것을 주어진 인수 x에 덧붙여서, $x + \delta x$를 나타내는 새 미분 객체 $[x, \delta x]$를 만든다. 그런 다음 프로시저 f를 이 미분 객체에 적용하고, 그 결과에서 무한소 증분 dx를 추출해서 f의 미분을 구한다.

```
(define (derivative f)
  (define (the-derivative x)
```

18 이러한 착안은 1992년 어느 날 댄 주라스Dan Zuras(당시 Hewlett Packard Corporation에서 일했다)와 제럴드 제이 서스먼이 밤샘 프로그래밍 도중에 "발견했다". 당시에는 이 착안을 다른 사람들이 이미 발견했으리라고 생각했으며, 실제로 [129, 12]에 이 착안이 나오지만, 그래도 이런 착안을 우리 자신이 처음으로 이해했다는 점에 너무나 기뻤다. 자동 미분의 정식화된 설명으로는 [94]를 보기 바란다.

19 이항 함수도 나중에 나온다. 일단 단항 함수만 이야기하는 것은 상황이 복잡해지기 전에 개념을 명확하게 하기 위해서이다. 다항 함수로의 확장은 §3.3.2에서 살펴본다.

```
        (let* ((dx (make-new-dx))
               (value (f (d:+ x (make-infinitesimal dx)))))
          (extract-dx-part value dx)))
      the-derivative)
```

make-infinitesimal 프로시저는 유한부가 0이고 무한소부가 dx인 미분 객체를 만든다. d:+ 프로시저는 미분 객체들을 더한다. 이들의 세부 사항은 §3.3.3에 나온다.

미분 객체를 위한 기본 산술의 확장

기본 산술 일반적 프로시저들이 미분 객체에 대해서도 작동하도록 처리부 프로시저들을 확장할 필요가 있다. 미분 객체를 다루려면 각 단항 프로시저가 계산 결과의 유한부와 무한소부를 만들게 해야 하며, 유한부와 무한소부를 식 3.5에 따라 합쳐야 한다. 다음의 diff:unary-proc 프로시저는 함수 f에 대한 프로시저 f와 그 미분 Df에 대한 프로시저 df로부터 함수 f를 계산하는 단항 기본 산술 프로시저의 처리부를 생성한다. 이후 이들을 특별한 덧셈 프로시저 d:+ 와 곱셈 프로시저 d:*를 이용해서 조립하는데, 이에 관해서는 §3.3.3에서 설명하겠다.

```
(define (diff:unary-proc f df)
  (define (uop x)        ; x는 미분 객체
    (let ((xf (finite-part x))
          (dx (infinitesimal-part x)))
      (d:+ (f xf) (d:* (df xf) dx))))
  uop)
```

예를 들어 미분 객체를 위한 sqrt 프로시저의 처리부는 다음과 같이 간단히 정의할 수 있다.

```
(define diff:sqrt
  (diff:unary-proc sqrt (lambda (x) (/ 1 (* 2 (sqrt x))))))
```

diff:unary-proc의 첫 인수는 sqrt 프로시저이고 둘째 인수는 sqrt의 미분을 계산하는 프로시저이다.

이제 새 처리부를 일반적 sqrt 프로시저에 다음과 같이 추가한다.

```
(assign-handler! sqrt diff:sqrt differential?)
```

여기서 differential?는 주어진 인수가 미분 객체일 때만 참이 되는 술어이다. 그리고 assign-handler! 프로시저는 그냥 유용한 한 패턴의 단축 표기이다.

```
(define (assign-handler! procedure handler . preds)
  (define-generic-procedure-handler procedure
    (apply match-args preds)
    handler))
```

이 프로시저에 쓰인 match-args 프로시저는 주어진 술어 목록으로부터 적용성 명세를 생성한다.

다른 단항 기본 산술 프로시저를 위한 처리부들도 마찬가지로 간단하다.[20]

```
(define diff:exp (diff:unary-proc exp exp))
(define diff:log (diff:unary-proc log (lambda (x) (/ 1 x))))
(define diff:sin (diff:unary-proc sin cos))
(define diff:cos
        (diff:unary-proc cos (lambda (x) (* -1 (sin x)))))
  ⋮
```

이항 산술 연산들은 이보다 약간 복잡하다.

$$g(x+\Delta x,\ y+\Delta y) \approx g(x,\ y) + \partial_0 g(x,\ y)\Delta x + \partial_1 g(x,\ y)\Delta y \tag{3.6}$$

여기서 $\partial_0 f$와 $\partial_1 f$는 두 인수에 대한 f의 편미분들이다. f가 두 인수의 함수일 때, $\partial_0 f$는 첫 인수에 대한 f의 편미분을 계산하는 새 함수이다.

$$\partial_0 f(x,\ y) = \frac{\partial}{\partial u} f(u,\ v)\Big|_{u=x,\ v=y}$$

이제 이항 연산을 위한 규칙을 정리하면 다음과 같다.

$$\left([x,\ \delta x],\ [y,\ \delta y]\right) \overset{f}{\longmapsto} \left[f(x,\ y),\ \partial_0 f(x,\ y)\delta x + \partial_1 f(x,\ y)\delta y\right]$$

이항 연산을 다음처럼 그냥 단항 연산 둘을 결합한 형태로 구현하면 되지 않을까 하는 생각이 들 수도 있다. 즉, d0f와 d1f가 두 편도함수라고 할 때, 다음과 같은 정의로 충분하지 않을까?

---

[20] 처리부 정의만 제시하고, 처리부를 추가하는 코드는 생략한다.

```
(define (diff:binary-proc f d0f d1f)
  (define (bop x y)
    (let ((dx (infinitesimal-part x))
          (dy (infinitesimal-part y))
          (xf (finite-part x))
          (yf (finite-part y)))
      (d:+ (f xf yf)
           (d:+ (d:* dx (d0f xf yf))
                (d:* (d1f xf yf) dy)))))
  bop)
```

좋은 구현 전략이긴 하지만, 안타깝게도 아주 정확하지는 않다. 이 구현에서는 유한부와 무한소부가 두 인수에 대해 모순 없이(consistently) 선택된다는 보장이 없다. 미분 객체의 두 부분을 좀 더 세심하게 선택할 필요가 있다. 이에 대한 세부 사항과 해결책은 §3.3.3으로 미루고, 지금은 근사적으로만 정확한 이 코드를 사용하기로 하자.

편미분들이 간단하기 때문에 덧셈과 곱셈은 쉽다. 그렇지만 나눗셈과 거듭제곱은 좀 더 까다롭다. 다음은 덧셈, 곱셈, 나눗셈의 처리부들이다. 처리부를 배정하는 코드는 비슷비슷하므로 diff:+것만 제시했다.

```
(define diff:+
  (diff:binary-proc +
                    (lambda (x y) 1)
                    (lambda (x y) 1)))
(assign-handler! + diff:+ differential? any-object?)
(assign-handler! + diff:+ any-object? differential?)
(define diff:*
  (diff:binary-proc *
                    (lambda (x y) y)
                    (lambda (x y) x)))
(define diff:/
  (diff:binary-proc /
                    (lambda (x y)
                      (/ 1 y))
                    (lambda (x y)
                      (* -1 (/ x (square y))))))
```

거듭제곱(지수 함수) $f(x, y) = x^y$는 좀 더 복잡하다. 첫 인수에 대한 편미분은 간단하다.

그냥 $\partial_0 f\,(x,\,y) = yx^{y-1}$이다. 그렇지만 둘째 인수에 대한 편미분은 몇몇 특수 사례를 제외할 때 $\partial_1 f\,(x,\,y) = x^y \log x$이다.

```
(define diff:expt
  (diff:binary-proc expt
    (lambda (x y)
      (* y (expt x (- y 1))))
    (lambda (x y)
      (if (and (number? x) (zero? x))
          (if (number? y)
              (if (positive? y)
                  0
                  (error "Derivative undefined: EXPT"
                         x y))
              0)
          (* (log x) (expt x y))))))
```

미분 결과 추출

이제 함수를 미분 객체에 적용하면 그 함수의 미분이 계산된다. 계산을 마친 후에는 계산 결과에서 미분 값을 추출해야 한다. 구체적인 방법은 경우에 따라 여러 가지이다. 계산 결과가 미분 객체일 때는 그 객체에서 미분 값을 추출해야 한다. 미분 객체가 아닐 때는 미분 값이 0이다. 이 밖에도 우리가 언급하지 않는 다른 경우들이 있다. 따라서, 기본값이 0인 일반적 프로시저를 만드는 것이 바람직하다.

```
(define (extract-dx-default value dx) 0)
(define extract-dx-part
  (simple-generic-procedure 'extract-dx-part 2
                            extract-dx-default))
```

계산 결과가 미분 객체일 때는 dx의 계수를 돌려주어야 한다. 이것은 생각보다 까다로운데, 기본적인 개념을 코드로 나타내자면 다음과 같다.

```
(define (extract-dx-differential value dx)
  (extract-dx-coefficient-from (infinitesimal-part value) dx))
(define-generic-procedure-handler extract-dx-part
  (match-args differential? diff-factor?)
```

```
extract-dx-differential)
```

이것이 아주 정확한 구현은 아닌데, 왜냐하면 기술적인 이유로 미분 객체의 실제 구조가 이번 절에 나온 것보다 복잡하기 때문이다. 이에 관해서는 §3.3.3에서 모두 이야기하겠다.

참고: 미분 값 추출기를 일반적 프로시저로 둔 덕분에, 필요하다면 함수를 돌려주는 함수나 벡터, 행렬, 텐서 같은 복합 객체를 돌려주는 함수의 자동 미분으로도 확장할 수 있다. (p.164의 연습문제 3.12 참고).

추가해야 할 기본 연산자들과 자료 구조가 더 있겠지만, 자동 미분을 구현하는 데 꼭 필요한 구성요소들은 모두 완성되었다! 처리부들의 정의에 언급된 다른 모든 프로시저는 산술에 대한 통상적인 일반적 프로시저이다. 여기에 기호 산술과 함수형 산술을 위한 프로시저들도 포함될 수 있다.

3.3.2 다항 함수의 미분

인수가 여러 개인 함수를 자동으로 미분하려면 각 인수에 대한 편미분을 계산할 수 있어야 한다. 다음은 한 가지 방법이다.[21]

```
(define ((partial i) f)
  (define (the-derivative . args)
    (if (not (< i (length args)))
        (error "Not enough arguments for PARTIAL" i f args))
    (let* ((dx (make-new-dx))
           (value
            (apply f (map (lambda (arg j)
                            (if (= i j)
                                (d:+ arg
                                     (make-infinitesimal dx))
                                arg))
                          args (iota (length args)))))))
      (extract-dx-part value dx)))
  the-derivative)
```

----

21 p.152의 연습문제 3.8에 이와는 다른 전략이 나온다.

이 코드는 i번째 인수를 dx만큼 증가하고 나머지 인수들은 그대로 두어서 f를 적용한 결과에서 무한소부 dx의 계수를 추출한다.[22]

인수가 두 개인 함수 g를 생각해 보자. 식 3.6을 전개해 보면, 미분 Dg에 인수들의 증분들의 벡터가 곱해짐을 알 수 있다.

$$
\begin{aligned}
g(x + \Delta x,\ y + \Delta y) &\approx g(x,\ y) + Dg(x,\ y) \cdot (\Delta x,\ \Delta y) \\
&= g(x,\ y) + \left[\partial_0 g(x,\ y),\ \partial_1 g(x,\ y) \right] \cdot (\Delta x,\ \Delta y) \\
&= g(x,\ y) + \partial_0 g(x,\ y)\Delta x + \partial_1 g(x,\ y)\Delta y
\end{aligned}
$$

점 x, y에서 g의 미분 Dg는 대괄호로 묶인 편미분들의 쌍이다. 편미분들로 이루어진 여벡터(covector)와 증분들로 이루어진 벡터의 내적은 함수 g의 증분이다. 다음의 general-derivative 프로시저가 이러한 결과를 계산한다.

```
(define (general-derivative g)
  (define ((the-derivative . args) . increments)
    (let ((n (length args)))
      (assert (= n (length increments)))
      (if (= n 1)
          (* ((derivative g) (car args))
             (car increments))
          (reduce (lambda (x y) (+ y x))
                  0
                  (map (lambda (i inc)
                         (* (apply ((partial i) g) args)
                            inc))
                       (iota n)
                       increments)))))
  the-derivative)
```

안타깝게도 general-derivative가 편미분들의 자료 구조를 돌려주지는 않는다. 실제로 편미분들의 여벡터를 돌려주는 gradient 같은 미분 프로시저가 있으면 유용한 상황들이 많다. (연습문제 3.10을 보라.)

---

22 iota 프로시저는 0에서 (length args)까지의 정수들을 돌려준다.

■ 연습문제 3.8 편미분

람다$^\lambda$ 산법(lambdar calculus)의 커링^{currying}의 관점에서 편미분에 접근할 수도 있다. 데이터의 흐름을 도표 형태로 그려 보라. 커링을 이용해서 상수로 취급할 인수들을 고정하고 인수 하나짜리 프로시저를 산출한 후 거기에 상미분을 적용하는 식으로 편미분을 계산하는 프로시저를 작성하라.

■ 연습문제 3.9 처리부 추가

본문에서 모든 기본 산술 함수에 대해 미분 객체를 위한 처리부를 추가하지는 않았음을 기억할 것이다. 예를 들어 tan을 위한 처리부는 언급하지 않았다.

a. tan과 atan1을 위한 처리부를 추가하라(atan1은 단항 함수이다).

b. 역탄젠트를 다룰 때는 결과가 현재의 사분면에서 벗어나지 않게 하는 것이 편하므로, Scheme Report [109]에서처럼 atan이 인수 두 개(하나는 생략 가능)를 받게 하면 아주 좋을 것이다. 그런 식으로 작동하는 일반적 프로시저 atan을 작성하라. 인수가 하나일 때는 atan1을 적용하고, 두 개일 때는 atan2를 적용할 것. 또한, 미분 객체를 위한 atan2 처리부도 설치하라. 이 처리부가 *atan*1 처리부와 공존해야 함을 잊어서는 안 된다.

■ 연습문제 3.10 벡터와 여벡터

본문에서 설명했듯이, 미분이라는 개념을 인수가 둘 이상인 함수에 일반화할 수 있다. 다항 함수의 기울기(gradient)는 각 인수에 대한 편미분들로 이루어진 여벡터이다.

a. $Dg(x, y)$의 값이 편미분들의 여벡터임을 충족하는 벡터 자료 형식과 여벡터 자료 형식을 개발하라. $Dg(x, y)$의 값을 돌려주는 gradient 프로시저를 작성하라. 벡터와 여벡터의 곱은 반드시 둘의 내적, 즉 성분별 곱(같은 색인의 성분끼리 곱한 것)들의 합임을 기억할 것.

b. 벡터 하나를 받는 함수는 인수가 여러 개인 함수와 비슷하다. 따라서 그런 함수의 기울기는 여벡터이어야 마땅하다. 또한, 함수의 입력이 여벡터이면 그 기울기는 벡터이어야 한다. 이에 맞게 gradient 프로시저를 개선하라.

3.3.3 몇 가지 기술적 세부 사항

자동 미분에 깔린 개념은 그리 복잡하지 않지만, 자동 미분이 제대로 되려면 반드시 처리해야 하는 미묘한 기술적 세부 사항들이 몇 가지 있다.

미분 대수

2차 미분을 계산하려면 도함수의 도함수를 구해야 한다. 그런 함수의 평가에는 두 개의 무한소가 관여한다. 다수의 미분과 변수가 여러 개인 함수의 도함수를 계산할 수 있도록, '무한소 공간(infinitesimal space)'의 미분 객체들에 대한 하나의 대수(algebra)를 정의하기로 하자. 이 미분 객체들은 그 어떤 무한소 증분도 지수(exponent)가 1보다 크지 않음을 충족하는 다변량 멱급수(power series)들이다.[23]

이 미분 객체를 스킴 코드에서는 멱급수 항들의 '태그된 목록(tagged list; 태그가 붙은 목록)' 형태로 표현하기로 하겠다. 각 항(term)에는 계수(coefficient) 하나와 무한소 증분 인자(infinitesimal incremental factor)들의 목록 하나가 있다. 이러한 항들을 내림차순으로 목록에 담아 둔다. (순서의 기준은 증분 인자의 개수이다. 예를 들어 $\delta x \delta y$가 δx나 δy보다 순위가 높다.) 다음은 이를 빨리 대충 구현한 것이다.[24]

```
(define differential-tag 'differential)
(define (differential? x)
  (and (pair? x) (eq? (car x) differential-tag)))
(define (diff-terms h)
  (if (differential? h)
      (cdr h)
      (list (make-diff-term h '())))))
```

항 목록은 그냥 미분 객체들을 cdr로 연결한 것이다. 단, 명시적으로 미분 객체는 아닌 어떤 객체가 주어졌을 때 그것을 항이 하나이고 증분 인자들이 없는 미분 객체로 강제 변환한다. 다음은 항 목록(미리 정렬된)으로부터 미분 객체를 만드는 프로시저인데, 이 프로시저는 미분 객체

---

23 형식적인(formal) 대수 세부 사항은 1994년에 헬 애빌슨Hal Abelson이 어떤 버그를 고치는 과정에서 밝혀냈다. 그 코드를 서스먼이 하디 메이어Hardy Mayer와 잭 위즈덤Jack Wisdom의 도움을 받아 고통스럽게 재작성했다.

24 레코드 구조를 사용하는 게 더 낫겠지만, 레코드를 보기 좋게 출력하는 수단이 없는 한 디버깅하기가 더 어려울 것이다.

를 최대한 단순화해서 돌려준다. 경우에 따라서는, 명시적으로 미분 객체는 아닌 수치 하나를 돌려줄 줄 수도 있다.

```
(define (make-differential terms)
  (let ((terms                        ; 하나 이상의 항들
         (filter
          (lambda (term)
            (let ((coeff (diff-coefficient term)))
              (not (and (number? coeff) (= coeff 0)))))
          terms)))
    (cond ((null? terms) 0)
          ((and (null? (cdr terms))
                ;; 유한부만
                (null? (diff-factors (car terms))))
           (diff-coefficient (car terms)))
          ((every diff-term? terms)
           (cons differential-tag terms))
          (else (error "Bad terms")))))
```

이 구현은 항도 태그된 목록으로 표현한다. 이 목록의 각 요소는 계수 하나와 정렬된 인자 목록으로 구성된다.

```
(define diff-term-tag 'diff-term)
(define (make-diff-term coefficient factors)
  (list diff-term-tag coefficient factors))
(define (diff-term? x)
  (and (pair? x) (eq? (car x) diff-term-tag)))
(define (diff-coefficient x)
  (cadr x))
(define (diff-factors x)
  (caddr x))
```

미분을 계산하려면 미분 객체들을 더하고 곱할 수 있어야 한다.

```
(define (d:+ x y)
  (make-differential
   (+diff-termlists (diff-terms x) (diff-terms y))))
(define (d:* x y)
  (make-differential
   (*diff-termlists (diff-terms x) (diff-terms y))))
```

또한, 무한소 증분을 만드는 프로시저도 필요하다.

```
(define (make-infinitesimal dx)
  (make-differential (list (make-diff-term 1 (list dx)))))
```

항 목록들을 더하려면 고차 항들이 더 앞에 오도록 항들을 정렬해야 한다. 인자들이 동일한 항들만 더할 수 있다. 그리고 계수들의 합이 0인 경우에는 항 덧셈 결과를 최종 결과에 포함시키지 않는다.

```
(define (+diff-termlists l1 l2)
  (cond ((null? l1) l2)
        ((null? l2) l1)
        (else
         (let ((t1 (car l1)) (t2 (car l2)))
           (cond ((equal? (diff-factors t1) (diff-factors t2))
                  (let ((newcoeff (+ (diff-coefficient t1)
                                     (diff-coefficient t2))))
                    (if (and (number? newcoeff)
                             (= newcoeff 0))
                        (+diff-termlists (cdr l1) (cdr l2))
                        (cons
                         (make-diff-term newcoeff
                                         (diff-factors t1))
                         (+diff-termlists (cdr l1)
                                          (cdr l2))))))
                 ((diff-term>? t1 t2)
                  (cons t1 (+diff-termlists (cdr l1) l2)))
                 (else
                  (cons t2
                        (+diff-termlists l1 (cdr l2)))))))))
```

다음으로, 항 목록들의 곱셈을 보자. 개별 항들을 곱할 수 있는 경우에는 구현이 간단하다. 항 목록 l1과 l2의 곱은 l1의 모든 항을 l2의 모든 항에 곱해서 나오는 항 목록들을 모두 더한 것이다.

```
(define (*diff-termlists l1 l2)
  (reduce (lambda (x y)
            (+diff-termlists y x))
          '()
```

```
        (map (lambda (t1)
               (append-map (lambda (t2)
                             (*diff-terms t1 t2))
                           l2))
             l1)))
```

하나의 항에는 계수 하나와 인자(무한소)들의 목록 하나가 있다. 항이 하나도 없는 미분 객체는 지수가 1보다 큰 증분을 가질 수 있는데, 왜냐하면 $\delta x^2 = 0$이기 때문이다. 따라서, 두 항을 곱할 때는 병합할 인자 목록들에 공통의 인자가 있지는 않은지 점검해야 한다. *diff-terms가 곱 항들의 목록 또는 빈 목록(*diff-termlists에서 추가할)을 돌려주는 것은 이 때문이다. 두 인자 목록을 병합할 때는 인자들을 정렬한다. 그러면 나중에 항들을 정렬하기가 쉬워진다.

```
(define (*diff-terms x y)
  (let ((fx (diff-factors x)) (fy (diff-factors y)))
    (if (null? (ordered-intersect diff-factor>? fx fy))
        (list (make-diff-term
                (* (diff-coefficient x) (diff-coefficient y))
                (ordered-union diff-factor>? fx fy)))
        '())))
```

유한부와 무한소부

미분 객체는 유한부와 무한소부로 구성된다. p.147에서 정의한 diff:binary-proc 프로시저는 증분이 둘 이상인 미분 객체들을 제대로 처리하지 못한다. 인수 x와 y의 유한부들와 무한소부들이 모순 없이 선택되게 하려면 다음 정의를 사용해야 한다.

```
(define (diff:binary-proc f d0f d1f)
  (define (bop x y)
    (let ((factor (maximal-factor x y)))
      (let ((dx (infinitesimal-part x factor))
            (dy (infinitesimal-part y factor))
            (xe (finite-part x factor))
            (ye (finite-part y factor)))
        (d:+ (f xe ye)
             (d:+ (d:* dx (d0f xe ye))
                  (d:* (d1f xe ye) dy))))))
  bop)
```

여기서 factor는 x와 y 둘 다 인자가 가장 많은 항 안에 담기도록 maximal-factor가 선택한 인자이다.

미분 객체의 유한부는 최고차 항(차수가 가장 높은 항)의 최대 인자를 담은 항들을 제외한 모든 항으로 구성된다. 무한소부는 그 인자가 있는 나머지 모든 항이다.

다음 계산을 생각해 보자.

$$f(x+\delta x,\ y+\delta y) =$$
$$f(x,\ y) + \partial_0 f(x,\ y) \cdot \delta x + \partial_1 f(x,\ y) \cdot \delta y + \partial_0 \partial_1 f(x,\ y) \cdot \delta x \delta y$$

여기서 최고차 항은 $\partial_0 \partial_1 f(x,\ y) \cdot \delta x \delta y$이다. 이 항은 x와 y에 대해 대칭이다. 여기서 핵심은, 임의의 한 최대 인자(지금 예에서는 δx 또는 δy)를 기본 인자로 두었을 때, 그 인자와 모순이 없는 한 얼마든지 마음대로 미분 객체를 분할할 수 있다는 것이다. 어떤 최대 인자를 선택해도 무방하다. 왜냐하면 $\mathbf{R}^n \rightarrow \mathbf{R}$의 혼합 편미분들에 대해 교환법칙이 성립하기 때문이다.[25]

```
(define (finite-part x #!optional factor)
  (if (differential? x)
      (let ((factor (default-maximal-factor x factor)))
        (make-differential
         (remove (lambda (term)
                   (memv factor (diff-factors term)))
                 (diff-terms x))))
      x))
(define (infinitesimal-part x #!optional factor)
  (if (differential? x)
      (let ((factor (default-maximal-factor x factor)))
        (make-differential
         (filter (lambda (term)
                   (memv factor (diff-factors term)))
                 (diff-terms x))))
      0))
(define (default-maximal-factor x factor)
  (if (default-object? factor)
      (maximal-factor x)
      factor))
```

[25] 멱급수에서 임의의 최고차 항의 임의의 인자를 사용할 수 있다는 사실은 이 착안의 1994년 개정판에서 핼 애빌슨의 중심적인 통찰이었다.

추출의 실제 작동 방식

p.152에서 설명했듯이, 다수의 미분을 취하거나 인수가 둘 이상인 함수를 다루려면 미분 객체를 그 어떤 무한소 증분도 지수가 1보다 크지 않음을 충족하는 다변량 멱급수로 표현해야 한다. 이 멱급수의 각 항에는 계수 하나와 무한소 증분 인자들의 목록 하나가 있다. 이 때문에 임의의 한 증분 인자에 대한 미분 값을 추출하기가 복잡하다. 그럼 미분 값 추출이 실제로 어떻게 일어나는지 살펴보자.

미분 객체가 반환되는 경우에는, 평가 중인 미분에 대한 무한소 인자 dx를 담은 항들을 그 미분 객체에서 찾아야 한다. 그런 항들을 찾은 다음에는 각 항에서 dx를 제거한다. dx가 있는 항들을 모두 제외했을 때 항이 하나도 남지 않으면 미분 값은 0이다. 항(dx가 없는)이 딱 하나만 남는다면, 그 항의 계수(coefficient)가 미분의 값이다. 무한소 인자가 있는 항이 여러 개남은 경우에는, 남아 있는 항들로 이루어진 미분 객체를 미분의 값으로 돌려주어야 한다.

```
(define (extract-dx-differential value dx)
  (let ((dx-diff-terms
          (filter-map
           (lambda (term)
             (let ((factors (diff-factors term)))
               (and (memv dx factors)
                    (make-diff-term (diff-coefficient term)
                                    (delv dx factors)))))
           (diff-terms value))))
    (cond ((null? dx-diff-terms) 0)
          ((and (null? (cdr dx-diff-terms))
                (null? (diff-factors (car dx-diff-terms))))
           (diff-coefficient (car dx-diff-terms)))
          (else (make-differential dx-diff-terms)))))
(define-generic-procedure-handler extract-dx-part
  (match-args differential? diff-factor?)
  extract-dx-differential)
```

고차 함수

고차 함수(higher-order function), 즉 함수를 값으로 돌려주는 함수에 대해서도 자동 미분기가 잘 작동한다면 여러모로 써먹기 좋을 것이다. 예를 들어 다음과 같은 코드가 가능해야 한다.

```
(((derivative
   (lambda (x)
     (lambda (y z)
       (* x y z))))
  2)
 3
 4)
;Value: 12
```

다음은 리터럴 함수와 편미분까지 관여하는 좀 더 흥미로운 예이다.

```
((derivative
   (lambda (x)
     (((partial 1) (literal-function 'f))
      x 'v)))
 'u)
(((partial 0) ((partial 1) f)) u v)
```

그리고 다음은 더욱더 복잡한 예이다.

```
(((derivative
   (lambda (x)
     (derivative
      (lambda (y)
        ((literal-function 'f)
         x y)))))
  'u)
 'v)
(((partial 0) ((partial 1) f)) u v)
```

이런 코드가 가능하게 하려면 extract-dx-part 프로시저가 지금보다 훨씬 더 복잡해진다.

함수를 미분 객체에 적용한 결과가 함수(이를테면 도함수의 도함수)이면, 그 함수의 평가 시점까지, 즉 인수들로 그 함수를 실제로 호출할 때까지 미분 값의 추출을 미루어야 한다.

다음처럼 함수가 반환되는 경우,

```
(((derivative
   (lambda (x)
```

```
  (derivative
   (lambda (y)
     (* x y)))))
 'u)
'v)
1
```

그 함수를 인수들에 적용하기 전에는 미분을 추출할 수 없다. 함수를 적용한 결과가 나올 때까지 미분 추출을 지연(defer)해야 한다. 이를 위해, 일반적 미분 값 추출 프로시저를 다음과 같이 확장하자.

```
(define (extract-dx-function fn dx)
  (lambda args
    (extract-dx-part (apply fn args) dx)))
(define-generic-procedure-handler extract-dx-part
  (match-args function? diff-factor?)
  extract-dx-function)
```

그런데 안타깝에도 extract-dx-function의 이 버전에는 미묘한 버그가 하나 있다.[26] 이 새 버전은 불필요한 충돌을 방지하기 위해 인자 dx를 재대응시키는(remap) 코드로 새 지연 프로시저의 본문을 감싼다. 즉, 함수들의 처리부를 다음과 같이 변경한다.

```
(define (extract-dx-function fn dx)
  (lambda args
    (let ((eps (make-new-dx)))
      (replace-dx dx eps
       (extract-dx-part
        (apply fn
          (map (lambda (arg)
                 (replace-dx eps dx arg))
```

....

26 이런 종류의 버그를 2011년에 알렉세이 라둘^Alexey Radul이 우리에게 알려주었다. 일반적인 문제는 2005년에 시스킨드와 펄머터가 처음으로 식별했다[111]. 일반적인 문제란, 미분 계산을 위해 인수를 증가하는 무한소 인자들을 식별하기 위해 만든 미분 태그들이, 함수의 도함수를 평가하는 도중에 함수를 돌려주는 함수와 혼동될 수 있다는 것이다. 지연된 미분 프로시저가 바깥쪽 미분 계산을 위해 만든 태그를 이용해서 두 번 이상 호출될 수도 있다. 좀 더 최근에는 제프 시스킨드가 이 둘째 버전에 있는 또 다른 버그 하나를 제시했다. 바로, 인수에 있는 태그와 도함수의 어휘순 범위에서 물려받은 태그가 충돌할 여지가 있다는 것이다. 만쥬크 등의 아름다운 논문 [87]은 이런 아주 미묘한 버그들을 설명하고 그것을 바로잡기 위한 세심한 분석을 제시한다.

```
            args))
        dx)))))
```

이 프로시저는 eps라는 새로운 인자를 생성해서 인수들에 있는 dx 대신 사용한다. 따라서 dx의 다른 어떤 인스턴스와 충돌하는 일이 없다.

인자들을 치환하는 것 자체도 다소 복잡하다. 해당 자료 구조들의 내부로 파고 들어가야 하기 때문이다. 이러한 치환(replacement)을 하나의 일반적 프로시저로 구현하기로 하자. 그러면 새로운 종류의 데이터로 확장할 수 있다. 기본 방식은 그냥 주어진 객체를 그 객체의 ID로 치환하는 것이다.

```
(define (replace-dx-default new-dx old-dx object) object)
(define replace-dx
  (simple-generic-procedure 'replace-dx 3
                            replace-dx-default))
```

미분 객체의 경우에는 미분 객체 안으로 들어가서 기존 인자를 새 인자로 대체하고 인자들을 다시 정렬해야 한다.

```
(define (replace-dx-differential new-dx old-dx object)
  (make-differential
   (sort (map (lambda (term)
                (make-diff-term
                 (diff-coefficient term)
                 (sort (substitute new-dx old-dx
                                   (diff-factors term))
                       diff-factor>?)))
              (diff-terms object))
         diff-term>?)))
(define-generic-procedure-handler replace-dx
  (match-args diff-factor? diff-factor? differential?)
  replace-dx-differential)
```

마지막으로, 객체가 함수이면 인수들이 주어져서 함수의 값이 평가될 때까지 치환을 지연해야 한다.

```
(define (replace-dx-function new-dx old-dx fn)
```

```
  (lambda args
    (let ((eps (make-new-dx)))
      (replace-dx old-dx eps
        (replace-dx new-dx old-dx
          (apply fn
            (map (lambda (arg)
                   (replace-dx eps old-dx arg))
                 args)))))))))
(define-generic-procedure-handler replace-dx
  (match-args diff-factor? diff-factor? function?)
  replace-dx-function)
```

생각했던 것보다 코드가 훨씬 복잡하다. 이 코드는 무한소 인자들을 세 번 치환한다. 이는 fn 의 본문 범위에 존재할 수도 있는(함수 fn을 정의한 어휘순 환경에서 상속된) 인자들과의 충돌을 피기 위한 것이다.[27]

■ **연습문제 3.11 버그!**

다음은 우리가 p.160의 각주에서 언급한 버그를 알게 되기 전에 작성한 extract-dx-function 프로시저이다.

```
(define (extract-dx-function fn dx)
  (lambda args
    (extract-dx-part (apply fn args) dx)))
```

replace-dx 래퍼의 유용성을, 이 예전 버전의 extract-dx-part로 미분을 구하면 잘못된 결과가 나오지만 수정된 버전으로는 정확한 결과가 나오는 함수를 만들어서 시연하라. 쉬운 문제가 아님을 주의할 것. 각주 26에 언급된 참고 문헌들을 읽으면 도움이 될 것이다.

3.3.4 미분 객체를 받는 리터럴 함수

단순 인수들에 리터럴 함수를 적용할 때는, 그냥 그 인수들에 함수 표현식을 적용하는 표현식

---

27 이 부분은 만주크 등이 [87]에서 세심하게 설명한다.

을 구축하기만 하면 된다. 그러나 리터럴 함수는 미분 객체도 인수로 받을 수 있어야 한다. 그런 경우 리터럴 함수는 반드시 미분 객체 인수들에 대한 (편)미분 표현식들을 구축해야 한다. n항 함수의 i번째 인수에 대한 적절한 미분 표현식은 다음과 같다.

```
(define (deriv-expr i n fexp)
  (if (= n 1)
      `(derivative ,fexp)
      `((partial ,i) ,fexp)))
```

일부 인수가 미분 객체일 수 있으므로, 리터럴 함수는 반드시 각 인수에 대해 유한부와 무한소부를 선택해야 한다. 이항 산술 연산 처리부에서처럼 최대 인자를 모순 없이 선택해야 한다는 점도 잊어서는 안 된다. 우리의 리터럴 함수는 여러 개의 인수를 받을 수 있으므로 그런 처리가 복잡할 것 같지만, 이미 `maximal-factor` 프로시저가 다수의 인수를 처리하도록 작성해 두었다. 최대 인자 선택은 §3.3.3에서 설명했다.

인수들에 미분 객체가 하나도 없으면 그냥 `cons`를 이용해서 함수 적용 표현식을 구축하면 된다. 그러나 미분 객체가 있으면 리터럴 함수의 도함수를 만들어야 한다. 이를 위해 모든 인수에서 최대 인자를 찾고 인수들에서 그 최대 인자를 가지지 않은 항들을 추출한다. 이들이 곧 유한부들이다. (무한소부는 그 최대 인자를 가진 항들이다.) 편미분은 그 자체로 리터럴 함수인데, 해당 표현식은 인수 색인을 포함한다. 결과 미분 객체는 인수들의 무한소부들에 대한, 인수들의 유한부들에서의 편미분들의 내적이다.

다음은 이상의 설명을 모두 반영한 프로시저이다.

```
(define (literal-function fexp)
  (define (the-function . args)
    (if (any differential? args)
        (let ((n (length args))
              (factor (apply maximal-factor args)))
          (let ((realargs
                 (map (lambda (arg)
                        (finite-part arg factor))
                      args))
                (deltargs
                 (map (lambda (arg)
                        (infinitesimal-part arg factor))
                      args)))
```

```
         (let ((fxs (apply the-function realargs))
               (partials
                (map (lambda (i)
                       (apply (literal-function
                                (deriv-expr i n fexp))
                              realargs))
                     (iota n))))
           (fold d:+ fxs
             (map d:* partials deltargs)))))
       `(,fexp ,@args)))
    the-function)
```

■ **연습문제 3.12 복합 객체를 돌려주는 함수**

p.150에서 언급했듯이, 우리는 extract-dx-part 프로시저를 미분 객체와 함수 이외의 값들에 대해서도 확장할 수 있도록 일반적 프로시저로 만들었다. 벡터를 돌려주는 함수의 미분도 다룰 수 있도록 extract-dx-part를 확장하라. 미분 값 추출기의 일반적 프로시저 replace-dx(p.161)도 확장해야 한다.

3.4 효율적인 일반적 프로시저

§3.2.3에서는 메타데이터 안에 있는 디스패치 저장소를 이용해서 적용 가능한 규칙을 찾는 방식으로 처리부 디스패치를 구현했다.

```
(define (generic-procedure-dispatch metadata args)
  (let ((handler
         (get-generic-procedure-handler metadata args)))
    (apply handler args)))
```

p.126에서 simple-generic-procedure 생성자를 만드는 데 사용한 디스패치 저장소의 구현(p.135)은 다소 조잡하다. 단순 디스패치 저장소는 규칙 집합을 규칙들의 목록 형태로 유지한다. 목록의 각 규칙은 적용성 명세와 처리부의 쌍이다. 그리고 적용성 명세는 주어진 인수들에 적용할 술어들의 목록들의 목록이다. simple-generic-procedure로 구축된 일반적 프

로시저는 규칙 집합의 규칙들을 차례로 훑어서 인수들과 부합하는(해당 술어들이 모두 참인) 적용성 명세를 가진 규칙을 찾고, 그에 해당하는 처리부를 선택한다.

그런데 이런 처리부 선택 방식은 심각하게 비효율적이다. 덩치 큰 적용성 명세의 경우 주어진 피연산자 위치에 대해 동일한 술어가 있는 규칙들이 많을 수 있으며, 그러면 같은 술어가 여러 번 평가된다. 예를 들어 수치 산술과 기호 산술을 조합한 산술 시스템의 곱셈에는 첫 술어가 number?인 규칙이 여러 개일 수 있으며, 그러면 적합한 적용 규칙 하나가 발견될 때까지 number? 술어를 여러 번 평가하게 된다. 평가 중복 없이 적용 가능 규칙을 찾을 수 있다면 좋을 것이다. 그런 목적으로 흔히 사용하는 것이 색인(index)이다.

3.4.1 트라이

그럼 트라이^{trie}◆ 자료 구조[28]에 기초한 간단한 색인 메커니즘을 하나 살펴보자.

전통적으로 트라이는 트리 자료 구조의 일종이지만, 좀 더 일반적으로는 유향 그래프 (directed graph)로 볼 수 있다. 트라이의 각 노드에는 후행 노드(successor node)들로의 간선(edge)이 있으며, 각 간선에는 술어가 있다. 트라이로 판정(검색)할 데이터는 특징 (feature)들의 선형 순차열(linear sequence)인데, 지금 예에서는 일반적 프로시저의 인수들이 그러한 데이터이다.

판정 과정은 이렇다. 트라이의 시작 노드인 뿌리(root) 노드에서 출발해서, 그 노드의 순차열에서 첫 특징을 취해서 각 간선의 술어에 적용한다. 술어가 참인 간선이 나오면 그 간선을 따라 다음 노드로 가서 둘째 특징을 판정한다. 이러한 과정을 나머지 모든 특징에 대해 반복한다. 더 이상 판정할 특징이 없으면 현재 노드의 값이 최종 결과이다. 지금 경우 노드의 값은 해당 처리부이다.

◆ 옮긴이 트라이 자료 구조는 1960년대 초에 에드워드 프레드킨$^{Edward\ Fredkin}$이 고안했다.

28 trie라는 이름은 조회, 검색의 뜻을 가진 retrieval^{리트리벌}의 중간 글자들을 취한 것인데, 원래 프레드킨은 '트리'라고 발음했지만 이후 트리^{tree} 자료 구조와 혼동을 방지하기 위해 '트라이'라고 부르는 경우가 많아졌다.

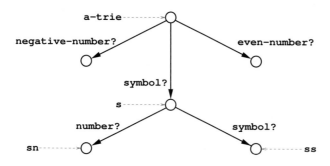

그림 3.1 트라이를 특징 순차열의 분류에 사용할 수 있다. 트라이는 각 간선에 술어가 있는 하나의 유향 그래프이다. 뿌리 노드에서 출발해서, 첫 특징을 각 간선의 술어로 판정한다. 술어가 충족되면 그 간선을 따라 다음 노드로 가서 그 다음 특징을 판정하는 과정을 나머지 모든 특징에 대해 반복한다. 최종 노드까지의 경로에 있는 노드들의 집합이 순차열의 분류 결과에 해당한다.

그런데 임의의 노드에서 현재 특징이 둘 이상의 술어를 충족할 수도 있다. 그런 경우에는 충족된 모든 간선을 따라가야 한다. 그러면 트라이 검색이 적용 가능한 처리부를 여러 개 돌려줄 수 있다. 따라서, 여러 처리부 중 가장 적합한 것 하나를 결정하는 수단을 마련해야 한다.

그럼 술어 평가 최적화 문제에 트라이를 활용하는 방법을 살펴보자. 우선, [그림 3.1]에 나온 트라이를 점진적으로 구축하자. 다음은 a-trie 노드를 뿌리 노드로 하는 트라이를 생성하는 코드이다.

```
(define a-trie (make-trie))
```

트라이의 뿌리 노드에 노드 s로 가는 간선을 추가한다.

```
(define s (add-edge-to-trie a-trie symbol?))
```

여기서 add-edge-to-trie는 새 간선의 끝에 새 노드를 만들고 그 노드를 돌려주는 프로시저이다. symbol?는 뿌리 노드에서 s 노드로 가기 위해 충족해야 하는 술어이다.

이런 식으로 간선 술어를 지정해서 일련의 간선들('간선 사슬')을 만들어 나가면 된다. 다음은 sn 노드로의 간선을 추가하는 코드이다.

```
(define sn (add-edge-to-trie s number?))
```

이제 뿌리 노드에서 sn 노드로 가는 경로는 (list symbol? number?)이다. 주어진 경로에 기초해서 add-edge-to-trie를 반복 호출하여 간선 사슬을 만들어 주는 프로시저가 있으면 더욱 편할 것이다. 아래의 코드에 쓰인 intern-path-trie가 그러한 프로시저이다.

```
(define ss (intern-path-trie a-trie (list symbol? symbol?)))
```

노드에 값을 추가할 때는 다음과 같은 코드를 사용한다(여기서는 기호 값을 사용하지만, 나중에 프로시저 처리부를 값으로 저장하는 방법도 나온다).

```
(trie-has-value? sn)
#f
(set-trie-value! sn '(symbol number))
(trie-has-value? sn)
#t
(trie-value sn)
(symbol number)
```

간선들처럼 값들도 경로를 이용해서 추가할 수 있다.

```
(set-path-value! a-trie (list symbol? symbol?)
                '(symbol symbol))
(trie-value ss)
(symbol symbol)
```

intern-path-trie와 set-path-value! 둘 다 가능하면 기존 노드들과 간선들을 재활용하고, 필요할 때만 간선과 노드를 추가함을 주목하기 바란다.

다음은 특징 순차열 두개를 지금까지 구축한 트라이에 부합시키는 예이다.

```
(equal? (list ss) (get-matching-tries a-trie '(a b)))
#t
(equal? (list s) (get-matching-tries a-trie '(c)))
#t
```

트라이 부합과 값 조회를 조합하는 것도 가능하다. get-a-value 프로시저는 주어진 특징들에 부합하는 모든 노드를 찾고 그 중 값이 있는 노드 하나를 선택해서 그 값을 돌려준다.

```
(get-a-value a-trie '(a b))
(symbol symbol)
```

그런데 연관된 값이 없는 특징 순차열도 있다. 그런 경우 특징 부합이 실패했다는 오류 메시지가 나온다.

```
(get-a-value a-trie '(-4))
;Unable to match features: (-4)
```

그럼 값들을 더 추가해보자.

```
(set-path-value! a-trie (list negative-number?)
                 '(negative-number))
(set-path-value! a-trie (list even-number?)
                 '(even-number))
(get-all-values a-trie '(-4))
((even-number) (negative-number))
```

여기서 get-all-values는 주어진 특징 순차열에 부합하는 모든 노드를 찾아서 그 노드들의 값들을 모두 돌려준다.

다음은 이러한 트라이 구현에 기초해서, 트라이를 색인로 사용하는 디스패치 저장소를 만드는 프로시저이다.

```
(define (make-trie-dispatch-store)
  (let ((delegate (make-simple-dispatch-store))
        (trie (make-trie)))
    (define (get-handler args)
      (get-a-value trie args))
    (define (add-handler! applicability handler)
      ((delegate 'add-handler!) applicability handler)
      (for-each (lambda (path)
                  (set-path-value! trie path handler))
                applicability))
```

```
(lambda (message)
  (case message
    ((get-handler) get-handler)
    ((add-handler!) add-handler!)
    (else (delegate message)))))))
```

대부분의 연산을 단순 디스패치 저장소에 위임한 덕분에 트라이 기반 디스패치 저장소가 상당히 간단하다. 위임하지 않은 연산은 add-handler!와 get-handler이다. add-handler!는 처리부를 트라이와 단순 디스패치 저장소에 동시에 저장하고, get-handler는 명시적으로 트라이를 사용해서 처리부를 조회한다. 단순 디스패치 저장소는 기본 처리부와 함께 규칙 집합도 관리한다. 이는 디버깅에 유용하다. 이러한 구현은 위임(delegation)을 이용한 인터페이스 확장의 간단한 예인데, 널리 쓰이는 상속 기반 확장과는 대조되는 접근 방식이라 할 수 있다.

■ 연습문제 3.13 **트라이 규칙 집합**

generic-procedure-constructor 프로시저와 make-generic-arithmetic에 디스패치 저장소를 부여한 덕분에 서로 다른 디스패치 저장소들을 수월하게 시험해 볼 수 있다. 예를 들어 다음은 p.132에서처럼 완전한 일반적 산술 패키지를 구축하되, make-trie-dispatch-store를 이용해서 트라이 기반 디스패치 저장소를 사용하게 하는 예이다.

```
(define trie-full-generic-arithmetic
  (let ((g (make-generic-arithmetic make-trie-dispatch-store)))
    (add-to-generic-arithmetic! g numeric-arithmetic)
    (extend-generic-arithmetic! g function-extender)
    (add-to-generic-arithmetic! g
      (symbolic-extender numeric-arithmetic))
    g))
(install-arithmetic! trie-full-generic-arithmetic)
```

a. 이렇게 하면 §3.2.2에서 고생했던 순서 의존성 문제에 뭔가 변화가 생길까?

b. 일반화하자면, 주어진 인수 순차열에 적합한 처리부가 여러 개인 상황을 야기하는 술어들의 특성은 무엇인가?

c. 이 일반적 산술 코드에서도 그런 상황이 벌어질 수 있는가?

이 책의 지원 소프트웨어(부록 B 참고)에는 디스패치 전략의 효능을 측정하는 다소 조잡한 도구가 있다. 임의의 계산을 **with-predicate-counts**로 감싸면 한 번의 실행에서 각 디스패치 술어가 몇 번 호출되는지 알 수 있다. 예를 들어 다음은 트라이 기반 디스패치 저장소를 사용하는 일반적 산술 패키지 환경에서 **(fib 20)**를 평가하면 다음과 비슷한 결과가 나온다.[29]

```
(define (fib n)
  (if (< n 2)
      n
      (+ (fib (- n 1)) (fib (- n 2)))))
(with-predicate-counts (lambda () (fib 20)))
(109453 number)
(109453 function)
(54727 any-object)
(109453 symbolic)
6765
```

■ 연습문제 3.14 잡았다, 디스패치 효율성!

다음은 앞에서 언급한 **with-predicate-counts** 프로시저를 이용해서 적분기(§3.1.1)의 성능을 조사하는 코드이다.

```
(define (test-stormer-counts)
  (define (F t x) (- x))
  (define numeric-s0
    (make-initial-history 0 .01 (sin 0) (sin -.01) (sin -.02)))
  (with-predicate-counts
   (lambda ()
     (x 0 ((evolver F 'h stormer-2) numeric-s0 1)))))
```

이 코드를 다음과 같이 **make-simple-dispatch-store**의 규칙 기반 디스패치를 사용하는 산술 패키지를 설치해서 실행해 보고,

```
(define full-generic-arithmetic
```

---

29 with-predicate-counts가 출력하는 술어 이름의 끝에는 물음표가 없다. 예를 들어 술어 number?에 대해 with-predicate-counts는 그냥 number를 출력한다. 이렇게 하는 이유는 다소 모호한데, 궁금하다면 구현 코드를 조사해 보길 권한다.

```
(let ((g (make-generic-arithmetic make-simple-dispatch-store)))
  (add-to-generic-arithmetic! g numeric-arithmetic)
  (extend-generic-arithmetic! g function-extender)
  (add-to-generic-arithmetic! g
        (symbolic-extender numeric-arithmetic))
  g))
(install-arithmetic! full-generic-arithmetic)
```

다음과 같이 트라이 기반 디스패치를 사용하는 산술 패키지를 설치해서 실행해 보면 배울 점이 있을 것이다.

```
(install-arithmetic! trie-full-generic-arithmetic)
```

몇몇 문제에 대해서는 트라이 기반 버전이 단순 규칙 목록 기반 버전보다 훨씬 성능이 좋을 것이다. 초기 술어들이 동일한 규칙들이 많으면 트라이 버전의 성능이 더 좋으리라고 예상할 수 있다.

이 점을 이해하는 것이 중요한 이유는, 직관과는 달리 트라이가 성능에 도움이 되지 않을 때가 종종 있기 때문이다. 앞에서 우리는 중복 호출을 피하기 위해 트라이를 명시적으로 도입했다. 종종 트라이가 성능에 도움이 되지 않는 현상의 원인을 간결한 문장 하나로 설명하라.

두 구현에서 (fib 20)의 성능을 살펴보면 힌트가 될 것이다.

주어진 인수 순차열에 적용 가능한 처리부가 둘 이상일 때 그 처리부들을 어떻게 사용하는 게 좋을지는 명확하지 않다. 이런 상황을 처리하려면 해소 정책(resolution policy; 또는 해결 정책)이 필요하다. 해소 정책을 설계할 때 고려해야 할 사항은 많다. 예를 들어 가장 구체적인 처리부를 선택하는 것이 좋은 정책일 때가 많지만, 그런 정책을 구현하려면 정보가 더 많이 필요하다. 적용 가능한 처리부들을 모두 실행하고 그 결과를 비교하는 방식이 적합할 때도 있다. 오류를 잡거나 일종의 중복성(redundancy)을 제공하고자 할 때 이런 정책이 유용할 것이다. 아니면, 각 처리부가 부분적인 정보(이를 테면 수치 구간)를 제공하는 경우라면 서로 다른 처리부들의 결과를 조합해서 더 나은 정보를 만들어낼 수도 있을 것이다.

3.4.2 캐싱

앞에서 우리는 인수 술어들이 불필요하게 여러 번 평가되는 문제를 트라이를 이용해서 해결했다. 그런데 더 나은 방식이 있다. 바로, 추상을 이용해서 술어들의 평가를 아예 제거하는 것이다. 술어는 다른 모든 객체와 구별되는 객체들의 집합을 식별하는 역할을 한다. 다른 말로 하면, 술어와 그것이 식별하는 집합은 사실상 같은 것이다. 우리의 트라이 구현에서는 술어 프로시저들의 상등성(equality)을 이용해서 중복을 피했다. 그렇게 하지 않았다면 트라이 안에 중복된 간선들이 생겼을 것이며, 그러면 트라이가 술어 평가 중복에 전혀 도움이 되지 않았을 것이다. 이는 술어들의 조합을 사용하는 것이 트라이 구현과 잘 어울리지 않았던 이유이기도 하다.

여기서 문제는, 우리는 객체들을 술어들을 기준으로 구별하는 색인을 구축하려 하지만, 프로시저들의 불투명성(opacity) 때문에 술어를 색인의 키로 사용하면 그러한 술어들의 신뢰성이 떨어진다는(unreliable) 것이다. 우리가 정말로 원하는 것은 주어진 한 술어로 구별되는 집합에 하나의 이름을 배정하는 것이다. 만일 주어진 객체를 피상적으로 조사해서 그 이름을 얻을 수만 있다면, 술어 계산을 아예 피할 수 있다. 이 이름은 다름 아닌 '형식(type)'이다. 그렇지만 혼동을 피하기 위해 여기서는 이 이름을 태그^{tag}(꼬리표)라고 부르기로 한다.

객체에서 태그를 얻는 방법이 있다고 할 때, 한 디스패치에서 얻은 처리부를 캐시^{cache}에 저장해 두고 그와 동일한 태그 패턴을 가진 인수들에 대한 디스패치가 요청되었을 때 그 처리부를 재활용한다면 성능에 도움이 될 것이다. 그런데 객체에 태그를 명시적으로 부착하지 않는다면 이러한 접근 방식에 한계가 있다. 그런 경우에는 구현에 명시된 표현을 공유하는 객체들만 구별할 수 있기 때문이다. 예를 들어 수(number)와 기호를 구별하기는 쉽지만, 소수(prime number)를 구별하기는 쉽지 않다. 구현이 소수만 따로 표현하는 경우는 별로 없기 때문이다.

명시적 태그 부착 문제는 §3.5에서 다시 살펴보기로 하고, 지금은 스킴 구현 자체의 표현 태그들만으로도 유용한 캐시를 구축할 수 있을지 살펴보기로 하자. implementation-type-name이 객체의 표현 태그(representation tag)를 돌려 주는, 특정 스킴 구현에 특화된 프로시저라고 할 때, 다음은 캐시 방식의 디스패치 저장소를 만드는 코드이다.

```
(define a-cached-dispatch-store
  (cache-wrapped-dispatch-store (make-trie-dispatch-store)
                                implementation-type-name))
```

이 디스패치 저장소는 트라이 디스패치 저장소를 캐시로 감싸지만, 단순 디스패치 저장소도 이런 식으로 캐시로 감쌀 수 있다.

캐시 방식 디스패치 저장소의 핵심은 해시 테이블에 기반한 메모화 도구(memoizer)이다. 이때 해시 테이블의 키는 implementation-type-name 프로시저가 인수들로부터 추출한 표현 태그들의 목록이다. implementation-type-name을 이 디스패치 저장소 래퍼에 전달함으로써 (get-key 인수를 통해), 잠시 후에 개발할 좀 더 강력한 태그 메커니즘을 위한 캐시 디스패치 저장소를 만드는 것이 가능해진다.

```
(define (cache-wrapped-dispatch-store dispatch-store get-key)
  (let ((get-handler
         (simple-list-memoizer
           eqv?
           (lambda (args) (map get-key args))
           (dispatch-store 'get-handler))))
    (lambda (message)
      (case message
        ((get-handler) get-handler)
        (else (dispatch-store message))))))
```

simple-list-memoizer 호출은 마지막 인수를 캐시로 감싸서 그 인수의 메모화된 버전을 산출한다. 둘째 인수는 프로시저의 인수들로부터 캐시 키를 얻는 방법을 지정한다. eqv? 인수는 캐시 안에서 태그들을 식별하는 방법을 지정한다.

■ 연습문제 3.15 캐시 성능

연습문제 3.14(p.170)에서와 동일한 성능 측정 도구를 이용해서, 그 연습문제에서와 동일하되 캐시 방식의 디스패치 저장소를 사용하는 일반적 산술 환경에서 표현식 (test-stormer-counts)와 (fib 20)의 실행 성능을 측정하고, 그 결과를 이전 결과와 비교하라.

3.5 효율적인 사용자 정의 형식

§3.4.2에서는 디스패치를 위한 캐싱 메커니즘의 일환으로 태그를 도입했다. 그 메커니즘에서 각 인수에는 태그가 부착되며, 그러한 태그들의 목록을 키로 사용해서 캐시(해시 테이블)에서 처리부를 조회한다. 만일 태그 목록에 해당하는 처리부가 캐시에 있으면 그 캐시를 사용하고, 그렇지 않으면 술어들로 이루어진 트라이를 이용해서 적절한 처리부를 찾고 그것을 태그 목록과 연관된 항목으로서 캐시에 저장한다.

이 메커니즘은 상당히 조잡하다. 적용성 명세로 사용할 수 있는 술어는 태그가 같은 임의의 두 객체에 대해 항상 동일한 부울 값을 돌려주는 것들뿐이다. 따라서, 이러한 태그를 형식 시스템에 사용한다고 하면, 사용 가능한 술어들보다 더 세밀하게 형식을 구별하는 것은 불가능하다. 지금 논의에서 태그는 pair나 vector, procedure같은 구현에 특화된 기호이다. 따라서, even-integer?를 충족하는 정수와 odd-integer?를 충족하는 정수를 구별하는 형식 식별 규칙을 둘 수는 없다.

우리에게 필요한 것은 데이터 항목과 연관된 태그를 손쉽게 계산해서 얻을 수 있을 뿐만 아니라, 구현에 특화된 적은 수의 값들보다 더 다양한 태그들을 만들어서 사용할 수 있는 태깅 tagging 시스템이다. 그러한 태깅 시스템은 각 데이터 항목에 태그를 명시적으로 부착해서 구현할 수 있다. 그리고 명시적 부착은 객체 자체에 태그가 포함된 명시적인 자료 구조를 사용할 수도 있고, 객체와 태그를 연관시키는 테이블을 사용할 수도 있다.

그런데 지금 우리가 풀려는 것은 여러 개의 문제가 뒤섞인 문제이다. 우리는 적용성 명세에서 술어를 원하고, 디스패치를 위한 효율적인 메커니즘을 원하고, 디스패치에서 사용할 수 있는 술어들 사이의 관계를 명시하고자 한다. 예를 들어 우리는 술어 integer?가 술어 even-integer?와 odd-integer?의 논리합이고 술어 integer?는 positive-integer?와 negative-integer?, zero?의 논리합임을 명시하는 능력을 원한다.

그런 관계를 포착하려면 술어에 메타데이터를 부여할 필요가 있다. 그렇지만 술어의 메타데이터를 얻으려면 또 다른 연관 관계 조회가 필요한데(p.55의 함수 항수 조회에서처럼), 그러면 성능상의 추가 부담이 너무 크다. 메타데이터에 다른 태그들에 대한 참조도 담을 계획인데, 그 참조들을 따라가는 처리도 효율적이어야 하기 때문이다.

한 가지 해결책은, 필요한 술어들을 등록하는 시스템을 두는 것이다. 술어를 등록하면 새로운 종류의 태그가 생성된다. 이때 태그는 태그 이름과 술어를 연관시키는 자료 구조이다. 이 자료 구조를, 술어를 받은 객체에 부착하기 쉽게 만들어야 한다. 이러한 태그는 메타데이터를 저장하기에 편리한 장소를 제공한다.

다음 절부터는 서로 다른 각 객체가 각각 하나의 태그만 가지는, 그리고 술어들의 관계를 선언할 수 있는 시스템을 구축한다. 너무 단순해 보이겠지만, 지금의 목적에서는 이 정도가 적당하다.

3.5.1 형식으로서의 술어

그럼 몇 가지 단순 술어(simple predicate)로 시작하자. 예를 들어 우리의 시스템에는 기본 프로시저(primitive procedure) exact-integer?가 하나의 단순 술어로 이미 등록되어 있다.

```
(predicate? exact-integer?)
#t
```

기본 프로시저가 아닌 새 술어를 정의해 보자. 이 현저히 느린 소수 판정 프로시저를 출발점으로 삼겠다.

```
(define (slow-prime? n)
  (and (n:exact-positive-integer? n)
       (n:>= n 2)
       (let loop ((k 2))
         (or (n:> (n:square k) n)
             (and (not (n:= (n:remainder n k) 0))
                  (loop (n:+ k 1)))))))
```

모든 산술 연산자에 n:이라는 접두사가 있음을 주목하기 바란다. 이들은 특정 산술 패키지와 무관하게 항상 스킴 자체의 기본 연산을 사용하기 위한 것이다.

이제 prime-number?라는 하나의 추상 술어를 만든다. 이 술어는 디버깅에 사용할 오류 메시지와 주어진 객체가 소수인지 판정하는 기준으로 쓰이는 slow-prime?로 구성된다.

```
(define prime-number?
  (simple-abstract-predicate 'prime-number slow-prime?))
```

simple-abstract-predicate 프로시저는 하나의 추상 술어(abstract predicate)를 생성하는데, 이는 지금 예의 slow-prime?처럼 비싼(느린) 술어의 결과를 메모화하는 현명한 비법의 하나이다. 각 추상 술어에는 태그된 객체(tagged object)를 만드는 데 쓰이는 생성자가 연관된다. 생성자는 추상 술어의 태그와 하나의 객체로 구성된 태그된 객체를 생성하며, 그 태그된 객체는 해당 추상 술어를 충족한다. 이 덕분에, 비싼 술어로 정의된 속성을 빠른 추상 술어를 이용해서(다른 말로 하면, 그 태그에 대한 디스패치를 통해서) 판정할 수 있다.

예를 들어 추상 술어 prime-number?는 일반적 디스패치의 효율적인 구현을 위해 소수임이 판명된 객체들을 태그하는 데 사용할 수 있다. 이것이 중요한 이유는, 디스패치 도중에 주어진 수가 소수인지를 느린 slow-prime?로 판정하는 것은 바람직하지 않기 때문이다. 정리하자면, 우리가 할 일은 태그(지금 예에서는 prime-number?의 태그)와 데이터(원본 소수)로 이루어진 새로운 태그된 객체를 만드는 것이다. 일반적 프로시저는 주어진 태그된 객체로부터 태그를 효율적으로 조회해서 캐시 키로 사용한다.

다음은 소수에 해당하는 객체에 태그하는 프로시저이다. 이 프로시저는 predicate-constructor를 이용해서 추상 술어에 연관된 생성자를 얻는다.

```
(define make-prime-number
  (predicate-constructor prime-number?))
(define short-list-of-primes
  (list (make-prime-number 2)
        (make-prime-number 7)
        (make-prime-number 31)))
```

make-prime-number 프로시저의 인수는 소수임이 판명된(slow-prime?를 통해) 객체이어야 한다. 이 생성자로 태그할 수 있는 객체는 소수뿐이다.

```
(make-prime-number 4)
;Ill-formed data for prime-number: 4
```

3.5.2 술어들 사이의 관계

추상 술어로 정의할 수 있는 집합들의 관계를 정의할 수 있으면 좋을 것이다. 예를 들어 소수는 양의 정수의 부분집합이고, 양의 정수나 짝수 정수, 홀수 정수는 정수의 부분집합이다. 이런 관계 설정은 적용성 측면에서 중요하다. 예를 들어 정수에 적용할 수 있는 모든 연산은 정수의 모든 부분집합의 원소에도 적용할 수 있지만 한 부분집합의 원소에 적용할 수 있는 연산을 반드시 초집합(부분집합을 포함하는 집합)의 모든 원소에 적용할 수 있다는 보장은 없다는 점에서 중요하다. 한 예로, 짝수 정수는 2로 나누어 떨어지지만 모든 정수가 그렇지는 않다.

앞에서 prime-number?를 정의하면서 암묵적으로 하나의 객체 집합이 정의되었다. 그런데 현재 그 집합은 exact-integer?로 정의되는 집합과는 아무런 관계도 없다.

```
(exact-integer? (make-prime-number 2))
#f
```

이 집합들의 관계를 제대로 설정할 수 있으면 좋을 것이다. 이를 위해, 술어 자체에 관계에 관한 메터데이터를 추가하기로 하자.

```
(set-predicate<=! prime-number? exact-integer?)
```

이 set-predicate<=! 프로시저는 인수로 주어진 술어들의 메터데이터에, 첫 인수로 정의되는 집합이 둘째 인수로 정의되는 집합의 부분집합(반드시 진부분집합인 것은 아님)이라는 정보를 추가한다. 지금 예는 prime-number?로 정의되는 집합이 exact-integer?로 정의되는 집합의 부분집합임을 선언한다. 이렇게 관계를 설정하고 나면 exact-integer?가 소수 객체를 정수로 인식한다.

```
(exact-integer? (make-prime-number 2))
#t
```

3.5.3 디스패치 키로서의 술어

지금까지 정의한 추상 술어들은 일반적 디스패치에 사용하기에 적합하다. 더 나아가서, 추상 술어를 효율적인 디스패치를 위한 캐시 키로도 사용할 수 있다. 앞에서 논의했듯이, 술어를 등록하면 새 태그가 생성되고 해당 술어와 연관된다. 이제 술어를 캐시 키로 사용하는 데 필요한 것은 주어진 객체의 태그를 추출하는 수단 뿐인데, get-tag 프로시저가 바로 그것이다.

그냥 get-tag를 get-key 인수로 해서 cache-wrapped-dispatch-store를 호출하면 기본

적으로 작동하는 구현이 생긴다. 그렇지만 술어로 정의되는 집합에 부분집합들이 있을 수 있으므로, 주어진 인수들에 적합한 처리부가 여러 개인 상황을 고려해야 한다. 이 상황을 해소하는 방법은 여러 가지이겠지만, 가장 흔히 쓰이는 전략은 어떤 기준에 따라 "가장 구체적인" 처리부를 선택해서 호출하는 것이다. 그런데 부분집합 관계는 부분 순서(partial order)이므로, 어떤 것이 가장 구체적인 처리부인지 명확하지 않을 수 있다. 따라서 구현은 그러한 중의성을 개별적인 수단으로 해소해야 한다.

다음은 그러한 구현의 하나이다. 이 구현은 rule< 프로시저를 이용해서 부합 규칙들을 적절한 순서로 정렬한 후 하나의 처리부를 선택한다.[30]

```scheme
(define (make-subsetting-dispatch-store-maker choose-handler)
  (lambda ()
    (let ((delegate (make-simple-dispatch-store)))
      (define (get-handler args)
        (let ((matching
                (filter (lambda (rule)
                          (is-generic-handler-applicable?
                           rule args))
                        ((delegate 'get-rules)))))
          (and (n:pair? matching)
               (choose-handler    ; from sorted handlers
                (map cdr (sort matching rule<))
                ((delegate 'get-default-handler))))))
      (lambda (message)
        (case message
          ((get-handler) get-handler)
          (else (delegate message)))))))
```

make-most-specific-dispatch-store 프로시저는 정렬된 처리부들의 첫 처리부를 유효 처리부로 선택한다.

```scheme
(define make-most-specific-dispatch-store
  (make-subsetting-dispatch-store-maker
   (lambda (handlers default-handler)
     (car handlers))))
```

---

30 is-generic-handler-applicable? 프로시저는 이전에 p.135의 get-handler에서 predicates-match?를 이용해 수행했던 처리부 점검을 추상화한다. 이 덕분에 처리부 점검을 나중에 좀 더 정교하게 만들 여지가 생긴다.

또 다른 처리부 선택 전략은 처리부들이 줄줄이 이어진 '연쇄(chaining)' 디스패치 저장소를 만드는 것이다. 이 디스패치 저장소에서 각 처리부는 정렬된 처리부 순차열에서 자신의 다음 처리부를 호출하는 데 사용할 수 있는 인수를 받는다. 이런 연쇄는 한 부분집합의 처리부가 초집합의 처리부를 무시하는 것이 아니라 그 처리부의 기능을 확장하려 할 때 유용하다. § 3.5.4에서 설명하는 어드벤처 게임의 클록 처리부에서 이러한 예를 보게 될 것이다.

```
(define make-chaining-dispatch-store
  (make-subsetting-dispatch-store-maker
   (lambda (handlers default-handler)
     (let loop ((handlers handlers))
       (if (pair? handlers)
           (let ((handler (car handlers))
                 (next-handler (loop (cdr handlers))))
             (lambda args
               (apply handler (cons next-handler args))))
           default-handler)))))
```

이 두 디스패치 저장소 모두, 캐싱 래퍼를 추가하면 캐시 방식의 디스패치 저장소가 된다.

```
(define (make-cached-most-specific-dispatch-store)
  (cache-wrapped-dispatch-store
    (make-most-specific-dispatch-store)
    get-tag))
(define (make-cached-chaining-dispatch-store)
  (cache-wrapped-dispatch-store
    (make-chaining-dispatch-store)
    get-tag))
```

이제 이 저장소들을 사용하는 일반적 프로시저 생성자들을 만들면 끝이다.

```
(define most-specific-generic-procedure
  (generic-procedure-constructor
   make-cached-most-specific-dispatch-store))
(define chaining-generic-procedure
  (generic-procedure-constructor
   make-cached-chaining-dispatch-store))
```

3.5.4 예제: 어드벤처 게임

하나의 세계를 모형화(modeling)하는 전통적인 방법 하나는 '객체 지향적 프로그래밍 (object-oriented programming)'이다. 객체 지향적 프로그래밍에 깔린 착안은, 모형화할 세상이 객체(object)들로 구성되어 있으며, 각 객체는 독립적인 지역 상태를 가지며, 객체들 사이의 결합(coupling)이 느슨하다는 것이다. 각 객체에는 특정한 행동 방식이 있다고 간주한다. 하나의 객체는 다른 객체가 보낸 메시지를 받을 수 있고, 자신의 상태를 변경할 수 있고, 다른 객체에게 메시지를 보낼 수 있다. 우리가 모형화하려는 행동이 여러 정보 출처(source of information)의 연동에 의존하지 않는 상황이라면, 즉 각 메시지가 단 하나의 객체에서 오는 것이라면, 이러한 접근 방식이 자연스럽다. 그렇지만 그런 조건은 프로그램을 조직화하는 방식을 크게 제약한다.

이와는 다른 방식으로 문제를 분할하는 것도 물론 가능하다. 앞에서 '산술' 패키지를 이야기 하면서, * 같은 연산자의 의미가 여러 인수의 속성들에 의존할 수 있다는 점을 충분히 실감했을 것이다. 예를 들어 한 수와 벡터의 곱셈은 두 벡터의 곱셈이나 두 수의 곱셈과는 다른 연산이다. 이런 종류의 문제는 일반적 프로시저를 통해서 정식화하는 것이 자연스럽다.[31]

'장소(place)', '물건(thing)', '인물(people)'로 구성된 세계를 일반적 프로시저로 모형화하는 문제를 생각해 보자. 그런 개체(entity)들의 국소 상태로 간주되는 상태 변수들을 어떻게 표현하고 조직화해야 할까? 어떤 일반적인 연산들이 어떤 종류의 개체에 적합할까? 개체들을 형식(집합)으로 묶는 것과 초집합의 모든 원소에 적합한 연산 중 일부를 부분집합을 위해 표현하는 것은 자연스러운 일인데, 그러한 하위 형식화(subtyping)는 어떻게 처리해야 할까? 객체 지향적 관점들은 이런 설계상의 질문에 나름의 고정된, 구체적인 답을 제공할 것이다. 하지만 지금 우리는 이후 사용할 관례(convention)들을 좀 더 자유롭게 설계할 수 있다.

그러한 설계 과정을 설명하기 위해, 간단한 어드벤처 게임을 위한 세계를 구축해 보겠다. 이 어드벤처 게임의 세계에는 통로(passage)로 연결된 수많은 방(room)의 네트워크가 있다. 각 방에는 다양한 생물(creature)이 살고 있는데, 일부는 다른 방으로도 이동할 수 있다는 의미에서 **자율적**(autonomous)이다. 또한, 플레이어가 조종하는 **아바타**avatar가 있다. 그리고 여러 가지 물건이 있는데, 일부는 아바타나 생물이 주워서 들고 다닐 수 있다. 생물은 다양한 방

---

31 하스켈Haskell이나 스몰토크Smalltalk 같은 언어는 다중 인수 디스패치를, 먼저 첫 인수를 디스패치하고 둘째 인수에 대해 디스패치되는 객체를 생성하는 과정을 반복해서 처리한다.

식으로 다른 생물과 상호작용한다. 예를 들어 트롤troll은 다른 생물을 물어서(bite) 상처를 입힐 수 있다. 모든 생물은 다른 생물이 가진 물건을 빼앗을 수 있다.

이 게임 세계의 모든 개체에는 기명(named; 이름이 붙은) 속성(property)들의 집합이 있다. 기명 속성 중에는 고정된 것도 있고 변할 수 있는 것도 있다. 예를 들어 방에는 다른 방으로의 출구(exit)가 있다. 출구들은 방 네트워크의 위상구조(topology)를 결정하며, 변경할 수 없다. 방에는 내용(contents)이 있다. 이를테면 현재 그 방에 있는 생물이나 생물이 집을 수 있는 물건이 방의 내용이다. 생물이 이동하거나 물건을 집고 떨어뜨릴 때마다 방의 내용이 변한다. 예제 프로그램에서는 이러한 기명 속성들의 집합을, 이름을 속성 값으로 대응시키는 테이블로 구현하기로 한다.

이러한 세계에 적합한 일단의 일반적 프로시저들이 있다. 예를 들어 책 같은 물건이나 생물, 아바타는 이동이 가능하다. 어떤 종류의 개체이든, 개체가 한 장소에서 다른 장소로 이동하면 출발지의 내용에서 그 개체를 삭제하고 목적지의 내용에 그 개체를 추가해야 하며, 개체의 위치 속성도 변경해야 한다. 이러한 연산은 책, 인물, 트롤에 공통이므로, 이들은 모두 '이동 가능 개체' 집합의 원소라 할 수 있다.

책은 읽을 수 있고, 인물은 뭔가를 말할 수 있으며, 트롤은 생물을 물을 수 있다. 이런 행동들을 구현하려면, 책에는 인물의 속성이나 트롤의 속성과는 다른 어떤 구체적인 속성이 필요하다. 한편으로 서로 다른 종류의 이동 가능 개체들은 어떤 공통의 속성을 가진다. 장소(location) 속성이 좋은 예이다. 따라서 그런 개체를 인스턴스화할 때는 그 개체의 속성뿐만 아니라 초집합들에서 물려받은 모든 속성에 대한 테이블을 만들어야 한다. 그리고 연산자의 행동(이동 등)을 구현하는 규칙들은 해당 속성들을 조작하는 적절한 처리부를 찾아낼 수 있어야 한다.

게임

이 예제 게임은 MIT 캠퍼스를 대강 반영한 위상기하학적 지도('맵')에서 펼쳐진다. 게임 세계에는 학생이나 교직원 같은 다양한 자율 에이전트 또는 NPC(non-player character)가 있다. 예를 들어 학사과 직원(registrar)은 트롤에 해당한다. 그리고 움직일 수 없는 물건이 있는가 하면 움직일 수 있는 물건이 있다. 후자는 아바타나 자율 에이전트가 가질 수 있다. 이 게임은 별로 세밀하지 않지만, 그래도 아주 재미있는 게임으로 확장시킬 가능성은 충분하다.

다음은 gjs라는 이름의 아바타로 게임 세션을 진행하는 예이다. 게임을 시작하면 아바타가 무작위로 결정된 장소에 등장한다. 게임은 플레이어에게 아바타 주변의 환경을 말해준다.

```
(start-adventure 'gjs)
You are in dorm-row
You see here: registrar
You can exit: east
```

이 게임에서 학사과 직원은 피해야 할 생물이므로, 빨리 현재 장소에서 벗어나는 것이 좋다. (학사과 직원은 아바타를 물 수 있으며, 충분히 많이 물리면 아바타가 죽는다.)

```
(go 'east)
gjs leaves via the east exit
gjs enters lobby-7
You are in lobby-7
You can see: lobby-10 infinite-corridor
You can exit: up west east
alyssa-hacker enters lobby-7
alyssa-hacker says: Hi gjs
ben-bitdiddle enters lobby-7
ben-bitdiddle says: Hi alyssa-hacker gjs
registrar enters lobby-7
registrar says: Hi ben-bitdiddle alyssa-hacker gjs
```

아바타가 새 방에 도착한 후에 다른 여러 자율 에이전트도 도착했음을 주목하자. 플레이어가 어떤 행동을 할 때마다 자율 에이전트들도 각자 한 번씩 행동한다. 따라서, 게임이 출력하는 메시지들은 주어진 한순간의 서술이 아니라 일정한 시뮬레이션 시간 구간 안에서 벌어진 일들의 요약이라 할 수 있다. 일부러 이렇게 게임을 설계한 것은 아니고, 그냥 게임의 구현 방식에서 비롯한 결과일 뿐이다.

안타깝게도 학사과 직원도 아바타를 따라서 왔다. 다른 곳으로 가야겠다.

```
(say "I am out of here!")
gjs says: I am out of here!
(go 'east)
gjs leaves via the east exit
gjs enters lobby-10
You are in lobby-10
```

```
You can see: lobby-7 infinite-corridor great-court
You can exit: east south west up
(go 'up)
gjs leaves via the up exit
gjs enters 10-250
You are in 10-250
You see here: blackboard
You can exit: up down
```

10-250호 방은 커다란 칠판이 있는 강의실이다. 이 칠판을 가질 수 있을까?

```
(take-thing 'blackboard)
blackboard is not movable
```

안됐지만 칠판은 이동 불가 개체라서, gjs가 아무리 칠판을 좋아하더라도 가질 수는 없다. 다른 곳으로 가자.

```
(go 'up)
gjs leaves via the up exit
gjs enters barker-library
You are in barker-library
You see here: engineering-book
You can exit: up down
An earth-shattering, soul-piercing scream is heard...
```

아마 트롤(어쩌면 학사과 직원)이 누군가를 먹어 치운 것 같다. 그런데 이 방에는 책이 하나 있다. 책은 당연히 가질 수 있는 이동 가능 개체일 것이다. 책을 집어서 강의실로 돌아가자.

```
(take-thing 'engineering-book)
gjs picks up engineering-book
(go 'down)
gjs leaves via the down exit
gjs enters 10-250
You are in 10-250
Your bag contains: engineering-book
You see here: blackboard
You can exit: up down
```

강의실에서 lobby-10으로 돌아가니 lambda-man과 마주쳤다. 그 NPC는 재빨리 gjs의 책을 훔쳤다.

```
(go 'down)
gjs leaves via the down exit
gjs enters lobby-10
gjs says: Hi lambda-man
You are in lobby-10
Your bag contains: engineering-book
You see here: lambda-man
You can see: lobby-7 infinite-corridor great-court
You can exit: east south west up
alyssa-hacker enters lobby-10
alyssa-hacker says: Hi gjs lambda-man
lambda-man takes engineering-book from gjs
gjs says: Yaaaah! I am upset!
```

객체 형식들

게임에 새로운 형식의 객체를 추가할 때는, make-property 프로시저로 객체의 속성들을 만들고, make-type 프로시저로 형식 술어(type predicate)를 만들고, type-instantiator 프로시저로 그 속성과 연관된 인스턴스화 프로시저(객체 생성자)를 만든다. 그런 다음 적절한 인수들로 인스턴스화 프로시저를 호출해서 구체적인 객체를 생성한다.

예를 들어 다음은 트롤을 생성하는 코드이다. 트롤 생성자 make-troll은 주어진 속성 이름들과 값들로 새 트롤 객체의 속성들을 설정한다. 좀 더 구체적으로, 트롤은 이름(name), 장소(location), 활동성(restlessness; 이동하려는 성질), 탐욕성(acquisitiveness; 물건을 가지려는 성질), 허기(hunger; 다른 생물을 물어서 잡아먹으려는 성질)를 나타내는 속성들을 가진다.

```
(define (create-troll name place restlessness hunger)
  (make-troll 'name name
              'location place
              'restlessness restlessness
              'acquisitiveness 1/10
              'hunger hunger))
```

다음은 grendel과 registrar라는 두 트롤을 생성하는 코드이다. 이들의 시작 장소는 무작위로 정해지며, 일부 속성 값들도 무작위로 정해진다.

```
(define (create-trolls places)
  (map (lambda (name)
         (create-troll name
                       (random-choice places)
                       (random-bias 3)
                       (random-bias 3)))
       '(grendel registrar)))
```

random-choice 프로시저는 주어진 목록에서 한 항목을 무작위로 선택한다. random-bias 프로시저는 하나의 정수(지금은 1, 2, 3 중 하나)를 선택해서 그 역수를 돌려준다.

트롤 형식은 오직 트롤 객체들에 대해서만 참이 되는 술어로 정의된다. make-type 프로시저는 형식의 이름과 형식에 고유한 속성들을 서술하는 목록을 받는다. (지금 예에서 hunger라는 속성은 오직 트롤만 가진다.)

```
(define troll:hunger
  (make-property 'hunger 'predicate bias?))
(define troll?
  (make-type 'troll (list troll:hunger)))
```

트롤은 자율 에이전트의 일종이다. 따라서 트롤 집합은 자율 에이전트 집합의 부분집합(<=)이다.

```
(set-predicate<=! troll? autonomous-agent?)
```

트롤 생성자는 트롤 형식을 정의하는 술어로부터 직접 상속된다. hunger 속성에 대한 접근자 역시 마찬가지이다.

```
(define make-troll
  (type-instantiator troll?))
(define get-hunger
  (property-getter troll:hunger troll?))
```

자율 에이전트들은 가끔씩 '클록clock' 기반 시뮬레이션을 통해서 어떤 동작(action; 행위)을 수행한다. 트롤의 특징적인 동작은 다른 인물을 무는 것이다.

```
(define-clock-handler troll? eat-people!)
```

주어진 순간에 트롤이 배가 고픈지는 편향된 코인(biased coin)을 던져서 결정한다. 배가 고프다고 결정된 트롤은 같은 방에 다른 인물들(트롤도 인물의 일종이다!)이 있는지 찾는다. 만일 있으면 그중 한 명을 선택해서 문다. 그러면 피해자는 일정한 정도로 상처를 입는다. 게임은 트롤의 상태나 동작을 narrate! 프로시저를 이용해서 적절히 서술한다.

```
(define (eat-people! troll)
  (if (flip-coin (get-hunger troll))
      (let ((people (people-here troll)))
        (if (n:null? people)
            (narrate! (list (possessive troll) "belly rumbles")
                      troll)
            (let ((victim (random-choice people)))
              (narrate! (list troll "takes a bite out of"
                              victim)
                        troll)
              (suffer! (random-number 3) victim))))))
```

flip-coin 프로시저는 0에서 1 사이의 소수 난수를 생성하고, 그 소수가 주어진 인수보다 크면 참을 돌려준다. random-number 프로시저는 주어진 인수보다 작거나 같은 양의 난수를 돌려준다.

narrate! 프로시저는 게임 스토리에 내레이션을 추가하는 데 쓰인다. narrate!의 둘째 인수(앞의 코드에서는 troll)로는 장소 속성이 있는 객체면 어떤 것이라도 사용할 수 있다. 내레이터는 둘째 인수의 객체가 있는 장소에서 첫 인수로 주어진 메시지를 발표한다. 그 메시지는 그 장소에 있는 인물만 볼 수 있다.

앞에서 트롤이 자율 에이전트의 일종이라고 말했다. 자율 에이전트 형식은 해당 술어에 의해 정의되며, 그 술어는 자율 에이전트가 가져야 할 속성들을 명시한다. 다음은 자율 에이전트 형식을 정의하는 코드이다. 자율 에이전트 집합이 인물 집합의 부분집합이라는 관계도 지정한다.

```
(define autonomous-agent:restlessness
  (make-property 'restlessness 'predicate bias?))
(define autonomous-agent:acquisitiveness
  (make-property 'acquisitiveness 'predicate bias?))
(define autonomous-agent?
  (make-type 'autonomous-agent
             (list autonomous-agent:restlessness
                   autonomous-agent:acquisitiveness)))
(set-predicate<=! autonomous-agent? person?)
```

트롤 생성자는 주어진 인수들로 restlessness 속성과 acquisitiveness 속성을 설정하는데, 이 속성들은 자율 에이전트에도 필요하다. 반면 hunger 속성은 트롤에만 필요하다. 트롤은 자율 에이전트이고 자율 에이전트는 인물이므로, 트롤에는 인물 집합과 인물 집합을 포함하는 모든 초집합의 모든 속성이 있어야 한다. 이 시스템에서 거의 모든 속성에는 기본값이 있으며, 속성의 값을 명시적으로 지정하지 않으면 해당 기본값이 설정된다. 예를 들어 모든 객체에는 이름이 필요한데, 트롤의 경우 생성자에서 name 속성을 명시적으로 설정한다. 그런데 인물 객체에는 입은 상처의 양을 누적하기 위한 health라는 속성도 있다. 트롤을 생성할 때는 이 속성의 값을 명시적으로 설정하지 않는다.

일반적 프로시저들

객체를 생성하는 방법을 살펴보았으니, 객체의 행동을 구현하는 방법으로 넘어가자. 특히, 복잡한 행동을 서술하는 데 일반적 프로시저가 얼마나 효과적인 도구인지 알게 될 것이다.

eat-people! 프로시저에 쓰이는 get-hunger 프로시저는 property-getter 프로시저를 사용한다. property-getter 프로시저에서, 주어진 형식의 객체에서 한 속성을 조회하는 조회 프로시저(getter)는 객체를 인수로 받고 그 속성의 값을 돌려주는 일반적 프로시저로서 구현된다.

```
(define (property-getter property type)
  (let ((procedure       ; 조회 프로시저
         (most-specific-generic-procedure
          (symbol 'get- (property-name property))
          1            ; 항수
          #f)))        ; 기본 처리부
    (define-generic-procedure-handler procedure
      (match-args type)
      (lambda (object)
```

```
    (get-property-value property object)))
  procedure))
```

이 코드는 생성된 이름(이를테면 get-hunger)을 가지며 인수 하나를 받는 일반적 프로시저를 정의하고, 실제 조회를 수행하는 처리부를 추가한다. most-specific-generic-procedure의 마지막 인수는 그 프로시저의 기본 처리부인데, 지금은 #f를 지정했다. 이렇게 하면, 처리부를 명시적으로 지정하지 않은 경우 오류가 보고된다.

앞에서 트롤의 행동을 정의할 때 define-clock-handler라는 프로시저를 사용했다. 이 프로시저는 클록이 한 단위('틱tick') 진행되었을 때 수행할 동작을 지정하는 데 쓰인다. 이 프로시저는 그냥 적절한 적용성 명세와 처리부를 미리 정의해 둔 일반적 프로시저 clock-tick!에 추가한다.

```
(define (define-clock-handler type action)
  (define-generic-procedure-handler clock-tick!
    (match-args type)
    (lambda (super object)
      (super object)
      (action object))))
```

이 일반적 프로시저는 '연쇄'를 지원한다. 즉, 각 처리부는 추가적인 인수(지금 예에서는 super)를 받으며, 호출 시 그 인수가 지칭하는 다른 처리부를 호출한다. super에 전달되는 인수들은 이 일반적 프로시저가 받은 인수들과 그 의미가 같다. 지금 예에서는 인수가 하나뿐인데, 그 인수가 super로 전달된다. 자바 같은 언어들도 본질적으로 이와 동일한 메커니즘을 사용하지만, 보통의 인수가 아니라 특별한 키워드를 사용한다는 점이 다르다.

clock-tick! 프로시저는 값을 계산하는 것이 아니라 동작을 촉발하는 용도로 쓰인다. 여기서 지정한 동작은 초집합들에 지정된 모든 동작 이후에 수행됨을 유념하자. 만일 주어진 동작을 먼저 수행하고 다른 것들을 나중에 수행하는 것이 바람직하다면, 그냥 호출들의 순서를 바꾸기만 하면 된다.

게임의 인물이 물건을 한 곳에서 다른 곳으로 이동하는 코드를 보면 이러한 일반적 프로시저 조직화의 진정한 위력을 실감할 수 있다. 예를 들어 한 인물이 방에 있는 공학책을 집어서 자신의 가방(bag)에 넣는다고 하자. 다음은 이러한 물건 이동을 구현하는 move! 프로시저이다.

```
(define (move! thing destination actor)
  (generic-move! thing
                 (get-location thing)
                 destination
                 actor))
```

move! 프로시저는 좀 더 일반적인 프로시저인 generic-move!를 이용한다. generic-move! 프로시저는 네 개의 인수를 받는데, 순서대로 이동할 물건, 그 물건의 현재 장소, 이동할 장소, 이동을 수행하는 행위자(actor)이다. 이 프로시저는 이동 행동이 잠재적으로 모든 인수의 형식에 의존한다는 점에서 일반적이다.

generic-move!의 정의는 다음과 같다. 이 프로시저는 구체적인 처리부들(구체적인 인수 형식들에 대한)이 처리하지 못하는 경우를 위해 대단히 일반적인 처리부를 사용한다.

```
(define generic-move!
  (most-specific-generic-procedure 'generic-move! 4 #f))
(define-generic-procedure-handler generic-move!
  (match-args thing? container? container? person?)
  (lambda (thing from to actor)
    (tell! (list thing "is not movable")
           actor)))
```

tell!라는 프로시저는 thing을 이동하려는 actor에게 메시지(첫 인수)를 보낸다. actor가 아바타이면 그 메시지가 화면에 출력된다.

앞의 예제 게임 세션에서 플레이어는 공학책을 집기 위해 engineering-book이라는 이름으로 take-thing 프로시저를 호출했다. 이 프로시저는 주어진 이름에 해당하는 물건을 찾아서 take-thing!를 호출한다. 그러면 take-thing!가 move!를 호출한다.

```
(define (take-thing name)
  (let ((thing (find-thing name (here))))
    (if thing
        (take-thing! thing my-avatar)))
  'done)
(define (take-thing! thing person)
  (move! thing (get-bag person) person))
```

이 코드는 두 개의 프로시저를 정의하는데, 첫째 것은 플레이어가 물건의 이름을 지정해서 물건을 집게 하는 사용자 인터페이스 프로시저이다. 첫 프로시저는 둘째 프로시저를 호출하는데, 둘째 프로시저는 다른 곳에서도 쓰이는 내부 프로시저이다.

이러한 코드가 작동하려면, 한 장소에서 가방으로 이동 가능 물건을 옮기는 데 특화된 처리부를 generic-move!에 추가해야 한다.

```
(define-generic-procedure-handler generic-move!
  (match-args mobile-thing? place? bag? person?)
  (lambda (mobile-thing from to actor)
    (let ((new-holder (get-holder to)))
      (cond ((eqv? actor new-holder)
             (narrate! (list actor
                             "picks up" mobile-thing)
                       actor))
            (else
             (narrate! (list actor
                             "picks up" mobile-thing
                             "and gives it to" new-holder)
                       actor)))
      (if (not (eqv? actor new-holder))
          (say! new-holder (list "Whoa! Thanks, dude!")))
      (move-internal! mobile-thing from to))))
```

행위자 actor가 thing을 집고 나면 actor는 그 thing의 new-holder(새 소지자)가 된다. 그런데 actor가 place에서 thing을 집어서 다른 누군가의 가방에 넣을 수도 있다!

say! 프로시저는 한 인물이 뭔가를 이야기했음을 나타내는 데 쓰인다. 첫 인수는 말을 하는 인물이고 둘째 인수는 그 말의 텍스트이다. move-internal! 프로시저는 객체를 실제로 한 장소에서 다른 장소로 이동한다.

물건을 버릴 때는 drop-thing 프로시저를 사용한다. 이 프로시저는 행위자의 가방에서 현재 장소로 물건을 이동한다.

```
(define (drop-thing name)
  (let ((thing (find-thing name my-avatar)))
    (if thing
        (drop-thing! thing my-avatar)))
  'done)
```

```
(define (drop-thing! thing person)
  (move! thing (get-location person) person))
```

다음은 generic-move!를 위한, 물건 버리기를 수행하는 처리부이다. actor는 자신의 bag에 있는 thing을 버릴 수도 있고, 다른 사람의 bag에 있는 것을 훔쳐서 버릴 수도 있다.

```
(define-generic-procedure-handler generic-move!
  (match-args mobile-thing? bag? place? person?)
  (lambda (mobile-thing from to actor)
    (let ((former-holder (get-holder from)))
      (cond ((eqv? actor former-holder)
             (narrate! (list actor
                             "drops" mobile-thing)
                       actor))
            (else
             (narrate! (list actor
                             "takes" mobile-thing
                             "from" former-holder
                             "and drops it")
                       actor)))
      (if (not (eqv? actor former-holder))
          (say! former-holder
                (list "What did you do that for?")))
      (move-internal! mobile-thing from to))))
```

다음은 또 다른 generic-move! 처리부로, 뭔가를 누군가에게 선물하거나 훔치는 행동을 처리한다. 선물인지 절도인지는 물건의 원 소지자가 행위자(actor)인지 아닌지에 따라 결정된다.

```
(define-generic-procedure-handler generic-move!
  (match-args mobile-thing? bag? bag? person?)
  (lambda (mobile-thing from to actor)
    (let ((former-holder (get-holder from))
          (new-holder (get-holder to)))
      (cond ((eqv? from to)
             (tell! (list new-holder "is already carrying"
                          mobile-thing)
                    actor))
            ((eqv? actor former-holder)
             (narrate! (list actor
                             "gives" mobile-thing
```

```
                   "to" new-holder)
              actor))
    ((eqv? actor new-holder)
     (narrate! (list actor
                     "takes" mobile-thing
                     "from" former-holder)
               actor))
    (else
     (narrate! (list actor
                     "takes" mobile-thing
                     "from" former-holder
                     "and gives it to" new-holder)
               actor)))
   (if (not (eqv? actor former-holder))
       (say! former-holder (list "Yaaaah! I am upset!")))
   (if (not (eqv? actor new-holder))
       (say! new-holder
             (list "Whoa! Where'd you get this?")))
   (if (not (eqv? from to))
       (move-internal! mobile-thing from to)))))
```

또 다른 흥미로운 경우는 인물이 한 장소에서 다른 장소로 이동하는 것이다. 이 행동은 다음 처리부가 구현한다.

```
(define-generic-procedure-handler generic-move!
  (match-args person? place? place? person?)
  (lambda (person from to actor)
    (let ((exit (find-exit from to)))
      (cond ((or (eqv? from (get-heaven))
                 (eqv? to (get-heaven)))
             (move-internal! person from to))
            ((not exit)
             (tell! (list "There is no exit from" from
                          "to" to)
                    actor))
            ((eqv? person actor)
             (narrate! (list person "leaves via the"
                             (get-direction exit) "exit")
                       from)
             (move-internal! person from to))
            (else
             (tell! (list "You can't force"
```

```
        person
        "to move!")
    actor))))))
```

이외에도 수많은 처리부가 있겠지만, 지금 논의에서 중요한 것은 이동 프로시저의 행동이 모든 인수의 형식에 의존한다는 점이다. 이 덕분에 행동을 이해하기 쉬운 조각들로 깔끔하게 분할할 수 있다. 전통적인 객체 지향적 설계에서는 행동을 이렇게 우아하게 분해하기가 쉽지 않다. 왜냐하면, 그런 설계에서는 인수 중 하나를 기본 디스패치 중추(center)로 선택해야 하는데, 선택이 항상 명확하지는 않기 때문이다. 지금 예의 경우 이동할 물건이 중추가 되어야 할까? 아니면 원본 장소나 대상 장소, 행위자가 중추가 되어야 할까? 어떤 것을 선택해도 상황이 필요 이상으로 복잡해진다.

관련해서 앨런 펄리스^{Alan Perlis}가 이런 말을 한 적이 있다: "하나의 자료 구조에 작동하는 함수 100개가 10개의 자료 구조에 대한 함수 10개보다 낫다."

속성의 구현

앞에서 언급했듯이, 이 게임의 객체를 생성할 때는 make-property를 이용해서 객체의 속성들을 정의하고, make-type을 이용해서 형식 술어를 정의하고, type-instantiator로 연관된 인스턴스화 프로시저를 얻고, 적절한 인수들로 그 인스턴스화 프로시저를 호출한다. 이러한 간단한 설명 뒤에는 한 번 살펴보면 학습에 도움이 될 만한 복잡한 구현이 숨어 있다.

이 코드의 흥미로운 측면은, 형식 인스턴스와 연관된 속성들을 관리하기 위한 간단하고도 유연한 메커니즘을 제공한다는 점이다. 이 메커니즘은 하위 형식화에 대해서도 견고하게 작동한다. 속성은 이름이 아니라 추상 객체로 표현된다. 이는 하위 형식화 상황에서 이름 충돌을 피하기 위한 것이다. 예를 들어 포유류를 대표하는 mammal이라는 형식에 전형적인 앞다리를 지칭하는 forelimb라는 속성이 있다고 하자. 그러나 mammal의 한 하위 형식인 bat(박쥐)의 경우 forelimb 속성은 앞다리가 아니라 날개를 지칭할 것이다. 이 예에서 보듯이, 속성을 그 이름으로 지정하면 일부 형식에서는 이름을 변경해야 할 필요가 생긴다. 우리의 구현에서는 속성 객체가 그냥 객체 자체로 명시되며, 이름이 같아도 객체가 다르면 서로 다른 속성들이다.

make-property 프로시저는 이름과 술어, 기본값 제공자(default-value supplier)로 구성된 데이터 형식을 생성한다. 이 프로시저의 첫 인수는 속성의 이름이고 나머지 인수들은 속성 목록과 속성에 관한 추가적인 메타데이터이다. 예를 들어 p.185 페이지의 "트롤 형식은 오직 트롤 객체들에 대해서만 참이 되는 술어로 정의된다. make-type 프로시저는 형식의 이름과 형식에 고유한 속성들을 서술하는 목록을 받는다. (지금 예에서 hunger라는 속성은 오직 트롤만 가진다.)" 185에 나온 `troll:hunger`의 정의가 내부적으로 어떻게 처리되는지 살펴보자. 속성 목록을 파싱하는 부분은 지금 논의에서 중요하지 않으므로 생략한다.[32]

```
(define (make-property name . plist)
  (guarantee n:symbol? name)
  (guarantee property-list? plist)
  (%make-property name
                  (get-predicate-property plist)
                  (get-default-supplier-property plist)))
```

하나의 속성은 스킴의 레코드record[65]로 구현되는데, 스킴에서 레코드는 기명(named; 명명된) 필드들의 집합으로 구성된 자료 구조이다. 레코드 자체는 다음과 같이 생성자, 형식 술어, 각 필드의 접근자(accessor)를 지정하는 다소 복잡한 구문으로 정의된다.

```
(define-record-type <property>
    (%make-property name predicate default-supplier)
    property?
  (name property-name)
  (predicate property-predicate)
  (default-supplier property-default-supplier))
```

기본 레코드 생성자인 `%make-property`의 이름이 퍼센트 기호(%)로 시작한다는 점이 눈에 띌 것이다. 고수준 추상을 지원하는 용도 이외에는 사용하지 말아야 할 저수준 프로시저임을 강조할 때 이처럼 퍼센트 기호로 시작하는 이름을 사용하곤 한다. `%make-property` 프로시저는 `make-property`에서만 쓰이며, `make-property` 자체는 시스템의 다른 여러 부분에서 사용한다.

속성들을 정의한 후에는 형식 술어를 생성한다.

....

[32] make-property 프로시저는 guarantee라는 보조 프로시저를 이용해서 인수를 점검한다. guarantee의 첫 인수는 술어(등록된 술어가 바람직하다)이고 둘째 인수는 점검할 객체이다. 그리고 호출자를 식별하는 셋째 인수를 지정할 수도 있다. 주어진 객체가 주어진 술어를 충족하지 않으면 guarantee는 오류를 발생한다. guarantee-list-of 프로시저도 같은 방식으로 작동하되, 객체 하나가 아니라 객체들(술어를 충족해야 하는)의 목록을 받는다.

앞에서는(제2장) assert를 사용했다. 주어진 위치에서 반드시 참이어야 하는 단언을 표현하는 데는 assert가 더 편하다. 그러나 인수 형식 점검이라는 좀 더 제한된 상황에서는 guarantee가 낫다.

```
(define (make-type name properties)
  (guarantee-list-of property? properties)
  (let ((type
          (simple-abstract-predicate name instance-data?)))
    (%set-type-properties! type properties)
    type))
```

make-type 프로시저는 통상적인 추상 술어(p.176 참고)와 지정된 속성들로 하나의 형식 술어를 만든다. 속성들은 %set-type-properties!를 통해서 연관(association) 자료 구조에 저장된다. 이 속성들이 그 자체로 쓰이지는 않는다. 이들은 이 형식의 초집합들에 있는 속성들과 합쳐진다. 이 형식의 객체들은 instance-data?를 충족한다. 이 형식의 객체는 이 형식의 속성들을 해당 값들로 연관시킨다.

```
(define (type-properties type)
  (append-map %type-properties
              (cons type (all-supertypes type))))
```

그리고 type-instantiator는 객체 생성자(인스턴스화 프로시저)를 생성한다. 이 객체 생성자는 속성 이름이 키인 속성 목록을 받고 속성 값들을 이용해서 인스턴스 데이터를 생성한다. 인스턴스 데이터는 이 인스턴스의 각 속성을 해당 값에 연관시킨다. 객체 생성자는 또한 set-up! 프로시저를 호출하는데, 이 덕분에 이 형식에 특화된 초기화를 수행할 기회가 생긴다.

```
(define (type-instantiator type)
  (let ((constructor (predicate-constructor type))
        (properties (type-properties type)))
    (lambda plist
      (let ((object
              (constructor (parse-plist plist properties))))
        (set-up! object)
        object))))
```

■ **연습문제 3.16 어드벤처 게임 몸풀기**

어드벤처 게임을 여러분의 스킴 환경에 적재(load)하고, (start-adventure 원하는-아바타-이름)으로 게임 세션을 시작하기 바란다. 여기 저기 돌아 다녀 보고, 이동 가능 물건을 찾아서 집어 보고, 다른 장소로 가서 물건을 버려 보라.

■ 연습문제 3.17 생명치

인물의 생명치(health) 표현을, 초기 게임에 주어진 것보다 더 큰 범위의 값을 가질 수 있도록 수정하라. 트롤에게 한 번 물렸을 때 죽을 확률이 수정 이전과 이후에 동일하도록 수치들을 적절히 비례할 것. 또한, 몇 턴 정도 쉬면 트롤의 치명적이지 않은 공격이나 기타 생명치 손실에서 회복할 수 있도록 수정하라.

■ 연습문제 3.18 의료 지원

의료 센터(medical center)라는 새 장소를 게임 세계에 추가하라. 그린빌딩Green Building과 게이츠 타워Gates tower에서 쉽게 도달할 수 있는 곳이어야 한다. 치명적이지 않은 상처를 입은 (아마도 트롤에게 물려서) 인물이 의료 센터에 들어가면 생명치가 회복되어야 한다.

■ 연습문제 3.19 팔란티르

팔란티르palantir (톨킨의 『반지의 제왕』에 나오는 '천리안' 구슬)라는 새 물건 객체 형식을 추가하라. 팔란티르의 각 인스턴스는 다른 인스턴스와 통신할 수 있다. 예를 들어 lobby-10과 dorm-low에 각각 팔란티르 인스턴스가 있다고 할 때, lobby-10에서 아바타가 그 방의 팔란티르를 보면 dorm-low에서 벌어지는 일을 알 수 있다. (기본적으로 팔란티르는 마법의 감시 카메라 및 모니터이다.)

이동할 수 없는 팔란티르 몇 개를 캠퍼스의 여러 곳에 배치하고 아바타로 그중 하나를 사용해 보라. 친구들의 위치를 감시할 수 있는가? 트롤의 위치는?

아바타 이외의 자율 에이전트가 어떤 흥미로운 목적으로 팔란티르를 사용하도록 만들어 보라. 대학 총장이 적당할 것이다.

■ **연습문제 3.20 투명망토**

인물(아바타든 자율 에이전트든)이 쓰면 투명해져서 트롤에게 공격을 받지 않는 '투명 망토(Invisibility Cloak)'를 추가하라. 단, 남용하면 게임이 재미가 없으므로, 쓰고 있으면 차츰 생명치가 감소해서 잠깐만 사용할 수 있게 만들 것.

■ **연습문제 3.21 여러분의 턴**

이 게임 '세계'의 인물들과 장소들, 물건들을 충분히 살펴보았다면, 게임 세계를 본격적으로 확장해 보기 바란다. 여러분의 상상력과 창조력 말고는 아무런 제약도 없다. 한 가지 시도해 볼 만한 것은 승강기 같은 이동 가능 장소이다. 이동 가능 장소는 그 입구와 출구가 시간에 따라 바뀔 수 있으며, 인물이 입구와 출구를 제어할 수도 있다. 물론 이는 그냥 하나의 제안일 뿐이며, 마음 가는 대로 무엇이든 창조해 보길 권한다.

■ **연습문제 3.22 다중 플레이어**

단순한 연습문제라기보다는 꽤 큰 프로젝트임을 주의할 것.

a. 여러 명의 플레이어가 각자 자신의 아바타를 조종할 수 있도록 어드벤처 게임을 확장하라.

b. 플레이어들이 각자 다른 터미널에서 게임을 플레이할 수 있어야 한다.

3.6 요약

이번 장에서 소개한 일반적 프로시저의 용법은 강력하고도 위험하다. 소심한 사람을 위한 것이 아님을 주의해야 한다. 언어의 기본 연산자들의 의미를 프로그래머가 동적으로 바꿀 수 있게 하면, 코드의 유지보수가 불가능해질 수 있다. 그렇지만 연산자들을 원래의 형식들이 가진 행동을 바꾸지 않고 오직 새로운 형식의 인수들에만 세심하게 확장한다면, 기존 소프트웨어를 전혀 깨뜨리지 않고도 기존 소프트웨어를 강력하게 확장할 수 있다. 대부분의 프로그래밍 언어는 기본 연산자들의 기존 행동을 수정할 자유를 허락하지 않는데, 그럴 만한 이유가 있다. 그렇지만 이번 장에서 소개한 개념 중에는 이식성이 있고 안전하게 사용할 수 있는 것도 많다. 예를 들어 C++와 하스켈처럼 서로 상당히 다른 언어들을 포함해 수많은 언어가 사용자 정의 형식에 대해 연산자를 새로운 의미로 중복적재(overloading)하는 기능을 제공한다.

이번 장에서 예로 든 산술 패키지의 확장은 상당히 온건했지만, 이런 방식의 확장이 일으킬 수 있는 문제점들을 반드시 잘 알고 있어야 하며, 미묘한 버그들이 발생할 수 있다는 점도 유념해야 한다. 예를 들어 정수 덧셈은 결합법칙을 지원하지만 부동소수점 덧셈은 그렇지 않고, 수치(스칼라) 곱셈은 교환법칙을 지원하지만 행렬 곱셈은 그렇지 않다. 좋은 면을 보자면, 순수한 수치적 수량에 대한 통상적인 산술을 리터럴 수들을 담은 기호 표현식으로 확장하기가 아주 쉽다. 함수, 벡터, 행렬, 텐서에 대한 산술로 확장하는 것도 어렵지 않다(코딩량이 많긴 하겠지만). 그렇긴 하지만, 그런 식으로 확장을 거듭하다 보면 확장들의 순서 의존성이라는 실제 문제에 마주치게 된다. 예를 들어 기호적 벡터가 기호 좌표 성분을 가진 벡터와는 다른 상황이 발생하는 것이다. 또한, 기호적 함수의 형식과 관련해서 복잡한 상황이 발생할 수 있다.

확장성 있는 일반적 프로시저의 위력을 잘 보여주는 아름다운 예 하나는, 각각의 기본 산술 프로시저를 미분 객체를 처리하도록 확장하기만 하면 순방향 모드(forward-mode) 자동 미분이 바로 구현된다는 것이다. 그렇지만 함수를 값으로 돌려주는 고차 함수들에 대해서도 이러한 자동 미분이 정확히 작동하게 하는 것은 어려웠다. (물론, 자동 미분이 필요한 응용 프로그램을 작성하는 프로그래머들 대부분에게는 이런 복잡함이 그리 문제가 되지 않을 것이다.)

이번 장의 시스템에서 '형식'은 그 형식의 요소들에 대해 참이 되는 술어로 표현된다. 이러한 형식 시스템의 효율성을 높이기 위해 우리는 술어 등록 및 태깅 시스템을 도입했으며, 이 덕분에 형식들 사이의 관계를 선언할 수 있게 되었다. 예를 들어 소수를 정수의 한 부분집합으로 선언함으로써 사용자 정의 prime? 술어를 충족하는 수가 자동으로 integer? 술어도 충족하게 만들었다.

사용자 정의 형식과 부분집합 관계 선언 능력이 있으면 새로운 가능성의 영역으로 진입할 수 있다. 이 점을 단순하지만 우아한, 확장성 있는 어드벤처 게임을 통해서 살펴봤다. 일반적 프로시저의 디스패치는 주어진 모든 인수의 형식에 기초하므로, 어드벤처 게임 속 개체들의 행동을 연쇄 디스패치 방식(첫 인수로 디스패치해서 프로시저를 만들고, 둘째 인수로 그 프로시저를 디스패치하고, 등등)을 사용할 때보다 훨씬 더 간단하고 모듈화된 방식으로 서술할 수 있다. 전형적인 단일 디스패치 객체 지향 시스템에서 이런 행동 방식을 모형화했다면 코드가 훨씬 복잡해졌을 것이다.

이번 장에서는 확장성 있는 일반적 프로시저를 효율적으로 구현하기 위해 태그된 데이터를 사용했다. 데이터에는 주어진 연산을 구현하는 데 사용할 프로시저를 결정하는 데 필요한 정보가 꼬리표(태그)로 붙는다. 그런데 이러한 데이터 태깅 수단을 마련하면, 태깅을 다른 용도로도 사용할 수 있게 된다. 예를 들어 데이터에 그 출처를(즉, 그 데이터가 어디에서 비롯된 것인지를) 태그로 달거나, 그 데이터가 깔고 있는 가정들을 태그로 달 수도 있을 것이다. 이러한 '감사(audit)' 태그들은 접근 제어, 민감한 데이터의 사용 추적, 복잡한 시스템의 디버깅 등에 유용할 수 있다.[128] 따라서, 태그를 일반적 프로시저의 처리부를 결정하는 데 사용하는 것에서 더 나아가서, 임의의 태그를 임의의 데이터 항목에 부착하는 것은 강력한 능력이다.

제4장

패턴 부합

패턴 부합(pattern matching)은 DSL(영역 특화 언어) 등 가산적 특성이 필요한 시스템을 만드는 데 도움이 되는 기술이다.

패턴 부합은 상등 판정(equality testing)을 일반화한 것이라 할 수 있다. 상등 판정에서는 두 객체의 구조와 내용이 같은지 점검한다. 이를 더욱 일반화해서, 패턴 부합에서는 구조와 내용 중 반드시 같지 않아도 되는 부분을 명시해서 상등을 판정한다. 패턴은 판정 대상과 반드시 정확히 부합해야 하는 구체적인 부분들과 정확히 부합하지 않아도 되는 '구멍(hole)'들로 구성된다. 그런 구멍을 패턴 변수(pattern variable)라고 부른다. 패턴 변수가 부합하는 대상에 대한 제약을 지정하거나, 같은 패턴 변수의 여러 인스턴스가 같은 대상에 부합하게 만드는 것도 가능하다.

하나의 패턴이 그보다 더 큰 데이터의 일부에 부합할 수 있다. 부합의 문맥은 명시되지 않는다. 부분 정보를 다루는 능력이 있다는 것은, 패턴에서 정확히 명시된 부분들만이 부합 대상 데이터에 관한 가정(assumption)이고, 명시되지 않은 부분들에 대해서는 가정이 (거의) 없다는 뜻이다.

패턴 부합의 이러한 성질 덕분에, 패턴 부합을 이용해서 대단히 유연한 규칙 기반 시스템을 구축할 수 있다. 규칙 기반 시스템(rule-based system)에서는, 새로운 규칙들을 추가하면 시스템에 새로운 기능이 생긴다. 단, 규칙을 정의하는 방식이나 규칙들이 상호작용하는 방식에서 몇 가지 어려운 점이 있다. 예를 들어, 주어진 상황에 적용할 수 있는 규칙이 여러 개인 경우 규칙들을 적용하는 순서에 따라 결과가 달라지기도 한다. 이처럼 규칙들이 상호작용해서 생기는 문제점은 제3장의 보드게임 규칙 해석기에서 겪어 보았다. (p.96의 비평을 보라.)

부분 명세를 충족하는 데이터와 부합시키는 용도 외에, 패턴 자체를 부분적으로만 알려진 정보를 표현하는 용도로도 사용할 수 있다. 그런 패턴들을 병합 또는 **통합**(unification)해서, 개별 패턴들의 합보다 더 구체적인 정보를 만들어 내는 것이 가능하다.

패턴 부합의 또 다른 용도는 일반적 프로시저(generic procedure; 제3장 참고)의 일반화이다. 일반적 프로시저를 이용해서 프로그램에 있는 자유 변수들의 의미를 변조하면 마치 기적 같은 일을 해낼 수 있다. 어떤 프로그램이 일반적 프로시저, 이를테면 +에 바인딩되는 일반적 프로시저를 사용한다는 것은, 주어진 인수들에 대한 '+ 연산'을 맡아줄 처리부(handler)를 원한다고 프로그램이 '구인 광고'를 하는 것에 비유할 수 있다. 일반적 프로시저에 부착된 처리부는 주어진 인수들이 특정 술어들(그 처리부를 부착할 때 지정한)을 충족할 때만 적용할 수 있다. 그렇지만 필요한 작업을 위한 구인 광고를 표현하는 언어는 상당히 제한적이다. 우리가 가진 것은 지금 예의 + 같은 기호 하나뿐이다. 구직자와 구인자가 패턴을 사용한다면, 즉 필요한 작업들과 그 작업을 수행할 수 있는 프로시저들을 패턴으로 표현한다면, 제3장에서 사용한 것보다 훨씬 더 풍부한 언어를 가진 **패턴에 따른 호출**(pattern-directed invocation) 시스템을 만들 수 있다.

4.1 패턴

대수(algebra)의 기본 법칙들을 그에 상응하는 패턴으로 표현할 수 있다. 다음 예를 보자.

$$a \times (b+c) \Leftrightarrow a \times b + a \times c$$

이것은 덧셈에 대한 곱셈의 분배법칙(distributive law)이다. 이 공식은 어떤 표현식에서 좌변과 같은 형태의 부분식을 우변으로(또는 우변을 좌변으로) 바꾸어도 그 표현식의 값이 변하지 않음을 뜻한다. 이 공식의 좌변과 우변은 각각 하나의 패턴이고, a, b, c는 패턴 변수, $\times$와 +는 패턴 상수(정확히 부합해야 하는)이다. 이 분배법칙 자체는, 두 항을 합한 것에 뭔가를 곱한 것은 각 항에 뭔가를 곱해서 합한 것과 같다는(그리고 그 역도 마찬가지) 뜻이다.

그럼 패턴 부합에 기초해서 프로그램을 조직화하는 방법을 살펴보자. 여기서 핵심은, 패턴들을 조합자(combinator)로 컴파일하고 그 조합자들로 부합기(matcher)를 만든다는 것이다. §4.2에서는 이를 기초 대수학(elementary algebra)을 위한 항 재작성 예제를 통해서 살펴볼 것이다.

패턴 언어

우선 할 일은 패턴 언어를 만드는 것이다. 간단한 것으로 시작하기로 하자. 여기서는 리스프(스킴)의 목록(list)을 위한 패턴 언어를 만들어 보겠다. 앞의 수학 공식과는 달리 지금은 + 같은 예약된 기호가 없으므로, 패턴 상수와 패턴 변수를 구분할 필요가 있다. 패턴 변수는 질의(query)를 의미하는 ? 기호(물음표)로 시작하는 목록으로 표현하자. 이것은 전통에 따른 선택이다. 다음은 분배법칙에 해당하는 패턴을 이러한 패턴 언어로 표현한 것이다. 수학 공식은 물론 리스프의 전위 표기법(prefix notation)에 따라 표현했다.

```
(* (? a) (+ (? b) (? c)))
(+ (* (? a) (? b)) (* (? a) (? c)))
```

(? a) 같은 복잡한 기호보다 ?a 같은 간명한 기호를 사용하면 더 좋지 않냐고 생각하는 독자도 있을 것이다. 그러면 좋겠지만, 확장성이 나쁘다. 예를 들어 오직 수치(numbrer)들에만 부합하는 변수가 필요한 경우를 생각해 보기 바란다. 물론 이를 위한 새 문법이 도움이 된다면 나중에라도 추가할 수 있겠지만, 앨런 펄리스가 말했듯이 "문법적 설탕(syntactic sugar)은 세미콜론 암을 유발한다." 지금처럼 단순한 목록 표현을 사용하면, 수치들에만 부합하는 패턴 변수가 필요할 때 그냥 목록 (? a)에 수치 판정 술어를 추가한 (? a ,number?)를 만들면 된다.

이 부합기 설계의 한 가지 제약은, 앞의 둘째 패턴이 다음과는 부합해야 한다는 것이다.

```
(+ (* (cos x) (exp y)) (* (cos x) (sin z)))
```

여기서 a=(cos x), b=(exp y), c=(sin z)이다.

그러나 다음과는 부합하지 않아야 한다.

```
(+ (* (cos x) (exp y)) (* (cos (+ x y)) (sin z)))
```

왜냐하면, 어떤 이유로 x=(+ x y)가 참이 아닌 한,[1] (? a)를 충족하도록 패턴 변수에 구체적인 값을 모순 없이 배정(assignment)하는 것이 불가능하기 때문이다.

부합기의 또 다른 제약은, 목록에 있는 미리 알 수 없는 개수의 연속된 요소들과 부합할 수 있어야 한다는 것이다(이 점은 부합기의 구조에 큰 영향을 미친다). 예를 들어 사인 제곱과 코사인 제곱의 합을 1로 대체한다고 하자. 다음처럼 그 제곱들이 연달아 있지 않아도 그러한 대체가 가능해야 한다.

```
(+ ... (expt (sin theta) 2) ... (expt (cos theta) 2) ...)
(+ 1 ... ... ...)
```

여기서 ...는 여러 개의 항을 뜻한다. 이러한 다수의 항은 첫 요소가 ??인 목록으로 표현한다. 이를 **구획 변수**(segment variable)라고 부른다. 다음은 앞의 예에 대한 패턴을 구획 변수를 이용해서 작성한 것이다.

```
(+ (?? t1)
   (expt (sin (? x)) 2)
   (?? t2)
   (expt (cos (? x)) 2)
   (?? t3))
```

구획 변수가 세 개 필요함을 주목하자. 구획 변수 (?? t1)은 사인 항 이전의 항들과 부합하고, (?? t2)는 사인 항과 코사인 항 사이의 항들과 부합하고, (?? t3)은 코사인 항 이후의 항들과 부합한다.

구획 변수는 부합기 설계에 심대한 영향을 미친다. 패턴의 다음 부분과 부합하는 지점을 발견하기 전에는 구획이 얼마나 긴지 알 수 없으며, 같은 데이터 항목이 여러 가지 방식으로 부합될 수 있다는 점 때문이다. 예를 들어 같은 표현식 안에 각도가 서로 다른 사인 제곱과 코사인 제곱의 합이 있을 수도 있다. 좀 더 간단한 예로, 다음 패턴은

```
(a (?? x) (?? y) (?? x) c)
```

---

1 물론, 아주 똑똑한 부합기라면 현재 수치들을 다루고 있다는 가정에서 y=0을 연역해 낼 것이다.

다음 데이터와 네 가지 서로 다른 방식으로 부합할 수 있다.

```
(a b b b b b b c)
```

(두 구획 변수 x는 각자의 위치에서 반드시 같은 개수의 b들과 부합해야 함을 주의할 것.) 따라서 부합기는 반드시 구획 변수들에 대해 가능한 배정들의 공간을 검색해야 한다.

4.2 항 재작성

항 재작성(term-rewriting) 시스템은 표현식 형태의 정보를 다루는 DSL을 작성할 때 강력한 도구이다. 가능한 표현식들을 정의하는 문법 체계(syntactic system)가 정의되어 있으며, 한 부분식(subexpression; 부분 표현식)을 그와 "동등한(equivalent)" 다른 부분식으로 대체해야 한다고 하자. 그럴 때 흔히 규칙 기반 항 재작성 시스템을 이용해서 그런 변환을 서술한다. 예를 들어 여러 컴파일러 최적화는 프로그램의 조각들을 좀 더 큰 문맥에서 지역적으로 재작성하는 것으로 표현할 수 있다. 항 재작성 시스템의 필수 요소는 변환할 정보를 식별하기 위한 패턴 부합기와 인스턴스화를 위한 템플릿 시스템이다. 수렴하는(convergent) 항 재작성 시스템을 구축하는 문제를 방정식론(equational theories; '동등한' 표현식들의 체계) 분야에서 상세히 연구한 바 있지만[72], 여기서 그쪽은 고려하지 않기로 한다. 또한, 부합할 패턴과 인스턴스를 위한 템플릿 사이에는 피상적인 유사성이 있으며, 이를 이용해서 양방향 규칙을 만들 가능성도 있겠지만, 역시 그쪽은 고려하지 않기로 한다. 여기서는, 출력을 만드는 데 사용할 입력과 템플릿을 패턴을 이용해서 식별하는, 간단한 단방향 시스템을 개발하는 것으로 출발하기로 한다.

다음은 몇 가지 대수적 단순화 규칙들을 패턴으로 근사한 것이다.

```
(define algebra-1
  (rule-simplifier
    (list
    ;; 덧셈의 결합법칙
    (rule '(+ (? a) (+ (? b) (? c)))
          `(+ (+ ,a ,b) ,c))
    ;; 곱셈의 교환법칙
```

```
    (rule '(* (? b) (? a))
          (and (expr<? a b)
               `(* ,a ,b)))
;; 덧셈에 대한 곱셈의 분배법칙
    (rule '(* (? a) (+ (? b) (? c)))
          `(+ (* ,a ,b) (* ,a ,c)))))))
```

algebra-1에는 세 개의 법칙이 있다. 첫 규칙은 덧셈의 결합법칙을, 둘째 규칙은 곱셈의 교환 법칙을, 셋째 규칙은 덧셈에 대한 곱셈의 분배법칙을 구현한다.

각 규칙은 두 부품으로 구성된다. 하나는 부분식과 부합할 패턴이고 다른 하나는 **귀결 표현식**(consequent expression)이다. 패턴이 부합하면 그 귀결 표현식이 평가된다. 귀결의 값이 #f이면 이 규칙은 적용할 수 없다. #f가 아니면, 부합된 부분식을 평가 결과로 대체한다. 귀결 표현식을 간결하게 작성하기 위해, p.464에서 설명한 역따옴표 메커니즘을 사용했다는 점도 주의하기 바란다.

rule-simplifier 프로시저는 이상의 규칙들을 하나의 목록으로 만든다. 최종 프로시저 algebra-1은 주어진 수식(algebra expression; 대수 표현식)을 단순화한 결과를 돌려준다.

```
(algebra-1 '(* (+ y (+ z w)) x))
(+ (+ (* x y) (* x z)) (* w x))
```

교환법칙을 위한 규칙의 귀결 표현식을 보면 expr<?라는 제한(restriction) 술어가 있다.

```
(rule '(* (? b) (? a))
      (and (expr<? a b)
           `(* ,a ,b)))
```

이 귀결 표현식이 #f로 평가되면 부합이 실패한 것이다. 그러면 시스템은 부합기로 되돌아가서 다른 부합을 찾는다. 만일 부합하는 것이 하나도 없으면 현재 대상에 대해 이 규칙은 적용할 수 없다. 교환법칙에서 제한 술어 expr<?는 수식에 순서 관계(ordering)를 부여한다. 이러한 제한이 필요한 이유는 독자의 몫으로 남기겠다(연습문제 4.1).

■ **연습문제 4.1 보호 표현식** ─────────────────────────────

교환법칙에 제한 술어 (expr<? a b)가 필요한 이유는 무엇일까? 이 제한이 없으면 어떤 문제

가 생길까?

4.2.1 대수의 구획 변수

algebra-2 규칙 시스템은 훨씬 더 흥미롭다. 이 시스템은 덧셈과 곱셈이 다항 연산이라는 가정을 둔다. 그런 가정을 충족하려면 구획 변수가 필요하다. 또한, 수치 단순화 규칙들을 지원하기 위해서는 변수 제한들에서 number? 술어를 사용한다.

```scheme
(define algebra-2
  (rule-simplifier
   (list
    ;; Sums
    (rule `(+ (? a))
          a)                       ; 단항 +는 항등 연산
    (rule `(+ (?? a) (+ (?? b)) (?? c))
          `(+ ,@a ,@b ,@c))        ; 결합법칙: 다항 + 사용
    (rule `(+ (?? a) (? y) (? x) (?? b))
          (and (expr<? x y)        ; 교환법칙
               `(+ ,@a ,x ,y ,@b)))
    ;; 곱셈
    (rule `(* (? a))
          a)                       ; 단항 *는 항등 연산
    (rule `(* (?? a) (* (?? b)) (?? c))
          `(* ,@a ,@b ,@c))        ; 결합법칙: 다항 * 사용
    (rule `(* (?? a) (? y) (? x) (?? b))
          (and (expr<? x y)        ; 교환법칙
               `(* ,@a ,x ,y ,@b)))
    ;; 분배법칙
    (rule `(* (?? a) (+ (?? b)) (?? c))
          `(+ ,@(map (lambda (x) `(* ,@a ,x ,@c)) b)))
    ;; 수치 단순화
    (rule  `(+ 0 (?? x))
           `(+ ,@x))
    (rule `(+ (? x ,number?) (? y ,number?) (?? z))
          `(+ ,(+ x y) ,@z))
    (rule `(* 0 (?? x))
          0)
    (rule `(* 1 (?? x))
```

```
            `(* ,@x))
    (rule `(* (? x ,number?) (? y ,number?) (?? z))
          `(* ,(* x y) ,@z))
    )))
```

algebra-2는 다중 인수 덧셈과 곱셈뿐만 아니라 몇 가지 수치 단순화도 구현한다. 귀결 표현식을 구축할 때뿐만 아니라 number?가 변수들에 대한 제한 술어인 패턴들을 구축할 때도 역따옴표 메커니즘이 쓰였음을 주목하자. 수치 단순화에 관해서는 연습문제 4.2에서 좀 더 살펴볼 것이다.

이제 이런 결과를 얻을 수 있다.

```
(algebra-2 '(* (+ y (+ z w)) x))
(+ (* w x) (* x y) (* x z))
(algebra-2 '(+ (* 3 (+ x 1)) -3))
(* 3 x)
```

여기까지 잘 따라왔다면, 더 다양한 부류의 수식을 단순화하도록 이런 시스템을 확장하는 방법도 충분히 알 수 있을 것이다.

■ 연습문제 4.2 항 순서 관계

술어 expr<?에 따르면, 명시적으로 하나의 수치인 표현식은 명시적으로 하나의 수치가 아닌 표현식보다 작다(less).

a. algebra-2에서, 교환법칙에 의해 강제되는 표현식 순서 관계가 어떻게 수치 단순화 규칙들을 효과적으로(effective) 만드는가?

b. 교환법칙이 순서 관계를 강제하지 않는다고 가정하자. 그러면 수치 단순화 규칙들은 어떻게 표현해야 할까? 그런 경우 수치 단순화의 비용이 아주 높아지는 이유를 설명하라.

■ 연습문제 4.3 정렬 효율성

교환법칙에서 순서 관계는 덧셈 항들과 곱셈 인자(factor)들의 거품 정렬(bubble sort)을 유발하며, 그러한 정렬의 시간 복잡도는 $O(n^2)$이다. 따라서, 본격적인 대수 문제에 등장하는 표현식들처럼 항이 많을 때는 계산 시간이 아주 길어질 수 있다. 이 시스템이 정렬을 좀 더 효율적으로 수행할 방법이 있을까? 없다면 그 이유는 무엇이고, 있다면 어떤 식으로 구현하면 될까?

■ **연습문제 4.4 항 모으기**

지금까지 설명한 시스템은 비슷한 항들을 모으지 않는다. 다음이 그러한 예이다.

```
(algebra-2 '(+ (* 4 x) (* 3 x)))
(+ (* 3 x) (* 4 x))
```

비슷한 항들을 모아서 그 항들의 합 하나로 대체하는 규칙들을 추가해서 새 시스템 **algebra-3**을 개발하고, 적절한 예제들로 기능을 시연하라. 새 시스템은 다음 예와 비슷한 문제들을 처리할 수 있어야 한다.

```
(algebra-3
  '(+ y (* x -2 w) (* x 4 y) (* w x) z (* 5 z) (* x w) (* x y 3)))
(+ y (* 6 z) (* 7 x y))
```

4.2.2 규칙 시스템의 구현

패턴 기반 규칙 시스템을 어느 정도 사용해 보았으니, 그 작동 방식으로 들어가 보자.

하나의 규칙은 규칙의 패턴을 주어진 표현식과 부합해 보는 프로시저의 형태로 구현된다. 패턴이 부합하면, 패턴 변수들이 그와 부합하는 데이터 항목에 바인딩된 환경에서 규칙의 귀결 표현식을 평가한다. 규칙 프로시저는 성공 후속(continuation) 프로시저와 실패 후속 프로시저를 받는다. 이들은 규칙의 귀결 또는 패턴 부합 부분으로의 역추적(backtracking)에 쓰인다.[2]

앞에서 쓰인 **rule-simplifier** 프로시저는 단순 재귀 단순화 프로시저(simple recursive

---

2 §5.4.2(p.332)에서 이러한 성공/실패 패턴을 예제들과 함께 좀 더 자세히 설명한다.

simplifier)의 생성자이다. 이 프로시저는 표현식 하나를 받고 정해진 규칙들을 이용해서 그 표현식을 단순화하는 simplify-expression 프로시저를 산출한다. rule-simplifier는 수렴에 도달할 때까지 이러한 단순화 과정을 반복한다. 따라서, 최종적으로 반환되는 표현식(단순화 결과)은 단순화 과정의 한 고정점(fixed point)에 해당한다.

```
(define (rule-simplifier the-rules)
  (define (simplify-expression expression)
    (let ((subexpressions-simplified
            (if (list? expression)
                (map simplify-expression expression)
                expression)))
      (try-rules subexpressions-simplified the-rules
        (lambda (result fail)    ; A: 성공 후속
          (simplify-expression result))
        (lambda ()               ; B: 실패 후속
          subexpressions-simplified))))
  simplify-expression)
```

try-rules 프로시저는 그냥 규칙 목록을 훑으면서 규칙들을 차례로 시도한다. 규칙 목록을 훑는 목적으로 succeed와 fail이라는 후속들을 사용한다.

```
(define (try-rules data rules succeed fail)
  (let per-rule ((rules rules))
    (if (null? rules)
        (fail)                   ; 더 이상 규칙이 없음: 앞의 B로 간다
        (try-rule data
                  (car rules)
                  succeed        ; 규칙이 성공하면 앞의 A로 간다
                  (lambda () ; 규칙이 실패하면 다른 규칙을 시도한다
                    (per-rule (cdr rules)))))))
(define (try-rule data rule succeed fail)
  (rule data succeed fail))
```

규칙 자체는 make-rule이라는 프로시저로 만든다. 이 프로시저는 규칙 패턴 하나와 귀결 표현식을 구현한 처리부 하나를 받는다. 예를 들어 p.205의 교환법칙 규칙을 다음과 같이 make-rule을 이용해서 직접 만들 수 있다.

```
(make-rule '(* (? b) (? a))
```

```
(lambda (b a)
  (and (expr<? a b)
       `(* ,a ,b)))))
```

여기서, 처리부 (lambda (b a) ...)는 인수들, 즉 a와 b라는 패턴 변수들의 값을 부합기 프로시저가 산출한 사전(dictionary) 객체에서 조회해야 한다. 규칙은 이 처리부를 그 값들의 목록에 적용하는데, 적용 순서는 패턴에서 그 값들이 나타난 순서이다. 따라서 처리부를 작성할 때는 매개변수들이 그 순서와 일치하게 만들어야 한다.

규칙 생성자 make-rule은 주어진 패턴을 컴파일해서 하나의 부합 프로시저(match procedure)를 만든다. 이 생성자가 돌려주는 규칙은 그 부합 프로시저를 이용해서 데이터와의 부합을 수행하는 프로시저이다. 부합이 성공하면 규칙은 처리부를 부합에서 얻은 패턴 변수들의 값들에 적용한다.

패턴을 부합 프로시저로 컴파일하는 방법은 §4.3에서 살펴볼 것이다. 일단 지금은, 부합 프로시저를 run-matcher를 이용해서 실행할 수 있다는 점과 부합 성공 시 run-matcher의 셋째 인수로 지정된 프로시저가 호출된다는 점만 알고 넘어가자. 셋째 인수 프로시저를 호출할 때는 하나의 사전 객체를 넘겨준다. 사전 객체 dict는 각 패턴 변수와 해당 부분식(그 패턴 변수와 부합한)의 대응 관계를 담고 있다. 부합 실패 시 run-matcher는 #f를 돌려주며, 그러면 규칙 자체가 실패한 것이 된다.

```
(define (make-rule pattern handler)
  (let ((match-procedure (match:compile-pattern pattern)))
    (define (the-rule data succeed fail)
      (or (run-matcher match-procedure data
            (lambda (dict)
              (let ((result
                     (apply handler
                            (match:all-values dict))))
                (and result
                     (succeed result
                              (lambda () #f))))))
          (fail)))
    the-rule))
```

match:all-values 프로시저는 모든 패턴 변수 값을 돌려주는데, 값들의 순서는 해당 패턴 변수들이 패턴에 나타난 순서이다.

4.2.3 곁가지: 마법 매크로학

p.205에 다음과 같은 규칙 정의가 나왔다.

```
(rule '(* (? b) (? a))
      (and (expr<? a b)
           `(* ,a ,b)))
```

이것을 make-rule에 사용한 인수들(아래)과 비교해 보자.

```
(make-rule '(* (? b) (? a))
  (lambda (b a)
    (and (expr<? a b)
         `(* ,a ,b))))
```

이름 a와 b가 거듭 등장함을 주목하기 바란다. 이들은 패턴에도, 처리부의 매개변수 목록에도 나타나며, 순서도 같다. 이런 중복 코드는 작성하기 귀찮을 뿐만 아니라 실수의 여지도 크다. 항상 이름들을 정확한 순서로 반복해야 하는데, 자칫하면 몇몇 이름을 누락하거나 잘못된 순서로 반복할 수 있기 때문이다.

이럴 때 유용한 것이 흔히 매크로^{macro}라고 부르는 문법적(구문적) 추상화 수단이다. 다음은 규칙 정의를 적절한 make-rule 호출 코드로 변환하는, 다소 마법적인 코드 조각이다.

```
(define-syntax rule
  (er-macro-transformer
   (lambda (form rename compare)
     (let ((pattern (cadr form))
           (handler-body (caddr form))
           (r-make-rule (rename 'make-rule))
           (r-lambda (rename 'lambda)))
       `(,r-make-rule ,pattern
                      (,r-lambda
                       ,(match:pattern-names pattern)
                       ,handler-body))))))
```

다음과 같이 표현식 안에 있는 매크로를 확장하는 마법의 호출 구문을 이용하면 이 매크로가 제대로 작동하는지를 적어도 부분적으로는 점검할 수 있다.

```
(pp (syntax '(rule '(* (? b) (? a))
                   (and (expr<? a b)
                        `(* ,a ,b)))
        (the-environment)))
(make-rule '(* (? b) (? a))
           (lambda (b a)
             (and (expr<? a b)
                  (list '* a b))))
```

규칙 정의가, 패턴과 해당 처리부 프로시저가 지정된 하나의 make-rule 호출 코드로 확장됨을 확인할 수 있다. 이것이 규칙 생성을 위해 평가되는 표현식이다. 좀 더 통상적인 언어에서 rule 같은 매크로의 호출은, 확장된 코드가 매크로 호출 자체를 직접 대체하는(즉, 해당 호출 지점에 직접 삽입되는) 형태로 처리된다. 그러나 그런 방식은 참조 투명성(referential transparency)이 없다. 확장된 코드가 사용자의 기호와 충돌하는 기호를 사용할 수도 있기 때문이다. 스킴에서는 그런 충돌을 일으킬 수 없는 **위생적 매크로**(hygienic macro)를 사용자가 작성하게 함으로써 이런 문제를 피하려 한다. 그렇지만 그런 매크로 시스템은 그냥 한 표현식을 다른 표현식으로 대체하는 것보다 좀 더 복잡하다. 여기서는 이 문제나 그 해법을 자세히 설명하지 않고, 그냥 MIT/GNU 스킴 참조 매뉴얼[51]에 설명된 해법을 사용하기만 하겠다.

4.2.4 패턴에 따른 호출

규칙 실행기인 try-rules 프로시저를, 패턴을 이용해서 입력 속성들에 대한 디스패치를 수행하는 프로시저들을 구현하는 데 사용할 수도 있다. 그런 프로시저는 패턴 연산자에 대한 인수들을 패턴 연산자의 규칙 패턴에 부합시켜 보고, 부합하는 규칙이 있으면 그 규칙의 귀결 프로시저를 호출해서 얻은 값을 돌려준다.

예를 들어, 다음은 재귀 호출을 가르칠 때 예제로 흔히 쓰이는 계승(factorial) 프로시저를 규칙 패턴을 이용해서 구현한 것이다. 조건 분기를 두 규칙 패턴으로 분산했음을 주목하자. ◆

```
(define factorial
  (make-pattern-operator
   (rule '(0) 1)
```

....

◆ 옮긴이 부록 B의 §B.1.5 "재귀 프로시저"에 있는, 전통적인 조건문을 이용한 구현과 비교해 보면 재미있을 것이다.

```
    (rule `((? n ,positive?))
          (* n (factorial (- n 1)))))))
(factorial 10)
3628800
```

주어진 인수의 개수에 따라 행동이 달라지는 프로시저를 구축하는 데에도 이 메커니즘을 사용할 수 있다. 예를 들어 리스프의 - 연산자는 인수가 하나이면 단항 부정 연산자로 작용하고 인수가 여러 개이면 뺄셈 연산자로 작용한다.

```
(define -
  (make-pattern-operator
   (rule '((? x)) (n:- 0 x))
   (rule '((? x) (?? y)) (n:- x (apply n:+ y)))))
```

동적으로 규칙을 추가해서 패턴 연산자를 확장할 수 있게 만드는 것도 가능하다. 그런 패턴 연산자는 일반적 프로시저와 비슷하며, 프로그래머가 규칙 정의들을 비국소적으로 분산시킬 수 있다. 예를 들어 핍홀 최적화(peephole optimization)를◆ 위해서는 컴파일러의 코드 생성기의 여러 부분에서 다양한 최적화들을 그룹으로 묶는 것이 바람직하다.

```
(define peephole (make-pattern-operator))
(attach-rule! peephole
  (rule '((push (? reg1))
          (pop (? reg2)))
        (if (eqv? reg1 reg2)
            '()
            `((move ,reg1 ,reg2)))))
(attach-rule! peephole
  (rule `((or (? reg) (? const1 ,unsigned-integer?))
          (or (? reg) (? const2 ,unsigned-integer?)))
        `((or ,reg
              ,(bitwise-or const1 const2)))))
```

첫 규칙은 이를테면 최적화기의 제어 구조 부분에서, 둘째 규칙은 최적화기의 논리 산술 부분에서 담당하는 것으로 생각하면 될 것이다.

....

◆ 옮긴이 컴파일러가 생성한 적은 수의 명령어들에 대한 최적화 기법으로, 전체 코드의 일부에만 집중하는 것을 작은 엿보기 구멍('핍홀')으로 들여다보는 것에 비유한 이름이다.

다음은 패턴 연산자를 구현하는 한 가지 방법이다. make-pattern-operator에 전달되는 마지막 규칙은 기본(default) 규칙이다. 이후에 규칙이 더 추가되어도, 항상 이 기본 규칙이 제일 마지막에 시도된다.

```
(define (make-pattern-operator . rules)
  (let ((rules
          (cons 'rules
                (if (pair? rules)
                    (except-last-pair rules)
                    '())))
        (default-rule
          (and (pair? rules)
               (last rules))))
    (define (the-operator . data)
      (define (succeed value fail) value)
      (define (fail)
        (error "No applicable operations:" data))
      (try-rules data
                 (cdr rules)
                 succeed
                 (if default-rule
                     (lambda ()
                       (try-rule data
                                 default-rule
                                 succeed
                                 fail))
                     fail)))
    (set-pattern-metadata! the-operator rules)
    the-operator))
```

이 프로시저는 set-pattern-metadata!를 이용해서 규칙 목록을 하나의 '포스트잇'으로서 연산자에 붙인다. 그리고 pattern-metadata를 이용해서 그 규칙 목록을 조회한다(아래 코드). 규칙을 연산자의 규칙 목록의 앞쪽에 삽입하는 프로시저(override-rule!)와 끝에 추가하는 프로시저(attach-rule!)도 있다.

```
(define (attach-rule! operator rule)
  (let ((metadata (pattern-metadata operator)))
    (set-cdr! metadata
              (append (cdr metadata)
```

```
                       (list rule)))))
    (define (override-rule! operator rule)
      (let ((metadata (pattern-metadata operator)))
        (set-cdr! metadata
                  (cons rule (cdr metadata)))))
```

4.3 부합기의 설계

지금까지 패턴 부합의 위력을 보여주는 예를 몇 가지 살펴보았다. 그럼 패턴 부합이 실제로 어떻게 작동하는지 살펴보자. 전체 패턴 부합 시스템은 '부합기'라고도 부르는 일단의 부합 프로시저와, 그러한 부합기들을 조합해서 복합 부합기를 만드는 몇 가지 조합자로 이루어진다.[3] 패턴의 기본(primitive) 요소들은 기본 부합기로 표현되며, 유일한 복합 요소인 목록은 목록 요소들에 대한 부합기들을 조합해서 복합 부합기를 만드는 하나의 조합자로 표현된다. 모든 부합 프로시저는 세 개의 인수를 받는데, 순서대로 부합할 데이터를 담은 목록, 패턴 변수 바인딩 정보를 담은 사전, 그리고 부합 성공 시 호출할 후속 프로시저(succeed)이다. succeed에 대한 인수들은 반드시 부합에서 생긴 새 사전과 입력 목록에서 소비한(즉, 패턴과 부합한) 항목 개수이어야 한다. 이 개수는 한 구획의 부합 결과가 반환된 후 어디에서부터 나머지 부합을 진행할지 결정하는 데 쓰인다. 부합 실패 시 부합 프로시저는 #f를 돌려준다.

기본 부합 프로시저는 세 개이고 조합자는 하나이다. 그럼 이들을 차례로 살펴보자. 이들 외에, 결과 보고를 위해 succeed 인수로서 부합 프로시저에 넘겨줄 다음과 같은 작은 프로시저도 하나 있다.

```
(define (result-receiver dict n-eaten)
  `(success ,(match:bindings dict) ,n-eaten))
```

패턴 상수

기본 부합 프로시저의 하나인 match:eqv는 x 같은 패턴 상수를 받고 부합 프로시저 eqv-

---

3 이 패턴 부합기 구축 전략은 칼 휴잇이 박사학위 논문[56]에서 처음으로 서술했다.

match를 산출한다. eqv-match는 첫 데이터 항목이 해당 패턴 상수와 상등일 때만 성공한다(상등 판정은 eqv?를 이용한다). 패턴 상수는 패턴 변수가 아니므로, 사전에는 추가하지 않는다. succeed의 둘째 인수는 부합한 항목 개수인데, 이 프로시저의 경우 그 개수는 항상 1이다.

```
(define (match:eqv pattern-constant)
  (define (eqv-match data dictionary succeed)
    (and (pair? data)
         (eqv? (car data) pattern-constant)
         (succeed dictionary 1)))
  eqv-match)
```

다음은 이 기본 프로시저를 사용하는 예이다.

```
(define x-matcher (match:eqv 'x))
(x-matcher '(x) (match:new-dict) result-receiver)
(success () 1)
(x-matcher '(y) (match:new-dict) result-receiver)
#f
```

요소 변수

또 다른 기본 프로시저인 match:element는 (? x)처럼 하나의 데이터 항목에 부합하는 패턴 변수에 대한 부합 프로시저 element-match를 산출한다.

이처럼 하나의 데이터 항목에 부합하는 패턴 변수를 요소 변수(element variable)라고 부르기로 하자. 요소 변수의 부합은 그 요소 변수에 이미 값이 있는지 아니면 아직 없는지에 따라 다르다. 변수에 값이 있다면, 이미 사전에 바인딩된 것이다. 그런 경우는 해당 바인딩의 값이 첫 데이터 항목과 상등일(equal?로 판정) 때만 부합이 성공한다. 변수에 값이 없으면 바인딩되지 않은 것이다. 이 경우에는, 부합이 성공하면 그 변수와 첫 데이터 항목의 바인딩을 사전에 추가한다. 두 경우 모두, 부합 성공 시에는 소비된 항목의 개수를 1로 둔다.

```
(define (match:element variable)
  (define (element-match data dictionary succeed)
    (and (pair? data)
         (let ((binding (match:lookup variable dictionary)))
           (if binding
```

```
            (and (equal? (match:binding-value binding)
                         (car data))
                 (succeed dictionary 1))
            (succeed (match:extend-dict variable
                                        (car data)
                                        dictionary)
                     1)))))
    element-match)
```

다음은 몇 가지 사용 예이다. 부합 바인딩은 목록으로 표현된다. 목록의 첫 요소는 변수 이름이고 둘째 요소는 그 값, 셋째 인수는 변수의 형식(여기서는 모두 요소 변수 ?)이다.

```
((match:element '(? x))
 '(a) (match:new-dict) result-receiver)
(success ((x a ?)) 1)
((match:element '(? x))
 '(a b) (match:new-dict) result-receiver)
(success ((x a ?)) 1)
((match:element '(? x))
 '((a b) c) (match:new-dict) result-receiver)
(success ((x (a b) ?)) 1)
```

구획 변수

마지막 기본 프로시저 match:segment는 (?? x)처럼 다수의 항목으로 된 구획(segment)과 부합하는 패턴 변수('구획 변수')를 위한 부합 프로시저 segment-match를 산출한다. 구획 변수 부합기는 요소 변수 부합기보다 복잡하다. 소비할 데이터 항목의 개수가 가변적이기 때문이다. 그래서 구획 부합기는 새 사전을 돌려줄 뿐만 아니라, 데이터 항목을 몇 개나 먹어 치웠는지도 호출자에게 보고해야 한다.

구획 부합 역시 해당 구획 변수에 이미 값이 있는지 아닌지에 따라 두 가지 방식으로 처리된다. 구획 변수에 값이 있으면, 그 값이 데이터와 부합해야 부합이 성공한다. 부합 여부는 p.220의 match:segment-equal? 프로시저로 점검한다. 구획 변수에 값이 없다면, 값을 만들어야 한다.

match:segment가 돌려주는 구획 변수 부합기 segment-match는 데이터의 어떤 초기 부분 목록 (list-head data i)이 구획 변수의 유효한 배정인지 점검한다. (구획이 데이터에서 아무 항목도 소비하지 않는다고 가정하고 i=0에서 시작한다.) 한 부분 목록에서 유효한 배정을 찾았지만 이후의 항목들에서 부합이 실패할 수도 있다. 그런 경우 부합기는 이미 시도한 것보다 요소 하나를 더 취해서((lp (+ i 1))를 수행해서) 다시 부합을 시도한다. 모든 데이터 항목을 소비했는데도 유효한 배정을 찾지 못했다면 부합이 실패한 것이다. 구획 변수가 있는 패턴에 필요한 역추적 검색(backtracking search)을 지원하려면 이러한 방식이 꼭 필요하다.

```
(define (match:segment variable)
  (define (segment-match data dictionary succeed)
    (and (list? data)
         (let ((binding (match:lookup variable dictionary)))
           (if binding
               (match:segment-equal?
                data
                (match:binding-value binding)
                (lambda (n) (succeed dictionary n)))
               (let ((n (length data)))
                 (let lp ((i 0))
                   (and (<= i n)
                        (or (succeed (match:extend-dict
                                      variable
                                      (list-head data i)
                                      dictionary)
                                     i)
                            (lp (+ i 1)))))))))))
  segment-match)
```

다음은 사용 예이다.

```
((match:segment '(?? a))
 '(z z z) (match:new-dict) result-receiver)
(success ((a () ??)) 0)
```

물론, 길이가 0인 구획도 지원한다.

모든 가능한 부합을 보고 싶다면, 결과를 받는 프로시저가 성공적인 결과를 출력한 후 #f를 돌려주도록 변경하면 된다. #f를 돌려주면 부합 프로시저는 다른 부합 결과를 산출한다(다른 부합 결과가 있다고 할 때).

```
(define (print-all-results dict n-eaten)
  (pp `(success ,(match:bindings dict) ,n-eaten))
  ;; #f를 돌려주면 역추적이 진행된다.
  #f)
((match:segment '(?? a))
 '(z z z) (match:new-dict) print-all-results)
(success ((a () ??)) 0)
(success ((a (z) ??)) 1)
(success ((a (z z) ??)) 2)
(success ((a (z z z) ??)) 3)
#f
```

이제 구획 변수에 값이 이미 있는 경우를 살펴보자. 그런 경우 그 값이 데이터의 초기 구획과 반드시 부합해야 한다. 이 부합 판정은 match:segment-equal?가 처리한다. 이 프로시저는 값의 요소들을 데이터와 비교한다. 이들이 부합하면, 데이터에서 소비된 항목의 개수로 ok를 호출한 결과를 돌려준다. 부합하지 않으면 그냥 #f를 돌려준다.

```
(define (match:segment-equal? data value ok)
  (let lp ((data data) (value value) (n 0))
    (cond ((pair? value)
           (if (and (pair? data)
                    (equal? (car data) (car value)))
               (lp (cdr data) (cdr value) (+ n 1))
               #f))
          ((null? value) (ok n))
          (else #f))))
```

목록 부합

마지막으로, match:list 조합자는 기본 부합기들의 목록을 받고 그 부합기들을 조합해서 하나의 최종 부합 프로시저를 돌려준다. 이 목록 부합기는 조합된 부합기들이 데이터의 모든 항목을 소비한 경우에만 부합에 성공한다. 목록 부합기는 부합기들을 차례로 적용하며, 각 부합기는 자신이 항목들을 몇 개나 소비했는지 보고한다. 그러면 목록 부합기는 그만큼의 항목을 건너뛰고 나머지 항목들로 다음 부합기를 호출한다.

```
(define (match:list matchers)
  (define (list-match data dictionary succeed)
```

```
    (and (pair? data)
        (let lp ((data-list (car data))
                 (matchers matchers)
                 (dictionary dictionary))
          (cond ((pair? matchers)
                 ((car matchers)
                  data-list
                  dictionary
                  (lambda (new-dictionary n)
                    ;; 목록 부합의 핵심부:
                    (lp (list-tail data-list n)
                        (cdr matchers)
                        new-dictionary))))
                ((pair? data-list) #f)   ;부합하지 않은 데이터
                ((null? data-list) (succeed dictionary 1))
                (else #f)))))
  list-match)
```

match:list 조합자가 돌려주는 list-match 부합기의 인터페이스가 다른 모든 부합기의 인터페이스와 같음을 주목하자. 이 덕분에 목록 부합기도 다른 부합기와 조합할 수 있다. 이 모든 기본 부합 프로시저가 정확히 동일한 인터페이스를 가진다는 사실 덕분에, 이 패턴 부합 시스템은 하나의 조합자 시스템이 된다.

이제 임의의 개수의 요소가 있는 목록과 부합하는, 기호 a로 시작하고 기호 b로 끝나며 그 둘 사이에 구획 변수 (?? x)가 있는 패턴을 위한 부합기를 다음과 같이 조합할 수 있다.

```
((match:list (list (match:eqv 'a)
                   (match:segment '(?? x))
                   (match:eqv 'b)))
 '((a 1 2 b))
 (match:new-dict)
 result-receiver)
(success ((x (1 2) ??)) 1)
```

이 예에서는 부합이 성공했다. 반환된 사전의 바인딩 항목은 x=(1 2) 하나뿐이며, 부합기는 주어진 목록에서 정확히 하나의 요소(목록 (a 1 2 b))를 소비했다.

```
((match:list (list (match:eqv 'a)
                   (match:segment '(?? x))
```

```
                   (match:eqv 'b)))
  '((a 1 2 b 3))
  (match:new-dict)
  result-receiver)
#f
```

이번에는 부합이 실패했다. 입력 데이터의 b 다음에 있는 3과 부합하는 부합기가 없기 때문이다.

사전

이 시스템이 사용하는 사전(dictionary)은 그냥 바인딩들의 머리 있는 목록(headed list)◆
이다. 그리고 각 바인딩은 변수의 이름과 값, 형식으로 이루어진 목록이다.

```
(define (match:new-dict)
  (list 'dict))
(define (match:bindings dict)
  (cdr dict))
(define (match:new-bindings dict bindings)
  (cons 'dict bindings))
(define (match:extend-dict var value dict)
  (match:new-bindings dict
                      (cons (match:make-binding var value)
                            (match:bindings dict))))
(define (match:lookup var dict)
  (let ((name
          (if (symbol? var)
              var
              (match:var-name var))))
    (find (lambda (binding)
            (eq? name (match:binding-name binding)))
          (match:bindings dict))))
(define (match:make-binding var value)
  (list (match:var-name var)
        value
        (match:var-type var)))
(define match:binding-name car)
(define match:binding-type caddr)
(define match:binding-value
```

....

◆ 옮긴이 머리 있는 목록 또는 표제 목록은 첫 요소('머리')가 나머지 요소들('꼬리')과는 구별되는 목록으로, 지금 예에서
첫 요소는 이것이 사전임을 나타내는 기호 dict이다.

```
(simple-generic-procedure 'match:binding-value 1 cadr))
```

접근자 match:binding-value는 그냥 cadr이지만, 향후 확장을 위해 일반적 프로시저로 만들어 두었다. §4.5의 예제에 쓰이는 코드를 위해서는 이러한 확장성이 필요하다.

4.3.1 패턴 컴파일

패턴으로부터 패턴 부합기를 구축하는 작업을 초보적인 컴파일러를 이용해서 자동화할 수 있다. 이번 절에서 살펴볼 컴파일러는 주어진 패턴에 적합한 부합 프로시저를 돌려준다. 그 부합 프로시저의 인터페이스는 앞에서 본 기본 부합기들의 것과 똑같다.

그런데 이 부합 프로시저 인터페이스는 부합기들을 조합하는 데는 편하지만, 사람이 읽거나 작성하기에 아주 편하지는 않다. 여러분이 부합기들을 다룰 때는 다음과 같은 인터페이스가 더 편할 것이다.

```
(define (run-matcher match-procedure datum succeed)
  (match-procedure (list datum)
                   (match:new-dict)
                   (lambda (dict n)
                     (and (= n 1)
                          (succeed dict)))))
```

이 인터페이스는 부합 프로시저에 관한 여러 세부 사항을 숨긴다. run-matcher 프로시저가 입력 데이터 항목들을 하나의 목록으로 감싸고, 그 목록(datum)의 요소 하나만 부합했는지 점검하고, 초기 사전도 생성해 주므로 패턴 부합을 실행하기가 훨씬 편하다.

다음은 몇 가지 간단한 사용 예이다.

```
(run-matcher
 (match:compile-pattern '(a ((? b) 2 3) (? b) c))
 '(a (1 2 3) 2 c)
 match:bindings)
#f
(run-matcher
 (match:compile-pattern '(a ((? b) 2 3) (? b) c))
 '(a (1 2 3) 1 c)
```

```
  match:bindings)
((b 1 ?))
```

이전에 보았듯이, 구획 변수가 있는 패턴은 주어진 데이터와 둘 이상의 방식으로 부합할 수 있으며, 성공에 대한 후속 프로시저가 인위적으로 #f를 반환함으로써 부합기가 나머지 부합도 모두 찾게 만들 수 있다. print-all-matches가 그러한 후속 프로시저이다.

```
(run-matcher
 (match:compile-pattern '(a (?? x) (?? y) (?? x) c))
 '(a b b b b b b c)
 print-all-matches)
((y (b b b b b b) ??) (x () ??))
((y (b b b b) ??) (x (b) ??))
((y (b b) ??) (x (b b) ??))
((y () ??) (x (b b b) ??))
#f
```

(?? x)의 두 인스턴스가 같은 데이터에 부합해야 부합이 성공함을 주목하기 바란다.

print-all-matches 프로시저는 바인딩을 출력하고, 무조건 #f를 반환해서 부합이 실패하게 만든다.

```
(define (print-all-matches dict)
  (pp (match:bindings dict))
  #f)
```

그럼 이상의 예제들에 쓰인 패턴 컴파일러(match:compile-pattern 프로시저)를 살펴보자. 그런데 컴파일러를 만들려면 먼저 패턴 변수의 문법을 정의해야 한다. 일단 지금은, 패턴 변수가 그냥 변수의 형식(? 또는 ??)과 이름으로 이루어진 하나의 목록이라는 아주 단순한 문법을 사용하기로 한다.

```
(define (match:var-type var)
  (car var))
(define (match:var-type? object)
  (memq object match:var-types))
(define match:var-types '(? ??))
(define (match:named-var? object)
```

```
        (and (pair? object)
             (match:var-type? (car object))
             (n:>= (length object) 2)
             (symbol? (cadr object))))
    (define (match:element-var? object)
      (and (match:var? object)
           (eq? '? (match:var-type object))))
    (define (match:segment-var? object)
      (and (match:var? object)
           (eq? '?? (match:var-type object))))
```

생각보다 코드가 복잡한데, 이는 §4.5와 몇몇 연습문제에서 이 문법을 확장할 여지를 두었기 때문이다.

```
(define match:var-name
  (simple-generic-procedure 'match:var-name 1
    (constant-generic-procedure-handler #f)))
(define-generic-procedure-handler match:var-name
  (match-args match:named-var?)
  cadr)
```

기본 처리부는 항상 거짓(#f)을 돌려주는 프로시저이다. 지금 단계에서 기본 처리부가 아닌 실질적인 처리부는 단 하나인데, 이 처리부는 지정된 변수의 이름을 조회한다.

또한, 주어진 인수가 패턴 변수인지 점검하는 술어도 필요하다. 아래의 match:var?가 바로 그것이다. 단, 지금 단계에서는 기명 패턴 변수에 해당하는 객체만 match:var?를 충족한다.

```
(define match:var?
  (simple-generic-procedure 'match:var? 1
    (constant-generic-procedure-handler #f)))
(define-generic-procedure-handler match:var?
  (match-args match:named-var?)
  (constant-generic-procedure-handler #t))
```

컴파일러는 주어진 패턴을 해당 부합기에 대응시킨다.

```
(define (match:compile-pattern pattern)
  (cond ((match:var? pattern)
         (case (match:var-type pattern)
```

```
            ((?) (match:element pattern))
            ((??) (match:segment pattern))
            (else (error "Unknown var type:" pattern))))
        ((list? pattern)
         (match:list (map match:compile-pattern pattern)))
        (else  ; 상수
         (match:eqv pattern)))))
```

패턴의 문법을 바꾸고 싶으면 이 컴파일러를 수정하면 된다. 다음은 간단한 사용 예이다.

```
(run-matcher
 (match:compile-pattern '(a ((? b) 2 3) (? b) c))
 '(a (1 2 3) 1 c)
 match:bindings)
((b 1 ?))
```

■ **연습문제 4.5 역추적**

p.224의 예제에서는 #f를 돌려주는 성공 후속 프로시저 print-all-matches를 이용해서 다수의 부합 결과를 얻었다. 이 예제가 어떻게 작동할까? 일련의 부합들이 생성되는 과정을 문단 하나로 간결하고 명확하게 설명하라.

4.3.2 패턴 변수 부합 제한

패턴 변수가 특정 종류의 객체에만 부합하도록 제한해야 할 때도 자주 있다. 패턴의 한 변수가 양의 정수에만 부합해야 하는 경우가 좋은 예이다. 이를 구현하는 한 가지 방법은, §4.2.1의 항 재작성 시스템에서 했던 것처럼 데이터 항목을 받아들일 것인지를 판정하는 술어를 변수에 부착하는 것이다. 예를 들어 지수가 양의 정수인 사인 함수 거듭제곱을 찾는다고 하자. 이를 다음과 같은 패턴으로 표현할 수 있다.

```
`(expt (sin (? x)) (? n ,exact-positive-integer?))
```

이런 패턴에 단순 인용(simple quotation)을 사용할 수는 없다. 술어 표현식(이 예에서는

exact-positive-integer?)이 패턴에 포함되기 전에 평가되어야 하기 때문이다. 그래서 항재작성(§4.2)에서처럼 역따옴표 메커니즘을 사용해야 한다.

데이터가 술어를 충족하는지를 부합기가 점검하게 하기 위해, match:element(p.217)를 다음과 같이 수정한다.

```
(define (match:element variable)
  (define (element-match data dictionary succeed)
    (and (pair? data)
         (match:satisfies-restriction? variable (car data))
         (let ((binding (match:lookup variable dictionary)))
           (if binding
               (and (equal? (match:binding-value binding)
                            (car data))
                    (succeed dictionary 1))
               (succeed (match:extend-dict variable
                                           (car data)
                                           dictionary)
                        1)))))
  element-match)
(define (match:satisfies-restriction? var value)
  (or (not (match:var-has-restriction? var))
      ((match:var-restriction var) value)))
```

■ **연습문제 4.6** **패턴 대안 선택은 좋은 것**

다음과 같은 선택 연산자를 도입해서 패턴 언어를 확장해 보는 것도 재미있을 것이다.

(?:choice *패턴1 패턴2...*)

패턴 컴파일러가 이 표현식을 컴파일해서 만든 부합기는, 주어진 *패턴*들을 차례로(왼쪽에서 오른쪽으로) 시도해서 그중 하나라도 주어진 데이터와 부합하면 그것을 돌려주고, 하나도 부합하지 않으면 #f를 돌려주어야 한다. (p.68에서 본 정규표현식의 '대안(alternation)'에 해당하는 기능이지만, 패턴 부합에서는 전통적으로 '선택(choice)'이라는 용어가 더 많이 쓰인다.)

다음은 몇 가지 예이다.

```
(run-matcher
 (match:compile-pattern '(?:choice a b (? x) c))
 'z
 match:bindings)
((x z ?))
(run-matcher
 (match:compile-pattern
  `((? y) (?:choice a b (? x ,string?) (? y ,symbol?) c)))
 '(z z)
 match:bindings)
((y z ?))
(run-matcher
 (match:compile-pattern `(?:choice b (? x ,symbol?)))
  'b
  print-all-matches)
()
((x b ?))
#f
```

할 일: 이러한 새 패턴 스키마를 위한 새 부합 프로시저 match:choice를 구현하고, 그것으로 패턴 컴파일러를 적절히 확장하라.

■ 연습문제 4.7 패턴 이름 붙이기

또 다른 확장은 스킴의 letrec과 비슷하게 패턴에 이름을 붙이는 기능을 추가하는 것이다.

　패턴에 이름을 붙일 수 있으면 좀 더 짧고 모듈화된 패턴을 만들 수 있으며, 상호 재귀 부분 패턴(mutually recursive subpattern)을 비롯한 재귀적 패턴을 지원하는 것도 가능해진다.

　예를 들어 다음 패턴은

```
(?:pletrec ((odd-even-etc (?:choice () (1 (?:ref even-odd-etc))))
           (even-odd-etc (?:choice () (2 (?:ref odd-even-etc)))))
    (?:ref odd-even-etc))
```

다음과 같은 형태의 모든 목록(빈 목록도 포함)과 부합해야 한다.

```
(1 (2 (1 (2 (1 ...)))))
```

여기서 ?:pletrec은 상호 재귀 패턴 정의들의 블록을 도입하고, ?:ref는 정의된 패턴을 그 자리에서 대체한다(그런 참조를 a 같은 리터럴 기호나 (? x) 같은 패턴 변수와 구분하기 위해).

할 일: 새 패턴 스키마 ?:pletrec과 ?:ref를 구현하라. 한 가지 접근 방식은 새 부합 프로시저 match:pletrec과 match:ref를 구현하고 그것들로 패턴 컴파일러를 적절히 확장하는 것이다. 다른 접근 방식들도 있을 수 있다. 미묘하거나 자명하지 않은 접근 방식을 사용한다면 그것을 간결히 설명하라.

생각해 볼(구현 전에!) 것: letrec과 유사한, 본격적인 환경 기반 구현에서는 중첩된(내포된) ?:pletrec 인스턴스들에 의해 뚜렷한 범위 윤곽선들이 도입될 것이다. 그러나 이번 장의 패턴 부합기의 제어 구조 때문에 이러한 범위 적용이 쉽지 않다.

부합 프로시저들은 패턴과 데이터를 왼쪽에서 오른쪽으로, 깊이 우선(depth-first) 순서로 훑으면서 각각의 구별되는 패턴 변수((? x) 같은)의 첫 번째 인스턴스(텍스트 형태의)를 해당 데이터 항목과 바인딩하고, 패턴에 등장하는 이후의 텍스트 형태 인스턴스들을 하나의 제약 인스턴스(constraining instance)로 취급한다. 이를 위해 부합기들은 깊이 우선 제어 경로를 통해 사전을 탐색해 나아간다. match:list의 본문에서 new-dictionary가 나오는 부분을 특히 주목하기 바란다. 본질적으로 이 제어 구조는 각각의 고유한 패턴 변수의 제일 왼쪽의, 가장 깊은 인스턴스를 암묵적인, 평평한(구조화되지 않은) 전역 이름공간 안에서 결정적인 하나의 인스턴스로 결정하고, 이후에 나타나는 모든 인스턴스는 제약 인스턴스로 취급한다.

그러니 이 연습문제의 범위 적용(scoping) 복잡도는 너무 신경 쓰지 말기 바란다. 구체적으로 말하면, 모든 패턴 변수가 하나의 공통 전역 이름공간을 공유하는 것처럼, 여러분의 패턴 정의들도 전역 이름공간을 공유해도 된다.

물론 야심만만한 독자라면 모든 기존 부합기의 인터페이스를 추가 부합기 pattern-environment를 받도록 재작성해서 어휘순 범위 적용(lexical scoping)을 구현할 수도 있을 것이다. 그러나 이 부분은 나중에 다른 곳에서(연습문제 4.9) 다루기로 하겠다.

■ **연습문제 4.8 자승자박** ─────────────

언뜻 생각하면, 벡터 패턴과 벡터 데이터도 지원하도록 이 부합기 시스템을 확장하기가 그리 어렵지는 않을 것 같다. 그러나 이 부합기 시스템을 설계할 때 우리는 한 가지 강한 가정을 두었다. 바로, 이 부합기 시스템은 목록 패턴을 목록 데이터에 부합시키는 시스템이라는 것이다.

a. 목록뿐만 아니라 벡터도 지원할 수 있도록 이 가정에서 벗어나려면 코드를 어떻게 바꾸어야 할까? 더 나아가서, 임의의 순차열을 지원하려면 어떤 변화가 필요할까? 부합 프로시저의 인터페이스를 변경해야 할 필요가 있을까?

b. 실제로 벡터를 지원하도록 부합기 시스템을 확장하라. (할 일이 아주 많을 것이다.)

■ 연습문제 4.9 일반 패턴 언어

연습문제 4.7에서 ?:pletrec과 ?:ref를 추가했지만 우리의 패턴 부합기 시스템은 아직 완전한 패턴 언어가 아니다. 이름공간 범위 적용과 매개변수적 패턴(parametric pattern)을 지원하지 않는다는 점에서 그렇다. 예를 들어 다음처럼 회문(palindrome)◆에 해당하는 기호 목록하고만 부합하는 패턴은 현재로서는 작성할 수 없다.

```
(?:pletrec ((palindrome
              (?:pnew (x)
                (?:choice ()
                          ((? x ,symbol?)
                           (?:ref palindrome)
                           (? x))))))
    (?:ref palindrome))
```

이것이 어떻게든 합리적인 방식으로 작동하려면, ?:pnew는 ?:pnew의 본문에서만 참조할 수 있는 완전히 새로운 어휘순 범위 패턴 변수들을 생성해야 한다.

모든 것을 갖춘 완전한 패턴 언어가 아주 유용한 하위 시스템임은 분명하지만, 구축하기가 쉽지는 않다.

할 일: 이상의 논의를 반영해서 완전한 패턴 언어를 구현하라. 소심한 사람이 도전할 만한 일은 아니다!

◆ 옮긴이 회문(回文)은 거꾸로 읽어도 같은 단어 또는 문구를 말한다.

4.4 통합 부합

앞에서도 말했듯이 패턴 부합은 구조적 데이터 항목들의 상등 판정의 일종이다. 부합할 데이터의 일부를 명시적으로 지정하지 않고 그 대신 패턴 변수가 그 부분에 부합하게 만든다는 점에서, 패턴 부합은 상등 판정을 일반화한 것이라 할 수 있다. 단, 우리의 부합기 시스템에는 같은 패턴 변수의 모든 출현(인스턴스)이 반드시 등가의(equivalent) 데이터에 부합해야 한다는 조건이 있다.

따라서, 지금까지 만든 부합기 시스템은 변수가 한쪽 면에만 있는 단면(one-sided) 패턴 부합 시스템이다. 이 시스템은 변수를 포함한 패턴을 변수가 없는 데이터와 부합해서 하나의 사전, 즉 패턴의 변수를 데이터의 해당 부합 부분과 연관시키는 자료 구조를 산출한다. 원래의 패턴에 있는 각 변수에 그와 부합하는 값을 대입하면 그 패턴의 대입 인스턴스(substitution instance; 또는 치환 인스턴스)가 만들어진다. 이 인스턴스는 항상 원래의 데이터와 등가이다.

이번 절에서는 데이터에 변수가 없어야 한다는 제한을 제거하고자 한다. 즉, 부합의 양쪽 면 모두에서 변수를 허용하기로 한다. 이런 강력한 종류의 부합을 **통합**(unification; 또는 단일화)이라고 부른다. 성공적인 통합의 결과도 사전이지만, 변수의 값에 변수가 들어 있을 수도 있다는 점과 패턴의 모든 변수에 대해 사전이 값을 제공하지는 않을 수 있다는 점이 다르다. 사전에서 변수와 연관된 값을 주어진 두 패턴 중 하나에 나온 변수에 대입하면, 두 초기 패턴 모두의 대입 인스턴스가 된다. 변수를 포함하고 있을 수도 있는 이러한 대입 인스턴스를 가리켜 그 패턴의 **통합자**(unifier)라고 부른다. 통합자는 두 패턴의 가장 일반적인 공통 대입 인스턴스이다. 두 패턴의 다른 모든 공통 대입 인스턴스는 통합자의 대입 인스턴스이다. 통합자는 변수 이름 바꾸기(renaming)에 대하여 유일하므로,◆ 통합은 잘 정의된다.[4]

통합은 유명한 정리(theorem) 증명 방법의 하나인 분해법(resolution method)을 소개한 논문[104]에서 J. A. 로빈슨이 처음으로 서술했다.[5]

간단한 예로, 벤저민 프랭클린의 생몰 일자(태어나고 죽은 날짜들)에 관해 여러 출처에서

◆ 옮긴이 "~에 대하여 유일하다"는 수학에서 대상의 유일성에 관한 표현인 "be unique up to ~"를 옮긴 것으로, 지금 맥락에서는 "~에 무관하게 유일하다"라고 이해해도 될 것이다. "be unique for ~"를 옮긴 "~에 관해 유일하다"와는 의미가 다르다는 점도 주의하기 바란다.

[4] 지금 말하는 통합자는 요소 변수들로만 이루어진 패턴에 관해 유일하다. 이것은 하나의 정리(theorem)인데, 여기서 증명하지는 않겠다. §4.4.4에서는 구획 변수도 포함하도록 통합자를 확장한다. 그렇지만, 일반적으로 구획 변수가 있는 패턴에 대한 통합은 다수의 부합을 산출한다.

[5] 통합에 관한 상세한 개괄 논문으로는 [6]이 있다.

부분적인 정보를 얻었다고 하자. ♦

```
(define a
  '(((? gn) franklin) (? bdate) ((? dmo) (? dday) 1790)))
(define b
  '((ben franklin) ((? bmo) 6 1705) (apr 17 (? dyear))))
(define c
  '((ben (? fn)) (jan (? bday) 1705) (apr 17 (? dyear))))
```

두 표현식을 통합하면, 둘의 부합에서 유도된 변수들과 그 값들의 사전이 나온다. 그 사전을 이용해서 두 패턴의 통합자를 만들 수 있다.

```
(unifier a b)
((ben franklin) ((? bmo) 6 1705) (apr 17 1790))
(unifier a c)
((ben franklin) (jan (? bday) 1705) (apr 17 1790))
(unifier b c)
((ben franklin) (jan 6 1705) (apr 17 (? dyear)))
```

이 결과들 각각은 임의의 한 출처가 제공하는 부분 정보보다 훨씬 더 상세하다. 세 출처의 부분 정보를 통합하면 완전한 정보가 만들어진다.

```
(unifier a (unifier b c))
((ben franklin) (jan 6 1705) (apr 17 1790))
(unifier b (unifier a c))
((ben franklin) (jan 6 1705) (apr 17 1790))
(unifier c (unifier a b))
((ben franklin) (jan 6 1705) (apr 17 1790))
```

표현식의 변수들 사이에 제약(constraint)이 존재할 때도 많다. 예를 들어 같은 변수가 여러 번 출현한다면, 그 변수들은 반드시 모순 없이 일관되어야 한다. 다음의 유도 과정이 이 점을 보여준다.

```
(define addition-commutativity
  '(= (+ (? u) (? v)) (+ (? v) (? u))))
(unifier '(= (+ (cos (? a)) (exp (? b))) (? c))
```

....

♦ 옮긴이 참고로 이 예에서 변수 gn은 given name(성), fn은 first name(이름)을 줄인 것이다.

```
  addition-commutativity)
(= (+ (cos (? a)) (exp (? b))) (+ (exp (? b)) (cos (? a))))
```

4.4.1 통합의 작동 방식

통합이라는 것을 일종의 방정식 풀기로 생각할 수 있다. 패턴이 구조적인 부분 정보라고 생각하면, 패턴들을 통합한다는 것은 두 패턴이 같은 대상에 관한 부분 정보라는 명제를 검증하는 것에 해당한다. 패턴들을 통합할 때는, 두 패턴에서 대응되는 부분들을 반드시 통합해야 한다. 따라서 통합은 대응되는 부분들에 대한 방정식들을 세우고 그것들을 풀어서 미지수(각 패턴에서 명시적으로 지정되지 않은 정보 조각)를 구하는 과정이라 할 수 있다.

이 과정은 우리가 수치 방정식을 푸는 과정과 비슷하다. 목표는 방정식에서 최대한 많은 변수를 소거(elimination)하는 것이다. 그 결과는 변수에 값을 대입해서 변수를 소거하는 대입 표현식(substitution expression)들의 목록(간단히 대입 목록)이다. 대입 표현식에 이미 소거된 변수가 있어서는 안 된다. 통합 과정에서는 방정식들을 훑으면서 방정식 안에 있는 변수 중 하나에 대해 풀 수 있는 방정식을 찾는다. 그런 방정식을 찾았으면, 그 변수가 없는 대입 표현식 중 그 방정식을 푸는 것이 있는지 찾는다. 그런 것을 찾았다면, 방정식에 있는 그 변수의 모든 인스턴스를 대입 표현식의 값으로 대체해서 변수를 소거한다. 그런 다음 이 새 대입 표현식을 대입 목록에 추가한다. 이러한 과정을 풀 수 있는 방정식이 남지 않을 때까지, 또는 모순을 발견할 때까지 반복한다. 최종 결과는 성공적인 대입 목록 또는 모순에 대한 보고이다.

패턴 통합 구현에서 '방정식'은 두 입력 패턴에서 서로 대응되는 부분들 사이의 부합이고 '대입 목록'은 사전이다. 통합을 구현하는 한 가지 방법은 입력 패턴들의 공통 구조를 탐색하는 것이다. 단면 부합 시스템에서처럼 이번에도 패턴을 목록 구조로 표현하기로 한다. 부합의 양쪽 면 중 하나에서 변수가 발견되면, 반대 면에 있는 데이터와의 바인딩을 사전에 추가한다.

원래의 패턴에서 한 변수가 여러 번 출현하는 경우, 이후의 각 인스턴스는 첫 인스턴스와 바인딩한 값과 반드시 일치해야 한다. 변수(의 인스턴스)가 발견될 때마다 사전에서 그 변수를 조회해서 이미 바인딩이 있으면 변수 대신 그 값을 사용하므로, 이 요구조건은 항상 충족된다. 또한, 새 바인딩을 만들어서 사전에 추가할 때마다, 사전에 있는 다른 값들에 있는 새로 소거된 변수의 모든 인스턴스를 새 바인딩의 값으로 대체한다.

두 패턴의 통합자를 만드는 프로시저는 unifier이다. 이 프로시저는 주어진 두 패턴을 unify 프로시저로 부합시킨다. 부합이 성공하면 unify는 부합으로 만들어진 사전을 돌려주고, 실패하면 #f를 돌려준다. 성공한 경우 unifier는 그 사전을 이용해서 패턴 중 하나를 인스턴스화한다. 둘 중 어떤 것을 선택하는지는 중요하지 않다. match:dict-substitution 프로시저는 패턴 표현식 pattern1의 변수 중에 사전 dict에 값이 바인딩되어 있는 것을 하나 찾고 그 변수의 모든 인스턴스에 해당 값을 대입해서 그 변수를 소거한다.

```
(define (unifier pattern1 pattern2)
  (let ((dict (unify pattern1 pattern2)))
    (and dict
         ((match:dict-substitution dict) pattern1))))
```

이 통합 시스템의 주 인터페이스는 unify이다. 이 프로시저는 부합 성공 시 사전을, 실패 시에는 #f를 돌려준다.

```
(define (unify pattern1 pattern2)
  (unify:internal pattern1 pattern2
                  (match:new-dict)
                  (lambda (dict) dict)))
```

진입점인 unify:internal은 부합 과정을 좀 더 자세히 제어할 수 있게 한다. 이 프로시저는 통합할 두 패턴과 사전(이미 바인딩들이 지정되어 있을 수도 있다), 그리고 부합 성공 시 호출할 후속 프로시저(succeed)를 받는다. 이 성공 후속 프로시저는 앞에서 본 unify 프로시저가 제공하는데, 그냥 사전을 돌려준다. §4.4.4에서는 구획 변수가 있는 패턴을 시험하기 위한 코드를 추가하는데, 거기서는 succeed가 #f를 돌려줌으로써(원했던 부합이 아니라는 뜻으로) 다수의 부합이 추출되게 만든다. 부합기로의 이러한 역추적 능력은 수식과 방정식 풀기를 부합 과정에 도입하는 등의 다른 흥미로운 의미론적 확장들을 단순하게 만드는 장점도 있다.[6]

....

6 이 통합자의 내부에서는 실패 시 실패 후속 프로시저를 명시적으로 호출하는 것이 더 편리하다. 그러나 이와는 달리, unify:internal에서는 성공 후속 프로시저가 #f를 돌려주는 것으로 실패를 보고하는 관례를 사용하기로 했다. 이는 통합자 사용 관례를 §4.3의 부합기 사용 관례와 통일하기 위한 것이다. 이는 흥미로운 변화이다. §4.2.2의 규칙 시스템에서는 명시적인 성공 후속 프로시저와 실패 후속 프로시저를 사용했으므로, 규칙 시스템에서 부합기를 사용하기 위해 우리는 지금과는 반대 방향으로 관례를 바꾸어야 했다. 즉, 부합기는 #f 관례를 사용하므로, make-rule(p.211)에서 그러한 변화를 구현해야 했던 것이다. 역추적 시스템에서 실패 구현 관례의 선택은 그냥 코딩 스타일의 문제일 때가 많지만, 명시적 실패 후속 프로시저를 사용하는 것이 확장이 더 쉬울 때가 많다. 다행히, 이러한 서로 다른 방식으로 만든 역추적 구현들을 인터페이스를 통해 연결하는 것은 쉬운 일이다.

unify:internal은 통합할 패턴 pattern1과 pattern2를 목록들로 감싼다. 통합 시스템은 이 목록들을 항(term)별로 비교해서, 대응되는 항들이 상등이 되게 하는 사전을 구축한다. 두 목록의 항들이 동시에 모두 소진되면 부합이 성공한 것이다. unify:internal의 최상위 수준에서 항 목록들에는 그냥 주어진 두 패턴만 들어 있지만, 중앙 통합 프로시저 unify:dispatch는 그 패턴을 재귀적 하강(recursive descent) 방식으로 점점 더 낮은 수준으로 탐색하면서, 패턴의 부분 패턴들을 항 목록들로 만들어서 비교한다.[7]

```
(define (unify:internal pattern1 pattern2 dict succeed)
  ((unify:dispatch (list pattern1) (list pattern2))
   dict
   (lambda (dict fail rest1 rest2)
     (or (and (null? rest1) (null? rest2)
              (succeed dict))
         (fail)))
   (lambda () #f)))
```

입력 항 목록 두 개를 받는 unify:dispatch 프로시저가 재귀적 하강 부합기의 핵심부이다. 구체적인 부합 과정은 항 목록들의 내용에 따라 달라진다. 예를 들어 (ben franklin)과 (ben (? fn))처럼 두 항 목록이 모두 상수로 시작한다면, 그 상수들을 반드시 비교해야 하며, 상수들이 상등일 때만 다음 항으로 넘어가야 한다. 한 항 목록이 변수로 시작한다면, 그 변수를 그것과 부합하는 항에 바인딩해야 한다. (두 목록 모두 변수로 시작한다면, 둘 중 하나를 소거해서 하나만 남긴다.) 예를 들어 한 항 목록이 ((? bmo) 6 1705)이고 다른 항 목록이 (jan (? bday) 1705)이면, 반드시 변수 (? bmo)가 값 jan에 바인딩되어야 부합이 다음 단계로 넘어간다. 두 항 목록 모두 변수가 아닌 목록으로 시작한다면, 부합기는 해당 부분 목록을 재귀적으로 부합시킨 후에야 주어진 항 목록들의 나머지 부분의 부합으로 넘어갈 수 있다. 예를 들어 벤저민 프랭클린의 예에서 b와 c를 통합할 때는, 먼저 첫 항들이 변수 fn과 값 franklin의 바인딩을 담은 사전과 부합한다. 그러면 나머지 항 목록은 (((? bmo) 6 1705) (apr 17 (? dyear)))와 ((jan (? bday) 1705) (apr 17 (? dyear)))이다. 두 항 목록 모두 목록으로 시작하므로, 부합 과정은 재귀적으로 하강해서 부분 목록 ((? bmo) 6 1705)와 (jan (? bday) 1705)를 비교해야 한다.

unify:dispatch가 돌려주는 unify-dispatcher 프로시저는 세 개의 인수를 받는다. 하나

---

7 §4.3의 패턴 부합 시스템처럼, 이 통합 부합기는 향후 구획 변수로의 확장을 위해 항들의 목록을 중심으로 조직화되어 있다.

는 사전, 다른 하나는 성공 후속 프로시저, 나머지 하나는 실패 후속 프로시저이다. 두 항 목록이 모두 소진되면 부합이 성공한 것이다. 부합할 항들이 더 남아 있으면, 일반적 프로시저 unify:gdispatch가 두 항 목록의 내용에 맞는 적절한 부합 프로시저를 호출한다. 부합이 성공한다는 것은 두 항 목록의 초기 항들을 주어진 사전에 따라 통합할 수 있다는 뜻이다. 성공 시 unify-dispatcher는 새 사전 dict*와 새 실패 후속 프로시저 fail*, 그리고 입력 목록들에서 아직 부합되지 않은 목록 rest1과 rest2로 성공 후속 프로시저를 호출한다. 이 '꼬리(tail)' 목록들을 unify:dispatch를 재귀적으로 호출해서 부합시킨다.

```
(define (unify:dispatch terms1 terms2)
  (define (unify-dispatcher dict succeed fail)
    (if (and (null? terms1) (null? terms2))
        (succeed dict fail terms1 terms2)
        ((unify:gdispatch terms1 terms2)
         dict
         (lambda (dict* fail* rest1 rest2)
           ((unify:dispatch rest1 rest2) dict* succeed fail*))
         fail)))
  unify-dispatcher)
```

일반적 프로시저 unify:gdispatch에는 앞에서 설명한 세 가지 경우, 즉 상수 두 개를 부합시키는 경우, 두 항 목록시키는 경우, 변수를 어떤 것에 부합시키는 경우를 위한 처리부들이 있다. (이 프로시저는 일반적 프로시저이므로 새로운 종류의 부합에 맞게 확장하는 것도 가능하다.) 상수를 항 목록에 부합시키는 경우 등을 위한 기본 처리부는 unify:fail이다.

```
(define (unify:fail terms1 terms2)
  (define (unify-fail dict succeed fail)
    (fail))
  unify-fail)
(define unify:gdispatch
  (simple-generic-procedure 'unify 2 unify:fail))
```

이 통합자는 항 목록들을 항별로, 즉 항 대 항으로 부합시키므로, 처리부가 할 일은 두 항 목록의 첫 항들을 맞추어 보는 것이다. 따라서 처리부의 적용성(적용 가능 여부)은 오직 각 항 목록의 첫 항에만 의존한다. 적용성 명세를 단순화하기 위해 car-satisfies라는 프로시저를 도입하자. 이 프로시저는 술어를 하나를 받고, 주어진 목록에 첫 항이 존재하며 그 항이 해당 술어를 충족하는지 판정하는 새 술어를 돌려준다.

```
(define (car-satisfies pred)
  (lambda (terms)
    (and (pair? terms)
         (pred (car terms)))))
```

패턴 변수나 목록이 아닌 모든 항은 상수이다. 상수들은 오직 상등일 때만 부합한다.

```
(define (unify:constant-terms terms1 terms2)
  (let ((first1 (car terms1)) (rest1 (cdr terms1))
        (first2 (car terms2)) (rest2 (cdr terms2)))
    (define (unify-constants dict succeed fail)
      (if (eqv? first1 first2)
          (succeed dict fail rest1 rest2)
          (fail)))
    unify-constants))
(define (constant-term? term)
  (and (not (match:var? term))
       (not (list? term))))
(define-generic-procedure-handler unify:gdispatch
  (match-args (car-satisfies constant-term?)
              (car-satisfies constant-term?))
  unify:constant-terms)
```

처리부 unify:list-terms는 재귀적 하강이 실제로 일어나는 곳이다. 재귀적 하강이 진행되는 상황에서 각 항 목록의 첫 항은 목록이므로, 부합기는 반드시 그 부분 목록들을 재귀적으로 부합해야 한다. 부분 목록들의 부합이 성공하면 부합기는 반드시 입력 항 목록들의 나머지 부분들로 넘어가야 한다. (재귀적 부합은 두 부분 목록의 모든 항이 부합할 때만 성공함을 주의할 것. 따라서 성공 후속 프로시저에 전달된, 아직 부합되지 않은 부분 목록 꼬리들은 빈 목록이며, 그냥 무시된다.)

```
(define (unify:list-terms terms1 terms2)
  (let ((first1 (car terms1)) (rest1 (cdr terms1))
        (first2 (car terms2)) (rest2 (cdr terms2)))
    (define (unify-lists dict succeed fail)
      ((unify:dispatch first1 first2)
       dict
```

```
          (lambda (dict* fail* null1 null2)
            (succeed dict* fail* rest1 rest2))
          fail))
      unify-lists))
  (define (list-term? term)
    (and (not (match:var? term))
         (list? term)))
  (define-generic-procedure-handler unify:gdispatch
    (match-args (car-satisfies list-term?)
                (car-satisfies list-term?))
    unify:list-terms)
```

지금까지 재귀적 하강과 상수 부합을 처리하는 코드를 살펴보았다. 서로 다른 두 기호의 부합이나 기호와 목록의 부합 같은 명백한 모순 상황에서는 부합이 실패한다. 흥미로운 방정식을 풀 수 있으려면 반드시 항과 변수의 부합을 처리할 수 있어야 한다. 입력에서 변수가 발견되면 그에 대한 바인딩을 사전에 추가한다. 방정식 해법 시스템에서 변수를 다루는 부분은 maybe-substitute라는 프로시저이다.

maybe-substitute 프로시저는 변수로 시작하는 항 목록 var-first와 또 다른 항 목록 terms를 받고, 그 변수를 terms의 첫 항과 부합시킨다.

만일 변수가 자신과 부합한다면 동어 반복(tautology)이 발생한 것이다. 이 경우에는 사전 변경 없이 부합이 성공한다. 변수에 이미 값이 바인딩되어 있으면, 변수를 그 값으로 대체한 목록을 항 목록 terms와 부합시킨다. 마지막으로, 변수에 값이 없으면 do-substitute를 이용해서 변수를 소거한다. do-substitute는 변수에 값을 대입해서 변수를 소거할 뿐만 아니라, 가능한 경우에는 var와 term의 바인딩을 사전에 추가하는 작업도 처리한다.

```
(define (maybe-substitute var-first terms)
  (define (unify-substitute dict succeed fail)
    (let ((var (car var-first)) (rest1 (cdr var-first))
          (term (car terms)) (rest2 (cdr terms)))
      (cond ((and (match:element-var? term)
                  (match:vars-equal? var term))
             (succeed dict fail rest1 rest2))
            ((match:has-binding? var dict)
             ((unify:dispatch
               (cons (match:get-value var dict) rest1)
               terms)
```

```
                dict succeed fail))
            (else
             (let ((dict* (do-substitute var term dict)))
               (if dict*
                   (succeed dict* fail rest1 rest2)
                   (fail)))))))
    unify-substitute)
```

do-substitute 프로시저는 먼저 입력 항 term을 정리한다. 좀 더 구체적으로 말하면, term 에서 이미 소거된 변수를 찾아서 기존 사전에 있는 값으로 대체한다. 그런 다음에는 var가 부합할 수 있는 객체들에 대한 제한이 있는지 점검한다. 마지막으로, 정리된 항 term*에 var의 인스턴스가 남아 있는지 점검한다. 정리된 항에 var에 대한 참조가 남아 있으면 부합을 더 진행할 수 없다.[8] 이 모든 점검을 통과했다면, var와 정리된 항의 새 바인딩을 추가해서 새 사전을 만든다. 새 사전의 바인딩 값들에는 var에 대한 참조가 전혀 없어야 한다.

```
(define (do-substitute var term dict)
  (let ((term* ((match:dict-substitution dict) term)))
    (and (match:satisfies-restriction? var term*)
         (or (and (match:var? term*)
                  (match:vars-equal? var term*))
             (not (match:occurs-in? var term*)))
         (match:extend-dict var term*
           (match:map-dict-values
            (match:single-substitution var term*)
            dict)))))
```

이제 변수 처리가 구현되었으므로, 이 처리부를 일반적 디스패치 프로시저에 설치하기만 하면 된다. 이때 주의할 점은, 소거할 변수가 두 항 목록 중 어디에도 나타날 수 있다는 것뿐이다. 통합이 제대로 일어나려면, 변수가 있는 항 목록이 maybe-substitute의 첫 인수가 되게 해야 한다.

---

8 통합 관련 문헌들에서는 이를 '출현 점검(occurs check; 또는 발생 확인)'이라고 부른다. 출현 점검은 $x = f(x)$ 같은 방정식의 해를 찾으려 드는 일을 방지하기 위한 것이다. 함수 f에 관한 추가 정보가 있다면 이런 고정점 방정식을 풀 수 있는 경우가 있긴 하지만, 우리의 통합자는 **구문적(문법적)** 부합기이다. 더욱더 강력한 방정식 풀이 프로시저를 도입해서 이 문제를 풀 수도 있겠지만, 여기서는 그렇게 하지 않기로 한다. 대부분의 프롤로그^{Prolog} 시스템은 효율성 때문에 이런 출현 점검을 구현하지 않는다.

```
(define (element? term)
  (any-object? term))
(define-generic-procedure-handler unify:gdispatch
  (match-args (car-satisfies match:element-var?)
              (car-satisfies element?))
  (lambda (var-first terms)
    (maybe-substitute var-first terms)))
(define-generic-procedure-handler unify:gdispatch
  (match-args (car-satisfies element?)
              (car-satisfies match:element-var?))
  (lambda (terms var-first)
    (maybe-substitute var-first terms)))
```

이렇게 해서 완결적이고 정확하며 유능한 전통적 통합자가 만들어졌다.[9] 이 통합자는 일반적 프로시저들을 사용하므로, 다른 종류의 데이터로 확장하기도 쉽다. 그리고 약간의 노력만 들이면 의미론적 부속 기능도 추가할 수 있다. 예를 들어 기호 +나 *로 시작하는 목록들이 교환법칙을 지원하게 만들 수 있다. 차차 보겠지만, 구획 변수 같은 새로운 종류의 구문적 변수를 지원하게 만드는 것도 가능하다. 그러나 그 전에 진짜 응용 사례를 하나 보고 넘어가자. 다음 절에서는 이 통합자를 형식 추론에 적용한다.

■ 연습문제 4.10 벡터 통합

이번 절의 통합자를 벡터 같은 다른 데이터 형식으로 이루어진 데이터와 패턴을 처리하도록 확장하는 것이 가능하다. 벡터들을 목록으로 변환하지 않고(그러면 문제가 너무 쉬워진다) 통합하는 처리부를 구현하라.

■ 연습문제 4.11 문자열 통합

문자열들을 통합할 수 있도록 통합자를 확장하라. 재미있는 작업일 수도 있지만, 문자열 안에서 문자열 변수를 나타내기 위한 구문적 메커니즘을 고안해야 함을 주의해야 한다. 문자열 표현식으로 문자열 변수를 표현해야 할 수도 있다는 점에서, 상당히 까다로운 일이 될 수 있다.

---

9 통합은 아주 중요한 문제라서, 많은 사람이 효율적인 알고리즘을 개발하는 데 엄청난 노력을 쏟았다. 특히 메모화(memoization)가 성능을 크게 향상할 수 있다. 통합 알고리즘들을 상세히 조사한 문헌으로는 [6]이 있다.

이는 인용 문제로 번지게 되는데, '바로크식' 메커니즘을 고안하려 들지는 말아야 한다. 또한, 나중에 문자열 구획 변수를 도입할 때(p.259의 연습문제 4.21) 걸림돌이 될 가정들을 두어서도 안 된다.

■ **연습문제 4.12 변수 제한**

이번 절의 통합자는 전에 단면 부합기에서 했던 것과 비슷한 방식으로 변수들을 제한한다. 변수 제한은 그냥 do-substitute 프로시저의 주된 조건 분기 코드에 추가된 하나의 절(clause)로 구현되었다. 그런데 이러한 방식에는 몇 가지 미묘한 문제점이 있다.

- 제한된 변수가 다른 제한된 변수와 부합하면 어떻게 해야 할까?

- 제한을 통과한 변수가 그 대상에 처음으로 바인딩되면, 그 변수는 균일하게 소거된다. 그러나 그러면 제한이 사라지며, 따라서 나머지 부합 과정에서 그 변수가 부적합함이 밝혀져도 변수를 제외할 수 없다.

이 연습문제에서 여러분이 할 일은 이 문제점들을 잘 파악하고 그 해결책을 찾는 것이다. 여러분이 고려하는 통합 응용들에서, 이 문제점들을 해결하는 것이 얼마나 중요한가? 우리의 구현 전략에 잘 맞는 해법이 있는가?

■ **연습문제 4.13 패턴 조합자를 이용한 통합?**

이전에 살펴본 단면 패턴 부합기는 주어진 패턴의 요소들을 부합 프로시저들로 컴파일한 후 그것들을 조합해서 패턴 전체에 대한 하나의 부합 프로시저를 만들지만, 이번 절의 통합자는 그런 컴파일 과정을 거치지 않는다. 그러나 단면 패턴 부합기가 사용하는 것 같은 부합 프로시저들의 시스템이 더 효율적일 수 있다. 부합 도중에 패턴의 구문 분석을 수행할 필요가 없기 때문이다. 통합 부합기를 그런 식으로 분할할 수 있을까? 없다면 왜 그런가? 그렇게 하는 것이 바람직할까? 아니라면 그 이유는 무엇인가? 바람직하다면 실제로 구현해 보라. (어려운 과제임을 주의할 것!)

4.4.2 응용: 형식 추론

통합 부합의 고전적인 응용 하나는 형식 추론(type inference)이다. 여기서 형식 추론이란, 프로그램 하나와 프로그램의 부분들에 관한 어떤 형식 정보가 주어졌을 때, 프로그램의 다른 부분들에 관한 형식 정보를 연역(deduction)하는 것을 말한다. 예를 들어 <가 두 수치 인수를 받아서 하나의 부울 값을 산출하는 프로시저임을 알고 있다고 하자. (g (< x (f y)))라는 표현식을 분석한다면, f와 g가 단항 프로시저라는 점과 g가 하나의 부울 인수를 받는다는 점, f가 하나의 수치를 돌려준다는 점, 그리고 x의 값이 하나의 수치라는 점을 연역할 수 있다. 그리고 이러한 정보를 이 표현식이 들어 있는 프로그램의 속성들을 연역하는 데 사용한다면, 프로그램에 관해 많은 것을 알아낼 수 있다. 다음은 이번 절에서 살펴볼 형식 추론 프로그램을 이용해서 이 표현식을 분석한 예이다.

```
(pp (infer-program-types '(g (< x (f y)))))
(t (? type:17)
   ((t (type:procedure ((boolean-type)) (? type:17)) g)
    (t (boolean-type)
       ((t (type:procedure ((numeric-type) (numeric-type))
                           (boolean-type))
           <)
        (t (numeric-type) x)
        (t (numeric-type)
           ((t (type:procedure ((? y:12)) (numeric-type)) f)
            (t (? y:12) y)))))))
```

이 결과는 주어진 표현식의 추상 구문 트리(abstract syntax tree, AST)에 형식 정보가 주해(annotation)로 달린 것이다. 각 부분식 *x*가 (t *형식 x*) 형태의 형식 있는 표현식(typed expression)으로 확장되었음을 주목하자. 예를 들어 g는 다음과 같이 확장되었다.

```
(type:procedure ((boolean-type)) (? type:17))
```

이 출력에서 보듯이, g는 부울 인수 하나를 받는 프로시저이다. 그러나 그 인수의 값에 관한 정보는 없다. 미지의 값 형식은 패턴 변수 (? type:17)로 표현되었다.

좀 더 실질적인 예를 보자.

```
(define foo
  (infer-program-types
   '(define fact
      (lambda (n)
        (begin
          (define iter
            (lambda (product counter)
              (if (> counter n)
                  product
                  (iter (* product counter)
                        (+ counter 1)))))
          (iter 1 1))))))
```

foo를 직접 실행해서 나온 결과는 너무 장황하므로, 단순화 프로시저 simplify-annotated-program을 이용해서 "사람이 읽기 좋은(human–readable)" 형태로 만드는 게 좋겠다.

```
(pp (simplify-annotated-program foo))
(begin
  (define fact
    (lambda (n)
      (declare-type n (numeric-type))
      (define iter
        (lambda (product counter)
          (declare-type product (numeric-type))
          (declare-type counter (numeric-type))
          (if (> counter n)
              product
              (iter (* product counter)
                    (+ counter 1)))))
      (declare-type iter
        (type:procedure ((numeric-type) (numeric-type))
                        (numeric-type)))
      (iter 1 1)))
  (declare-type fact
    (type:procedure ((numeric-type)) (numeric-type))))
```

이 결과에서 보듯이, 형식 추론 프로그램은 foo가 정의하는 계승 계산 프로그램 fact의 완전한 형식을 파악해 냈다. fact가 수치 인수 하나를 받고 수치 결과 하나를 산출하는 프로시저라는 점이 결과에 있는 다음 선언에 밝혀져 있다.

```
(declare-type fact
  (type:procedure ((numeric-type)) (numeric-type)))
```

내부 정의 iter의 형식도 파악되었다. iter는 수치 인수 두 개를 받고 수치 결과 하나를 산출한다.

```
(declare-type iter
  (type:procedure ((numeric-type) (numeric-type))
                  (numeric-type)))
```

또한, 다음과 같이 내부 변수들의 형식도 각각 제대로 추론되었다.

```
(declare-type n (numeric-type))
(declare-type product (numeric-type))
(declare-type counter (numeric-type))
```

4.4.3 형식 추론의 작동 방식

형식 추론 과정은 다음 네 단계로 이루어진다.

1. 주어진 프로그램의 모든 부분식에 해당 형식 변수를 주해로 단다.

2. 프로그램의 의미 구조(semantic structure)에 기초해서 형식 변수들에 대한 제약들을 정식화(formulation)한다.

3. 제약들을 통합해서 최대한 많은 변수를 소거한다.

4. 주해를 단 프로그램을 제약 통합으로 산출한 사전을 이용해서 특수화해서, 제약들을 가진 형식 주해들이 달린 새 프로그램을 만든다.

이러한 과정을 다음과 같은 프로시저로 구현한다.

```
(define (infer-program-types expr)
  (let ((texpr (annotate-program expr)))
    (let ((constraints (program-constraints texpr)))
      (let ((dict (unify-constraints constraints)))
```

```
(if dict
    ((match:dict-substitution dict) texpr)
    '***type-error***)))))
```

이 프로시저는 주어진 프로그램 표현식의 형식을 모순 없이 추론할 수 없으면 오류를 보고한
다. 그렇지만 추론에 실패한 구체적인 이유를 말해주지는 않는다. 정보를 실패 후속 프로시저
로 되돌려주게 한다면 구체적인 실패 원인을 출력할 수 있을 것이다.

주해

프로그램에 주해를 다는 프로시저는 annotate-program이다. 나중에 새 언어 기능으로 확장하
기 쉽도록, 이 프로시저는 annotate-expr라는 일반적 프로시저로 구현된다.

```
(define (annotate-program expr)
  (annotate-expr expr (top-level-env)))
(define annotate-expr
  (simple-generic-procedure 'annotate-expr 2 #f))
```

annotate-expr 프로시저는 형식 변수들의 바인딩을 위한 환경을 받는다. 이 환경은 잠시 후에
살펴볼 최상위 환경으로 초기화된다.

간단한 종류의 표현식들에 주해를 다는 간단한 처리부들이 있다. 부분식이 단순한 수치이면
그냥 (numeric-type)으로 생성한 상수 형식을 부여한다.

```
(define-generic-procedure-handler annotate-expr
  (match-args number? any-object?)
  (lambda (expr env)
    (make-texpr (numeric-type) expr)))
```

make-texpr 프로시저는 형식과 표현식으로부터 형식 있는 표현식을 생성한다. 형식 있는 표현
식의 형식과 표현식은 각각 texpr-type과 texpr-expr로 조회할 수 있다.

그런데 주어진 식별자(기호로 표현된)의 형식을 미리 알지 못하는 때가 많다. get-var-
type은 식별자의 형식을 환경에서 찾아보고, 없으면 고유한 형식 변수를 새로 생성한다. 그 형
식 변수는 해당 어휘순 문맥 안에 있는 그 식별자의 모든 인스턴스에 주해로 달린다.

```
(define-generic-procedure-handler annotate-expr
  (match-args symbol? any-object?)
  (lambda (expr env)
    (make-texpr (get-var-type expr env) expr)))
```

프로그래밍 언어의 기본 프로시저처럼 그 형식을 미리 알고 있는 식별자들도 있다. 이런 형식들은 최상위(top-level) 환경에 들어 있다. 다음은 최상위 환경을 설정하는 프로시저인데, 주요 기본 프로시저들에 프로시저의 종류, 인수들과 반환값에 대한 형식 상수들(이를테면 (numeric-type) 등)로 구성된 형식을 부여한다.

```
(define (top-level-env)
  (list (make-top-level-env-frame)))
(define (make-top-level-env-frame)
  (let ((binary-numerical
          (let ((v (numeric-type)))
            (procedure-type (list v v) v)))
        (binary-comparator
          (let ((v (numeric-type)))
            (procedure-type (list v v) (boolean-type)))))
    (list (cons '+ binary-numerical)
          ...
          (cons '= binary-comparator)
          (cons '< binary-comparator)
          ...)))
```

조건부 표현식의 경우에는 조건부 표현식의 값에 대한 형식 변수를 정식화하고, 재귀적으로 각 부분식에 주해를 단다.

```
(define-generic-procedure-handler annotate-expr
  (match-args if-expr? any-object?)
  (lambda (expr env)
    (make-texpr (type-variable)
      (make-if-expr
        (annotate-expr (if-predicate expr) env)
        (annotate-expr (if-consequent expr) env)
        (annotate-expr (if-alternative expr) env)))))
```

표현식 종류마다 주해 처리부가 있는데, 여기서 주해 처리부들을 모두 제시하지는 않겠다.

다만, lambda 표현식에 대한 주해 처리부는 꽤 흥미로우므로 살펴보면 좋을 것이다.

```
(define-generic-procedure-handler annotate-expr
  (match-args lambda-expr? any-object?)
  (lambda (expr env)
    (let ((env* (new-frame (lambda-bvl expr) env)))
      (make-texpr
       (procedure-type (map (lambda (name)
                              (get-var-type name env*))
                            (lambda-bvl expr))
                       (type-variable))
       (make-lambda-expr (lambda-bvl expr)
                         (annotate-expr) (lambda-body expr)
                                         env*))))))
```

해석기(인터프리터)나 컴파일러에서처럼, lambda 표현식의 주해는 바인딩된 변수들에 관한 정보를 담을 환경의 틀(프레임)을 새로 만든다. 지금 경우는 바인딩된 변수마다 하나의 형식 변수가 생성된다. lambda 표현식의 값에 대해서는, 바인딩된 변수들을 위해 방금 만든 형식 변수들과 표현식의 값에 대한 형식 변수로 하나의 프로시저 형식을 만든다. 그리고 표현식 본문에 재귀적으로 주해를 단다.

제약

program-constraints 프로시저는 프로그램의 의미 구조에 기초해서 형식 변수들에 대한 제약(constraint)들을 작성한다. 이 프로시저 역시 각 표현식 종류에 대한 처리부를 가진 일반적 프로시저를 이용해서 구현된다.

```
(define (program-constraints texpr)
  (program-constraints-1 (texpr-type texpr)
                         (texpr-expr texpr)))
(define program-constraints-1
  (simple-generic-procedure 'program-constraints-1 2 #f))
```

이 일반적 프로시저는 인수 두 개를 받는데, 하나는 표현식의 종류(형식)이고 다른 하나는 표현식 자체이다. 이 일반적 프로시저는 표현식을 분석해서 발견한 형식들에 대한 제약들의 목록을 돌려준다. 이 일반적 프로시저는 표현식 트리를 훑으면서 형식에 대해 적용할 수 있는 제약들을 찾아서 형식 제약들을 만들어 낸다.

다음은 조건부 표현식을 위한 처리부이다.

```
(define-generic-procedure-handler program-constraints-1
  (match-args type-expression? if-expr?)
  (lambda (type expr)
    (append
      (list (constrain (boolean-type)
                       (texpr-type (if-predicate expr)))
            (constrain type
                       (texpr-type (if-consequent expr)))
            (constrain type
                       (texpr-type (if-alternative expr))))
      (program-constraints (if-predicate expr))
      (program-constraints (if-consequent expr))
      (program-constraints (if-alternative expr)))))
```

이 처리부는 세 가지 형식 제약을 정의해서 제약 목록을 만들고, 거기에 조건부 표현식의 세 부분식에 대해 재귀적으로 형성한 제약들을 추가한다. 첫 제약은 술어 표현식의 값이 부울 형식이어야 한다는 것이다. 둘째 제약과 셋째 제약은 조건부 표현식의 값, 귀결 표현식의 값, 대안 표현식의 값이 같은 형식이어야 한다는 것이다.

제약은 다음과 같이 방정식(등식)의 형태로 표현한다.

```
(define (constrain lhs rhs)
  `(= ,lhs ,rhs))
```

(식별자 lhs와 rhs는 각각 "left-hand side(좌변)"와 "right-hand side(우변)"를 뜻한다.)

lambda 표현식에 대한 형식 제약은 lambda 표현식의 프로시저가 돌려주는 값의 형식이 lambda 표현식 본문의 형식과 같아야 한다는 것이다. 이 제약이 본문에 대해 정식화한 제약들과 합쳐진다.

```
(define-generic-procedure-handler program-constraints-1
  (match-args type-expression? lambda-expr?)
  (lambda (type expr)
    (cons (constrain (procedure-type-codomain type)
                     (texpr-type (lambda-body expr)))
          (program-constraints (lambda-body expr)))))
```

프로시저 호출에 대한 제약은 연산자의 형식이 프로시저의 형식과 같아야 한다는 것과 피연산자 표현식의 형식이 프로시저의 인수 형식과 부합해야 한다는 것, 그리고 프로시저가 돌려주는 값의 형식이 호출의 형식과 같아야 한다는 것이다.

```
(define-generic-procedure-handler program-constraints-1
  (match-args type-expression? combination-expr?)
  (lambda (type expr)
    (cons (constrain (texpr-type (combination-operator expr))
                     (procedure-type
                      (map texpr-type
                           (combination-operands expr))
                      type))
          (append
            (program-constraints (combination-operator expr))
            (append-map program-constraints
                        (combination-operands expr))))))
```

통합

발견된 각 제약은 두 형식 표현식의 방정식이다. 제약이 여러 개이므로, 제약들을 적용하는 것은 하나의 연립방정식을 푸는 문제가 된다. 이를 위해 각 방정식의 좌변과 우변을 통합한다. 방정식들을 동시에 풀어야 하므로, 이 모든 통합을 반드시 동일한 변수 바인딩 문맥 안에서 수행해야 한다. 두 목록을 통합한다는 것은 그 목록들에서 서로 대응되는 요소들을 통합하는 것이므로, 그냥 제약들을 하나의 커다란 통합으로 조합해도 된다.

```
(define (unify-constraints constraints)
  (unify (map constraint-lhs constraints)
         (map constraint-rhs constraints)))
```

infer-program-types 프로시저(p.244)는 이 unify-constraints가 돌려주는 사전을 이용해서 형식 있는 프로그램을 인스턴스화한다.

비평

이 작은 형식 추론 시스템이 통합의 위력을 잘 보여주는 예이긴 하지만, 형식 추론을 아주 잘해내지는 않는다. 특히, 프로시저는 제대로 다루지 못한다. 예를 들어 다음과 같은 간단한 사례를 생각해 보자.

```
(pp (infer-program-types
      '(begin (define id (lambda (x) x))
              (id 2))))
```

결과를 보면 형식 추론 시스템이 잘 작동하는 것 같다.

```
(t (numeric-type)
   (begin
     (t (type:procedure ((numeric-type)) (numeric-type))
        (define id
          (t (type:procedure ((numeric-type)) (numeric-type))
             (lambda (x) (t (numeric-type) x)))))
     (t (numeric-type)
        ((t (type:procedure ((numeric-type)) (numeric-type))
            id)
         (t (numeric-type) 2)))))
```

그렇지만 자세히 보면 형식 추론 시스템은 id 프로시저가 수치 인수를 받고 수치를 돌려준다고 파악했다. 이는 수치 인수로 id를 호출했기 때문일 뿐이다. 그러나 이 프로시저의 정확한 형식은 특정 형식의 인수를 요구하지 않아야 한다. 일반화하자면, 프로시저의 형식이 개별 용례에 의존해서는 안 된다. 현재의 형식 추론 시스템은 이 점을 혼동하기 때문에, 다음과 같이 완벽하게 합당한 코드의 형식을 추론하지 못한다.

```
(infer-program-types
  '(begin (define id (lambda (x) x))
          (id 2)
          (id #t)))
***type-error***
```

■ **연습문제 4.14 프로시저 형식**

비평에 나온 구체적인 문제를 고치는 것은 그리 어렵지 않지만, 일반적인 해법을 마련하기란 꽤 복잡하다. 인수로 전달되고 값으로 반환되는 프로시저를 어떻게 처리해야 할까? 프로시저 안에, 프로시저가 정의되는 지점에서 어휘순으로 바인딩된 자유 변수들이 있을 수 있다는 점을 기억할 것.

이 문제의 해법을 고안하라. 최대한 일반적인 해법을 만들어 볼 것.

■ 연습문제 4.15 매개변수적 형식

이 연습문제에서는 매개변수적 형식(parametric type)을 다룰 수 있도록 이 형식 추론 시스템을 확장하려면 무엇이 필요한지 고찰한다. 예를 들어 스킴의 map 프로시저는 임의의 형식의 객체들의 목록을 지원한다.

a. 매개변수적 형식을 지원하도록 이 시스템을 확장하려면 무엇이 필요할까? 통합자를 수정해야 할까? 그래야 한다면, 왜 그래야 하는지 설명하라. 아니라면 왜 아닌지 설명하라.

b. 매개변수적 형식을 지원하는 데 필요한 변경들을 구현하라.

■ 연습문제 4.16 공용체 형식

지금까지 살펴본 형식 추론 시스템은 공용체 형식(union type; 합집합 형식)을 전혀 지원하지 않는다. 예를 들어 덧셈 연산자 +는 수치 산술에 대해 정의되어 있는데, +가 수치들의 덧셈(addition)뿐만 아니라 문자열들의 연결(concatenation)도 처리하게 만들고 싶어질 수도 있다.

a. 공용체 형식을 지원하도록 형식 추론 시스템을 확장하려면 무엇이 필요할까? 통합자를 수정해야 할까? 그래야 한다면 왜 그래야 하는지, 아니라면 왜 아닌지 설명하라.

b. 공용체 형식을 지원하는 데 필요한 변경들을 구현하라. 주의: 쉽지 않은 문제이다.

■ 연습문제 4.17 부수 효과

지금까지 살펴본 형식 추론 시스템은 순수한 함수형 프로그램에 적합하다. 배정(assignment)이 허용되는 프로그램에 대해서도 작동하도록 정연하게 확장하는 것이 가능할까? 가능하다고 생각한다면, 여러분의 설계를 설명하고 시연하라. 그렇지 않다면 왜 불가능한지 설명하라.

쉽지 않은 문제이다. 이 문제를 이해하고 그 해법을 구현하는 것은 멋진 기말 프로젝트가 될 것이다.

■ **연습문제 4.18 실용적인가?**

이번 절의 형식 추론 시스템 구현이 실용적인가?

a. 분석할 프로그램의 크기가 증가함에 따른, 주해와 제약 단계의 시간과 공간의 증가 규모(order)를 추정하라.

b. 본문에 나온 알고리즘을 기준으로, 거대한 통합 단계의 시간 및 공간의 증가 규모를 추정하라. 알려진 최고의 통합 알고리즘은 그 규모가 어느 정도인가? (여러 참고문헌을 조사해야 할 것이다.)

c. 전체적인 점근적 습성(asymptotic behavior)이 개선되도록 거대한 통합 단계를 분할하는 방법이 있을까?

4.4.4 실험: 구획 변수 추가

통합자에 구획 변수를 추가하는 것은, 과연 어떤 결과가 나올지 확실하지 않다는 점에서 아주 흥미롭다.[10] 그렇지만 일반적 프로시저를 세심하게 사용한다면, 구획 변수를 추가하지 않은 통합자의 행동에 의존하는 프로그램들(앞에서 본 형식 추론 예제 같은)이 구획 변수를 추가한 후에 잘못된 답을 산출하게 되는 일은 없을 것이다. 실제로, 통합자를 일반적 프로시저들을 이용

---

10 구획 변수를 패턴 부합기나 통합자에 추가해서 어느 정도 성공을 거둔 사례가 있다.[5] 구획 변수를 지원하는 프롤로그의 버전들이 있음은 명백하다.[34] 쿠치아의 박사학위 논문[79]은 통합자에 순차열 변수(sequence variable; 구획 변수의 다른 이름)을 포함시키는 알고리즘 하나를 이론적으로 자세히 설명한다. 그러나 이번 절에서 완결적이고 정확한 구획 통합자를 구축하려는 것은 아니다. 단지, 지금까지 구축한 기초적인 통합 프로시저에 유용한 새 행동 방식을 추가하기가 얼마나 쉬운지 보여주고자 할 뿐이다.

해서 조직화한 덕분에 이런 실험이 문제를 비교적 덜 일으킨다.[11]

우리의 디스패치 구현은 술어를 이용해서 요소 변수와 구획 변수 사이의 상호작용을 제어한다. 예를 들어 구획 변수는 요소 변수를 누적 중인 구획에 추가할 수 있지만, 요소 변수의 값이 구획 변수일 수는 없다. 따라서 술어 element?(p.239)가 구획 변수를 배제하도록 정의를 변경해야 한다.

```
(define (element? term)
  (not (match:segment-var? term)))
```

구획 변수를 처리할 일반적 처리부들이 필요하다. 구획 변수 하나로 시작하는 항 목록을 위한 unify:gdispatch 처리부는 다음과 같이 설치되는 maybe-grab-segment이다. 구획 변수가 들어 있음이 알려진 목록은 항상 maybe-grab-segment의 첫 인수로 전달된다(maybe-substitute에서 했던 것과 같은 방식이다).[12]

```
(define-generic-procedure-handler unify:gdispatch
  (match-args (car-satisfies match:segment-var?)
              (complement (car-satisfies match:segment-var?)))
  (lambda (var-first terms)
    (maybe-grab-segment var-first terms)))
(define-generic-procedure-handler unify:gdispatch
  (match-args (complement (car-satisfies match:segment-var?))
              (car-satisfies match:segment-var?))
  (lambda (terms var-first)
    (maybe-grab-segment var-first terms)))
```

구획 변수로 시작하는 두 항 목록을 부합할 때는, 두 목록이 같은 구획 변수로 시작하는 경우를 특별하게 처리해 주어야 한다. 이는 '동어 반복'에 해당하므로, 추가적인 작업 없이 구획 변수들을 해소할 수 있다. 그렇지 않은 경우, 두 변수 모두로 시작하는 부합이 나올 가능성이 있다. 또한, 패턴의 후반부에 그 변수들의 인스턴스들이 어떻게 출현하느냐에 따라서는, 한 변

---

11 구획 변수로의 확장은 대단히 까다롭다. 이 실험의 고찰에 도움을 준 케니 첸Kenny Chen, 윌 버드Will Byrd, 마이클 밸런타인Michael Ballantyne에게 감사한다.

12 complement 프로시저는 술어들의 조합자이다. complement는 주어진 인수의 부정(negation)에 해당하는 새 술어를 돌려준다.

수로는 적절한 부합이 나오지만 다른 변수로는 그렇지 않은 경우도 있다. 두 변수 중 하나로 시작하는 부합을 누락하는 일이 없도록, 첫 변수가 실패하면 다른 순서로 시도함으로써 부합을 대칭적으로 만든다.

```
(define (unify:segment-var-var var-first1 var-first2)
  (define (unify-seg-var-var dict succeed fail)
    (if (match:vars-equal? (car var-first1) (car var-first2))
        (succeed dict fail (cdr var-first1) (cdr var-first2))
        ((maybe-grab-segment var-first1 var-first2)
         dict
         succeed
         (lambda ()
           ((maybe-grab-segment var-first2 var-first1)
            dict
            succeed
            fail)))))
  unify-seg-var-var)
(define-generic-procedure-handler unify:gdispatch
  (match-args (car-satisfies match:segment-var?)
              (car-satisfies match:segment-var?))
  unify:segment-var-var)
```

maybe-grab-segment 프로시저는 요소 변수들에 쓰이는 maybe-substitute 프로시저 (p.238)와 비슷하다. unify:segment-var-var는 한 구획 변수를 그 자신과 부합시키는 경우를 처리한다. 따라서, maybe-grab-segment는 먼저 var-first의 시작에 있는 구획 변수에 값이 있는지부터 점검한다. 만일 값이 있다면 그 변수를 그 값으로 대체하고 나머지 목록을 항목록 terms와 부합시킨다. 구획 변수의 바인딩은 해당 구획이 먹어 치운 요소들의 목록이므로, append를 이용해서 구획 변수를 그 값으로 대체한다. 바인딩되지 않은 구획 변수의 부합은 좀 더 복잡한데, 이 작업은 grab-segment에게 넘긴다.

```
(define (maybe-grab-segment var-first terms)
  (define (maybe-grab dict succeed fail)
    (let ((var (car var-first)))
      (if (match:has-binding? var dict)
          ((unify:dispatch
            (append (match:get-value var dict)
                    (cdr var-first))
            terms)
```

```
      dict succeed fail)
    ((grab-segment var-first terms)
     dict succeed fail))))
maybe-grab)
```

구획의 부합과 역추적이 실제로 일어나는 곳은 다음과 같은 grab-segment 프로시저이다. 이 프로시저는 항 목록을 초기 구획(initial)과 나머지 항들(terms*)로 분할한다. 처음에는, 초기 구획은 빈 목록이고 terms*는 항 목록 전체이다. 프로시저는 먼저 initial에 바인딩된 구획 변수의 부합을 시도한다. 부합 실패 시 실패 후속 프로시저는 terms*에서 뽑은 요소 하나와 initial의 부합을 시도한다. 이러한 과정을 부합이 성공하거나 항 목록 전체의 부합이 실패할 때까지 반복한다.

```
(define (grab-segment var-first terms)
  (define (grab dict succeed fail)
    (let ((var (car var-first)))
      (let slp ((initial '()) (terms* terms))
        (define (continue)
          (if (null? terms*)
              (fail)
              (slp (append initial (list (car terms*)))
                   (cdr terms*))))
        (let ((dict* (do-substitute var initial dict)))
          (if dict*
              (succeed dict* continue (cdr var-first) terms*)
              (continue))))))
  grab)
```

이 정도면 구획 변수를 위한 실험적인 통합자 확장이 완성된 것 같다. 구획 변수가 있는 패턴은 여러 방식으로 부합할 수 있으므로, 통합자는 다수의 부합을 모두 산출할 수 있어야 한다. 이전에도 했던 것처럼, 부합이 발견되어도 인위적으로 실패를 보고함으로써 프로그램이 다시 돌아가서 다른 부합을 찾게 만들면 된다. 사전의 각 항목은 변수의 이름과 값, 형식을 담은 목록이다.

이 통합자를 단면 부합기로 사용할 수 있다. 예를 들어, 다음에서 보듯이 분배법칙 패턴은

주어진 수식과 정확히 두 가지 방식으로 부합한다.[13]

```
(let ((pattern '(* (?? a) (+ (?? b)) (?? c)))
      (expression '(* x y (+ z w) m (+ n o) p)))
  (unify:internal pattern expression (match:new-dict)
    (lambda (dict)
      (pp (match:bindings dict))
      #f)))
((c (m (+ n o) p) ??) (b (z w) ??) (a (x y) ??))
((c (p) ??) (b (n o) ??) (a (x y (+ z w) m) ??))
#f
```

두 사전 모두 동일한 대입 인스턴스를 산출한다.

```
(* x y (+ z w) m (+ n o) p)
```

그렇지만 수식을 다루는 프로그램에서는 두 사전 모두 필요하다. 각각은 분배법칙의 서로 다른 적용을 대표하기 때문이다.

구획 변수를 구획 변수가 담긴 목록과 부합시킬 때는 상황이 좀 더 복잡하고 지저분해진다.

```
(let ((p1 '(a (?? x) (?? y) (?? x) c))
      (p2 '(a b b b (?? w) b b b c)))
  (unify:internal p1 p2 (match:new-dict)
    (lambda (dict)
      (pp (match:bindings dict))
      #f)))
((y (b b b (?? w) b b b) ??) (x () ??))
((y (b b (?? w) b b) ??) (x (b) ??))
((y (b (?? w) b) ??) (x (b b) ??))
((w () ??) (y () ??) (x (b b b) ??))
((w () ??) (y () ??) (x (b b b) ??))
((y ((?? w)) ??) (x (b b b) ??))
((y () ??) (w () ??) (x (b b b) ??))
((w ((?? y)) ??) (x (b b b) ??))
((w () ??) (y () ??) (x (b b b) ??))
#f
```

----

[13] 이 단면 부합은 이전에 만든 부합기로도 수행할 수 있지만, 부합의 양쪽 면 모두에서 변수가 있는 표현식들을 부합할 수 있는 능력은 유용하다.

이 부합을 가능하게 만드는 방법이 여러 가지임은 확실하다. 그렇지만 대부분의 사전은 그냥 동일한 대입 인스턴스를 서로 다른 방식으로 구축한 것일 뿐이다. 각 경우의 대입 인스턴스를 구축해 보면 이 점이 명백해진다.

```
(let ((p1 '(a (?? x) (?? y) (?? x) c))
      (p2 '(a b b b (?? w) b b b c)))
  (unify:internal p1 p2 (match:new-dict)
    (lambda (dict)
      (and dict
          (let ((subst (match:dict-substitution dict)))
            (let ((p1* (subst p1)) (p2* (subst p2)))
              (if (not (equal? p1* p2*))
                  (error "Bad dictionary"))
              (pp p1*)))))
      #f)))
(a b b b (?? w) b b b c)
(a b b b (?? w) b b b c)
(a b b b (?? w) b b b c)
(a b b b b b b c)
(a b b b b b b c)
(a b b b (?? w) b b b c)
(a b b b b b b c)
(a b b b (?? y) b b b c)
(a b b b b b b c)
#f
```

이상에서 보듯이, 각각의 '해(solution)'는 주어진 패턴의 변수들에 대입했을 때 동일한 패턴이 나오도록 변수 값들을 구하는 문제의 유효한 해이다. 지금 예에서 다섯 가지 해는 서로 동등하다. 이 다섯 해는 가장 일반적인 통합자(most general unifier)들이며, 변수 이름 바꾸기에 대하여 유일하다. 다른 넷은 덜 일반적이다. 그러나 통합은 두 입력 패턴의, 변수 이름 바꾸기에 대하여 유일한 가장 일반적인 공통 대입 인스턴스를 산출해야 한다. 따라서 구획 변수가 있는 경우에는 이 패턴 부합기가 (아주 유용하긴 해도) 엄밀히 말해서 통합자는 아니다.

사실은 문제가 약간 더 심각하다. 완벽하게 합당하지만 이 프로그램이 찾지 못하는 부합이 존재한다. 다음이 그러한 예이다.

```
;;; 부합 누락!
(unify:internal '(((?? x) 3) ((?? x)))
```

```
          '((4 (?? y)) (4 5))
          (match:new-dict)
          (lambda (dict)
            (pp (match:bindings dict))
            #f))
     #f
```

두 표현식은 다음과 같은 바인딩들로 부합하지만, 우리의 부합기는 이를 찾아내지 못한다.

```
  ((x (4 5) ??) (y (5 3) ??))
```

이런 결함이 안타깝긴 하지만, 이 부합기에는 배울 점이 있다. 일반적 프로시저들을 사용한 덕분에, 정확한 알고리즘을 문제의 소지가 많은 방식으로 확장하면서도 확장 전 용례들의 정확성을 훼손하지 않을 수 있었다. 그리고 몇몇 용도에서는, 심지어 확장 전 알고리즘의 정확성 요구조건들을 충족하지 않더라도 유용한 확장이 있을 수 있다.

■ 연습문제 4.19 이 문제점들을 고칠 수 있을까?

구획 변수가 있는 패턴들을 통합이 완벽하지 않다. 몇몇 부합을 놓치거나, 같은 해의 복사본이 여러 개 만들어지거나, 몇몇 해가 최대한 일반적이지 않다(입력 패턴들이 상등이 되게 만드는 문제의 유효한 해이긴 하지만). 그럼 이 문제점들을 고쳐 보자.

a. unify:internal을 위한, 모든 해를 수집하는 래퍼를 작성하라. 배정을 이용하면 그리 어렵지 않지만, 함수형 해를 구해 보는 것이 더 재미있을 것이다. 그러나 너무 무리하지는 말 것!

b. 모든 해를 구했다면, 중복된 해를 제거하는 것은 간단하다. 각 해를 입력들에 대입한 결과를 생성하라. 두 대입의 결과가 동일한지 점검할 수 있는데, 이는 문제를 푸는 알고리즘이 정확한지 점검하는 것과 같다. 이제 각각의 서로 다른 결과에 대해 대입 하나와 결과 하나의 쌍을 저장하라. 주의: 변수 이름은 중요하지 않으므로, 결과로 나온 두 사전 중 하나의 변수 이름들을 일관되게 변경했을 때 다른 한 사전과 같아진다면 두 사전은 같은 해를 나타내는 것이다.

c. 결과 중에 다른 한 결과의 대입 인스턴스에 해당하는 결과가 하나라도 있다면, 그것은 두 입력에 대한 가장 일반적인 공통 특수화가 아니다. 그런 결과들을 걸러내는 술어 substitution-instance?를 작성하라. 그 술어를 거치고 나면, 이 알고리즘이 생성할 가장 일반적인 공통 특수화들의 컬렉션이 남는다. 그 컬렉션을 반환하라.

d. 앞의 '부하 누락!' 예에 나온 것 같은 부합 누락을 피하는 방법을 고안하라. 이런 종류의 부합을 처리하도록 이번 절의 코드를 간단하게 확장할 수 있을까? 참고: 이것은 극히 어려운 문제이다.

■ **연습문제 4.20 좀 더 일반적인 부합들**

앞에서 언급한 성가신 문제점들 외에, 통합자가 해결하지 못하는 흥미로운 문제점이 하나 있다. 다음 예를 생각해 보자.

```
(unifier '((?? x) 3) '(4 (?? y)))
(4 3)
```

통합자가 완벽하게 합당한 부합을 찾긴 했지만, 이것이 가장 일반적인 부합은 아니다. 4와 3 사이에 임의의 개수의 다른 요소가 끼어 있을 수 있다는 점이 문제의 핵심이다. 따라서 다음이 더 나은 답이다.

```
(4 (?? z) 3)
```

이런 답이 나오게 만드는 방법을 고안하라. 통합자를 상당히 크게 확장할 필요가 있다.

■ **연습문제 4.21 구획 변수가 있는 문자열 통합**

연습문제 4.11(p.240)을 풀지 않았다면 지금 먼저 풀고 이 연습문제로 돌아올 것. 이 연습문제에서는 문자열 구획 변수를 추가해야 한다. 확장된 통합기를 DNA 염기서열 조각들의 부합에 응용할 수 있을 것이다!

4.5 그래프상의 패턴 부합

지금까지 개발한 패턴 부합기는 목록 구조들의 부합을 위한 것이다. 그런 구조는 수식이나 컴퓨터 언어 표현식의 추상 구문 트리 같은 표현식을 표현하는 데 아주 적합하다. 그러나 패턴 부합을 그보다 훨씬 다양한 종류의 데이터에 적용할 수 있다. 접근성 관계(accessibility relation)로 구조를 특징지을 수 있는 데이터라면, 그 구조를 노드^{node}들과 간선(edge)들로 이루어진 그래프^{graph}로 서술하는 것이 적합할 수 있다. 이때 노드는 '장소(place)'에 해당하고 간선은 노드들의 연결 관계를 서술하는 '경로 요소(path element)'에 해당한다. 전기·전자회로가 그런 구조의 예인데, 이 경우 회로의 부품들과 노드들은 장소이고, 접근성 관계는 부품들 사이의 연결 방식을 서술한다. 체스나 체커 같은 보드게임도 그래프의 예이다. 이 경우 게임판의 칸들을 그래프의 노드들로 표현하고, 인접한 칸들을 그래프의 간선으로 연결하면 될 것이다.

이번 절에서는 그래프를 노드들과 간선들의 컬렉션으로 구현한다. 우리의 그래프는, 일단 추가된 노드나 간선은 더 이상 수정할 수 없다는 점에서 불변(imutable)이다. 그래프를 수정하는 유일한 방법은 노드와 간선을 더 추가하는 것뿐이다. 이러한 제약의 결과를 §4.5.4에서 보게 될 것이다.

하나의 노드는 간선들의 컬렉션을 담으며, 하나의 간선은 **이름표**(label) 하나와 **값** 하나로 구성된다. 간선의 이름표는 eqv? 하에서 유일한 객체로, 보통은 기호나 수치이다. 간선의 값은 하나의 스킴 객체인데, 다른 노드일 때가 많다.

이러한 구현은 구체 그래프(concrete graph; 미리 정해진 노드들과 간선들로 구축한 그래프)와 지연 그래프(lazy graph; "느긋한" 그래프. 접근 시 필요에 따라 확장된다)를 지원한다. 좀 더 단순한 선형 순차열의 세계에서 목록은 구체 그래프이고, 스트림은 참조될 때 생성되는 지연 그래프이다.

우선 간단한 예제를 통해서 그래프의 작동 방식을 익히고, 그런 다음 체스 심판에 대한 확장된 예제를 통해서 그래프의 좀 더 복잡한 용법과 그래프에 대한 패턴 부합을 살펴보겠다.

4.5.1 목록으로 구현한 그래프

먼저 간단하지만 친숙한 목록으로 시작하자. 그래프의 노드는 아래의 g:cons 프로시저로 생성하는 cons 요소이다. g:cons가 받는 car와 cdr는 이름표가 각각 car와 cdr인 간선이 된다. 이 간선들에는 g:car와 g:cdr로 접근한다.

```
(define (g:cons car cdr)
  (let ((pair (make-graph-node 'pair)))
    (pair 'connect! 'car car)
    (pair 'connect! 'cdr cdr)
    pair))
(define (g:car pair) (pair 'edge-value 'car))
(define (g:cdr pair) (pair 'edge-value 'cdr))
```

목록을 그래프로 표현하려면, 목록의 끝을 나타내는 특별한 표식(marker)이 필요하다. 다음의 nil이 바로 그것이다.

```
(define nil (make-graph-node 'nil))
(define (g:null) nil)
(define (g:null? object) (eqv? object nil))
```

다음 프로시저는 주어진 목록을 '목록 그래프(list grpah)', 즉 그래프로서의 목록으로 변환한다.

```
(define (list->graph list)
  (if (pair? list)
      (g:cons (car list) (list->graph (cdr list)))
      (g:null)))
```

다음은 실제로 목록 그래프를 만들어서 시험해 보는 코드이다.

```
(define g (list->graph '(a b c)))
(and (eqv? 'a (g:car g))
     (eqv? 'b (g:car (g:cdr g)))
     (eqv? 'c (g:car (g:cdr (g:cdr g))))
     (g:null? (g:cdr (g:cdr (g:cdr g)))))
#t
```

다음은 목록 그래프의 생성자를 수정해서 만든 지연 그래프 생성자이다. 지연 그래프에서는 간선들을 운행(travesal)하는 과정에서 노드들이 추가된다.

```
(define (list->lazy-graph list)
  (if (pair? list)
```

```
          (g:cons (delay (car list))
                  (delay (list->lazy-graph (cdr list))))
          (g:null)))
```

이 프로시저는 스킴[109]의 **delay**를 이용해서 약속(promise) 객체를 생성한다. 이후 **force**에
의해 이 약속 객체가 강제(forcing)되면 비로소 표현식이 평가된다. 흔히 스트림[13](지연 목
록)을 **delay**와 **force**를 이용해서 구축한다.

4.5.2 그래프 구현

그래프를 구현하려면, 그래프의 노드를 생성하는 수단과 노드들을 간선으로 연결하는 수단이
필요하다. 이 구현에서 그래프의 노드는 번들 프로시저(bundle procedure)로 표현한다. 번
들 프로시저는 이름으로 호출할 수 있는 대리 프로시저(delegate procedure)들의 컬렉션이
다.[14]

```
(define (make-graph-node name)
  (let ((edges '()))
    (define (get-name) name)
    (define (all-edges) (list-copy edges))
    (define (%find-edge label)
      (find (lambda (edge)
              (eqv? label (edge 'get-label)))
            edges))
    (define (has-edge? label)
      (and (%find-edge label) #t)) ; boolean value
    (define (get-edge label)
      (let ((edge (%find-edge label)))
        (if (not edge)
            (error "No edge with this label:" label))
        edge))
    (define (edge-value label)
      ((get-edge label) 'get-value))
    (define (connect! label value)
      (if (has-edge? label)
          (error "Two edges with same label:" label))
      (set! edges
```

----

14 그래프 노드의 용례가 p.260의 g:cons에 나온다. 번들 프로시저는 §B.2.2(p.469)에서 좀 더 자세히 설명한다.

```
              (cons (make-graph-edge label value) edges)))
      (define (maybe-connect! label value)
        (if (not (default-object? value))
            (connect! label value)))
      (bundle graph-node? get-name all-edges has-edge?
              get-edge edge-value connect! maybe-connect!)))
```

make-graph-node의 인수는 새 노드의 이름이다. 노드 객체를 출력할 때 이 이름이 표시된다. bundle 매크로의 첫 인수는 생성된 번들이 충족할 술어이다. 지금 예에 쓰인 술어 graph-node?의 정의는 다음과 같다.

```
(define graph-node? (make-bundle-predicate 'graph-node))
```

다른 번들 술어들도 비슷하므로 정의를 여기서 따로 제시하지는 않겠다.

간선 역시 번들 프로시저로 표현된다. 간선의 값은 어떤 구체적인 값일 수도 있고, 요청 시 평가될 하나의 약속 객체(delay로 생성한)일 수도 있다. 후자는 지연 그래프 구조를 위한 것이다.

```
(define (make-graph-edge label value)
  (define (get-label) label)
  (define (get-value)
    (if (promise? value)
        (force value)
        value))
  (bundle graph-edge? get-label get-value))
```

■ **연습문제 4.22 좀 더 느긋한 그래프**

앞에서 구체 목록과 지연 목록을 만드는 방법을 살펴보았다. 좀 더 흥미로운 구조를 추가하면 어떨까?

동적으로 확장할 수 있는 트리가 있으면 좋을 것이다. 예를 들어 게임 트리를 구축할 때는, 가용 자원이 주어짐에 따라 트리를 더 넓게, 더 깊게 확장해서 더욱 정교한 트리를 만드는 방식이 유용할 것이다. 각 수준에서 좀 더 유망한 수(move)들을 고찰함에 따라, 그리고 고찰할 수준들을 더 추가함에 따라 점차 확장해 나갈 수 있는 트리의 예를 만들어 보라.

4.5.3 그래프 부합

그래프를 검색해서 어떤 흥미로운 특징을 찾아야 한다고 생각해 보자. 한 가지 방법은 패턴을 그래프에 부합시켜 보는 것이다. 그래프를 위한 패턴은 노드와 간선이 번갈아 나오는 하나의 교대 순차열(alternating sequence), 즉 경로의 형태일 수 있다. 그런 패턴을 그래프에 부합시킨다는 것은, 한 노드에서 시작해서 패턴에 지정된 경로를 따라 그래프의 노드들을 운행해 보는 것을 뜻한다.

예를 들어 체스판과 체스 기물(말)들이 있다고 하자. 체스판의 칸들이 그래프 노드들이고, 인접한 칸들의 연결 관계가 간선이다. 백(white) 플레이어가 체스판을 보는 방향이 북쪽이라고 정하고, 나침반 여덟 방향의 간선들에 north, south, east, west, northeast, southeast, northwest, southwest라는 이름표를 붙이기로 한다. north는 체스판의 흑 플레이어 쪽으로 가는 방향이고 south는 백 플레이어 쪽으로 방향이다.

이런 설정에서, 다음은 나이트(기사)를 북북동으로 움직이는 수에 해당하는 패턴이다.

```
(define basic-knight-move
  `((? source-node ,(occupied-by 'knight))
    north (?)
    north (?)
    east (? target-node ,maybe-opponent)))
```

이 패턴은 이전 절들에서 살펴본 여러 특징을 갖추고 있다. 우선, ? 문자는 요소 변수로, source-node 같은 이름과 부합한다. (occupied-by 'knight)는 부합에 적용되는 제한 (restriction)이다. (?)는 익명 요소 변수를 나타내기 위한 새로운 문법이다.

패턴 부합 과정은 source-node로 주어진 노드에서 시작해서 이름표가 north인 두 간선을 따라가고, east 간선을 거쳐서 target-node에 도달한다. 이런 종류의 패턴을 경로 패턴이라고 부르기로 하자. 체스의 맥락에서는 이동 패턴(move pattern; 또는 수 패턴)이라고 불러도 좋을 것이다.

물론 이것은 가능한 나이트 이동 중 하나일 뿐이다. 모든 가능한 나이트 이동은 대칭성을 이용해서 만들어 낼 수 있다. 북북동 이동을 동서 방향으로 반사하고, 시계방향으로 90도 회전하고, 180도 회전하면 나머지 세 이동이 나온다.

```
(define all-knight-moves
  (symmetrize-move basic-knight-move
                   reflect-ew rotate-90 rotate-180))
```

symmetrize-move 프로시저는 세 가지 대칭 변환(반사, 90도, 180도 회전)의 모든 가능한 조합을 적용해서 여덟 개의 이동을 산출한다. 지금 예에서 대칭 변환들의 순서는 중요하지 않다.

```
(define (symmetrize-move move . transformations)
  (let loop ((xforms transformations) (moves (list move)))
    (if (null? xforms)
        moves
        (loop (cdr xforms)
              (append moves
                      (map (rewrite-path-edges (car xforms))
                           moves))))))
```

여기서 rewrite-path-edges는 주어진 인수를 한 이동의 각 간선 이름표에 적용해서 간선 이름표가 바뀐 새 이동을 만든다.

다음은 그러한 대칭 변환의 한 예이다.

```
(define (reflect-ew label)
  (case label
    ((east) 'west)
    ((northeast) 'northwest)
    ((northwest) 'northeast)
    ((southeast) 'southwest)
    ((southwest) 'southeast)
    ((west) 'east)
    (else label)))
```

다른 대칭 변환들도 이와 비슷하게 나침반 방향들을 변경한다.

다음은 이런 식으로 생성한 모든 나이트 이동 패턴이다.

```
((source north (?) north (?) east target)
 (source north (?) north (?) west target)
 (source east (?) east (?) south target)
```

```
(source east (?) east (?) north target)
(source south (?) south (?) west target)
(source south (?) south (?) east target)
(source west (?) west (?) north target)
(source west (?) west (?) south target))
```

간결함을 위해, 제한된 원본 노드 변수와 대상(목표) 노드 변수를 *source*와 *target*으로 표기했다.

체스의 기물 이동 중에서 나이트 이동은 아군 기물 또는 상대방 기물이 놓인 칸을 넘어서 이동할 수 있다는 점에서 특별하다. 룩^{rook}, 비숍, 퀸은 다른 기물이 있는 칸을 통과하지 못한다. 대신 이들은 대상 노드까지 얼마든지 많은 칸을 한 번에 이동할 수 있다. 그런 반복된 운행을 지정할 방법이 필요한데, (* ...) 형태의 문법을 사용하기로 한다.

```
(define basic-queen-move
  `((? source-node ,(occupied-by 'queen))
    (* north (?* ,unoccupied))
    north (? target-node ,maybe-opponent)))
```

이것은 기물에 막히지만 않는다면 퀸이 북쪽으로 임의의 개수의 칸들을 이동할 수 있음을 나타내는 패턴이다. (?* ...)라는 표기는 새로운 종류의 패턴 변수인데, (* ...) 패턴 안에서만 사용할 수 있다. 단순 패턴 변수처럼 이 패턴 변수도 하나의 요소에 부합하지만, 부합한 하나의 값을 저장하는 것이 아니라 반복해서 부합한 모든 요소의 목록을 저장한다. 다음은 대칭 변환을 이용해서 퀸의 모든 가능한 이동을 생성하는 프로시저이다.

```
(define all-queen-moves
  (symmetrize-move basic-queen-move
                   rotate-45 rotate-90 rotate-180))
```

폰^{pawn}은 이동 규칙이 좀 더 복잡하다. 폰은 가능한 이동이 자신 또는 이웃한 상대 기물의 위치에 의존하는 (거의) 유일한 기물이다.[15] 폰은 초기 위치에서 북쪽으로 한 칸 또는 두 칸 이

---

15 캐슬링(한 수에서 킹과 룩을 특정한 방식으로 함께 이동하는 것—옮긴이)은 또 다른 특별한 경우이다. 캐슬링은 특정한 상황에서만 허용된다. 킹과 룩이 초기 위치에 있고 킹과 룩 사이의 칸들에 다른 기물이 없으며, 킹이 체크 상태가 아니고, 다른 체크 상태가 되는 칸으로 이동할 필요가 없을 때만 캐슬링이 가능하다.

동할 수 있지만, 초기 위치가 아닐 때는 북쪽으로 한 칸만 이동할 수 있다. 그리고 상대 기물을 잡을 수 있는 경우에는 북동쪽 또는 북서쪽으로 한 칸 이동할 수 있다. 마지막으로, 마지막 바로 전 행에 있다가 마지막 행으로 이동한 폰은 임의의 기물로 승격할 수 있다. 흔히 퀸을 택한다.[16]

■ 연습문제 4.23 체스 이동 패턴 채우기

지금까지 나이트 이동 패턴들과 퀸 이동 패턴들을 만드는 방법을 살펴보았다. 나머지 체스 기물들의 이동 패턴들도 만들어야 한다.

a. 룩과 비숍은 퀸과 비슷하게 움직이지만 제한이 더 심하다. 룩은 대각선으로 움직이지 못하고, 비숍은 대각선으로만 움직인다. 비숍의 모든 이동 패턴과 룩의 모든 단순 이동 패턴(캐슬링 제외)을 작성하라.

b. 폰 이동은 훨씬 더 복잡하다. 앙파상 포획을 제외한 모든 가능한 폰 이동 패턴을 작성하라.

c. 킹의 이동은 대단히 제한적이다. 모든 가능한 킹 이동 패턴을 작성하라. 캐슬링 규칙이나 체크 상태가 되는(즉, 상대방에게 공격을 받는) 칸으로의 이동을 금지하는 규칙은 신경 쓰지 말 것.

d. 마지막 특수 경우인 캐슬링에서는 킹과 룩이 함께 움직인다. 캐슬링 패턴들을 작성하라. (각주 15를 참고할 것.)

4.5.4 체스판과 대안 그래프 뷰

체스판을 그래프로 표현하려면 흥미로운 문제 하나를 해결해야 한다. 동일한 기물 이동 패턴들을 두 플레이어 모두에 사용하는 것이 바람직하지만, 방향을 서술하는 간선들의 의미는 플레이어에 따라 다르다. 백 플레이어의 north가 흑 플레이어에게는 south를 뜻하고, 백 플레이어의 east가 흑 플레이어에게는 west를 뜻한다! 이 때문에 이동이 대칭적인 주요 기물(룩, 나이트, 비숍, 킹, 퀸)들의 패턴에 약간의 차이가 생긴다. 그러나 폰은 다르다. 백의 폰은 north로만 이동할 수 있고 흑의 폰은 south로만 이동할 수 있다. 어떤 경우이든, 이런 이동 서술들을 두 플

---

16 그밖에, 폰의 이동 규칙에는 상대방의 이전 수에 의존하는 '앙파상En Passant' 포획 규칙도 있다.

레이어 모두에게 동일하게 만들 수 있으면 좋을 것이다.

이를 위해, 두 플레이어가 체스판 그래프를 각자 다른 관점에서 바라보게 하자. 즉, 각 플레이어는 자신만의 체스판 '뷰view'를 가진다. 그리고 간선 이름표들의 의미는 플레이어에 상대적이어야 한다. 예를 들어 백 플레이어의 뷰에서 A칸에서 B칸으로의 north 간선이, 흑 플레이어의 뷰에서는 B칸에서 A칸으로의 north 간선이어야 한다.

이를 가능하게 하기 위해 **그래프 뷰**graph view라는 요소를 도입하자. 그래프 뷰는 한 간선 이름표에서 다른 간선 이름표로의 가역적 사상(reversible mapping)이다. 그래프 뷰를 한 노드에 적용하면, 간선의 이름표가 바뀐 노드 복사본이 반환된다.

체스의 경우 그래프 뷰는 체스판을 180도 회전한 것이다.

```
(define rotate-180-view
  (make-graph-view 'inverse rotate-180 rotate-180))
```

이 정의에 쓰인 make-graph-view 프로시저는 하나의 그래프 뷰를 생성한다. 뷰를 노드에 적용하는 작업은 graph-node-view 프로시저가 담당한다.

```
(graph-node-view node view)
```

백 플레이어는 노드를 직접 보지만 흑 플레이어는 rotate-180-view를 통해 투영된 노드를 본다. 이러한 사상(매핑) 덕분에, 모든 연산이 백과 흑에게 동일하게 보인다.

그래프 뷰는 주어진 한 노드를 기준으로 그 이웃 노드들을 찾는 **상대적 주소 접근**(relative addressing)을 처리한다. 그런데 행과 열로 특정 노드를 지칭하는 **절대적 주소 접근**(absolute addressing)도 필요하다. 백과 흑 모두, 행 0이 자신의 진영이고 행 7이 상대방 진영인 주소 접근 방식을 원한다. 마찬가지로, 백과 흑 모두 열 0이 제일 왼쪽 열이고 열 7이 제일 오른쪽 열이어야 한다.[17] 여기서는 백의 주소들이 기본이고, 흑의 주소들은 invert-address로 뒤집은 것으로 간주한다.

그럼 체스판을 만들어 보자. 다음 코드는 체스에 특화된 것이다. 여기서 추상 문제 영역을

---

17 체스 기보의 관례와는 달리 여기서는 0 기반 색인화(첫 항목의 색인이 0인 방식)를 사용한다. 그러나, 플레이어들의 입력과 출력을 제외하면 이 점은 중요하지 않다.

만들려 하지는 않겠다. 체스판은 체스판의 칸들을 나타내는 8×8 노드 배열이며, 각 노드에는 고유한 주소가 있다. 모든 가능한 주소를 훑으면서 적절한 이름표의 간선을 추가해서 각 노드를 적절한 이웃 노드들과 연결한다. 그런 다음 백과 흑의 기물들을 적절한 칸들에 배치한다.

```
(define chess-board-size 8)
(define chess-board-indices (iota chess-board-size))
(define chess-board-last-index (last chess-board-indices))
(define (make-chess-board)
  (let ((board (make-chess-board-internal)))
    (for-each (lambda (address)
                (connect-up-square address board))
              board-addresses)
    (populate-sides board)
    board))
```

가능한 체스판 칸 주소는 0에서 7까지의 정수들의 모든 가능한 순서쌍이다.

```
(define board-addresses
  (append-map (lambda (y)
                (map (lambda (x)
                       (make-address x y))
                     chess-board-indices))
              chess-board-indices))
```

make-chess-board-internal 프로시저는 칸 노드들로 이루어진 체스판을 만든다. 이 체스판은 행들의 목록인데, 각 행은 열들의 목록이다. 이 프로시저는 체스판을 조작하는 여러 대리 프로시저를 묶은 번들 프로시저를 돌려준다.

```
(define (make-chess-board-internal)
  (let ((nodes
         (map (lambda (x)
                (map (lambda (y)
                       (make-graph-node (string x "," y)))
                     chess-board-indices))
              chess-board-indices)))
    (let loop ((turn 0))
      대리 프로시저 정의들은 §4.5.5에 나온다.
      (bundle #f node-at piece-at piece-in address-of
              set-piece-at color next-turn))))
```

turn 변수는 현재 턴을 뜻하는 정수인데, 첫 턴은 0이다. 백이 먼저 플레이하므로 짝수 턴은 백이 둘 차례, 홀수 턴은 흑이 둘 차례이다. 대리 프로시저 color가 이를 나타낸다.

```
(define (color) (if (white-move?) 'white 'black))
(define (white-move?) (even? turn))
```

대리 프로시저 node-at은 주어진 주소의 노드를 찾고, 현재 턴이 흑 턴이면 주소를 변환한 후 노드 뷰를 적용한다.

```
(define (node-at address)
  (define (get-node address)
    (list-ref (list-ref nodes (address-x address))
              (address-y address)))
  (if (white-move?)
      (get-node address)
      (graph-node-view (get-node (invert-address address))
                       rotate-180-view)))
```

대리 프로시저 address-of는 node-at의 역함수에 해당한다. 각 노드에는 이름표가 address 인 간선이 하나 있는데, 이 간선의 값은 그 노드의 주소이다. node-at 프로시저처럼, 만일 지금이 흑이 둘 차례이면 address-of는 주소를 변환해서 돌려준다.

```
(define (address-of node)
  (let ((address (node 'edge-value 'address)))
    (if (white-move?)
        address
        (invert-address address))))
```

현재 플레이어의 수를 처리한 후에는 대리 프로시저 next-turn을 호출해서 다음 턴으로 넘어간다.

```
(define (next-turn) (loop (+ turn 1)))
```

각 칸을 이웃 칸들과 연결하는 connect-up-square 프로시저는 일종의 주소 산술(address arithmetic)을 이용해서 적절한 이름표가 붙은 간선들을 생성한다. 또한, 각 노드의 address

간선도 생성한다.

```
(define (connect-up-square address board)
  (let ((node (board 'node-at address)))
    (node 'connect! 'address address)
    (for-each-direction
     (lambda (label x-delta y-delta)
       (let ((x+ (+ (address-x address) x-delta))
             (y+ (+ (address-y address) y-delta)))
         (if (and (<= 0 x+ chess-board-last-index)
                  (<= 0 y+ chess-board-last-index))
             (node 'connect! label
                   (board 'node-at
                          (make-address x+ y+)))))))))
(define (for-each-direction procedure)
  (procedure 'north 0 1)
  (procedure 'northeast 1 1)
  (procedure 'east 1 0)
  (procedure 'southeast 1 -1)
  (procedure 'south 0 -1)
  (procedure 'southwest -1 -1)
  (procedure 'west -1 0)
  (procedure 'northwest -1 1))
```

하나의 주소는 열 번호와 행 번호의 목록이다.

```
(define (make-address x y) (list x y))
(define (address-x address) (car address))
(define (address-y address) (cadr address))
(define (address= a b)
  (and (= (address-x a) (address-x b))
       (= (address-y a) (address-y b))))
(define (invert-address address)
  (make-address (- chess-board-last-index
                   (address-x address))
                (- chess-board-last-index
                   (address-y address))))
```

기물(체스 말)은 기물 종류와 색상으로 이루어진 데이터로 표현된다. n번째 턴에서 체스판의 각 기물은 그 기물이 차지한 칸을 나타내는 노드와 하나의 간선을 통해서 연결된다. 그 간선은 그 노드에서 나오는, 이름표가 n인 간선이다. 이러한 관례는 그래프의 불변성 때문에 생긴 것이다. 그래프가 불변이 아니라면 그냥 부수 효과를 이용해서 간선을 수정하면 그만이다. 체스판을 처음 채울 때는 각 기물과 해당 초기 칸 노드를 이름표가 0인 간선으로 연결한다.

```
(define (populate-sides board)
  (define (populate-side color home-row pawn-row)
    (define (do-column col type)
      (add-piece col home-row type)
      (add-piece col pawn-row 'pawn))
    (define (add-piece col row type)
      ((board 'node-at (make-address col row))
        'connect! 0 (make-piece type color)))
    (do-column 0 'rook)
    (do-column 1 'knight)
    (do-column 2 'bishop)
    (do-column 3 'queen)
    (do-column 4 'king)
    (do-column 5 'bishop)
    (do-column 6 'knight)
    (do-column 7 'rook))
  (populate-side 'white 0 1)
  (populate-side 'black 7 6))
```

이제 체스 게임을 시작할 수 있다.

```
(define the-board)
(define (start-chess-game)
  (set! the-board (make-chess-board))
  (print-chess-board the-board))
```

print-chess-board는 다음과 같이 체스판을 멋지게 출력한다.

```
;;;     0    1    2    3    4    5    6    7
;;;   +----+----+----+----+----+----+----+----+
;;; 7 | Rb | Nb | Bb | Qb | Kb | Bb | Nb | Rb |
;;;   +----+----+----+----+----+----+----+----+
;;; 6 | Pb | Pb | Pb | Pb | Pb | Pb | Pb | Pb |
;;;   +----+----+----+----+----+----+----+----+
;;; 5 |    |    |    |    |    |    |    |    |
;;;   +----+----+----+----+----+----+----+----+
;;; 4 |    |    |    |    |    |    |    |    |
;;;   +----+----+----+----+----+----+----+----+
;;; 3 |    |    |    |    |    |    |    |    |
;;;   +----+----+----+----+----+----+----+----+
;;; 2 |    |    |    |    |    |    |    |    |
;;;   +----+----+----+----+----+----+----+----+
;;; 1 | Pw | Pw | Pw | Pw | Pw | Pw | Pw | Pw |
;;;   +----+----+----+----+----+----+----+----+
;;; 0 | Rw | Nw | Bw | Qw | Kw | Bw | Nw | Rw |
;;;   +----+----+----+----+----+----+----+----+
;;; white to move
```

4.5.5 체스 기물 이동

체스판이 있고 기물들도 배치했으니, 다음으로 할 일은 기물을 이동하는 수단을 만드는 것이다. 특정 턴에서 특정 칸에 있는 특정 기물에 대해, 그 칸을 표현하는 노드에는 턴 번호를 이름표로 한 간선이 있으며, 그 간선의 값은 그 기물이다. 기물 이동에는 p.269의 make-chess-board-internal 번들 프로시저에 속한 다음과 같은 대리 프로시저들이 중요하다.

```
(define (piece-at address)
  (piece-in (node-at address)))
(define (piece-in node)
  (and (node 'has-edge? turn)
       (node 'edge-value turn)))
(define (set-piece-at address piece)
  ((node-at address) 'connect! (+ turn 1) piece))
```

다음은 이동할 기물을 얻는 프로시저이다. 이 프로시저는 주어진 주소로 piece-at 프로시저를 호출해서 그 주소에 있는 기물을 조회하고, 자명한 오류들을 적절히 점검한다.

```
(define (get-piece-to-move board from)
  (let ((my-piece (board 'piece-at from)))
```

```
    (if (not my-piece)
        (error "No piece in this square:" from))
    (if (not (eq? (board 'color) (piece-color my-piece)))
        (error "Can move only one's own pieces:"
                my-piece from))
    my-piece))
```

실제로 기물을 이동할 때는, 기물이 있는 칸에서 기물을 떼어서 대상 칸에 연결한다. 그런데 이러한 이동은 대상 칸이 비어 있거나 대상 칸에 상대방 기물이 있을 때(포획 상황)만 가능하다.

```
(define (simple-move board from to)
  (let ((my-piece (get-piece-to-move board from)))
    (let ((captured (board 'piece-at to)))
      (if (not (no-piece-or-opponent? captured my-piece))
          (error "Can't capture piece of same color:"
                  captured)))
    ;; 유효한 이동이므로 진행한다.
    (board 'set-piece-at to my-piece)
    ;; 이 이동에 영향을 받지 않은 모든 기물을 갱신해서
    ;; 다음 턴을 위한 체스판을 준비한다.
    (for-each (lambda (address)
                (if (not (or (address= from address)
                             (address= to address)))
                    (let ((p (board 'piece-at address)))
                      (if p
                          (board 'set-piece-at address p)))))
              board-addresses)
    (board 'next-turn)))
```

요청된 기물 이동이 적법한 이동인지를 여기서 점검하지는 않음을 주목하자. 각 기물 종류의 적법한 이동은 §4.5.3에서 구축한 그래프 패턴들에만 서술되어 있다. 이 문제점은 p.277의 연습문제 4.24에서 해결한다.

일단 지금은 부합기를 이용해서, 그런 경로 패턴이 서술하는 이동이 하나의 포획에 해당하는지 판정해 보자.

```
(define (capture? board from path)
  (let* ((my-piece (get-piece-to-move board from))
         (dict
```

```
            (graph-match path
                        (match:extend-dict chess-board:var ;**
                                    board
                                    (match:new-dict))
                    (board 'node-at from))))
        (and dict
            (let* ((target (match:get-value 'target-node dict))
                   (captured (board 'piece-in target)))
              (and captured
                  `(capture ,my-piece
                            ,captured
                            ,(board 'address-of target)))))))))
```

;**로 표시된 행은 초기 사전에 특별한 바인딩을 추가한다. 그 바인딩은 체스판을 조사해야 하는 몇몇 패턴 제한에 쓰인다.

편의상, chess-move는 주어진 수(기물 이동)로 체스판을 갱신하고, 다음 차례의 플레이어를 위해 체스판을 출력한다.

```
(define (chess-move from to)
  (set! the-board (simple-move the-board from to))
  (print-chess-board the-board))
```

이 코드의 시연을 위해, 흥미로운 국면(position) 하나를 만들어 보겠다.

```
(define (giuoco-piano-opening)
  (start-chess-game)
  (chess-move '(4 1) '(4 3))            ;W: P-K4
  (chess-move '(3 1) '(3 3))            ;B: P-K4
  (chess-move '(6 0) '(5 2))            ;W: N-KB3
  (chess-move '(6 0) '(5 2))            ;B: N-QB3
  (chess-move '(5 0) '(2 3))            ;W: B-QB4
  (chess-move '(2 0) '(5 3)))           ;B: B-QB4
(giuoco-piano-opening)
```

여러 번의 출력 끝에 우리 저자들은 다음과 같은 체스판 국면을 만들어 낼 수 있었다.

```
;;;      0    1    2    3    4    5    6    7
;;;    +----+----+----+----+----+----+----+----+
;;; 7  | Rb |    | Bb | Qb | Kb |    | Nb | Rb |
;;;    +----+----+----+----+----+----+----+----+
;;; 6  | Pb | Pb | Pb | Pb |    | Pb | Pb | Pb |
;;;    +----+----+----+----+----+----+----+----+
;;; 5  |    |    | Nb |    |    |    |    |    |
;;;    +----+----+----+----+----+----+----+----+
;;; 4  |    |    | Bb |    | Pb |    |    |    |
;;;    +----+----+----+----+----+----+----+----+
;;; 3  |    |    | Bw |    | Pw |    |    |    |
;;;    +----+----+----+----+----+----+----+----+
;;; 2  |    |    |    |    |    | Nw |    |    |
;;;    +----+----+----+----+----+----+----+----+
;;; 1  | Pw | Pw | Pw | Pw |    | Pw | Pw | Pw |
;;;    +----+----+----+----+----+----+----+----+
;;; 0  | Rw | Nw | Bw | Qw | Kw |    |    | Rw |
;;;    +----+----+----+----+----+----+----+----+
;;; white to move
```

이 국면에서 KB3에 있는 백의 나이트가 K5에 있는 흑의 폰을 위협한다. 그러나 폰을 실제로 포획하는 것은 바람직하지 않다.◆ QB6에 있는 흑의 나이트가 반격할 것이기 때문이다. 나이트를 폰과 바꾸는 것은 손해이다. 어쨌거나, 나이트 이동의 그래프 패턴을 이용하면 이것이 가능한 포획인지 점검할 수 있다.

```
(capture? the-board
         (make-address 5 2)
         `((? source-node ,(occupied-by 'knight))
           north (?) north (?)
           west (? target-node ,maybe-opponent)))
(capture (knight white) (pawn black) (4 4))
```

실제로 이 이동은 이 나이트의 유일하게 가능한 포획 수이다.

```
(filter-map (lambda (path)
              (capture? the-board
```

◆ 옮긴이 KB3, K5 등은 체스의 '설명 기보법(descriptive notation)'을 따른 위치 표기로, 원서에는 풀어 쓴 King Bishop 3, King 5 등으로 표기되어 있다. 설명 기보법에 관해서는 https://en.wikipedia.org/wiki/Descriptive_notation을 참고하기 바란다(영어 문서이지만, 체스판 그림만 보면 충분할 것이다).

```
                         (make-address 5 2)
                         path))
                all-knight-moves)
  ((capture (knight white) (pawn black) (4 4)))
```

■ **연습문제 4.24 적법한 체스 수**

p.267의 연습문제 4.23에서 모든 적법한 체스 이동 패턴의 라이브러리를 만들었다. simple-move 프로그램(p.274)을, 요청된 기물 이동이 체스 규칙을 따르는 적법한 이동인지 점검하도록 수정하라.

4.5.6 그래프 부합 구현

그래프 패턴을 사용할 때 제일 먼저 호출하는 것은 다음 프로시저이다.

```
(define (graph-match path dict object)
  ((gmatch:compile-path path) object dict
   (lambda (object* dict*)
     dict*)))
```

이 graph-match 프로시저는 주어진 경로 패턴을 하나의 부합 프로시저로 컴파일한다. 그 부합 프로시저는 부합을 시작할 그래프 객체(하나의 노드)와 초기 사전, 성공 후속 프로시저를 받는다. 주어진 경로 패턴이 주어진 노드로 시작하는 일련의 간선들과 잘 부합한다면 성공 후속 프로시저를 호출한다. 성공 후속 프로시저 자체는 부합된 경로의 마지막 노드(object*)와 부합 과정에서 바인딩들이 채워진 사전(§4.3 참고)을 받는다.[18] 패턴이 주어진 그래프 객체와 부합하지 않으면 부합 프로시저는 #f를 돌려준다.

그래프와 부합시킬 패턴은 이제부터 소개할 패턴 언어의 문법을 따르는 **표현식**이다. 그래프

---

18 graph-matcher 프로시저의 성공 후속 프로시저가 expression-matcher 프로시저의 성공 후속 프로시저와는 다르다는 점을 주의해야 한다. expression-matcher의 성공 후속 프로시저는 사전 하나와 부합기가 먹어 치운 요소들의 개수(구획 변수를 처리하는 데 필요하다)를 받지만, graph-matcher의 성공 후속 프로시저는 마지막 노드와 사전(그래프의 한 부분과 부합하는 과정에서 채워진)을 받는다.

부합 프로그램은 이 표현식을 컴파일해서 하나의 부합 프로시저를 산출한다. 다음은 그래프 패턴 언어의 문법을 BNF 표기법으로 서술한 것이다. 여기서 접미사 *는 0회 이상의 반복, 즉 해당 인스턴스가 임의의 횟수로 출현할 수 있음을 뜻하고, 접미사 +는 1회 이상의 반복, ?는 0회 또는 1회 출현을 뜻한다. 중위(infix) 기호 ¦는 대안 선택을 뜻한다. "로 감싼 항목은 리터럴 문자열이다. 예를 들어 하나의 요소와 부합하는 패턴 변수는 (?로 시작하고)로 끝나며, 그 사이에 변수 이름과 술어가 있을 수 있다(이름과 술어는 생략 가능).

```
<edge> = <edge-label> <target>
<edge-label> = <symbol>
<target> = <node-var> ¦ <object-var> ¦ <constant>
<node-var> = <single-var>
<object-var> = <single-var> ¦ <sequence-var>
<single-var> = "(?" <var-name>? <unary-predicate>? ")"
<sequence-var> = "(?*" <var-name>? <unary-predicate>? ")"
<var-name> = <symbol>
<path> = <node-var> <path-elements>
<path-elements> = <path-element>*
<path-element> =
    <edge>
  ¦ "(*" <path-elements> ")" ; 임의의 횟수로 반복
  ¦ "(+" <path-elements> ")"  ; 적어도 한 번 반복
  ¦ "(opt" <path-elements> ")" ; 0 또는 1개의 인스턴스
  ¦ "(or" <ppath-elements>+ ")"
  ¦ "(and" <ppath-elements>+ ")"
<ppath-elements> = "(" <path-elements> ")"
```

이 그래프 부합 패턴 언어에서 그래프의 모든 경로는 하나의 노드 변수로 시작한다. 노드 변수는 술어 match:element-var?를 충족하는 단일 요소 변수이다. 경로를 컴파일하는 프로시저는 다음과 같다.

```
(define (gmatch:compile-path path)
  (if (and (pair? path) (match:element-var? (car path)))
      (gmatch:finish-compile-path (cdr path)
        (gmatch:compile-var (car path)))
      (error "Ill-formed path:" path)))
```

이 프로시저는 path의 첫 요소가 요소 변수인지 점검한 후 그 요소를 하나의 변수 부합기로 컴

파일한다. 경로의 나머지 부분은 finish-compile-path 프로시저가 컴파일한다.[19]

```
(define (gmatch:finish-compile-path rest-elts matcher)
  (if (null? rest-elts)
      matcher
      (gmatch:seq2 matcher
                   (gmatch:compile-path-elts rest-elts))))
```

여기에 쓰인 seq2 프로시저는 주어진 부합 프로시저(matcher)의 인수들과 차례로(순서대로) 부합하는 또 다른 부합 프로시저를 산출한다.

```
(define (gmatch:seq2 match-first match-rest)
  (define (match-seq object dict succeed)
    (match-first object dict
                 (lambda (object* dict*)
                   (match-rest object* dict* succeed))))
  match-seq)
```

compile-var가 산출하는 변수 부합기 match-first는 경로 첫 노드와의 부합을 시도한다. 그 결과로 생긴 사전 dict*은 compile-path-elts (match-rest)가 산출한 부합기가 경로의 나머지 부분(간선 object*로 시작하는)을 그래프와 부합시키는 데 쓰인다.

경로 요소 패턴들의 컴파일은 그리 많지 않은 경우들로 분기된다. 경로는 간선 이름표와 대상 노드로 시작하거나, 아니면 특수형 부합 요소(*, +, opt, or, and)로 시작한다.

```
(define (gmatch:compile-path-elts elts)
  (let ((elt (car elts))
        (rest (cdr elts)))
    (cond ((and (symbol? elt) (pair? rest))
           (gmatch:finish-compile-path (cdr rest)
             (gmatch:compile-edge elt (car rest))))
          ((pair? elt)
           (gmatch:finish-compile-path rest
             (gmatch:compile-path-elt elt)))
          (else
           (error "Ill-formed path elements:" elts)))))
```

---

19 프로시저의 실제 이름은 gmatch:finish-compile-path이지만, 간결함을 위해 본문의 설명에서는 접두사 gmatch:를 생략하기로 한다. gmatch:로 시작하는 다른 프로시저들도 마찬가지이다.

간선의 이름표가 그래프 부합 패턴 언어의 특수형 기호(*, +, opt, or, and)가 아닌 경우에는 다음 프로시저가 부합기를 컴파일한다.

```
(define (gmatch:compile-edge label target)
  (let ((match-target (gmatch:compile-target target)))
    (define (match-edge object dict succeed)
      (and (graph-node? object)
           (object 'has-edge? label)
           (match-target (object 'edge-value label)
                         dict succeed)))
    match-edge))
```

간선 부합기 match-edge는 주어진 객체가 그래프 노드인지, 그 객체에서 시작하는 간선 중에 주어진 이름표를 가진 간선이 있는지 점검하고, 그 간선의 대상 노드(edge-value)가 그래프 부합 패턴에 있는 해당 패턴 요소와 부합하는지 점검한다(match-target을 이용해서). match-edge에 쓰이는 부합 프로시저 match-target은 컴파일러 compile-target이 만들어 낸 것이다.

대상의 컴파일은 두 가지 경우로 나뉜다. 우선, 대상이 변수나 상수이면 compile-target이 대상을 컴파일한다.

```
(define (gmatch:compile-target elt)
  (if (match:var? elt)
      (gmatch:compile-var elt)
      (let ()
        (define (match-constant object dict succeed)
          (and (eqv? elt object)
               (succeed object dict)))
        match-constant)))
```

특수형 부합 요소이면 compile-path-elt가 처리한다.

```
(define (gmatch:compile-path-elt elt)
  (let ((keyword (car elt))
        (args (cdr elt)))
    (case keyword
      ((*) (gmatch:compile-* args))
      ((+) (gmatch:compile-+ args))
      ((opt) (gmatch:compile-opt args))
```

```
((or) (gmatch:compile-or args))
((and) (gmatch:compile-and args))
(else (error "Ill-formed path element:" elt)))))
```

추가적인(optional; 없을 수도 있는) 경로 요소들을 가진 패턴을 컴파일하는 과정은 재귀
적인 compile-path-elts 호출로 진행된다. 경로 요소 순차열들에 대한 경로 요소 패턴들로
compile-path-elts를 호출해서 경로에 있는 추가적인 요소들을 위한 부합기인 matcher를 얻
는다. match-opt를 그래프 노드 객체에 적용할 때, 그 경로 요소들을 위한 부합기가 적용된다.
이 부합이 실패하면 #f가 반환되는데, 그러면 원래의 객체와 원래의 사전으로 부합을 진행한다.

```
(define (gmatch:compile-opt elts)
  (let ((matcher (gmatch:compile-path-elts elts)))
    (define (match-opt object dict succeed)
      (or (matcher object dict succeed)
          (succeed object dict)))
    match-opt))
```

p.266의 basic-queen-moves에 나온 (* north (?* ,unoccupied))처럼 반복된 경로 요소
를 가진 패턴은 다음과 같이 컴파일한다.

```
(define (gmatch:compile-* elts)
  (gmatch:* (gmatch:compile-path-elts elts)))
```

추가적인 경로 요소들의 순차열을 요구하는 패턴의 경우에는 컴파일러를 재귀적으로 호출해서
잠재적으로 반복된 순차열에 대한 부합기를 만들어서 gmatch:*에 넘겨준다.

```
(define (gmatch:* matcher)
  (define (match-* object dict succeed)
    (or (matcher object dict
                 (lambda (object* dict*)
                   (match-* object* dict* succeed)))
        (succeed object dict)))
  match-*)
```

그래프 패턴 부합기 match-*는 주어진 matcher를 주어진 그래프 노드 객체에 적용한다. 부
합이 성공하면 match-*는 자신을 호출해서 마지막 부합 지점 이후의 그래프 부분과의 부합

을 시도한다. 이런 과정을 재귀적으로 진행하다가 더 이상 부합이 불가능한 지점에 도달하면, matcher가 실패한 그래프 객체로 나머지 부합을 진행한다(성공 후속 프로시저 succeed를 호출해서).

+가 지정된 패턴, 즉 경로 요소 순차열이 적어도 한 번 이상 반복되어야 하는 패턴의 컴파일은 * 패턴의 컴파일과 비슷하다. 이 경우도 앞에서처럼 gmatch:*를 사용하되, 처음에 부합하는 요소가 적어도 하나는 있어야 한다는 요구조건을 강제한다.

```
(define (gmatch:compile-+ elts)
  (let ((matcher (gmatch:compile-path-elts elts)))
    (gmatch:seq2 matcher (gmatch:* matcher))))
```

남은 특수 경로 패턴은 and와 or이다. 이런 경로 패턴들에는 다수의 부분경로(subpath) 패턴이 포함된다. and 요소는 반드시 현재 노드에서 시작하는 부분경로 패턴들 모두와 부합해야 한다. or 요소는 현재 노드에서 시작하는 부분경로 패턴 중 하나만 부합하면 된다.

```
(define (gmatch:compile-and elt-lists)
  (gmatch:and (map gmatch:compile-path-elts elt-lists)))
(define (gmatch:compile-or elt-lists)
  (gmatch:or (map gmatch:compile-path-elts elt-lists)))
```

실질적인 처리는 and 프로시저와 or 프로시저가 수행한다.

```
(define (gmatch:and matchers)
  (lambda (object dict succeed)
    (if (null? matchers)
        (succeed object dict)
        (let loop ((matchers matchers) (dict dict))
          ((car matchers) object dict
           (if (null? (cdr matchers))
               succeed
               (lambda (object* dict*)
                 (loop (cdr matchers) dict*))))))))
(define (gmatch:or matchers)
  (lambda (object dict succeed)
    (let loop ((matchers matchers))
      (if (pair? matchers)
          (or ((car matchers) object dict succeed)
```

```
        (loop (cdr matchers)))
    #f))))
```

compile-var 프로시저는 패턴 변수 하나를 컴파일한다. compile-path와 compile-target
이 호출하는 이 프로시저의 처리 과정은 패턴 변수에 추가적인 이름과 추가적인 술어가 있느냐
에 따라 총 네 가지 경우로 나뉜다.

```
(define (gmatch:compile-var var)
  (cond ((match-list? var gmatch:var-type?)
         (gmatch:var-matcher (car var) #f #f))
        ((match-list? var gmatch:var-type? symbol?)
         (gmatch:var-matcher (car var) (cadr var) #f))
        ((match-list? var gmatch:var-type? symbol? procedure?)
         (gmatch:var-matcher (car var) (cadr var) (caddr var)))
        ((match-list? var gmatch:var-type? procedure?)
         (gmatch:var-matcher (car var) #f (cadr var)))
        (else
         (error "Ill-formed variable:" var))))
```

프로시저 var-type?는 패턴 변수의 형식 기호 ?나 ?*와 부합한다. 변수의 네 가지 경우를 식
별하기 위해 compile-var는 match-list?라는 편의용 프로시저를 사용하는데, 이 프로시저는
첫 인수가 목록이고 그 목록의 모든 요소가 마지막 인수로 주어진 술어를 충족하면 참이 된다.

```
(define (match-list? datum . preds)
  (let loop ((preds preds) (datum datum))
    (if (pair? preds)
        (and (pair? datum)
             ((car preds) (car datum))
             (loop (cdr preds) (cdr datum)))
        (null? datum))))
```

var-matcher 프로시저는 이상의 프로시저들로 구문을 분석한 변수들을 위한 부합 프로시저
이다.

```
(define (gmatch:var-matcher var-type var-name restriction)
  (define (match-var object dict succeed)
    (and (or (not restriction)
```

```
                    (restriction object dict))
          (if var-name
              (let ((dict*
                      (gmatch:bind var-type var-name object
                                   dict)))
                (and dict*
                     (succeed object dict*)))
              (succeed object dict)))))
      match-var)
```

여기서 bind는 변수 이름(var-name)과 그 값(object)의 바인딩을 사전(dict)에 추가한다.
사전에 해당 바인딩이 이미 있으면, 그리고 그 값이 object와 다르면, bind는 부합 실패를 의
미하는 #f를 돌려준다.

이렇게 해서 그래프 부합기가 완성되었다.

■ **연습문제 4.25** **그래프 부합**

지금까지 설명한 그래프 부합기는 매우 유용하지만, 이 부합기가 그리 적합하지 않은 문제도
존재한다. 이 부합기의 확장을 요구하는 흥미로운 문제 하나를 찾고, 필요한 확장(들)을 정의
및 구현하고, 확장된 부합기의 용법을 몇 가지 예제로 시연하라.

4.6 요약

패턴은 재미있을 뿐만 아니라, 가산성을 위해 시스템의 부품들을 조직화하는 매우 유용한 방법
이기도 하다. 이번 장에서는 항 재작성 시스템을 구축하는 방법을 살펴보았다. 규칙 기반 항 재
작성 시스템이 있으면, 표현식의 일부를 그와 '동등한' 부분으로 연이어(더 이상 적용할 규칙이
없을 때까지) 치환하는 프로그램을 손쉽게 작성할 수 있다. 그런 시스템은 기호 조작을 수행하
는 더 큰 시스템의 중요한 구성요소이다. 수식(대수적 표현식) 단순화도 그런 시스템의 한 용
도이지만, 이런 종류의 조작을 대량으로 수행하는 것은 바로 컴파일러이다. 컴파일러는 최적화
를 위해, 그리고 때로는 코드 생성을 위해 이런 조작을 수행한다.

이번 장에서는 또한 패턴을 단순 부합기들의 조합으로 '컴파일'하는 패턴 부합기를 유연하게 구축하는 방법도 살펴보았다. 공통의 인터페이스 구조를 가진 부합기들을 조합하는 방식 덕분에 새 기능을 추가하기가 아주 쉬우며, 시스템의 효율성도 아주 좋다. 미리 알 수 없는 개수의 요소들과 부합하는 구획 변수를 그런 부합기에 추가하려면 역추적 시스템을 구현해야 한다는 점도 이번 장에서 알게 되었다. 역추적이 필요한 것은, 구획 변수가 하나 이상 있는 패턴은 임의의 구체적인 데이터에 여러 가지 방식으로 부합할 수 있기 때문이다. 역추적 때문에 상황이 상당히 복잡해진다. 역추적 자체의 복잡성도 문제이지만, 패턴 부합기의 역추적을 패턴을 사용하는 규칙 실행기의 역추적 시스템과 반드시 연동시켜야 한다. 역추적을 좀 더 일반적으로 다루는 방법을 §5.4에서 살펴볼 것이다. 또한, §7.5.2에서는 더욱더 강력한 역추적 전략들을 조사한다.

부분적으로만 명시된 데이터를 구멍(패턴 변수로 표현된)이 있는 패턴으로 모형화한 경우, 패턴들을 서로 부합시켜서 데이터에 대한 제약들을 수집함으로써 데이터를 더욱 구체적으로 명시할 수 있게 된다. 이번 장에서는 이런 종류의 부분 정보 구조들을 병합하는 과정인 **통합**을 살펴보았다. 본질적으로 통합은 데이터의 누락 부분을 알아내기 위해 기호적 연립방정식을 세우고 푸는 한 방법이다. 통합은 대단히 강력한 기법이다. 통합의 위력을 보여주기 위해, 이번 장에서는 통합을 그런 식으로 활용해서 간단한 형식 추론 엔진을 만들어 보았다.

이번 장의 후반부에서 보았듯이 패턴 부합이라는 개념을 위계적 표현식뿐만 아니라 일반적인 그래프에도 작동하도록 확장할 수 있다. 그래프 패턴 부합 능력이 있으면 체스판 같은 복잡한 그래프를 다루기가 쉬워진다. 이번 장에서는 적법한 체스 이동들을 패턴으로 명시하는 예제를 살펴보았다.

패턴과 패턴 부합은 계산적 사고를 표현하는 한 방법일 수 있으며, 문제에 따라서는 다른 프로그래밍 방법보다 패턴과 패턴 부합으로 더 많은 것을 얻을 수 있다. 그렇지만 패턴 부합이 이 세상 모든 문제의 답은 아님을 주의해야 한다. 따라서 패턴 부합에 중독되지는 말기 바란다.

제5장

평가

최선의 문제 공략 방법 중 하나는 문제의 해법을 손쉽게 표현할 수 있는 DSL(domain-specific language; 영역 특화 언어)를 만드는 것이다. 충분히 강력한 DSL을 만들어 낸다면, 당장 풀어야 할 문제와 비슷한 다른 여러 문제의 해법도 수월하게 표현할 수 있다. 이런 전략은 유연한 메커니즘으로 시작할 때 특히나 효과적이다. 제2, 3, 4장에서 이러한 개념을 제한된 문맥에서 살펴보았다. 이번 장에서는 이 개념을 최대한 일반화한다.

새로운 언어를 만들 때는 언어에 의미를 부여해야 한다. 주어진 언어의 표현식으로 어떤 계산적 과정(computational process)◆을 서술하려면, 그 언어로 된 표현식이 주어졌을 때 그것으로부터 해당 계산적 과정을 도출하는 어떤 메커니즘을 구축해야 한다. 해석기(interpreter 인터프리터)가 그러한 메커니즘의 하나이다. 이번 장에서는 이러한 창조적 영역을, 스킴의 적용 순서(applicative order) 해석기 eval/apply를 확장해서 우리만의 해석기(SICP[1]의 제4장에 나온 것과 비슷한)를 만들고 점차 개선해 가면서 탐험한다.

스킴 프로시저는 프로시저의 본문에 진입하기 전에 모든 인수를 평가한다는 점에서 '엄격한(strict)' 프로시저에 해당한다. 이번 장에서는 스킴 프로시저에 형식 매개변수 목록의 선언을 추가해서 예제 해석기를 확장할 것이다. 형식 매개변수 목록 선언이 있으면 프로시저는 해당 인수의 평가를 그 값이 실제로 필요해질 때까지 미룰 수 있다. 즉, 지연 평가가 가능해진다.

◆ 옮긴이 단순히 어떤 계산을 수행하는 과정보다 넓은 뜻을 가진(이를테면 계산 가능성이나 튜링 완전 등을 함의하는) 용어라는 점에서, 마법의 접미사 '적'을 붙인 '계산적 과정'으로 옮기기로 한다.

값을 메모화(memoization)하는 경우와 하지 않는 경우를 모두 살펴볼 것이다. 이러한 선언 (declaration) 메커니즘은 형식이나 단위 같은 다른 정보에도 적용할 수 있다.

해석기는 주어진 표현식을 분석한 후에야 실제 명령들을 수행할 수 있다. 같은 표현식을 매 번 다시 분석하는 것은 상당히 비효율적이다. 그래서 이번 장에서는 해석기의 작업을 분석과 실행이라는 두 단계로 분할한다. 분석 단계에서는 표현식을 조사해서 하나의 실행 프로시저 (execution procedure)를 컴파일한다. 실행 프로시저를 호출하면 표현식이 의도한 작업이 실행된다. 실행 프로시저는 컴파일되기 전의 표현식에는 접근하지 않고 자신의 일을 수행한다. 분석 단계는 항상 같은 형태를 가진 실행 프로시저를 산출하므로, 실행 프로시저들을 조합자 시스템의 구성요소로 사용할 수 있다.

그런 다음에는 비결정론적 평가와 검색을 지원하기 위해 매카시McCarthy의 **amb** 연산자를 예 제 해석기에 추가한다. 주목할 점은, 이런 추가를 위해 평가자(evaluator)의 분석 부분은 바 꿀 필요가 없다는 것이다. 그냥 실행 프로시저의 형태만 바꾸면 된다. 실행 프로시저를 후속 전 달(continuation-passing) 스타일로 다시 표현함으로써 **amb** 연산자를 추가할 수 있다. 후속 전달 스타일을 사용한다는 것은 표현식에 깔린 바탕(underlying) 후속 프로시저를 프로그래 머에게 노출함을 암시한다.

바탕 후속 프로시저를 노출하는 **call/cc** 프로시저는 스킴의 표준 프로시저이다. 사실 **call/cc**만 있으면 **amb**를 스킴에서 직접 구현할 수 있는데, 이번 장 마지막 부분에서 실제로 그 런 구현 방법을 살펴본다.

5.1 일반적 eval/apply 해석기

그럼 확장성에 중점을 두어서 이번 장의 첫 해석기를 만들어 보자. 확장성을 위해 모든 주요 부 품을 일반적 프로시저(generic procedure)로 두고, 불필요한 가정은 두지 않는다.

이 예제 해석기의 핵심은 두 프로시저 **eval**과 **apply**이다. **eval** 프로시저는 표현식 하나 와 환경 하나를 받는다. 표현식은 부분 표현식(subexpression; 줄여서 부분식)들을 문법에 따라 조합한 것이다. 환경(environment)은 표현식에 나오는 일부 기호들에 의미를 부여한다. 그 의미가 eval의 정의 자체에 고정된 기호들도 있다.[1] 그러나 대부분의 표현식은 연산자(operator)와 피연산자(operand)들의 조합으로 해석된다. 연산자를 평가하면 하나의 프로시저가 나오고, 피연산자를 평가하면 그 프로시저에 넘겨줄 인수가 나온다. 해석기는 이 프로시저와 인수들을 apply에 전달한다. 일반적으로, 산출된 프로시저는 인수들을 형식 매개변수(formal parameter)들로 지칭한다. apply 프로시저는 이 프로시저의 본문(body)을 주어진 환경 안에서 평가한다(스킴 자체의 eval을 이용해서). 그 환경에는 프로시저의 형식 매개변수들이 인수(실 매개변수)들에 바인딩binding되어 있다. 이상이 해석기의 주된 계산 루프이다.

지금까지 서술한 것은 전통적인 적용 순서 해석기의 설계이다. 나중에는 예제 해석기가 평가되지 않은 피연산자들과 평가를 위한 환경을 apply에 넘겨주게 해서, 적용 순서뿐만 아니라 정상 순서(normal order) 같은 다양한 평가 전략을 구현할 수 있게 만들 것이다.

이번 장에서 구현할 언어(예제 해석기가 해석할)는 리스프의 한 변형이다.[2] 따라서 이 예제 언어의 표현식은 목록(list) 구조로 표현된다. 리스프에서 모든 복합 표현식(compound expression)은 목록인데, 그중에는 특별한 키워드(기호)로 시작하는 목록도 있다. 특별한 키워드가 있는 복합 표현식을 특수형(special form)이라고 부른다. 특별한 키워드는 해당 표현식의 형식(종류)을 결정하며, 해석기 구현은 각 표현식 형식에 대한 일단의 규칙들로 조직화된다. 특수형 표현식들에 대한 각 규칙은 해당 형식의 표현식의 구문(문법)을 정의한다. 단, 특별한 기호로 시작하지 않는 표현식, 즉 특수형이 아닌 표현식은 그냥 프로시저를 인수들에 적용하는 것으로 해석된다. 이런 표현식을 적용 표현식이라고 부르기로 하겠다. 이상의 전략을 이용하면 거의 모든 종류의 언어를 구현할 수 있다. 물론, 언어마다 새로운 파서parser를 만들어야 할 것이다. 리스프에서 판독기(reader)는 문자열 입력을 목록 구조로 변환한다. 리스프 계열 언어에서는 추상 구문 트리(abstract syntax tree, AST)를 목록 구조로 자연스럽게 표현할 수 있다. 다른 언어들에서는 AST가 더 상세하며, 파서도 훨씬 복잡하다.

----

1 그러나 이 eval은 일반적 프로시저이므로, eval이 정의하는 기호들을 쉽게 변경할 수 있다. 심지어 동적으로 변경하는 것도 가능하다.

2 스킴을 구현 언어로 사용한 덕분에 이 해석기의 구현이 간단해졌다. 스킴 판독기를 상속하기 때문에 문법이 아주 단순하다. 꼬리 재귀(tail recursion)를 상속하므로 프로시저 호출을 구현할 때 특별한 주의를 기울일 필요가 없다. 스킴 프로시저를 기본 구성요소로 사용한다는 점도 중요하다. C 등 다른 언어를 사용했다면 훨씬 더 많은 문제를 해결해야 했을 것이다. 그렇긴 하지만, 이런 종류의 해석기는 그 어떤 언어로도 구현할 수 있다.

5.1.1 eval

우선, g:eval은 다음과 같이 인수가 두 개인 일반적 프로시저이다.

```
(define g:eval
  (simple-generic-procedure 'eval 2 default-eval))
```

eval의 기본 경우(default case)는 적용(application) 표현식이다. (적용을 조합 (combination)이라고 부르기도 한다.)

```
(define (default-eval expression environment)
  (cond ((application? expression)
         (g:apply (g:advance
                     (g:eval (operator expression)
                             environment))
                  (operands expression)
                  environment))
        (else
         (error "Unknown expression type" expression))))
```

리스프 기반 언어에서, 적용을 표현하는 목록의 첫 요소는 목록에 대한 어떤 연산자이고 나머지 요소들은 그 연산자를 적용할 피연산자들이다.

```
(define (application? exp) (pair? exp))
(define (operator app) (car app))
(define (operands app) (cdr app))
```

이 코드가 p.289에서 설명한 패턴을 따른다는 점에 주목하기 바란다. 이 코드는 특정한 구문 구조(적용)의 해석과 그 구문의 정의를 함께 보여준다. 또한, p.289에서 설명했듯이, 적용 표현식을 반드시 일반적 프로시저의 기본 경우로 처리해야 한다. 이는 리스프에서 적용 표현식을 나타내는 특별한 키워드가 없기 때문이다. 그 때문에, 목록이 특별한 키워드로 시작하지 않는 경우를 기본으로 두어서 적용 표현식을 처리해야 한다.

적용 표현식을 처리할 때는, 먼저 표현식의 연산자 부분을 평가한 후, 그 값(평가 결과)과 피연산자들(표현식의 나머지 요소), 그리고 현재 환경을 g:apply에 넘겨준다. 연산자를 평가하는 과정에서 해석기는 평가된 값을 일반적 프로시저 g:advance에 넘겨준다. g:advance는 지연된 평가를 계속 진행하기 위한 것이다. 평가의 지연은 §5.2에서부터 필요하므로, 그때까지 g:advance는 그냥 하나의 항등함수다.[3]

```
(define g:advance
  (simple-generic-procedure 'g:advance 1 (lambda (x) x)))
```

이것이 apply를 정의하는 통상적인 방법은 아님을 유념하기 바란다. 이 구현은 평가되지 않은 피연산자들과 적용 표현식의 환경을 넘겨주기 때문에, 통상적인 적용 순서 평가 이외의 평가 전략(정상 순서 평가 등)을 도입할 여지가 있다. 또한, 형식 매개변수 선언을(어쩌면 다른 몇 가지 옵션들도) 추가하는 것도 가능해진다.

적용이 아닌 표현식 형식에 대해서는 개별적인 처리부를 제공한다. 우선, 자가 평가(self-evaluating) 표현식은 그 표현식 자체를 돌려주도록 한다.

```
(define-generic-procedure-handler g:eval
  (match-args self-evaluating? environment?)
  (lambda (expression environment) expression))
```

리스프 기반 언어에서 자가 평가 표현식은 수치, 부울 값, 문자열이다. 스킴에서 number?는 상당히 복잡한 술어이다. number?를 충족하는 객체로는 임의의 크기의 정수, 유리 분수(rational fraction), 실수, 복소수가 있다.[4]

```
(define (self-evaluating? exp)
  (or (number? exp)
      (boolean? exp)
      (string? exp)))
```

이외에도 다른 자가 평가 표현식들이 있을 수 있으므로, self-evaluating?를 일반적 프로시저로 정의한다면 구현이 더욱더 유연해질 것이다. 그렇지만 꼭 그렇게 할 필요는 없다. 다른 형식의 자가 평가 표현식을 지원할 일이 생기면, 그냥 g:eval을 위한 새 처리부를 적절히 정의하

---

3 g:apply 등의 접두사 g:는 해당 이름이 이 '일반적(generic)' 해석기에 한정된 것임을 나타낸다. 이후 절들에서 해석기의 다른 버전을 만들 때는 이와는 다른 접두사를 사용한다.

4 일반적으로 컴퓨터에서 실수는 부동소수점 수로 표현된다. 스킴 복소수에서는 실수뿐만 아니라 정수나 유리 분수도 실수부와 허수부의 값으로 사용할 수 있다.

면 되기 때문이다.

언어의 기호 표현식(symbolic expression)을 다루려면 인용(quotation)이 필요하다.[5] 인용은 부분식의 평가를 방지하는 표현식이다.

```
(define-generic-procedure-handler g:eval
  (match-args quoted? environment?)
  (lambda (expression environment)
    (text-of-quotation expression)))
```

리스프 기반 언어에서 인용된 표현식(quoted expression)은 quote라는 키워드로 시작하는 목록이다. 리스프 파서(판독기)는 '(a b c)처럼 어포스트로피(좌우 구분 없는 작은따옴표)로 시작하는 모든 표현식을 인용된 표현식으로 확장한다. 예를 들어 '(a b c)를 확장한 표현식은 (quote (a b c))이다.

```
(define (quoted? exp) (tagged-list? exp 'quote))
(define (text-of-quotation quot) (cadr quot))
```

태그된 목록(tagged list)은 그냥 주어진 고유한 기호로 시작하는 목록이다.

```
(define (tagged-list? e t) (and (pair? e) (eq? (car e) t)))
```

스킴의 변수들은 환경에서 그대로 조회(lookup)된다. 변수에 관한 규칙이 더 복잡한 언어들도 있다. 예를 들어 C에는 **왼값**(lvalue) 변수와 **오른값**(rvalue) 변수가 있는데, 둘이 다른 방식으로 처리된다.

```
(define-generic-procedure-handler g:eval
  (match-args variable? environment?)
  lookup-variable-value)
```

리스프 기반 언어에서 변수는 기호로 표현된다.[6]

----

5 인용의, 그리고 인용과 평가의 관계의 이해는 분석철학에 심오한 영향을 미친다. 이 점은 브라이언 캔트웰 스미스의 1982년 박사학위 논문 [112]에 잘 설명되어 있다.

6 기호는 문자열 이름으로 지칭되는 원자적 객체이다. 기호의 흥미로운 점 하나는 유일성(고유성)이다. 즉, 같은 문자열 이름을 가진 두 기호 인스턴스는 동일한 것으로 간주된다(둘은 술어 eq?를 충족한다).

```
(define (variable? exp) (symbol? exp))
```

lookup-variable-value 프로시저는 주어진 인수를 주어진 환경에서 찾는다. 인수로 주어진 변수의 값이 환경에 없으면 바탕 스킴 환경에서 값을 찾는다.[7] 거기에도 값이 없으면 '바인딩되지 않은 변수(unbound variable)' 오류가 발생해서 Unbound variable 오류 메시지가 출력된다.

이항 조건부 표현식(*if-then-else*)의 처리부는 간단하다. 표현식의 술어 절이 참값으로 평가되면 표현식의 귀결(consequent) 절을 평가하고, 그렇지 않으면 표현식의 대안(alternative) 절을 평가한다.

```
(define-generic-procedure-handler g:eval
  (match-args if? environment?)
  (lambda (expression environment)
    (if (g:advance
          (g:eval (if-predicate expression) environment))
        (g:eval (if-consequent expression) environment)
        (g:eval (if-alternative expression) environment)))))
```

평가된 술어에 대해 반드시 g:advance를 호출해야 한다. 결정을 내리려면 술어의 값을 알아야 하기 때문이다. if를 위한 평가자가 내장된 언어의 if 구조를 사용해서 평가를 진행함을 주목하기 바란다.

if 표현식에 대한 리스프의 문법은 간단하다. 대안 절이 지정되지 않은 경우, 술어가 거짓일 때 if 표현식의 값은 전역 변수 the-unspecified-value의 값이다.

```
(define (if? exp) (tagged-list? exp 'if))
(define (if-predicate exp) (cadr exp))
(define (if-consequent exp) (caddr exp))
(define (if-alternative exp)
  (if (not (null? (cdddr exp)))
      (cadddr exp)
```

---

7 car나 + 등 대다수의 스킴 기본 프로시저들도 이런 식으로 조회할 수 있다. 그렇지만 map이나 filter처럼 프로시저를 인수로 받는 기본 프로시저는 비기본 프로시저(즉, lambda 표현식으로부터 이 해석기가 생성한 프로시저)를 인수로 받지 않는다. 이 문제는 p.304의 연습문제 5.5에서 해결한다.

```
              'the-unspecified-value))
   (define (make-if pred conseq alternative)
     (list 'if pred conseq alternative))
```

이 해석기에서 정말로 흥미로운 첫 특수형은 lambda 표현식으로 주어진 익명
(anonymous) 프로시저의 명세이다. 특수형 표현식의 하나인 lambda 표현식은 프로시저를
생성하는 역할을 한다. lambda 표현식을 평가하면 주어진 형식 매개변수들과 본문, 현재 환경
으로 이루어진 프로시저가 만들어진다. 변수가 어휘순 범위(lexical scope)를 따르는 언어에
서는 프로시저에 반드시 환경을 연관시켜야 한다. 어휘순 범위 언어에서, lambda 표현식 본문
안에 있는 자유 변수(형식 매개변수가 아닌 변수)의 의미는 해당 어휘순 문맥(소스 코드에서
lambda 표현식이 있는 곳)에서 주어진다.

```
   (define-generic-procedure-handler g:eval
     (match-args lambda? environment?)
     (lambda (expression environment)
       (make-compound-procedure
        (lambda-parameters expression)
        (lambda-body expression)
        environment)))
```

lambda 표현식의 문법은 다음과 같다.

```
   (define (lambda? exp) (tagged-list? exp 'lambda))
   (define (lambda-parameters lambda-exp) (cadr lambda-exp))
   (define (lambda-body lambda-exp)
     (let ((full-body (cddr lambda-exp)))
       (sequence->begin full-body)))
   (define (make-lambda parameters body)
     (cons 'lambda
           (cons parameters
                 (if (begin? body)
                     (begin-actions body)
                     (list body)))))
```

lambda 표현식의 본문에 다수의 표현식이 포함될 수 있음을 유념하자. 그 표현식들은 순서대
로 평가되며, 배정이나 I/O 제어(화면 출력 등) 같은 부수 효과 동작들도 허용된다. 이 부분은
다음과 같은 sequence->begin 프로시저가 처리한다. 이 프로시저는 하나의 begin 특수형 표

현식을 산출한다.

```
(define (sequence->begin seq)
  (cond ((null? seq) seq)
        ((null? (cdr seq)) (car seq))
        (else
         (make-begin
          (append-map (lambda (exp)
                        (if (begin? exp)
                            (begin-actions exp)
                            (list exp)))
                      seq)))))
```

sequence->begin 프로시저가 중첩된 begin 특수형들을 실행 순서를 유지하면서 평평하게 펼친다는 점에 주목하자. begin 특수형의 문법과 평가는 p.297에서 정의, 설명한다.

파생된 표현식 형식

앞에서 살펴본 표현식 형식들만으로도 대부분의 프로그램을 불편 없이 작성할 수 있다. 그렇지만 몇 가지 '문법적 설탕(syntactic sugar)'을 도입하는 것도 나쁘지 않은 일이다. 그런 문법적 설탕 또는 '편의 구문'은, 주어진 표현식을 더 단순한 표현식들의 조합으로 변환하는 식으로 구현할 수 있다. 매크로가 그런 변환을 일반화하는 한 방법이지만, 여기서 매크로 확장 기능을 우리의 해석기에 추가하지는 않겠다.[8] 대신, 리스프의 다중 분기 조건부 표현식을 중첩된 if 표현식들로 변환하는 방법을 살펴보기로 한다.

```
(define-generic-procedure-handler g:eval
  (match-args cond? environment?)
  (lambda (expression environment)
    (g:eval (cond->if expression)
            environment)))
```

---

8 매크로의 진짜 문제점은 기존 바인딩과 충돌하는 바인딩이 의도치 않게 도입될 수 있다는 것이다. 즉, 매크로는 참조 투명성을 해친다. 이러한 참조 투명성 훼손 문제를 공략하는 방법이 몇 가지 있으며, 이들로부터 스킴의 **위생적**(hygienic) 매크로 시스템이 만들어졌다. 이에 관해서는 [73, 74, 8, 31]을 참고하기 바란다. 또한, 특수형을 도입해서 언어를 과감하게 변경하면 프로그래머가 프로그램을 읽고 이해하기가 어려워진다. 새로운 특수형들을 사용하는 프로그램을 프로그래머가 읽고 이해하려면 먼저 그 특수형들을 배워야 한다.

cond->if 프로시저는 상당히 단순한 데이터 조작 프로시저이다.

```
(define (cond->if cond-exp)
  (define (expand clauses)
    (cond ((null? clauses)
           (error "COND: no values matched"))
          ((else-clause? (car clauses))
           (if (null? (cdr clauses))
               (cond-clause-consequent (car clauses))
               (error "COND: ELSE not last"
                      cond-exp)))
          (else
           (make-if (cond-clause-predicate (car clauses))
                    (cond-clause-consequent (car clauses))
                    (expand (cdr clauses))))))
  (expand (cond-clauses cond-exp)))
```

그리고 다음은 cond 특수형의 문법이다.

```
(define (cond? exp) (tagged-list? exp 'cond))
(define (cond-clauses exp) (cdr exp))
(define (cond-clause-predicate clause) (car clause))
(define (cond-clause-consequent clause)
  (sequence->begin (cdr clause)))
(define (else-clause? clause)
  (eq? (cond-clause-predicate clause) 'else))
```

cond를 이용한 조건부 표현식의 귀결 절에 일련의 동작들이 포함될 수 있어야 하므로, 이 정의 역시 sequence->begin을 사용한다.

지역 변수를 현재 환경에 도입할 때는 let 표현식을 사용한다. 예제 해석기는 let 표현식을 명시적인 lambda 표현식과의 조합으로 변환해서 처리한다.

```
(define-generic-procedure-handler g:eval
  (match-args let? environment?)
  (lambda (expression environment)
    (g:eval (let->combination expression)
            environment)))
```

let 표현식의 문법은 다음과 같다.

```
(define (let? exp) (tagged-list? exp 'let))
(define (let-bound-variables let-exp)
  (map car (cadr let-exp)))
(define (let-bound-values let-exp)
  (map cadr (cadr let-exp)))
(define (let-body let-exp)
  (sequence->begin (cddr let-exp)))
(define (let->combination let-exp)
  (let ((names (let-bound-variables let-exp))
        (values (let-bound-values let-exp))
        (body (let-body let-exp)))
    (cons (make-lambda names body)
          values)))
```

효과

배정이나 출력처럼 효과(effect)를 내는 연산이 언어에 있다면, 그런 연산들은 반드시 순서대로 처리해야 한다. 효과를 내는 연산들은 순서가 중요하기 때문이다. 스킴 문법에서는 그런 연산들의 순차열(sequence)을 begin을 이용해서 표현한다.

```
(define-generic-procedure-handler g:eval
  (match-args begin? environment?)
  (lambda (expression environment)
    (evaluate-sequence (begin-actions expression)
                       environment)))
(define (begin? exp) (tagged-list? exp 'begin))
(define (begin-actions begin-exp) (cdr begin-exp))
(define (make-begin actions) (cons 'begin actions))
```

실제 작업은 다음과 같은 순차열 평가 프로시저가 수행한다.

```
(define (evaluate-sequence actions environment)
  (cond ((null? actions)
         (error "Empty sequence"))
        ((null? (cdr actions))
         (g:eval (car actions) environment))
        (else
```

```
        (g:eval (car actions) environment)
        (evaluate-sequence (cdr actions)
                            environment))))
```

비지 않은 표현식 순차열을 평가해서 나오는 값은 순차열의 마지막 표현식의 값이다. 효과를 가진 표현식 순차열을 평가하면 하나의 값이 산출되는 것과 함께, 순차열에 있는 표현식들의 효과가 차례로 발생한다.

대부분의 효과는 변수 배정(assignment)으로 구현된다. (사실 하드웨어 수준의 입출력 연산들 역시 주소 공간의 특정 메모리 위치에 대한 배정을 통해서 구현된다.) 스킴에서는 배정문의 어휘순 환경에 있는 변수에 값을 배정하는 것이 허용된다.

```
(define-generic-procedure-handler g:eval
  (match-args assignment? environment?)
  (lambda (expression environment)
    (set-variable-value! (assignment-variable expression)
                         (g:eval (assignment-value expression)
                                 environment)
                         environment)))
```

배정의 문법은 다음과 같다.

```
(define (assignment? exp) (tagged-list? exp 'set!))
(define (assignment-variable assn) (cadr assn))
(define (assignment-value assn) (caddr assn))
```

정의(defintion), 즉 주어진 값으로 새 변수를 만드는 연산도 지원하기로 하자. 정의는 해당 정의문과 가장 가까운 지역 어휘순 환경 프레임 안에 새 변수를 생성한다.

```
(define-generic-procedure-handler g:eval
  (match-args definition? environment?)
  (lambda (expression environment)
    (define-variable! (definition-variable expression)
                      (g:eval (definition-value expression)
                              environment)
                      environment)
    (definition-variable expression)))
```

다음은 정의의 문법이다. 프로시저를 다양한 방식으로 정의할 수 있게 하려다 보니 배정 문법
보다 복잡해졌다.[9]

```
(define (definition? exp) (tagged-list? exp 'define))
(define (definition-variable defn)
  (if (variable? (cadr defn))      ; (DEFINE  foo      ...)
      (cadr  defn)
      (caadr defn)))               ; (DEFINE (foo ...) ...)
(define (definition-value defn)
  (if (variable? (cadr defn))      ; (DEFINE  foo      ...)
      (caddr defn)
      (cons 'lambda                ; (DEFINE (foo p...) b...)
            (cons (cdadr defn)     ; =(DEFINE  foo
                  (cddr  defn))))) ;    (LAMBDA (p...) b...))
```

이렇게 해서 언어의 문법을 정의하는 데 흔히 쓰이는 특수형들을 모두 마련했다. 일반적 프
로시저들을 사용한 덕분에 새로운 특수형을 손쉽게 추가할 수 있음은 물론이다. 따라서, 언어
가 지금 제대로 지원하지 못하는 어떤 계산 개념을 좀 더 편하게 표현할 수 있도록 언어를 확장
하는 것이 얼마든지 가능하다. 그렇지만 서로 다른 문법 구조가 너무 많은 언어는 배우고, 문서
화하고, 사용하기 어려울 수 있다. 이는 공학 분야에서 전형적인 절충(tradeoff) 문제의 하나
이다(p.203에 나온 앨런 펄리스의 격언을 기억할 것!).

5.1.2 apply

통상적인 스킴 apply는 두 개의 인수를 받는다. 하나는 적용할 프로시저이고 다른 하나는 그
프로시저에 전달할 인수들의 목록인데, 그 인수들은 이미 평가된 상태이다. 스킴은 어휘순 범
위의 변수들만 존재하는 엄격한(strict) 적용 순서 언어이므로 이 정도로 충분하다. 그러나, 적
용할 프로시저와 평가되지 않은 피연산자들의 목록, 그리고 호출 환경이라는 인수 세 개를 받
도록 apply의 인터페이스를 일반화하면, 일부 매개변수들(이를테면 요구에 의한 호출(call-
by-need) 방식의 매개변수)에 대해 정상 순서 평가를 요구하는 프로시저나 매개변수들
에 대해 형식이나 단위 같은 것을 선언하는 프로시저도 지원할 수 있다. 이런 확장 몇 가지를

---

9 MIT/GNU 스킴은 정의 특수형의 cadr이 재귀적으로 확장되는, 좀 더 일반적인 정의 문법을 지원한다(p.455 참고).
여기서는 그런 문법을 지원하지 않기로 한다.

§5.2에서 살펴볼 것이다. 환경 인수를 포함시키면 비어휘순 범위 변수도 지원할 수 있게 되지만, 여기서는 다루지 않기로 한다. 일반적으로 그런 변수는 바람직하지 않기 때문이다. 여기서는 스킴의 적용 순서부터 구현하되, 확장을 위한 일반적 훅hook을 마련해 둔다.

우리의 **apply**는 인수 세 개를 받는 일반적 프로시저이다.

```
(define g:apply
  (simple-generic-procedure 'apply 3 default-apply))
(define (default-apply procedure operands calling-environment)
  (error "Unknown procedure type" procedure))
```

다양한 형식의 프로시저에 대한 처리부들이 필요하다. 산술 덧셈(흔히 + 연산자로 지칭하는) 같은 프로시저에는 값을 계산하기 전에 인수들이 모두 평가되어야 한다는 요구조건이 있다. 이런 요구조건을 가진 프로시저를 가리켜 엄격한 프로시저라고 부른다. 스킴에서는 기본 프로시저(시스템에 구현된, 또는 언어보다 낮은 수준의 하드웨어에서 구현된)를 포함해 모든 프로시저가 엄격하다. 따라서 엄격한 기본 프로시저를 위한 일반적 처리부가 필요하다.

```
(define-generic-procedure-handler g:apply
  (match-args strict-primitive-procedure?
              operands?
              environment?)
  (lambda (procedure operands calling-environment)
    (apply-primitive-procedure procedure
      (eval-operands operands calling-environment))))
```

현재의 세부 수준에서, 기본 프로시저의 적용은 '마법(magic)'처럼 일어난다. p.293의 if 같은 피연산자 평가자는 반드시 평가 결과에 대해 **g:advance**를 호출해서 하나의 값을 확보해야 한다.

```
(define (eval-operands operands calling-environment)
  (map (lambda (operand)
         (g:advance (g:eval operand calling-environment)))
       operands))
```

피연산자들이 평가되는 순서는 map의 작동 방식에 따라 결정됨을 주의하기 바란다.

lambda 표현식의 평가로 산출된 프로시저는 기본 프로시저가 아니다. 이 프로시저를 여러 부품으로 분해할 수 있다. 이 프로시저로부터 형식 매개변수 명세를 추출할 수 있는데, 이 명세는 형식 매개변수 이름들의 목록이다. 또한 프로시저의 본문도 추출할 수 있다. 그 본문은 이후 형식 매개변수 바인딩들을 포함한 환경과 함께 eval에 전달된다. 어휘순 범위 적용을 위해, lambda 표현식 평가 시 해당 프로시저와 연관시킨 환경을 더욱 확장한다.

```
(define-generic-procedure-handler g:apply
  (match-args strict-compound-procedure?
              operands?
              environment?)
  (lambda (procedure operands calling-environment)
    (if (not (n:= (length (procedure-parameters procedure))
                  (length operands)))
        (error "Wrong number of operands supplied"))
    (g:eval (procedure-body procedure)
            (extend-environment
             (procedure-parameters procedure)
             (eval-operands operands calling-environment)
             (procedure-environment procedure)))))
```

여기서 술어 strict-compound-procedure?는 모든 엄격한 복합 프로시저, 즉 매개변수 선언이 없는 복합 프로시저에 대해 참이 된다.[10]

대화식 REPL

다음은 사용자가 이 평가자와 상호작용하는 데 사용할 REPL(read−eval−print loop; 읽기−평가−출력 루프)이다.

```
(define (repl)
  (check-repl-initialized)
  (let ((input (g:read)))
    (write-line (g:eval input the-global-environment))
    (repl)))
```

---

10 여기에는 이후의 확장을 제한하는 설계상의 결정이 내포되어 있다. 프로시저 매개변수들의 목록이 인수 목록과 같은 길이이어야 한다는 요구조건 때문에, 이 g:apply 처리부를 추가적인(생략 가능한) 매개변수 또는 나머지 매개변수가 있는 프로시저로 확장하는 것이 불가능하다. 따라서 임의의 개수의 인수들을 받아서 모두 더하는 통상적인 리스프 +는 정의할 수 없다. 이 문제는 연습문제 5.2에서 좀 더 살펴본다.

repl 프로시저는 g:read로 eval>라는 프롬프트를 터미널에 출력하고 사용자의 입력을 기다린다. 문자들이 입력되면 그것을 파싱해서 s-표현식(s-expression)을 만들고, 그 s-표현식을 the-global-environment 환경에서 g:eval로 평가하고, 평가 결과를 터미널에 출력한다. 마지막으로, repl은 자신을 꼬리 재귀(tail recursion) 방식으로 호출해서 또 다른 입력을 받는다. 이 루프가 작동하려면 먼저 전역 환경을 초기화해 두어야 한다.

```
(define the-global-environment
  'not-initialized)
(define (initialize-repl!)
  (set! the-global-environment (make-global-environment))
  'done)
(define (check-repl-initialized)
  (if (eq? the-global-environment 'not-initialized)
      (error
        "Interpreter not initialized. Run (init) first.")))
```

이렇게 해서 기본적인 해석기가 완성되었다.

■ 연습문제 5.1 바인딩되지 않은 변수의 처리

스킴을 포함한 리스프 기반 언어에서, 바인딩되지 않은 기호를 평가하려 들면 '바인딩되지 않은 변수' 오류가 발생한다. 그런데 대수적 과정(algebraic process)에서는 바인딩되지 않은 기호를 자가 평가 객체로 취급하는 것이 바람직할 때가 있다. 예를 들어 제3장에서 했던 것처럼 기호 값을 가진 수식을 구축하도록 기본 산술 패키지를 확장한다고 하면, 다음과 같은 표현식을 허용하는 것이 유용할 수 있다.

```
(+ (* 2 3) (* 4 5))
26
(+ (* a 3) (* 4 5))
(+ (* a 3) 20)
```

제3장의 일반적 산술 패키지는 이런 기호적 확장을 지원한다. 제3장에서 우리는 수치로 환원되지 않는 인수들을 가진 표현식을 구축할 수 있도록 연산자 *와 +를 확장했다. 그렇지만 그러한 바인딩되지 않은 변수를 리터럴 수치로 사용할 수는 없었다. 지금 예에서 기호 a는 바인딩되지 않았다. 이 연습문제의 목표는 a가 자가 평가 객체로 작동하게 만드는 것이다.

a. 이런 종류의 행동을 허용하도록 하는, eval에 대한 일반적 확장을 작성하라. 수치 기본 연산 (+, *, -, /)들에서 이것이 가능하도록, 해당 연산자들의 행동도 확장해야 한다. 이 연산자들을 바탕 스킴 환경에서 변경해야 함을 주의할 것. 제3장에서처럼, 바탕 스킴 시스템에서 작동하는 처리부들을 일반적 연산자 메커니즘에 부여할 수도 있을 것이다.

b. 또한, 연산자 위치에 있는 바인딩되지 않은 기호를 오직 그 이름으로만 식별되는 리터럴 함수로 해석하도록 apply를 개선하라. 예를 들어 (+ (f 3) (* 4 5)) ==> (+ (f 3) 20)이어야 한다.

대체로 eval과 apply를 이런 식으로 확장하는 것은 위험한 일이다. 진짜 "바인딩되지 않은 변수" 오류가 가려질 수 있기 때문이다. 이 문제를 해결하기 위해, allow-self-evaluating-symbols라는 사용자가 설정 가능한 변수가 참(#t)일 때만 이런 확장이 적용되게 하라.

■ 연습문제 5.2 **다항 프로시저**

p.301의 각주 10에서, 이 평가자의 향후 확장에 걸림돌이 될 성가신 가정을 g:apply 처리부에 두었음을 언급했다. 한 프로시저의 매개변수들(procedure-parameters로 조회한)이 목록이 아니라 하나의 기호이면, 스킴은 그 기호를 하나의 매개변수로 취급해서 인수들의 목록에 바인딩한다.[11]

이 연습문제에서 여러분이 할 일은, 임의의 개수의 인수들을 받는 프로시저를 정의할 수 있도록, 예제 해석기가 형식 매개변수 목록을 하나의 기호로 받게 만드는 것이다. 예제 해석기에서 lambda-parameters 프로시저(p.294)는 하나의 기호를 돌려주며, 해석기 전체에서 이 프로시저의 반환값은 make-compound-procedure의 인수로만 쓰인다. 그리고 그 값은 g:apply에 쓰이는 procedure-parameters가 조회한 것이다. 따라서, 예제 해석기에서 다항 프로시저

---

11 스킴에서, 명시적으로 선언된 인수들 이후의 모든 인수를 취하는 매개변수를 나머지 매개변수(rest parameter)라고 부른다. 명시적으로 선언된 매개변수들이 있을 때는, 변칙 목록(improper list; 마지막 cdr이 빈 목록이 아닌 쌍들의 사슬)을 매개변수 목록으로 사용할 수 있다. 예를 들어 (lambda (a b . c) ...)은 적어도 두 개의 인수를 받는 프로시저로, 그 두 인수는 각각 a와 b에 바인딩되고 나머지 인수들은 하나의 목록에 담겨서 인수 c에 바인딩된다. 명시적으로 선언된 매개변수가 없고 그냥 나머지 매개변수만 있는 프로시저라면 기호 하나를 나머지 매개변수의 이름으로 둔다. 예를 들어 스킴에서 (lambda xs ...)은 임의의 개수의 인수를 받는 프로시저이며, 그 인수들로 이루어진 목록이 매개변수 xs에 바인딩된다.

지원을 위해 고쳐야 할 부분은 g:apply뿐인 것으로 보인다.

새로운 복합 프로시저를 지원하도록 g:apply를 수정하라. g:apply의 기존 처리부 strict-compound-procedure?(p.301)를 다시 작성할 수도 있지만, 그보다는 그 처리부를 procedure-parameters가 목록인 경우에 대해 특수화하고, procedure-parameters가 기호인 경우를 위한 새 처리부를 추가하는 것이 더 쉽고 깔끔하다.

■ 연습문제 5.3 프로시저 벡터

수학 교과서들은 여러 함수의 튜플tuple을 하나의 튜플을 돌려주는 하나의 함수와 동일시하는 표기법을 남용하곤 한다. 예를 들어 (cos 0.6)이 0.8253356149096783을 산출하고 (sin 0.6)이 0.5646424733950354를 산출한다면, ((vector cos sin) 0.6)은 #(0.8253356149096783 0.5646424733950354)를 산출할 것으로 기대할 수 있다.

연습문제 3.2에서 기본 산술 패키지를 벡터 산술 패키지로 확장한 적이 있지만, 바탕 언어 평가자까지 수정하지는 않았다. 함수의 튜플화를 위해서는, 함수들의 벡터를 일종의 함수로 취급하도록 g:apply를 확장할 필요가 있다. 그런 식으로 g:apply를 확장하고, 몇 가지 예제로 시험해 보고, 좀 더 통상적인 코드와 잘 통합되는지도 확인하라.

■ 연습문제 5.4 여러분의 턴

일반적 eval/apply로 구현할 수 있는, 그러나 이런 종류의 일반적 지원 수단이 없다면 구현하기가 꽤나 괴로운, 재미있고 흥미로운 구조를 고안하라.

■ 연습문제 5.5 바탕 시스템과의 통합

p.293의 각주 7에서 예제 해석기의 문제점 하나를 지적했다. 다음 예를 보자.

```
eval> (map (lambda (x) (* x x)) '(1 2 3))
```

만일 이 표현식의 map이 바탕 스킴 시스템의 map을 지칭한다면, 예제 해석기는 이 표현식을 제대로 평가하지 못한다.

그러나, map을 예제 해석기를 위해 다음과 같이 재정의하면 제대로 작동한다.

```
eval> (define (map f l)
        (if (null? l)
            '()
            (cons (f (car l)) (map f (cdr l)))))
map
eval> (map (lambda (x) (* x x)) '(1 2 3))
(1 4 9)
```

map처럼 프로시저를 인수로 받는 바탕 프로시저에 대해서는 예제 해석기가 제대로 작동하지 않는 이유가 무엇인지 설명하라. 그리고, 이 문제를 해결하는 전략을 간결하게 설명하고 해결책을 구현하라. 참고: 제대로 구현하기가 쉽지 않으므로, 아주 완벽하게 만드느라 시간을 너무 많이 쓸 필요는 없다.

■ **연습문제 5.6 다른 인용 전략**

우리의 것과는 평가와 인용 규칙이 아주 다른 흥미로운 언어들이 있었다. 예를 들어 MDL(위키백과 [91] 참고)은 기호를 자가 평가 객체로 취급하며, 조회해야 할 변수는 특정한 접두 문자로 식별한다. 그리고 MDL에서 조합은 특수형이지만, 암묵적인 키워드를 수반한다. 문법 정의만 변경하면 MDL과 비슷한 문법을 해석하도록 예제 해석기의 평가자를 수정할 수 있다. 시도해 보라!

■ **연습문제 5.7 중위 표기법**

리스프와는 달리 대부분의 컴퓨터 언어는 중위 표기법(infix notation)을 사용한다. 스킴에서 중위 표기법으로 작성된 표현식을 지원하는 한 가지 방법은 다음의 가상의 예처럼 그런 표현식 전체를 문자열로 받아서 해석하는 것이다.

```
(infix
  "fact := lambda n:
          if n == 0
```

```
                then 1
                else n*fact(n-1)")
(fact 6)           ; 리스프 프로시저가 실제로 정의되었다.
720
(infix "fact(5)")   ; 그 프로시저를 중위 표기법으로 호출할 수 있다.
120
```

이것은 전적으로 문법상의 작은 문제일 뿐이다(과연 그럴까?). 어쨌거나, 실제로 이런 코드를 가능하게 만드는 것은 흥미로운 프로젝트이다. 이를 위해 이번 장의 예제 해석기를 고칠 필요는 없다. cond->if가 작동하는 방식과 비슷하게, 문자열을 파싱해서 해당 리스프 표현식으로 컴파일하기만 하면 된다. 사실 리스프 프로그래머들은 이런 작업을 수없이 해 보았다.[12] 그러나 리스프로 프로그램을 짜는 사람들은 리스프 본연의 폴란드식 전위 표기법(Polish prefix notation)을 좋아하는 것 같다! 맙소사....

5.2 비엄격 인수를 가진 프로시저

이번 절에서는 프로시저의 형식 인수에 선언을 추가함으로써 해당 피연산자의 평가를 지연하는 방법을 살펴본다.

스킴의 프로시저는 엄격하다. 엄격한 프로시저를 호출하면 스킴은 먼저 호출 표현식의 모든 피연산자를 평가하고 그 값들을 프로시저의 해당 형식 매개변수들에 바인딩한 후에야 프로시저의 본문을 평가한다. 그러나 if 표현식은 다르다. if 표현식에서는 귀결 절과 대안 절이 둘 다 평가되지 않는다. 술어의 평가 결과에 따라 둘 중 하나만 평가된다. if가 프로시저가 아니라 특수형인 이유가 바로 이것이다.

엄격하지 않은 프로시저, 줄여서 비엄격(non-strict) 프로시저는 일부 피연산자의 평가가 지연되는(defer) 프로시저이다. 언어 자체에 정의된 if 같은 몇몇 특수형에 대해서만 지연 평가를 허용하는 것이 아니라, 필요할 때마다 프로그래머가 직접 비엄격 프로시저를 정의해서 사용하려면 어떻게 해야 할까?

---

12 이 책(원서)의 웹사이트에 그런 중위 파서가 있으니 참고하기 바란다.

예를 들어 특수형 if처럼 귀결 절과 대안 절 중 하나만 평가하는 unless라는◆ 프로시저를 만든다고 하자.**13** 다음은 그런 unless의 사용 예이다.

```
(define (fib n)
  (unless (< n 2)
          (+ (fib (- n 1)) (fib (- n 2)))
          n))
```

이 피보나치 함수의 정의가 제대로 작동하려면, unless의 둘째 피연산자는 $n < 2$가 참이면 평가되지 않아야 하고, 셋째 피연산자는 $n \geq 2$가 참이면 평가되지 않아야 한다. 그러나 unless의 첫 피연산자는 항상 평가되어야 한다. 그래야 나머지 두 피연산자 중 하나를 선택할 수 있다.

unless가 그렇게 작동하게 만들려면, unless의 피연산자 중 어떤 것을 평가하고 어떤 것을 지연할 것인지 명시하는 수단이 필요하다. 이를 위해 선언의 종류를 지정하는 수단을 도입하기로 한다. 다음은 그런 수단을 이용해서 unless를 정의한 것이다.

```
(define (unless condition (usual lazy) (exception lazy))
  (if condition exception usual))
```

이 unless 프로시저의 본문 자체는 그냥 특수형 if를 이용하는 것일 뿐이다. 핵심은 둘째 인수와 셋째 인수를 '느긋한(lazy)' 인수, 즉 지연 평가되는 인수로 선언했다는 것이다.**14** 특별한 선언이 없는 첫 인수는 엄격하게 평가된다.

형식 매개변수의 선언 종류(피연산자와 인수의 처리 방식을 서술하는)는 이외에도 다양할 수 있다. 예를 들어 '요구에 의한 호출(call by need)'을 위해 매개변수를 지연과 메모화의 조합으로 선언할 수도 있다. 하스켈 같은 언어는 모든 프로시저의 인수가 요구에 의한 호출 방식이다. 또한, 형식 매개변수가 특정한 술어를 충족해야 한다고 선언할 수 있다. 예를 들어 프로

◆ 옮긴이 이름에서 짐작하듯이, 이 프로시저는 주어진 조건(첫 인수)이 참이 "아닌 한(unless)" 귀결 절(둘째 인수)을 평가한다. 즉, if의 귀결 절과 대안 절을 맞바꾼 형태이다. 참고로(각주 13과 관련해서) 스킴 자체의 unless는 조건이 거짓이면 주어진 표현식들을 평가하고, 조건이 참이면 그냥 #f를 돌려준다.

13 unless의 이러한 정의는 표준 스킴[109]과 이맥스 리스프를 포함한 여러 리스프 언어에 있는 unless와는 다름을 주의하기 바란다.

14 일반적으로 '지연 평가(lazy evaluation)'라는 용어는 인수의 평가가 나중으로 미루어지며 그 결과가 메모화됨을 뜻한다. 그러나 여기서는 메모화는 고려하지 않고, 그냥 인수의 평가가 미루어진다는 뜻으로만 사용한다.

시저가 특정 형식이나 단위(unit)의 인수만 받아야 할 때 그런 선언이 유용할 것이다.

일반화된 형식 매개변수의 구현

일반화된 형식 매개변수를 구현하려면, 새로운 사례들을 처리하는 특별한 적용자 (applicator)가 필요하다. 이전에 엄격한 복합 프로시저를 위해 했던 것과 비슷하게(p.301 참고) g:apply에 새 처리부를 추가하면 된다.

```
(define-generic-procedure-handler g:apply
  (match-args general-compound-procedure?
              operands?
              environment?)
  (lambda (procedure operands calling-environment)
    (if (not (n:= (length (procedure-parameters procedure))
                  (length operands)))
        (error "Wrong number of operands supplied"))
    (let ((params (procedure-parameters procedure))
          (body (procedure-body procedure)))
      (let ((names (map procedure-parameter-name params))
            (arguments
             (map (lambda (param operand)
                    (g:handle-operand param
                                      operand
                                      calling-environment))
                  params
                  operands)))
        (g:eval body
                (extend-environment names arguments
                  (procedure-environment procedure)))))))
```

이 적용자와 엄격한 프로시저를 위한 적용자의 차이점은 두 가지이다. 첫째로, 이 적용자에서는 반드시 매개변수 이름들을 추출해야 한다. 매개변수 이름을 선언으로 감싸야 하기 때문이다. 둘째로, 선언의 종류에 맞게 피연산자들을 특수하게 처리해야 한다. 이 부분은 일반적 프로시저 procedure-parameter-name과 g:handle-operand가 담당한다.

procedure-parameter-name 프로시저는 형식 인수에 선언을 추가하고 그 이름을 추출할 수 있게 한다. 기본 처리부는 항등함수이므로, 장식되지 않은(특별한 선언이 없는) 형식 매개변수의 이름은 그냥 형식 매개변수 자신이다.

```
(define procedure-parameter-name
  (simple-generic-procedure 'parameter-name 1 (lambda (x) x)))
```

g:handle-operand 프로시저는 해당 형식 매개변수의 선언 종류에 따라 피연산자를 처리하는
방식을 선택할 수 있게 한다.

```
(define g:handle-operand
  (simple-generic-procedure 'g:handle-operand 3
    (lambda (parameter operand environment)
      (g:advance (g:eval operand environment)))))
```

선언이 없는 피연산자의 기본 처리 방식은 p.300의 eval-operands에서 했던 것처럼 그냥
그 피연산자를 평가하는 것이다.

선언으로 형식 매개변수를 장식(decoration)하는 문법이 필요하다. 여기서는 형식 매개변
수의 이름으로 시작하는 목록을 사용하기로 한다.

```
(define-generic-procedure-handler procedure-parameter-name
  (match-args pair?)
  car)
```

그럼 여러 종류의 선언을 실제로 구현해보자. 일단 두 개만 구현하기로 한다. 첫째는 lazy
로, 이것은 값이 실제로 필요해질 때까지 피연산자의 평가를 지연한다는 뜻이다(if의 귀결 절
과 대안 절처럼). 둘째는 lazy memo로, lazy에 메모화를 추가한 것이다. 즉, 피연산자가 처음
평가될 때 그 값을 '메모'해 두고, 이후 요청에서는 피연산자를 다시 평가하지 않고 메모해 둔
값을 사용한다.

매개변수가 lazy나 lazy memo로 선언되었으면, 프로시저 호출 시 해당 피연산자의 평가를
지연해야 한다. 나중에 값이 요청되어서 지연된 표현식을 평가할 때 지연된 표현식에 있는 자
유 변수들의 값을 결정해야 하므로, 지연된 표현식과 함께 현재 환경도 기억해 두어야 한다.[15]

----

15 Algol-60의 이름 전달(by-name) 매개변수의 원래 구현에서는 이러한 표현식과 환경의 조합을 성크(thunk)라고 불
렀다. 스킴 프로그램은 나중에 다른 어떤 환경에서 평가할 표현식을 묶는 용도로 형식 매개변수가 없는 프로시저를 흔히
사용하므로, 여기서도 그런 식으로 쓰이는 영항(nullary; 또는 무항) 프로시저를 성크라고 부르기로 한다.

```
(define-generic-procedure-handler g:handle-operand
  (match-args lazy? operand? environment?)
  (lambda (parameter operand environment)
    (postpone operand environment)))
(define-generic-procedure-handler g:handle-operand
  (match-args lazy-memo? operand? environment?)
  (lambda (parameter operand environment)
    (postpone-memo operand environment)))
```

물론, 아직 기본 처리부 하나만 있는(p.291 참고) g:advance도 지연 평가에 맞게 확장해야 한다. g:advance 자체의 결과도 평가를 지연해야 할 수 있으므로, 그 점도 고려해서 g:advance를 확장하기로 하자.

```
(define-generic-procedure-handler g:advance
  (match-args postponed?)
  (lambda (object)
    (g:advance (g:eval (postponed-expression object)
                       (postponed-environment object)))))
```

결과의 메모화를 위해 표현식의 평가를 지연하는 경우에는 advance-memo!를 이용해서 그 결과를 기록해 둔다.

```
(define-generic-procedure-handler g:advance
  (match-args postponed-memo?)
  (lambda (object)
    (let ((value
            (g:advance
              (g:eval (postponed-expression object)
                      (postponed-environment object)))))
      (advance-memo! object value)
      value)))
```

일단 메모화한 값은 이후 다시 평가할 필요가 없다. advance-memo! 프로시저는 지연된 객체의 형식을 술어 advanced-memo?를 충족하도록 변경하고, 그 값을 저장해서 이후 advanced-value로 그 값에 접근할 수 있게 한다.[16]

---

[16] advance-memo! 프로시저는 또한 지연된 객체에서 해당 환경(평가를 위한)으로의 포인터를 해제한다. 자신을 가리키는 포인터가 하나도 없는 환경은 이후 쓰레기 수거(GC)의 대상이 된다.

```
(define-generic-procedure-handler g:advance
  (match-args advanced-memo?)
  advanced-value)
```

예제: 느긋한(지연 평가) 쌍과 목록

프로시저 인수의 평가를 지연할 수 있으면 새로운 능력이 생긴다. 예를 들어 쌍(pair)의 내용을 평가하지 않고 쌍을 생성하는 생성자 kons와 선택자 kar, kdr를 정의할 수 있다.[17] 다음은 kons를, 요구에 따른 호출(지연과 메모화의 조합) 방식으로 인수들을 받는 프로시저로 정의한 것이다. 이 프로시저는 kar와 kdr를 위한 메시지 수신자(message acceptor)를 산출한다. 또한, the-pair에 그것이 kons의 결과임을 말해주는 '포스트잇'을 붙인다.

```
(define (kons (x lazy memo) (y lazy memo))
  (define (the-pair m)
    (cond ((eq? m 'kar) x)
          ((eq? m 'kdr) y)
          (else (error "Unknown message — kons" m x y))))
  (hash-table-set! kons-registrations the-pair #t)
  the-pair)
(define (kar x)
  (x 'kar))
(define (kdr x)
  (x 'kdr))
```

포스트잇은 kons 쌍을 식별하는 데 필요하다.

```
(define (kons? object)
  (hash-table-exists? kons-registrations object))
```

이러한 느긋한 쌍 메커니즘을 이용하면 스트림 처리를 손쉽게 구현할 수 있다. 스트림은 목록과 유사하되, 그것을 소비하는 프로세스의 요구에 따라 동적으로 구축된다.[18] 따라서 스트림

---

17 오래되었지만 중요한 논문인 댄 프리드먼과 데이비드 와이즈의 "Cons should not evaluate its arguments"[40]는 느긋한 함수형 프로그래밍의 위력을 보여주었는데, 그런 위력을 발휘하기에는 cons보다 kons가 더 쉽다.

18 스킴[109]은 스트림 구현을 위해 delay와 force를 제공한다. 스트림에 관한 좀 더 자세한 내용은 SICP[1]과 SRFI-41[13]을 보기 바란다.

은 그 길이가 무한할 수 있다. 프로세스는 주어진 한 시점에서 스트림의 일부만 처리하는 과정을 반복해서 무한 스트림을 점진적으로 처리한다.

물론 유한한 스트림도 있으므로, 빈 스트림을 어떻게 표현할 것인지 정해 두는 것이 좋겠다. 여기서는 빈 스트림이 빈 목록과 같다고 정의한다.

```
(define the-empty-stream '())
(define (empty-stream? thing)
  (null? thing))
```

다음은 두 스트림을 연결하는 프로시저이다.

We can add streams:

```
(define (add-streams s1 s2)
  (cond ((empty-stream? s1) s2)
        ((empty-stream? s2) s1)
        (else
         (kons (+ (kar s1) (kar s2))
               (add-streams (kdr s1) (kdr s2))))))
```

다음은 스트림의 n번째 요소를 조회하는 프로시저이다.

```
(define (ref-stream stream n)
  (if (= n 0)
      (kar stream)
      (ref-stream (kdr stream) (- n 1))))
```

이런 스트림 조작 수단들이 있으면, 주어진 처음 두 수로부터 그다음 피보나치 수를 계산하고 kdr을 이용해서 스트림에 추가하는 식으로 무한히 많은 피보나치 수를 산출하는 피보나치 수열 스트림을 만들 수 있다.

```
(define fibs
  (kons 0 (kons 1 (add-streams (kdr fibs) fibs))))
```

다음은 이를 이용해서 몇 가지 피보나치 수를 구하는 예이다.

```
(ref-stream fibs 10)
55
(ref-stream fibs 100)
354224848179261915075
```

통상적인 이중 재귀 피보나치 프로그램의 시간 복잡도는 지수적(exponential)이다. 따라서 그런 방법으로는 피보나치 수열의 100번째 항목을 구하는 것이 현실적으로 불가능할 수 있다. 그렇지만 이 구현은 kons 쌍들을 메모화하는 덕분에 시간 복잡도가 선형(linear)이다. 피보나치 수열의 이 지점에서 인접한 두 피보나치 수의 비는 황금비(golden ratio)에 수렴한다. 다음은 그 비를 완전한 정밀도로 출력하는 코드이다. ◆

```
(inexact
  (/ (ref-stream fibs 100)
     (ref-stream fibs 99)))
1.618033988749895
```

■ 연습문제 5.8 미분방정식의 적분

안타깝게도, kons를 사용한다고 해도 모든 스트림 문제가 해결되지는 않는다. 예를 들어 SICP[1] §4.2.3(p.411)에 암시된 문제점이 자동으로 해소되지는 않는다. 어떤 미분방정식을 주어진 초기 조건에 기반해서 적분한다고 하자. 이를 위해 다음과 같은 프로시저들을 정의한다.

```
(define (map-stream proc (items lazy memo))
  (if (empty-stream? items)
      items
      (kons (proc (kar items))
            (map-stream proc (kdr items)))))
(define (scale-stream items factor)
  (map-stream (lambda (x) (* x factor))
              items))
(define (integral integrand initial-value dt)
  (define int
    (kons initial-value
          (add-streams (scale-stream integrand dt)
```

◆ 옮긴이 참고로 소수점 이하 15자리까지의 황금비는 1.61803_39887_49894이다(자릿수를 세기 좋도록 밑줄을 삽입했다).

```
                  int)))
   int)
(define (solve f y0 dt)
  (define y (integral dy y0 dt))
  (define dy (map-stream f y))
  y)
```

초기 조건 $x(0) = 1$이 주어졌을 때 $x'(t) = x(t)$를 적분해서 e의 근삿값을 구하고자 한다. $e = x(1)$임을 알고 있으므로, 다음 코드로 풀면 될 것이다.

```
(ref-stream (solve (lambda (x) x) 1 0.001) 1000)
;Unbound variable: dy
```

그런데 기대와는 달리 오류가 발생했다.

다행히 우리에게는 이 문제점을 고칠 수단이 있다. 기대한 답을 얻으려면 무엇을 바꾸어야 할까? 다음과 같은 결과가 나오도록 프로시저들을 수정하라.

```
(ref-stream (solve (lambda (x) x) 1 0.001) 1000)
2.716923932235896
```

(이것이 오일러 상수 e를 제대로 근사한 값이 아님은 우리도 알고 있다. 이 연습문제의 초점은 수치 해석이 아니라 프로그래밍일 뿐이다!)

■ 연습문제 5.9 kons의 문제점?

kons 특수형은 두 인수 모두에 지연 평가와 메모화를 적용한 cons에 해당한다. 인수들에 메모화를 적용하지 않는다면 앞의 (ref-stream fibs 100) 계산이 엄청나게 오래 걸린다.

a. 메모화를 적용하지 않아서 생기는 장점이 있을까? 어떨 때 메모화가 문제가 될까?

b. kons를 그냥 스킴에서 가져온 기본 프로시저 cons를 이용해서 다음처럼 간단하게 정의하면 안 될까?

```
(define (kons (a lazy memo) (d lazy memo)))
```

```
(cons a d))
```

c. 좀 더 일반화하자면, 리스프 공동체는 프리드먼과 와이즈가 권장한 대로(p.311의 각주 17 참고) cons를 kons로 바꾸는 데 반대해 왔다. kons가 아니라 cons를 사용함으로써 피할 수 있는 잠재적으로 심각한 문제는 무엇일까? 성능의 작은 상수 요인들은 신경 쓰지 않는다고 가정할 것.

■ **연습문제 5.10** **제한된 매개변수**

형식 매개변수의 선언에 제한을 도입하는 것도 좋은 생각이다. §4.3.2에서 패턴 변수에 제한을 가했던 것과 비슷하게, 주어진 매개변수가 반드시 특정 술어를 충족해야 한다는 제한을 선언에 도입하면 될 것이다. 예를 들어 인수 세 개를 받는 프로시저의 첫 인수는 반드시 정수이어야 하고 둘째 인수는 반드시 소수이어야 하며 셋째 인수에는 제한이 없음을 다음과 같이 표기할 수 있으면 좋을 것이다.

```
(define (my-proc (n integer?) (p prime?) g)
  ...)
```

안타깝게도 이런 임시방편적 설계가 lazy나 memo 같은 다른 선언들과 충돌하지 않으려면 선언들의 순서에 제약을 두거나 예약된 식별자를 사용하는 등의 방편이 필요하다. 편의상 lazy와 memo가 특별한 키워드이고 다른 종류의 선언들에도 키워드를 붙여야 한다고 가정하자. 다음은 매개변수 제한을 위한 술어에 restrict-to라는 키워드를 사용한다고 가정한 예이다.

```
(define (my-proc (n restrict-to integer?)
                 (p restrict-to prime? lazy)
                 g)
  ...)
```

a. 적당한 문법을 설계하라. 나중에 새로운 종류의 선언을 추가할 수 있도록 확장성을 갖추어야 한다. 그 문법을 BNF로 서술하고, 해석기의 문법 프로시저들을 변경해서 문법을 구현하라.

b. 술어 제한을 구현하라. 실행 시점에서 제한이 위반되면 프로그램은 오류를 보고해야 한다.

guarantee◆가 유용할 것이다.

■ **연습문제 5.11** 다항 프로시저 재고찰

a. 연습문제 5.2(p.303)에서 우리는 프로시저의 형식 매개변수들이 인수들의 목록과 바인딩되는 하나의 기호가 될 수 있도록 g:apply 처리부를 수정했다. 그런데 그런 나머지 매개변수 지정 방식은 지금처럼 형식 매개변수에 선언을 장식할 수 있는 시스템과는 잘 어울리지 않는다. 그렇지만, 추가적인(optional; 생략 가능한) 매개변수와 나머지 매개변수도 지원하는 선언 장식 문법을 고안하는 것이 불가능한 것도 아니다.

한 예로, 형식 매개변수 목록의 마지막 형식 매개변수에 rest라는 키워드가 있으면 그 형식 매개변수는 부합하지 않은 모든 인수와 바인딩되게 하는 것도 한 방법이다. 이 rest 선언은 그 인수에 대한 다른 선언들과 함께 사용할 수 있어야 한다. 다음은 이런 문법으로 프로시저를 정의하는 예이다.

```
(lambda (x
         (y restrict-to integer? lazy)
         (z rest restrict-to list-of-integers?))
   ...)
```

여기서 list-of-integers?는 정수들의 목록에 대해 참이 되는 술어이다.

이런 rest 선언을 실제로 구현하라. rest 선언을 lazy나 restrict-to 같은 다른 선언들과 함께 사용할 수 있어야 한다.

b. 추가적인 매개변수도 유용할 것이다. 기본값을 지정할 수 있으면 더 좋겠다. 예를 들어 수치 계산 프로시저라면 사용자가 근사의 허용오차(tolerance)를 지정할 수 있게 하되, 지정하지 않는다면 기본값을 사용하는 식이다. 다음이 그러한 예이다.

```
(lambda (x (epsilon optional flo:ulp-of-one))
   ...)
```

◆ 옮긴이 guarantee는 인수 점검을 위한 보조 프로시저로, p.194의 각주 32에서 언급했다.

여기서 flo:ulp-of-one은 전역 범위에서 정의된 기호로, 1.0에 더했을 때 1.0과 같지 않은 값이 나오는 최소의 2의 제곱수이다. C 표준 라이브러리에서는 이 상수를 DBL EPSILON이라고 부른다. (참고로 flo:ulp-of-one의 IEEE 배정도double-precision 부정소수점 값은 2.220446049250313e-16이다.)

위의 예가 잘 작동하도록 optional 선언을 구현하라. 이 선언이 다른 모든 선언과 합리적인 방식으로 잘 어울리게 해야 한다.

5.3 실행 프로시저로의 컴파일

지금까지 만든 평가자는 극도로 유연하고 확장성이 좋지만, 똑똑하지는 않다. 프로그램이 너무 느리게 실행된다는 점이 문제이다. 문제의 원인 중 하나는 평가자가 프로그램의 문법(간단하긴 해도)을 거듭해서 살펴본다는 점이다. 제4장에서는 각 부합기 패턴을 동일한 형태(§4.3의 조합자 언어)를 가진 부합기 프로시저들의 합성(composition)으로 변환해서 이 문제점을 피했다. 언어를 해석할 때도 이와 비슷하게 주어진 표현식을 실행 프로시저들의 합성으로 컴파일함으로써 구문 구조의 재조사를 피할 수 있다. 그럼 평가로 더 깊이 들어가기 전에 이러한 변환 과정을 거치도록 시스템을 수정해 보자.

여기서 핵심은 주어진 환경에서 표현식을 평가하는 문제를 두 단계(phase)로 분할하는 것이다. 첫 단계에서는 표현식을 분석해서 하나의 실행 프로시저로 변환한다. 둘째 단계에서는 그 실행 프로시저를 환경에 적용해서 기대한 평가 결과를 산출한다. 이러한 착안을 다음과 같이 두 단계의 합성으로 직접 구현한다.

```
(define (x:eval expression environment)
  ((analyze expression) environment))
```

표현식의 분석(analysis)과 변환을 합쳐서 **컴파일**(compilation)이라고 부르고, 컴파일이 진행되는 때를 가리켜 **컴파일 시점**(compile time)이라고 부른다. 컴파일러는 표현식의 행동 중 표현식에 있는 자유 변수들의 값에 의존하지 않는 부분을 추출한다. 컴파일 시점에서 일어나는 일은 대부분 구문적(문법적) 분석이지만, 문법 규칙에 따라 특정한 최적화를 적용할 여지도 있다. 결과로 생긴 실행 프로시저의 행동은 기호들에 어떤 값들(환경에 지정된)이 대응되느냐에 의존한다. 이러한 작업이 일어나는 때를 가리켜 **실행 시점**(run time)이라고 부른다.

표현식의 분석

나중에 필요해지면 언어의 문법을 확장할 수 있도록, 분석을 일반적 프로시저로 구현한다. 기본 분석 방식은 연산자를 피연산자들에 적용하는 것이다. 리스프와 스킴에서 적용(application) 표현식에는 특별한 문법적 키워드가 붙지 않으므로, 이것이 기본이어야 한다.[19]

```
(define x:analyze
  (simple-generic-procedure 'x:analyze 1 default-analyze))
```

x:analyze는 하나의 표현식을 인수로 받고 하나의 실행 프로시저를 돌려준다는 관례를 따른다. 그 실행 프로시저는 실행 환경에 해당하는 인수를 하나 받는다.

analyze 프로시저는 공통의 사용 패턴을 반영한 것이다.

```
(define (analyze expression)
  (make-executor (x:analyze expression)))
```

실행 프로시저를 make-executor라는 래퍼wrapper로 감싸는 이유는 디버깅 때문이다. make-executor 프로시저가 돌려주는 실행기(executor)는 원래의 프로시저와 동일한 인수들을 받고 동일한 값을 돌려주는 프로시저이다. 이 래퍼의 한 가지 유용한 측면은 '실행 자취(execution trace)'를 유지한다는 점이다. 실행 자취는 프로그램이 어떻게 실패 지점에 도달했는지 파악할 때 도움이 된다.

앞에서 언급했듯이, 기본 분석 방식은 '적용'이다.

```
(define (default-analyze expression)
  (cond ((application? expression)
```

---

19 이 평가자는 이전 평가자들과 크게 다르다. 그래서 p.291의 각주 3에서 언급한 것처럼, 관련 프로시저들을 식별하기 위해 새로운 접두사 x:을 사용하기로 한다. 여기서 x는 eXecution(실행)을 의미한다.

```
           (analyze-application expression))
        (else (error "Unknown expression type" expression)))))
(define (analyze-application expression)
  (let ((operator-exec (analyze (operator expression)))
        (operand-execs (map analyze (operands expression))))
    (lambda (environment)
      (x:apply (x:advance (operator-exec environment))
               operand-execs
               environment))))
```

작업이 두 부분으로 분할되었음을 주목하자. 먼저 표현식에서 연산자와 피연산자들을 추출하고 분석해서 실행 프로시저 operator-exec와 operand-execs를 만들어 낸다. 이 분석에 꽤 많은 작업이 필요할 수 있다. 적용을 위한 실행 프로시저는 환경을 받고 연산자를 적용하는 하나의 프로시저(lambda 표현식으로 생성된)이다. x:apply 프로시저(p.323)는 해석기의 g:apply와 유사하다. 단, g:apply는 피연산자 표현식을 인수로 받았지만 x:apply는 피연산자들에 적용할 실행 프로시저들을 받는다. g:advance에 대응되는 x:advance도 마찬가지 이유로 도입한 것이다. 평가자의 모든 부분을 이런 식으로 변환할 수 있다.

자가 평가 표현식(수치, 부울 값, 문자열 등)의 변환은 자명하다. 이 변환에서 어려운 부분은 표현식의 실제 문법뿐이다. 이 부분은 스킴 파서가 처리한다. 평가자에 입력될 토큰들과 s-표현식들은 애초에 스킴이 프로그램 텍스트(소스 코드)를 파싱해서 만들어 내므로, 그런 복잡한 사정을 여기서 우리가 알 필요는 없다.

```
(define (analyze-self-evaluating expression)
  (lambda (environment) expression))
(define-generic-procedure-handler x:analyze
  (match-args self-evaluating?)
  analyze-self-evaluating)
```

인용도, 어려운 부분은 파서가 처리하므로 간단하다.[20]

```
(define (analyze-quoted expression)
```

----

20 리스프에서는(따라서 스킴에서도) 인용 텍스트의 추출이 쉽다. 그냥 cadr이다. 그러나 여기서 우리의 의도는 임의의 언어 문법을 포괄할 수 있도록 일반성을 갖추는 것이다. 대부분의 언어에서는 인용의 텍스트를 추출하기가 이보다 훨씬 어렵다.

```
  (let ((qval (text-of-quotation expression)))
    (lambda (environment) qval)))
(define-generic-procedure-handler x:analyze
  (match-args quoted?)
  analyze-quoted)
```

변수 역시 간단하다. 변수를 식별해서 실행 프로시저에 처리를 맡기면 된다.

```
(define (analyze-variable expression)
  (lambda (environment)
    (lookup-variable-value expression environment)))
(define-generic-procedure-handler x:analyze
  (match-args variable?)
  analyze-variable)
```

리스프/스킴의 lambda 표현식으로 표현된 프로시저 정의는 작업 분할의 위력의 보여주는
예이다. 실행 프로시저를 구축하기 전에 분석기(컴파일러)는 lambda 표현식을 파싱해서 형식
매개변수 명세들을 추출하고 표현식의 본문을 컴파일한다. 따라서 lambda 표현식에 대한 실행
프로시저는, 그리고 그 본문을 실제로 실행하는 코드는, 그런 분석 및 컴파일 작업을 수행할 필
요가 없다.

```
(define (analyze-lambda expression)
  (let ((vars (lambda-parameters expression))
        (body-exec (analyze (lambda-body expression))))
    (lambda (environment)
      (make-compound-procedure vars body-exec environment))))
(define-generic-procedure-handler x:analyze
  (match-args lambda?)
  analyze-lambda)
```

특수형 if의 처리도 분석과 실행의 분리가 주는 장점을 아주 잘 보여주는 예이다. if 표현식
의 세 부분을 분석하는 것은 컴파일 시점에서 완료되므로, 실행 프로시저는 그냥 술어에서 부
울 값을 추출하고 그에 따라 귀결 절과 대안 절 중 하나를 선택해서 실행하기만 하면 된다. 실
행 시점(실행 프로시저가 적용되는)에서는 부분식들을 분석할 필요가 없다.

```
(define (analyze-if expression)
  (let ((predicate-exec
```

```
            (analyze (if-predicate expression)))
          (consequent-exec
            (analyze (if-consequent expression)))
          (alternative-exec
            (analyze (if-alternative expression)))))
      (lambda (environment)
        (if (x:advance (predicate-exec environment))
            (consequent-exec environment)
            (alternative-exec environment)))))
(define-generic-procedure-handler x:analyze
  (match-args if?)
  analyze-if)
```

본문을 구성하는 일련의 부분식을 처리하는 부분은 분석/실행 분리의 위력을 특히나 잘 보여주는 예이다. 프로시저의 본문에 진입할 때마다 부분식들을 다시 평가할 이유는 없다. 이 평가 작업은 컴파일 시점에서 한 번만 수행하면 된다.

analyze-begin 프로시저는 먼저 begin 표현식의 각 부분식을 분석해서 실행 프로시저들의 목록을 만든다(그 실행 프로시저들은 begin 표현식에 있는 부분식들의 순서를 그대로 따른다). 그런 다음 그 실행 프로시저들을 reduce-right와 쌍별(pairwise) 조합자를 이용해서 하나로 연결한다. 쌍별 조합자는 두 실행 프로시저를 받고 그 두 실행 프로시저를 차례로 실행하는 것에 해당하는 하나의 실행 프로시저를 돌려준다.[21]

```
(define (analyze-begin expression)
  (reduce-right (lambda (exec1 exec2)
                  (lambda (environment)
                    (exec1 environment)
                    (exec2 environment)))
                #f
                (map analyze
                     (let ((exps
                            (begin-actions expression)))
                       (if (null? exps)
                           (error "Empty sequence"))
                       exps))))
```

----

21 analyze-begin 프로시저와 reduce-right 프로시저는 절대로 #f 인수를 사용하지 않는데, 이는 #f가 표현식들의 목록이 빈 경우에만 접근되기 때문이다. 그러나 그런 경우에는 이러한 축약이 시작되기 전에 Empty sequence 오류가 발생한다.

```
(define-generic-procedure-handler x:analyze
  (match-args begin?)
  analyze-begin)
```

컴파일러 최적화가 없는 경우에는 배정을 처리하는 데 문제가 될 것이 없다.

```
(define (analyze-assignment expression)
  (let ((var
         (assignment-variable expression))
        (value-exec
         (analyze (assignment-value expression))))
    (lambda (environment)
      (set-variable-value! var
                           (value-exec environment)
                           environment)
      'ok)))
(define-generic-procedure-handler x:analyze
  (match-args assignment?)
  analyze-assignment)
```

그렇지만 컴파일러 최적화가 필요한 경우에는 배정이 심각한 문제를 일으킨다. 배정이 존재하면 프로그램에 '시간(time)'이 도입된다. 즉, 어떤 일들은 배정 이전에 일어나고 어떤 일들은 배정 이후에 일어나며, 배정에 의해 변경된 변수를 참조하는 사건(이벤트)들이 변하게 된다. 따라서, 예를 들어 어떤 공통의 부분식들이 그런 변수를 참조한다면, 그 부분식들이 항상 같은 값을 가진다는 보장이 없어진다.

정의를 컴파일러 최적화와 간섭할 수도 있는 배정으로 간주하지 않는 한(그리고 정의를 잘못 사용하지 않는 한), 정의는 별문제가 아니다.

```
(define (analyze-definition expression)
  (let ((var
         (definition-variable expression))
        (value-exec
         (analyze (definition-value expression))))
    (lambda (environment)
      (define-variable! var
                        (value-exec environment)
                        environment)
      var)))
```

```
(define-generic-procedure-handler x:analyze
  (match-args definition?)
  analyze-definition)
```

cond나 let처럼 표현식의 변환으로 구현되는 특수형들은 이 시스템에서 아주 쉽게 처리할 수 있다. 그냥 변환된 표현식들을 컴파일하면 된다. 실제로, 이 지점에는 대단히 일반적인 매크로 수단들을 연결할(hook in) 수 있다.

```
(define-generic-procedure-handler x:analyze
  (match-args cond?)
  (compose analyze cond->if))
(define-generic-procedure-handler x:analyze
  (match-args let?)
  (compose analyze let->combination))
```

프로시저 적용

적용을 위한 실행 프로시저는 연산자를 위한 실행 프로시저를 호출해서 복합 프로시저를 얻는다. (p.319의 analyze-application을 보라.) 또한, 피연산자들도 실행 프로시저들로 변환한다.

x:apply 프로시저는 기본 평가자(p.300)의 g:apply와 유사하다.

```
(define x:apply
  (simple-generic-procedure 'x:apply 3 default-apply))
(define (default-apply procedure operand-execs environment)
  (error "Unknown procedure type" procedure))
```

참고로, 여기에 쓰인 default-apply는 g:apply에 쓰인 것과 같다. 사용되지 않은 두 매개변수의 이름이 다를 뿐이다.

이전처럼 특정 종류의 매개변수들을 가진 다양한 종류의 프로시저의 적용을 처리할 처리부들이 필요하다. 엄격한 기본 프로시저를 위한 적용 처리부는 반드시 인수들을 평가한 후 기본 프로시저를 실행해야 한다.

```
(define-generic-procedure-handler x:apply
```

```
(match-args strict-primitive-procedure?
            executors?
            environment?)
(lambda (procedure operand-execs environment)
  (apply-primitive-procedure procedure
   (map (lambda (operand-exec)
          (x:advance (operand-exec environment)))
        operand-execs))))
```

보통의 프로시저들을 위한 적용 처리부는 이전에 나온 초보적인 해석기(§5.1)의 것과 그리 다르지 않다. 차이점이라면, 피연산자 표현식 대신 실행 프로시저를 다룬다는 것이다.

```
(define-generic-procedure-handler x:apply
 (match-args compound-procedure? executors? environment?)
 (lambda (procedure operand-execs calling-environment)
   (if (not (n:= (length (procedure-parameters procedure))
                 (length operand-execs)))
       (error "Wrong number of operands supplied"))
   (let ((params (procedure-parameters procedure))
         (body-exec (procedure-body procedure)))
     (let ((names (map procedure-parameter-name params))
           (arguments
            (map (lambda (param operand-exec)
                   (x:handle-operand param
                                     operand-exec
                                     calling-environment))
                 params
                 operand-execs)))
       (body-exec (extend-environment names arguments
                   (procedure-environment procedure)))))))
```

복합 프로시저를 위한 이 적용 처리부는 복합 프로시저에 있을 수 있는 다양한 종류의 형식 매개변수들을 다룰 수 있어야 한다. 지금까지 해온 방식대로, x:handle-operand를 일반적 프로시저로 두어서 그러한 유연성을 보장한다. 기본 경우, 즉 복합 프로시저의 본문으로 들어가기 전에 평가해야 하는 인수에 대해서는 해당 피연산자 실행 프로시저를 즉시 실행해서 그 값을 얻는다. 그러나 지연 평가 매개변수나 메모화 대상 매개변수에 대해서는 해당 실행 프로시저의 실행을 적절히 지연해야 한다.

```
(define x:handle-operand
  (simple-generic-procedure 'x:handle-operand 3
    (lambda (parameter operand-exec environment)
      (operand-exec environment)))))
(define-generic-procedure-handler x:handle-operand
  (match-args lazy? executor? environment?)
  (lambda (parameter operand-exec environment)
    (postpone operand-exec environment)))
(define-generic-procedure-handler x:handle-operand
  (match-args lazy-memo? executor? environment?)
  (lambda (parameter operand-exec environment)
    (postpone-memo operand-exec environment)))
```

피연산자 실행 프로시저의 지연은 피연산자 표현식의 지연과 같다. 그러나 지연된 피연산자 실행 프로시저를 다루기 위한 일반적 프로시저 x:advance의 처리부들은 g:advance의 처리부들과 다르다. x:advance의 경우에는 지연된 실행 프로시저를 지연된 환경에서 eval로 평가하는 것이 아니라, 그 환경에 대해 '호출'해야 한다(p.310의 g:advance와 비교해 볼 것).

```
(define-generic-procedure-handler x:advance
  (match-args postponed?)
  (lambda (object)
    (x:advance ((postponed-expression object)
                (postponed-environment object)))))
(define-generic-procedure-handler x:advance
  (match-args postponed-memo?)
  (lambda (object)
    (let ((value
            (x:advance ((postponed-expression object)
                        (postponed-environment object)))))
      (advance-memo! object value)
      value)))
```

이 x:apply가 피연산자들을 아주 똑똑하게 처리하는 것은 아니다. 사실 이 x:apply는 실행 프로시저의 형식 매개변수 목록을 '파싱'하는 데 많은 공을 들인다. 그런 만큼, 현재의 시스템이 주어진 표현식을 복합 프로시저로 완전하게 컴파일한다고는 말할 수 없다. 이러한 컴파일을 개선하는 한 방법은 이전에 했던 것처럼 엄격한 복합 프로시저의 처리부를 따로 분리하는 것이다. 이 성가신 문제는 독자의 몫으로 남기기로 한다(연습문제 5.16).

■ 연습문제 5.12 다항 프로시저의 구현

연습문제 5.2와 5.11에서 미리 정해지지 않은 개수의 인수를 받을 수 있는 프로시저가 유용할 때가 많음을 언급했다. 스킴의 덧셈, 곱셈 프로시저들이 그런 프로시저의 예이다.

스킴에서 그런 프로시저를 정의할 때는 lambda 표현식의 형식 매개변수들을 목록이 아니라 하나의 기호로 지정한다. 프로시저 호출 시 그 기호는 주어진 인수들의 목록에 바인딩된다. 예를 들어 다음은 다수의 인수를 받고 그 인수들을 제곱한 결과들의 목록을 돌려주는 프로시저이다.

```
(lambda x (map square x))
```

이를 다음과 같이 정의할 수도 있다.

```
(define (ss . x) (map square x))
```

이제 다음이 성립한다.

```
(ss 1 2 3 4) ==> (1 4 9 16)
```

이런 구문이 가능하도록 해석기의 분석 부분을 수정하라.

힌트: 문법 정의들에서 define이나 lambda가 관여하는 코드는 변경할 필요가 없다! 분석기만 변경하면 된다.

수정한 결과가 이런 종류의 프로시저들을 잘 지원하는지, 다른 어떤 문제점을 일으키지는 않는지를 여러 사용 예를 통해서 확인하라.

■ 연습문제 5.13 디버깅 단순화

이 컴파일러의 한 가지 문제점은 실행 프로시저들이 모두 익명의 lambda 표현식들이라는 것이다. 그래서 문제 발생 시 역추적 정보가 거의 없다. 그렇지만 상황을 개선하는 것이 어렵지 않다. 적용을 위한 실행 프로시저를 생성하는 프로시저는 현재 다음과 같은 모습인데(p.319),

```
(define (analyze-application exp)
```

```
    (let ((operator-exec (analyze (operator exp)))
          (operand-execs (map analyze (operands exp))))
      (lambda (env)
        (x:apply (x:advance (operator-exec env))
                 operand-execs
                 env))))
```

이를 다음과 같이 다시 작성하면

```
(define (analyze-application exp)
  (let ((operator-exec (analyze (operator exp)))
        (operand-execs (map analyze (operands exp))))
    (define (execute-application env)
      (x:apply (x:advance (operator-exec env))
               operand-execs
               env))
    execute-application))
```

실행 프로시저에 이름이 부여되므로(적어도 MIT/GNU 스킴에서) 디버깅 시 어떤 종류의 실행 프로시저가 문제를 일으켰는지 확인할 수 있다. 이 착안을 모든 실행 프로시저에 구현하라.

더 나아가서, 실행 시점 코드의 디버깅 편의성을 실행 속도를 희생하지 않고 개선하는 방법을 고안하고, 가능하면 구현해 보라. 예를 들어 표현식 **exp**를 실행 프로시저에 '포스트잇'으로서 부착하면 어떨까?

■

■ 연습문제 5.14 상수 접기

특정 기호에 어떠한 의미가 부여되어 있음을 분석기에 말해주는 선언이 있다고 가정하자. 예를 들어 통상적인 산술 연산자 {+, -, *, /, sqrt}가 어떤 알려진 상수 프로시저들을 지칭함을 말해주는 선언이 있다고 하면, (/ (+ 1 (sqrt 5)) 2) 같은 상수들과 그런 연산자들의 임의의 조합을 분석기가 컴파일 시점에서 평가해서, 실행 시점에서 매번 계산을 수행하는 대신 그 값을 사용할 수 있을 것이다. 이런 컴파일 시점 최적화를 **상수 접기**(constant folding)라고 부른다.

분석기에서 상수 접기를 구현하라. 상수 접기를 위해서는, 프로그램 텍스트의 기호 중 알려진 값으로 바인딩할 수 있는 것들이 무엇인지를 분석기가 알 수 있어야 한다. 예를 들어 분석기는 **car**가 쌍의 기본 선택자와 실제로 바인딩되는지 알아야 한다. 분석기가 알려진 기호의 바인딩들을 찾아내는 프로시저를 호출할 수 있다고 가정하라. 그 프로시저는 하나의 기호를 받고 분석기가 사용할 수 있는 값을 돌려주거나, 그 기호가 분석기의 제어하에 있지 않으면 #f를 돌려주어야 한다.

■ 연습문제 5.15 기타 최적화

상수 접기 외에도, 프로그램의 실행을 개선할 수 있는 단순 변환이 많이 있다. 예를 들어 제4장의 패턴 부합 기술을 이용해서 핍홀 최적화(peephole optimization)와 루프 불변 코드 이동(loop-invariant code motion)을 구현할 수도 있다. 공통 부분식 제거 기능을 추가해도 좋을 것이다. 단, 배정에 의한 부수 효과를 조심해야 한다. 분석기에 최적화 단계를 추가하고, 몇 가지 고전적인 컴파일러 최적화를 구현하고, 그 효과를 시연하라.

■ 연습문제 5.16 형식 매개변수 선언의 컴파일

변환을 통해 실행 프로시저들을 합성하는 방식이 상당히 효과적이고 직접적인 해석보다 훨씬 빠른 코드를 산출하긴 하지만, 이번 절에 나온 해석기가 아주 똑똑하지는 않다. x:apply를 위한 복합 프로시저 실행 프로시저는 형식 매개변수들을 직접 파싱해서 피연산자 처리 방식을 결정한다. 사실 그런 파싱은 실행 시점이 아니라 컴파일 시점에서 수행하는 것이 바람직하다. 즉, 복합 프로시저를 만드는 lambda 표현식을 분석할 때 피연산자들과 호출 환경을 다루는 방식을 결정하고 그것을 실행 프로시저에 반영할 수 있어야 한다.

이러한 컴파일 시점 형식 매개변수 분석을 수행하는 방법을 고안하고 구현하라. 호출 환경이 꼭 필요한 수준 이상으로 전달되지 않게 하는 데 신경을 써야 한다.

참고: 이것은 큰 프로젝트이다.

5.4 탐색 행동

명시적인 역추적 검색(backtracking search)은 제4장에서 패턴 부합을 이야기할 때 구획 변수의 부합과 관련해서 한 번 만난 적이 있다. 그런데 구획 변수가 없는 경우에도, 항 재작성 시스템의 구현에는 어느 정도의 역추적 검색이 필요하다. 패턴 부합 과정에서 어떤 규칙의 귀결 표현식이, 주어진 부합에는 귀결을 데이터의 부합된 부분으로 대체할 수 있을 정도의 변별력이 없다는(비록 규칙의 이전 패턴이 한 데이터 조각에 부합했다고 해도) 결론을 내릴 수도 있다. 그런 경우 귀결 표현식은 #f를 돌려준다. 그러면 부합 시도가 실패하며, 다른 규칙이 있다면 그 규칙을 시도하게 된다.

또한, 일반적 프로시저 처리부의 접근을 최적화하기 위한 트라이^{trie} 메커니즘(§3.4.2)에도 역추적이 필요하다. 트라이는 일련의 인수들이 충족해야 할 술어들의 순차열을 추적한다. 그런데 술어들의 초기 구획이 인수들의 초기 구획과 부합하는 방식이 여러 가지일 수 있으므로, 트라이 메커니즘에는 암묵적인 검색 기능이 내장되어 있다.

역추적은, 그리고 검색에서 역추적의 극단적인 용법은, 흔히 인공지능(AI)의 한 기법으로 간주된다. 그러나 생체계(생물학적 시스템)의 탐색 행동에서처럼, 역추적을 모듈성 있고 독립적으로 진화 가능한 시스템을 만드는 한 방법으로 볼 수도 있다. 간단하지만 실질적인 예로, 이차방정식을 푸는 프로시저를 만든다고 생각해 보자. 이차방정식의 근(해)은 두 개이다. 프로시저가 그 두 근을 모두 돌려주고, 그 두 근으로 무엇을 할 것인지는 그 근을 받은 수신자(프로시저의 호출자)가 결정하게 할 수도 있다. 또는, 더 나은 근 하나를 결정해서 그 근 하나만 돌려줄 수도 있다. (한 수의 제곱근은 두 개이지만, 표준적인 제곱근 프로시저 sqrt는 양의 제곱근만 돌려준다.) 두 해를 모두 돌려주는 것의 단점은, 두 근 중 하나를 선택하는 방법을 수신자가 알아야 한다는 것이다. 물론 수신자가 두 근 중 하나를 자신이 선택하는 대신 두 근을 다른 어떤 수신자에게 돌려주기로 할 수도 있지만, 이런 결정 역시 나름의 근거를 가지고 선택해야 한다. 하나의 해만 돌려주는 것의 단점은 그 해가 수신자의 목적에 맞지 않는 것일 수 있다는 점이다. 물리계 시뮬레이션에서는 이 단점이 실제로 문제가 될 수 있다.

언어적으로 암묵적인 검색

지금까지 우리가 명시적으로 구축한 검색 기능이 쓸 만하긴 하지만, 역추적 메커니즘을 언어적 기반구조에 내장하면 더 나은 시스템이 만들어질 것이다. 제곱근 프로시저는 두 근 중 하나를 돌려주되, 그것이 자신의 목적과 맞지 않는다고 수신자가 결정했다면 다른 근을 돌려줄 수 있어야 한다. 계산의 재료들이 적절하고 허용 가능한지를 판정하는 것은 수신자의 책임이어야 한다. 그런 판정 자체에도 복잡한 계산이 필요할 수 있다. 그러한 판정 과정에는, 추가적인 계산 없이는 선택의 결과가 명확하지 않은 선택들이 관여할 수 있다. 따라서 이러한 과정은 재귀적이다. 이것이 프로그램에서 일어난 모든 선택에 대한 모든 가능한 배정을 재귀적으로 훑는, 잠재적으로 끔찍한 지수적 검색으로 이어질 수 있음은 물론이다.

검색 전략을 프로그램의 나머지 부분과 어느 정도나 분리할 수 있는지 고찰하는 것이 중요하다. 그래야 프로그램을 크게 뜯어고치지 않고도 검색 전략들을 갈아 끼울 수 있다. 이번 절에서는 한 걸음 더 나아가서, 검색을 프로그램에 명시적으로 구축하는 대신, 검색과 검색 제어를 언어가 지원하는 기반구조 자체에 집어넣기로 한다. 단, 이렇게 검색을 암묵적인 기능으로 만들면 검색을 남용하게 될 가능성이 있음을 주의해야 한다. 항상 그렇듯이, 모듈식 유연성은 위험할 수 있다.

이러한 착안은 유서가 깊다. 1961년에 존 매카시는 비결정론적 자동기계(nondeterministic automata)를 표현하는 데 유용한, amb라는 비결정론적 연산자(nondeterministic operator)를 고안했다.[90] 1967년 밥 플로이드는 역추적 검색을 언어적 기반구조의 일부로서 컴퓨터 언어에 내장한다는 착안을 소개했다.[35] 1969년에는 칼 휴위트가 이런 개념들을 체현한 PLANNER라는 언어를 제안했다.[56] 1970년대 초반에 와서 콜메로에, 코왈스키, 루셀, 워런이 프롤로그Prolog[78]를 개발했다. 프롤로그는 제한된 형태의 1차 술어 산법(first-order predicate calculus)에 기초한 언어인데, 역추적 검색을 암묵적으로 내장했다.[22]

5.4.1 amb

매카시의 amb는 임의의 개수의 인수를 받는다. amb 표현식의 값(평가 결과)은 그 인수 중 하나인데, 어떤 것이 선택될지는 미리 알 수 없다.◆ 다음 예를 보자.

```
(amb 1 2 3)
```

----

22 '비단조(nonmonotonic)' 추론을 위한 도구들을 지원하는 시스템들을 개괄한 에릭 샌드월의 개괄 논문[107]이 이에 관해 좀 더 풍부한 맥락을 제공한다.

◆ 옮긴이 참고로 amb는 모호함, 중의성 등을 뜻하는 ambiguity/ambiguous에서 비롯한 이름이다.

이 표현식은 계산의 미래(future of computation)◆에 따라 값 1, 2, 3 중 하나를 산출한다. 인수가 없는 표현식 (amb)에는 가능한 값이 없다. 이것은 계산 실패에 해당하며, 그러면 이전 선택(choice)이 기각된다.

amb를 이용한 표현식은 여러 가지 값으로 평가된다. 모든 가능한 값을 보고 싶으면, 값 하나를 출력한 후 고의로 실패를 발생해서 다음 값을 산출하는 과정을 더 이상 값이 없을 때까지 반복하면 된다.

```
(begin
  (newline)
  (write-line (list (amb 1 2 3) (amb 'a 'b)))
  (amb))
;;; Starting a new problem
(1 a)
(2 a)
(3 a)
(1 b)
(2 b)
(3 b)
;;; There are no more values
```

amb를 이용하면 피타고라스 삼조(Pythagorean triple)◆◆들을 상당히 쉽게 생성할 수 있다. amb로 정수들의 삼조(세값쌍)들을 생성하되, 피타고라스 삼조가 아닌 것을 기각하면 된다.

amb를 이용해서 프로그램을 짜기 편하도록, require라는 보조 수단을 하나를 추가하기로 하자. require는 주어진 인수 술어 표현식이 참이 아닐 때 실패와 역추적을 강제하기 위한 하나의 필터로 쓰인다.

```
(define (require p)
  (if (not p) (amb) 'ok))
```

다음은 한 구간(interval)의 정수들을 생성하는 예이다.

```
(define (an-integer-between low high)
```

◆ 옮긴이 이 맥락에서 계산의 미래는 간단히 말하면 계산 결과를 받은 수신자 또는 그 수신자가 내린 결정을 뜻한다.
◆◆ 옮긴이 피타고라스 정리(직각삼각형의 세 변에 관한)를 만족하는 세 양의 정수의 튜플을 말한다.

```
    (require (<= low high))
    (amb low (an-integer-between (+ low 1) high)))
```

이런 보조 수단들을 이용하면 피타고라스 삼조들을 다음과 같이 아주 직관적인 형태로 검색할 수 있다.

```
(define (a-pythagorean-triple-between low high)
  (let ((i (an-integer-between low high)))
    (let ((j (an-integer-between i high)))
      (let ((k (an-integer-between j high)))
        (require (= (+ (* i i) (* j j))
                    (* k k)))
        (list i j k)))))
(begin
  (newline)
  (write-line (a-pythagorean-triple-between 1 20))
  (amb))
;;; Starting a new problem
(3 4 5)
(5 12 13)
(6 8 10)
(8 15 17)
(9 12 15)
(12 16 20)
;;; There are no more values
```

이런 수단들은 피타고라스 삼조 검색뿐만 아니라 일반적으로도 유용한 것 같다. 그럼 이것을 이번 장 예제 언어의 일부가 되게 해 보자.

5.4.2 amb의 구현

표현식의 분석을 그 실행과 분리하면, 실행 방식을 바꿀 때 구문 분석 부분은 변경할 필요가 없다는 장점이 생긴다. 이번 장의 표현식 해석기도 그런 방식을 따른 덕분에, 비결정론적 검색을 언어에 내장하려면 실행 프로시저들만 변경하면 된다. 이때 관건은 실행 프로시저들을 후속 전달 스타일로 재작성하는 것이다. 후속 전달 스타일에서 각 실행 프로시저는 환경 인수 외에 두 개의 후속 프로시저 인수를 받는다. 하나는 계산이 성공했을 때 호출되는 프로시저로, 흔히 succeed라는 이름으로 지칭한다. 다른 하나는 계산이 성공적이지 않을 때 호출되는 프로시저로, 흔히 쓰이는 이름은 fail이다. 전자를 간단히 성공 후속, 후자를 실패 후속이라고 부르기로 한다.

실행 프로시저는 성공 후속과 실패 후속을 호출해서 얻은 값을 돌려준다. 실패 후속은 '불만 처리 센터'의 역할을 한다. 즉, 성공 후속이 제안한 값을 계산의 미래가 좋아하지 않는다면, 계산의 미래는 인수 없이 실패 후속을 호출해서 다른 결과를 요청한다. (§4.3에서는 반환값 #f를 실패를 뜻하는 값으로 사용했다. §4.2.2에서는 성공 후속과 실패 후속을 사용했다. 성공·실패 후속들이 좀 더 유연하며, 해당 값이 왜 기각(거부)되었는지에 관한 정보를 포함하도록 확장할 수 있다.)

정리하자면, 실행 프로시저의 일반적인 틀은 다음과 같다.

```
(lambda (environment succeed fail)
  ;; succeed = (lambda (value fail)
                    ;; 이 값을 시도한다.
                    ;; 마음에 들지 않으면 (fail).
                    ;; ...)
  ;; fail = (lambda () ...)
  ...
  ;; 결과를 만들어 본다. 안 되면 (fail).
  ...)
```

프로시저를 후속 전달 스타일로 바꾸면 코드의 양이 상당히 불어난다는 단점이 있다. 그러나 재작성 자체는 기본적으로 기계적이다. 예를 들어 p.319의 analyze-application은 현재 다음과 같은 모습이다.

```
(define (analyze-application expression)
  (let ((operator-exec (analyze (operator expression)))
        (operand-execs (map analyze (operands expression))))
    (lambda (environment)
      (x:apply (x:advance (operator-exec environment))
               operand-execs
               environment))))
```

이 코드를 후속 전달 스타일로 재작성하면 다음이 된다.[23]

---

23 유사한 의미의 다른 프로시저들과 구분하기 위해, 이 평가자에서는 amb를 암시하는 접두사 a:를 사용한다. 이런 접두사에 관해서는 p.318의 각주 19에서 설명했다.

```
(define (analyze-application exp)
  (let ((operator-exec (analyze (operator exp)))
        (operand-execs (map analyze (operands exp))))
    (lambda (env succeed fail)
      (operator-exec env
                     (lambda (operator-value fail-1)
                       (a:advance operator-value
                                  (lambda (procedure fail-2)
                                    (a:apply procedure
                                             operand-execs
                                             env
                                             succeed
                                             fail-2))
                                  fail-1))
                     fail)))))
```

이 실행 프로시저는 원래의 실행 프로시저보다 훨씬 복잡하다. 원 실행 프로시저의 본문에서
표현식 (operator-exec environment)는 표현식 (x:advance ...)에 하나의 값을 돌려주며,
그 표현식은 표현식 (x:apply)에 하나의 값을 돌려준다. 그러나 새 프로시저에는 이런 중첩된
표현식들이 없다. 각 프로시저는 그 프로시저의 계산 결과를 받는 다른 프로시저를 호출함으로
써 '반환'된다.

이후 종종 평가를 강제하게(force) 될 것이므로, 평가 강제를 갈무리하는 추상을 만드는 것
이 좋겠다. execute-strict 프로시저는 값을 실제로 얻기 위해 지연된 표현식의 평가를 강제
하는 과정과 연관된 잡다한 세부 사항을 숨기는 목적으로 쓰인다. 앞의 analyze-application
에서는, 적용 가능한 프로시저를 얻기 위해 연산자의 값을 강제하는 부분을 이 execute-
strict의 호출로 대체할 수 있다.

```
(define (execute-strict executor env succeed fail)
  (executor env
            (lambda (value fail-1)
              (a:advance value succeed fail-1))
            fail))
```

execute-strict 프로시저는 주어진 실행 프로시저(executor)를 호출하고, 그 결과
를 a:advance에 전달해서 평가를 강제하고, 강제된 값을 execute-strict의 성공 후속
(succeed)에 전달해서 최종적인 값을 얻고, 그것을 execute-strict의 호출자에게 돌려준다.

다음은 execute-strict를 이용해서 analyze-application을 다시 작성한 것이다.

```
(define (analyze-application exp)
  (let ((operator-exec (analyze (operator exp)))
        (operand-execs (map analyze (operands exp))))
    (lambda (env succeed fail)
      (execute-strict operator-exec
                      env
                      (lambda (procedure fail-2)
                        (a:apply procedure
                                 operand-execs
                                 env
                                 succeed
                                 fail-2))
                      fail))))
```

다른 모든 실행 프로시저도 이런 식으로 재작성해야 한다. analyze-if에서는 조건 표현식의 술어의 값(귀결과 대안 중 하나를 선택하는 데 필요한)을 강제하는 데 execute-strict를 사용한다.

```
(define (analyze-if exp)
  (let ((predicate-exec (analyze (if-predicate exp)))
        (consequent-exec (analyze (if-consequent exp)))
        (alternative-exec (analyze (if-alternative exp))))
    (lambda (env succeed fail)
      (execute-strict predicate-exec
                      env
                      (lambda (pred-value pred-fail)
                        ((if pred-value
                             consequent-exec
                             alternative-exec)
                         env succeed pred-fail))
                      fail))))
```

대부분의 변환(재작성)은 단순하므로 여기서 일일이 제시하지는 않겠다. 다만, 배정의 변환은 다소 흥미로우므로 좀 더 살펴보기도 하자. 통상적인 영구적 배정(permanent assignment) 연산자 set!는 검색 과정에서 특정한 분기(branch)가 조사된 횟수 같은 정보를 누적하는 데 유용하다. 또한, 취소 가능한(undoable) 배정 연산자 maybe-set!도 있다. 이 연산자는 해당 분기가 철회(retraction)된 경우 배정을 취소하는 용도로 쓰인다. 통상적인 영구적 배정은 다음과 같이 구현한다.

```
(define (analyze-assignment exp)
  (let ((var (assignment-variable exp))
        (value-exec (analyze (assignment-value exp))))
    (lambda (env succeed fail)
      (value-exec env
                  (lambda (new-val val-fail)
                    (set-variable-value! var new-val env)
                    (succeed 'ok val-fail))
                  fail))))
```

취소 가능 배정은 더 복잡하다. 성공적인 배정과 함께 전달된 실패 후속은 배정된 변수의 값을
그 이전 값으로 되돌린다.

```
(define (analyze-undoable-assignment exp)
  (let ((var (assignment-variable exp))
        (value-exec (analyze (assignment-value exp))))
    (lambda (env succeed fail)
      (value-exec env
                  (lambda (new-val val-fail)
                    (let ((old-val
                           (lookup-variable-value var env)))
                      (set-variable-value! var new-val env)
                      (succeed 'ok
                               (lambda ()
                                 (set-variable-value! var
                                                      old-val
                                                      env)
                                 (val-fail)))))
                  fail))))
```

그밖에 살펴볼 만한 흥미로운 사례는 amb 자체의 구현밖에 없다. 이 지점에서는, 만일 마지
막으로 제안된 값마저 기각되면 그다음 대안을 선택해야 한다. 이 부분은 현재 대안에 대한 실
패 후속이 담당한다.

```
(define (analyze-amb exp)
  (let ((alternative-execs
         (map analyze (amb-alternatives exp))))
```

```
(lambda (env succeed fail)
  (let loop ((alts alternative-execs))
    (if (pair? alts)
        ((car alts) env
                    succeed
                    (lambda ()
                      (loop (cdr alts))))
        (fail))))))
```

대안이 더 없으면 amb의 실행 프로시저는 주어진 실패 후속을 호출한다. 그러면 프로그램은 대안들의 트리를 깊이 우선(depth-first) 방식으로 검색한다. 검색 과정은 대안들의 목록을 cdr로 훑으면서 각 대안을 조사한다. 따라서 이 검색 과정은 왼쪽에서 오른쪽의 순서로 진행된다.[24]

이렇게 해서 amb를 위한 구현이 끝났다. 남은 일은 후속 전달 구조를 지원하도록 REPL(p.301)을 고치는 것뿐이다.

■ 연습문제 5.17 퍼즐

다음 퍼즐을 amb을 이용해서 정식화하고 해답을 구하라.

두 여성(알리사Alyssa와 에바Eva)과 네 남성(벤Ben, 루이스Louis, 사이Cy, 렘Lem)이 원탁에 앉아서 카드놀이를 한다. 각자 여러 장의 카드를 들고 있으며(손에 든 카드들을 손패(hand)라고 부른다), 두 손패가 같은 강도(strength)인 경우는 없다.

- 벤은 에바 반대편에 앉아 있다.
- 엘리아 오른쪽 남성의 손패는 렘의 손패보다 강하다.
- 에바 오른쪽 남성의 손패는 벤의 손패보다 강하다.
- 벤 오른쪽 남성의 손패는 사이의 손패보다 강하다.
- 벤 오른쪽 남성의 손패는 에바의 손패보다 강하다.

---

24 이 amb 구현이 매카시의 구현을 온전하게 반영한 것은 아니다. 매카시의 amb는 대안 중 하나가 발산하더라도(diverge; 계산에 무한한 시간이 걸리거나 오류가 발생함을 뜻한다—옮긴이) 하나의 값으로 수렴된다는 점에서 "예지적(prescient)"이다. 우리의 평가자는 왼쪽에서 오른쪽으로의 깊이 우선 검색으로 대안들을 탐색하므로, e가 발산하는 표현식이라고 할 때 (amb e 5)는 발산한다. 그렇지만 매카시의 amb는 5를 돌려줄 것이다. 이 점을 윌리엄 클링어가 [21]에서 훌륭하게 설명한다.

- 렘 오른쪽 여성의 손패는 사이의 손패보다 강하다.
- 사이 오른쪽 여성의 손패는 루이스의 손패보다 강하다.

플레이어들이 원탁에 어떻게 앉아 있는가? 그 배치가 원탁의 회전에 대하여 유일한가?

amb를 이용해서 각 선택에 대해 가능한 대안들을 명시하라. 또한, "벤 오른쪽에 앉은 남성의 손패는 사이의 손패보다 강하다."를 "벤 오른쪽에 앉은 사람은 사이가 아니다."로 바꾸었을 때 해의 개수를 구하고 왜 그렇게 되는지 설명하라.

참고: 가장 직접적인 해법은 느리다. 2017년에 나온 노트북 컴퓨터로는 몇 시간이 걸린다. 그렇지만 단 2분 만에 해에 수렴하는 현명한 해법이 존재한다.[25]

■ 연습문제 5.18 실패 검출

프로그램이 표현식의 실패를 검출하게 하는 if-fail이라는 새 구문 구조를 구현하라. if-fail은 표현식 두 개를 받는다. 첫 표현식은 보통 방식으로 평가한다. 평가가 성공이면 그냥 그 값을 돌려준다. 그러나 평가가 실패하면 둘째 표현식의 값을 돌려준다. 다음 예를 참고하자.

```
(if-fail (let ((x (amb 1 3 5)))
            (require (even? x))
            x)
          'all-odd)
all-odd
(if-fail (let ((x (amb 1 3 4 5)))
            (require (even? x))
            x)
          'all-odd)
4
```

힌트: 아주 간단하게 구현할 수 있다!

---

25 이 시간들은 내장된 탐색 행동 해석기를 바탕 스킴 시스템으로 해석해서 실행하는 상황에서 측정한 것이다. 내장된 해석기를 스킴 컴파일러로 컴파일해서 실행하면 속도가 30배 정도 빨라진다.

if-fail이 연습문제 5.18에 명시된 대로 작동한다고 할 때, 다음 표현식들의 평가 결과는 무엇인가?

```
(let ((pairs '()))
  (if-fail (let ((p (prime-sum-pair '(1 3 5 8) '(20 35 110))))
             (set! pairs (cons p pairs))
             (amb))
           pairs))
(let ((pairs '()))
  (if-fail (let ((p (prime-sum-pair '(1 3 5 8) '(20 35 110))))
             (maybe-set! pairs (cons p pairs))
             (amb))
           pairs))
```

필요하다면 다음 정의들을 사용하라.

```
(define (prime-sum-pair list1 list2)
  (let ((a (an-element-of list1))
        (b (an-element-of list2)))
    (require (prime? (+ a b)))
    (list a b)))
(define (an-element-of lst)
  (if (null? lst)
      (amb)
      (amb (car lst)
           (an-element-of (cdr lst)))))
(define (prime? n)
  (= n (smallest-divisor n)))
(define (smallest-divisor n)
  (define (find-divisor test-divisor)
    (cond ((> (square test-divisor) n) n)
          ((divides? test-divisor n) test-divisor)
          (else (find-divisor (+ test-divisor 1)))))
  (define (divides? a b)
    (= (remainder b a) 0))
  (find-divisor 2))
```

본문의 amb 메커니즘은 항상 amb 표현식에 주어진 순서대로 후보 표현식들을 시도한다. 그런데 문맥 정보에 따라 더 나은 순서를 사용할 수 있는 경우도 종종 있다. 예를 들어 보드게임에서 유효한 수(move)를 선택할 때는 반드시 게임판의 현재 상태를 고려해야 한다. 이런 종류의 유연성을 갖춘 amb의 새 버전을 만들어 보자. 각 선택(choice) 표현식에 다음처럼 수치로 평가되는 가중치(weight) 표현식이 짝 지워져 있다고 가정한다.

```
(choose (<weight-1> <choice-1>) ... (<weight-n> <choice-n>))
```

이 가중치 표현식들을 모두 평가해서 나온 가중치들에 기반에서 다음에 평가할 선택 표현식을 고르고 평가해서 값을 돌려주면 될 것이다. 물론, 한 선택 표현식을 선택할 때마다 그 선택 표현식과 가중치 표현식을 제거해야 하며(나중에 다시 선택되지 않도록), 만일 그 선택 표현식의 평가가 실패하면 다시 choose로 돌아와 나머지 가중치 표현식들을 다시 평가해서 다음번 선택 표현식을 선택해야 한다.

a. 가중치가 가장 큰 선택 표현식이 선택되도록 choose를 구현하라.

b. 실제 응용에서는 가중치만으로는 한 선택 표현식을 유일하게 선택하지 못하는 경우가 많다. 계산된 가중치들에 비례하는 확률로 선택 표현식을 무작위로 고르는 것이 좋은 전략일 수 있다. choose와 문법이 같되 확률을 이용하는 또 다른 선택기 pchoose를 구현하라.

5.5 바탕 후속 프로시저들의 노출

이제부터는 진짜 마법을 다룬다!

스킴을 비롯해 대부분의 언어는 표현식이라는 개념을 중심으로 조직화된다. 표현식은 하나의 값을 "돌려준다." 표현식은 부분 표현식, 줄여서 부분식들로 구성되며, 각 부분식 역시 하나의 값을 돌려준다. 전체 표현식(복합 표현식)은 부분식들이 돌려준 값들로 구성된다. 이러한 표현식의 핵심 개념은 무엇일까?

다음과 같은 복합 표현식을 생각해 보자.

```
(+ 1 (* 2 3) (/ 8 2))
```

이 표현식의 값은 물론 11이다. 각 부분식의 연산자와 피연산자들을 평가하고, 연산자(프로시저)의 값을 피연산자(인수)들의 값들에 적용하는 과정을 재귀적으로 반복하면 11이 나온다.

계산을 후속 전달 스타일(continuation-passing style)로 다시 정식화하면 이러한 과정이 좀 더 명확해진다. 우선, 후속 전달 스타일의 곱셈, 나눗셈, 덧셈 프로시저들을 지칭하는 새 연산자 **, //, ++를 정의하자.

```
(define (** m1 m2 continue)
  (continue (* m1 m2)))
(define (// n d continue)
  (continue (/ n d)))
(define (++ a1 a2 continue)
  (continue (+ a1 a2)))
```

이 프로시저들은 평가된 값을 호출자에게 돌려주지 않는다는 점에서 통상적인 *, /, +와 다르다. 이 프로시저들은 계산된 값으로 마지막 인수를 호출한다. 그 인수가 바로 후속 프로시저(continuation procedure; 줄여서 그냥 '후속')이다. 후속 전달 스타일은 §4.2.2와 §5.4.2에서 사용했으며, p.236의 통합자에서도 사용했다.

후속 전달 스타일에서 (+ 1 (* 2 3) (/ 8 2))의 계산은 다음과 같은 모습이다.

```
(** 2 3
   (lambda (the-product)        ; A
     (// 8 2
        (lambda (the-quotient)   ; B
          (++ 1 the-product the-quotient
             k)))))
```

여기서 k는 최종 후속(final continuation) 프로시저인데, 최종 후속은 하나의 인수를 받고 하나의 값을 돌려준다. 그 값이 계산의 최종 결과(지금 예에서는 11)이다.[26]

---

26 후속 전달 스타일이라는 개념은 컴퓨터 언어 이론가들이 컴퓨터 언어의 의미론(semantics)을 명확히 하기 위해 도입한 것이다. 이 개념의 전체 역사가 [103]에 나온다. 스킴에서는 부분식에 깔린 후속 프로시저들이 일급 프로시저로 노출된다.[120, 61, 109]

이 예에서 프로시저 **는 2와 3의 곱을 계산한 후 그 결과인 6으로 자신의 후속(주석에 A로 표시된 lambda 표현식)을 호출한다. 따라서, A의 본문에서 the-product는 6에 바인딩된다. A의 본문에서 프로시저 //는 8을 2로 나누고 그 결과인 4를 B로 표시된 프로시저에 전달한다. B 프로시저에서 the-quotient는 4에 바인딩된다. B의 본문에서 ++는 1, 6, 4의 합을 계산하고 그 결과인 11을 후속 k에 전달한다.

이러한 후속 전달 스타일에는 값을 돌려주는 중첩된 표현식들이 없다. 모든 결과는 후속 프로시저로 전달된다. 값이 반환되길 기다리는 프로시저가 없으므로 스택stack이 필요 없다! 대신, 순차적인 컴퓨터에서 표현식의 값을 계산할 때 컴파일러가 하는 것과 동일한 방식으로 표현식 트리를 선형화(linearization)한다.

바탕 후속 프로시저

이러한 후속 전달 스타일에 깔린 핵심 착안은, 표현식의 부분식은 그냥 그 부분식의 값(나중에 표현식의 평가를 계속하는데 필요한)을 받는 한 프로시저를 위한 '문법적 설탕(편의 구문)'일 뿐이라는 것이다. 후속이 계산의 전체 미래를 대표한다는 점에서, 이러한 착안은 대단히 강력하다. 표현식의 의미를 이처럼 좀 더 깊게 이해하면, 복잡도와 구문 중첩(syntactic nesting)의 비용이 상당히 높은 단일 값 표현식 스타일의 프로그래밍에서 벗어날 수 있다.

표현식이 평가되는 문맥마다, 그 표현식의 결과를 기대하는 후속 프로시저가 존재한다. 예를 들어 표현식이 최상위 수준에서 평가되면, 후속은 평가 결과를 받아서 화면에 추력하고, 다음 입력을 위한 프롬프트를 제시한다. 그러면 사용자가 또 다른 표현식을 입력하면 같은 과정이 반복된다. 그러나 대부분의 경우 후속에는 사용자 코드가 지정한 동작들이 포함된다. 예를 들어 한 후속 프로시저가 결과를 받아서 어떤 지역 변수에 담긴 값과 곱하고, 거기에 7을 더한 결과를 반환하면 궁극적으로 최상위 후속 프로시저가 그것을 화면에 출력한다. 이처럼 모든 표현식의 평가에 쓰이는 이 후속 프로시저들은 무대 뒤에, 즉 시스템의 바탕에 깔려 있으며, 프로그램은 이 후속들을 거의 신경 쓰지 않는다. 스킴은 표현식의 바탕(underlyng) 후속 프로시저를 프로그래머가 조회하는 수단을 제공한다. 스킴에서 이러한 바탕 후속은 인수로 전달하거나, 값으로 돌려주거나, 자료 구조의 한 요소로 사용할 수 있는 일급(first-class) 객체이다. 대부분의 언어는 일급 후속의 사용을 지원하지 않는다. (지원하는 언어로는 SML, 루비Ruby, 스몰토크Smalltalk 등이 있다.)

명시적인 바탕 후속들은 프로그래머의 가장 강력한(그리고 가장 위험한) 도구 중 하나이다. 후속 프로시저가 있으면 프로그래머는 시간을 명시적으로 통제할 수 있다. 후속을 갈무리해서 실행을 정지했다가 나중에 언제라도 실행을 재개할 수 있기 때문이다. 그런 능력이 있으면 코루틴(협조적 다중 태스킹)을 작성할 수 있으며, 거기에 타이머 가로채기(interrupt) 메커니즘이 추가된다면 시분할 시스템(timesharing system; 선점적 다중 태스킹 시스템)을 구현할 수 있다. 프로그래머가 후속 프로시저들을 명시적으로 다루어야 하는 경우를 위해 스킴은, 현재 후속(current continuation) 프로시저에 해당하는 명시적인 프로시저를 작성하는 수단을 제공한다. 그러나 이러한 능력을 제대로 활용하려면 먼저 후속을 좀 더 깊게 이해할 필요가 있다.

후속은 계산의 제어 상태(control state)를 갈무리한(capture) 것이다.[27] 후속이 호출되면, 그 후속이 대표하는 지점에서부터 계산이 재개된다. 후속은 부분식의 값이 그것을 포함하는 표현식의 평가로 반환되는 동작을 대표할 수도 있다. 그런 경우 후속은 호출 시 자신의 인수들을 부분식의 값으로서 포함 표현식의 평가에 반환하는 하나의 프로시저이다. 하나의 후속은 여러 번 호출될 수 있으며, 그러면 하나의 계산이 특정 지점에서 후속이 돌려주는 서로 다른 값들로 재개될 수 있다. 이에 대한 예제가 잠시 후에 나온다.

스킴은 표현식 구조의 바탕에 깔린 후속들에 접근하는 수단으로 call-with-current-continuation(약자는 call/cc)을 제공한다. call/cc의 인수는 call/cc 표현식의 후속 프로시저를 인수로 받는 프로시저이다. 재차 강조하지만, 스킴에서 후속은 인수 하나를 받는 일급 프로시저이며, 그 인수는 후속 호출 시 돌려줄 값이다.[28] 다음은 간단한 예이다.

```
(define foo)
(set! foo
  (+ 1
    (call/cc
      (lambda (k)
        ;; k는 표현식 call/cc의
        ;; 후속이다. 따라서
        ;; 6으로 k를 호출하면
        ;; foo는 11이 된다.
        (k (* 2 3)))))
```

27 이러한 제어 상태를 시스템의 전체 상태(full state)와 혼동하면 안 된다. 전체 상태는 후속의 미래를 결정하는 데 필요한 모든 정보와 프로그램으로 구성된다. 전체 상태는 모든 변경 가능(mutable) 변수의 현재 값들과 데이터를 포함한다. 후속은 변경 가능 변수와 데이터를 포함하지 않는다.

28 하지만 스킴 보고서[109]에 따르면 후속은 임의의 개수의 인수를 받을 수 있다는 점도 주의하자.

```
      (/ 8 2)))
  foo
  11
```

이 예에서 보듯이, **call/cc**는 주어진 인수로 **call/cc** 자신의 후속을 호출한다. 이것만으로는 별로 대단한 일이 아니다. 아직은 (+ 1 (* 2 3) (/ 8 2))를 직접 평가하는 것과 다를 바가 없다.

스킴의 프로시저는 수명(extent)이◆ 무기한(indefinite)이다. 후속을 저장해 두고 재활용하면 전혀 새로운 세상이 열린다.

```
(define bar)
(define foo)
(set! foo
  (+ 1
     (call/cc
       (lambda (k)
         (set! bar k)
         (k (* 2 3))))
     (/ 8 2)))
foo
11
(bar -2)
foo
3
```

대단히 인상적인 결과이다. 이 코드는 궁극적으로 foo의 값을 결정할 계산의 미래를 bar에 저장해 둔다. 후속을 다른 값(−2)으로 호출하니 foo의 배정이 다시 수행되어서, foo의 값이 이전과 달라졌음을 주목하자.

5.5.1 비지역 종료로서의 후속

다음과 같은 비지역 종료(nonlocal exit) 후속의 간단한 예를 생각해 보자(스킴 보고서[109]에 나온 예제를 수정한 것이다).

....

◆ 옮긴이 객체의 scope(범위)는 프로그램 텍스트상에서 그 객체가 유효한 공간적 구간을 말하는 반면, extent는 실행 시점에서 객체가 유효한 시간적 구간을 말한다. '수명'이 extent의 정확한 번역은 아니지만, 의미상 크게 다르지 않고 '외연'이나 '한도' 같은 용어보다 독자의 이해에 도움이 될 것이라고 판단했다.

```
(call/cc
 (lambda (exit)
   (for-each (lambda (x)
               (if (negative? x) (exit x)))
             '(54 0 37 -3 245 -19))   ; **
   (exit #t)))
-3
```

스킴의 for-each 프로시저는 목록을 왼쪽에서 오른쪽 순서로 훑기 때문에, 처음으로 마주치는 음의 요소는 -3이다. 그 -3이 즉시 반환된다. 만일 목록에 음수가 없었다면 #t가 반환되었을 것이다(바깥쪽 lambda 표현식의 본문은 두 표현식이 차례로 나열된 형태, 즉 for-each 표현식 다음에 #t를 돌려주는 표현식이 있는 형태이다.)

다음 정의에서처럼 call/cc가 다른 어떤 표현식 안에서 쓰일 수도 있다. (바탕 후속과 바인 딩되는 기호는 영문자 k로 시작하는 것이 관례이다.)

```
(define (first-negative list-of-numbers)
  (call/cc
   (lambda (k exit)
     (or (call/cc (lambda (k shortcut)
                    (for-each (lambda (n)
                                (cond ((not (number? n))
                                       (pp `(not-a-number: ,n))
                                       (k exit #f))
                                      ((negative? n)
                                       (k shortcut n))
                                      (else
                                       'keep-looking)))
                              list-of-numbers)
                    #f))
         'no-negatives-found))))
```

이 first-negative는 다음과 같이 작동한다.

```
(first-negative '(54 0 37 -3 245 -19))
-3
(first-negative '(54 0 37 3 245 19))
no-negatives-found
(first-negative '(54 0 37 no 245 -19))
```

```
(not-a-number: no)
#f
```

이 예제는 중첩된 후속을 잘 보여준다. 가장 바깥의 k exit 후속은 first-negative 호출 전체를 종료하지만, 안쪽 k shortcut 후속은 자신이 포함된 논리합(disjunction) 표현식만 종료하고, 그 지점부터 실행을 계속한다.

정리하자면, call/cc가 갈무리한 후속이 어떤 값으로 호출되면, 그 값이 후속을 갈무리한 call/cc의 호출 결과로서 반환되고, 그 지점에서 실행이 정상적으로 재개되는 식으로 계산이 진행된다.

■ 연습문제 5.21 비지역 종료

이 연습문제는 이번 장의 내장 해석기가 아니라 스킴 자체로 풀기 바란다. 그편이 디버깅과 계장(instrumentation)◆이 수월하다. 스킴 자체에 쓸만한 call/cc 구현이 갖추어져 있다.

a. 트리 하나를 받고 재귀적 하강으로 트리를 탐색해서 기호 snark가 있는 말단(leaf) 노드를 찾는 snark-hunt라는[29] 간단한 프로시저를 정의하라. 그런 노드를 찾으면 즉시 탐색을 멈추고 #t를 돌려주어야 하며, 트리 전체에서 그런 노드를 찾지 못했다면 #f를 돌려주어야 한다. call/cc를 사용할 것. 다음 예를 참고하기 바란다.

```
(snark-hunt '(((a b c) d (e f)) g (((snark . "oops") h) (i . j))))
  #t
```

snark-hunt의 입력이 온전한 목록들로만 이루어진 것은 아닐 수도 있음을 주의해야 한다.

b. snark-hunt가 소리 없이 여러 수준을 되짚어 반환되는 것이 아니라 즉시 종료됨을 어떻게 확인할 수 있을까? 이를 확인하기 위한 snark-hunt/instrumented라는 새 프로시저를 작성하라.

힌트: 종료 상태(exit status) 플래그를 하나 설정하고, 반환 경로를 따라 오류를 신호하는

◆ 옮긴이 넓게는 프로그램의 성능이나 작동 방식을 측정하고 추적하는 것을 말하지만, 좁게는 그런 목적으로 프로그램 자체에 특정한 코드를 삽입하는 것을 말한다. 여기서는 후자의 의미가 강하다.

29 'snark'에 관해서는 루이스 캐럴의 "The Hunting of the Snark(스나크 사냥)"(1876년)을 보라.

방식은 플래그를 제대로만 배치한다면 잘 작동할 수 있다. 그렇지만 그냥 pp로 실행을 추적하는 게 더 쉬울 것이다. 원하는 결과만 나온다면, 임시방편적인 요령을 사용해도 무방하다. 이 연습문제의 목표는 여러분이 후속을 좀 더 깊게 이해하는 것일 뿐, 실무 품질의 코드를 만들어내는 것이 아니다. 여러분의 전략을 간결히 설명하라.

5.5.2 제어권의 비지역 전달

지금까지의 논의는, 갈무리된 후속을 비지역 종료만을 위해 사용했다는 점에서 다소 단순화되었다고 할 수 있다. 후속은 그보다 더 강력하다. 일단 호출된 후속에 재진입하는(reenter) 것도 가능하다. 다음은 그러한 재진입 개념을 보여주는 예이다.[30]

```
(define the-continuation #f)
(define (test)
  (let ((i 0))
    ;; call/cc의 인수는 call/cc가 산출한
    ;; 후속을 전역 변수 the-continuation에
    ;; 배정한다.
    (call/cc (lambda (k) (set! the-continuation k)))
    ;; 후속이 호출되면 여기서
    ;; 실행이 재개된다.
    (set! i (+ i 1))
    i))
```

이러한 행동 방식이 놀랍게 느껴질 수도 있을 것이다. test 프로시저는 지역 변수 i를 생성해서 0으로 초기화한다. test는 또한 실행의 제어권(control)이 let 표현식의 본문에 있는 call/cc 표현식으로부터 돌아오는(return) 것에 해당하는 제어 상태를 나타내는 후속을 생성해서 전역 변수 the-continuation에 저장한다. 그런 다음 i의 현재 값을 1 증가한 값을 i의 새 값으로 배정한다. 이에 의해 i는 1이 된다.

```
(test)
1
```

---

30 이 예제는 위키백과[25]의 예제를 차용했다.

the-continuation이 호출되면 call/cc는 let 표현식의 본문을 반환하며, 그러면 실행이 재개되어서 i가 증가하고 i의 새 값이 반환된다.

```
(the-continuation 'OK)
2
(the-continuation 'OK)
3
```

(인수 OK는 call/cc의 값인데, let의 본문은 이 값을 그냥 무시한다.)

test를 다시 실행해서 새 후속을 the-continuation에 배정하기 위해, 기존 후속을 another-continuation에 저장해 두자. 이제 test를 호출하면 i의 또 다른 인스턴스가 생성되어서 0으로 초기화되고, 후속에 의해 1 증가한다.

```
(define another-continuation the-continuation)
(test)
1
```

이 새 후속은 another-continuation에 저장해 둔 후속과는 별개이다.

```
(the-continuation 'OK)
2
(another-continuation 'OK) ; 저장해 둔 후속을 사용한다.
4
```

이제 약간 더 흥미로운 다음 시나리오를 생각해 보자.

```
(define the-continuation #f)
(define sum #f)
(begin
  (set! sum
        (+ 2 (call/cc
               (lambda (k)
                 (set! the-continuation k)
                 (k 3)))))
  'ok)
ok
sum
```

```
5
(the-continuation 4)
ok
sum
6
(the-continuation 5)
ok
sum
7
```

the-continuation 호출에 의해 이 갈무리된 후속에 재진입할 때 실행의 제어권이 덧셈 이전에 반환된다는, 따라서 변수 sum를 배정하고 기호 ok를 돌려주기 전에 반환된다는 점을 세심하게 살펴보기 바란다. 이 후속을 호출하면 항상 기호 ok가 반환되는 것은 이 때문이다. 그러나 sum에는 the-continuation에 주어진 인수와 2를 합한 결과가 배정된다. 따라서 sum의 값을 요청하면 새 합을 얻게 된다. 이 예제는 갈무리된 후속을 이용해서 중간 반환 지점에서 실행을 재개하는 방법을 보여준다. 다음 절(§5.5.3)에서는 이 메커니즘을 역추적에 사용하는 방법을 살펴본다.

5.5.3 후속에서 amb로

amb 구현을 비롯해 우리가 하고자 하는 거의 모든 것을 그냥 스킴 자체의 call/cc로 할 수 있다. 어떻게 하면 되는지 살펴보자.

사실 후속은 역추적을 자연스럽게 지원하는 메커니즘이다. 후속을 이용하면, 일단 선택을 하고, 그 선택이 부적절하다고 판명되면 다른 대안을 선택해서 평가할 수 있다. (현실의 우리 삶에서도 그럴 수 있다면 좋겠다!) §5.4 도입부에서 언급한 제곱근의 예에서, 제곱근 프로그램은 두 제곱근의 amb를 돌려주어야 한다. 이때 amb는 두 근 중 하나를 선택해서 돌려주되 그 선택이 기각되면 다른 근을 돌려주는 연산자로 작용한다. 결과를 받는 수신자는 주어진 근을 그대로 사용할 수도 있지만, 그 근이 자신의 의도와는 맞지 않는다고 판정한 경우에는 fail을 호출할 수 있다. 그러면 amb 연산자는 다른 대안을 선택해서 후속을 통해서 돌려준다. 본질적으로 후속은 선택들의 생성기(generator)를 선택의 수신자/판정자와 상호작용하는 코루틴 형태로 작성할 수 있게 한다.

역추적 시스템의 심장부는 amb-list 프로시저이다. 이 프로시저는 동기(sibling)♦ 성크들의 순차열을 받는데, 각 성크는 amb 표현식이 선택할 수 있는 대안(후보) 값을 대표한다. 그 성크들을 한 amb 매크로가 처리하는데, 이 매크로는 다음과 같이 amb 표현식을 amb-list 표현식으로 변환한다.

```
(amb e1 ... en) ==>
  (amb-list (list (lambda () e1) ... (lambda () en)))
```

amb 매크로는 다음과 같다(이식성 있는 syntax-rules 특수형으로 작성되었다).

```
(define-syntax amb
  (syntax-rules ()
    ((amb exp ...)
     (amb-list (list (lambda () exp) ...)))))
```

다음은 간단한 사용 예이다.

```
(pp (syntax '(amb a b c) user-initial-environment))
(amb-list (list (lambda () a) (lambda () b) (lambda () c)))
```

검색 기능은 하나의 검색 일정(search schedule)을 관리한다. 검색 일정은 amb 표현식이 새 대안을 돌려주어야 할 때 성크들을 어떻게 호출할 것인지를 결정하는 하나의 예정표(agenda)에 해당한다. amb-list 프로시저는 먼저 대안 값들을 검색 일정에 추가하고, 그 일정의 첫 성크에 제어권을 양보한다(yield). 대안이 하나도 주어지지 않았으면(표현식이 그냥 (amb)이면) amb-list는 검색 일정에 아무 것도 추가하지 않고 제어권을 양보하고, 디버깅을 위해 호출 실패 횟수를 뜻하는 전역 카운터를 증가한다.

```
(define (amb-list alternatives)
  (if (null? alternatives)
      (set! *number-of-calls-to-fail*
            (+ *number-of-calls-to-fail* 1)))
  (call/cc
```

....

♦ 옮긴이 '동기'는 부모 노드가 같은 자식 노드들이나 같은 목록에 포함된 객체들처럼 상하 관계가 아니라 수평 관계에 있는, '형제자매'에 비유할 수 있는 구성요소들을 의미하는 용어이다.

```
(lambda (k)
  ((add-to-search-schedule)
   (map (lambda (alternative)
          (lambda ()
            (within-continuation k alternative)))
        alternatives))
  (yield))))
```

구체적인 amb 표현식에 대해, amb-list는 그 amb 표현식의 진입 지점에서 갈무리한 후속 k를 이용해서 선택이 반환되게 하는 방식으로 대안 성크들을 구축한다.[31]

제어권을 양보하는 방법은, 검색 일정에서 해당 대안 성크를 조회해서 실행하는 것이다(그런 성크가 있는 경우). 검색 일정 객체는 스택stack과 대기열(queue) 모두에 해당하는 자료 구조로 구현되는데, 왜 그런지는 잠시 후에 알게 될 것이다.

```
(define (yield)
  (if (deque-empty? (*search-schedule*))
      ((*top-level*) 'no-more-alternatives)
      ((pop! (*search-schedule*)))))
```

*top-level*과 add-to-search-schedule을 호출해서 작업에 필요한 프로시저들을 얻는다는 점이 의아한 독자도 있을 것이다. 검색 일정 객체를 얻기 위해 *search-schedule*도 호출한다. 이러한 간접층을 둔 이유는, 이들이 스킴의 매개변수 객체(p.468)이기 때문이다. 잠시 후에 보겠지만, 이들을 이런 식으로 정의한 것은 이들을 동적으로 다른 값들과 바인딩하기 위해서이다. *search-schedule*는 빈 검색 일정 객체를 만든다.

```
(define *search-schedule*
  (make-parameter (empty-search-schedule)))
```

마법은 amb-list의 call/cc에서 일어난다. amb-list는(따라서 amb는) yield를 실행한다. 이 call/cc의 후속이, 따라서 amb의 후속이, amb 표현식의 각 대안에 대해 검색 일정에 추가된다. 검색 일정에서 대안 하나를 뽑아서 실행했을 때 그 대안의 값은, 그 대안을 검색 일정에 추

----

31 MIT/GNU 스킴 확장의 within-continuation 프로시저(여기서 (k (alternative)) 호출과 거의 동등한)는 계산을 정확하게 계속하는 데 꼭 필요하지 않은 제어 스택 항목들의 갈무리를 방지한다.

가한 amb 표현식이 돌려준 값이다.

검색 일정 객체를 스택이자 대기열로 구현한 덕분에, 깊이 우선(depth-first) 검색과 너비 우선(breadth-first) 검색을 모두 사용할 수 있다. 두 검색 방식은 검색 일정을 훑는 순서만 다를 뿐이다. 검색 방식은 매개변수 객체 add-to-search-schedule을 원하는 순서에 동적으로 바인딩해서 지정한다.

기본 순서는 깊이 우선이다.

```
(define add-to-search-schedule
  (make-parameter add-to-depth-first-search-schedule))
```

다음 두 프로시저는 풀고자 하는 문제를 캡슐화한 성크를 실행할 때 검색 순서를 제어하는 용도로 쓰인다. add-to-search-schedule에 둘 중 원하는 것을 동적으로 바인딩하면 된다. 이들의 사용법에 관한 예제는 연습문제 5.22(p.355)에 나온다.

```
(define (with-depth-first-schedule problem-thunk)
  (call/cc
   (lambda (k)
     (parameterize ((add-to-search-schedule
                     add-to-depth-first-search-schedule)
                    (*search-schedule*
                     (empty-search-schedule))
                    (*top-level* k))
       (problem-thunk)))))
(define (with-breadth-first-schedule problem-thunk)
  (call/cc
   (lambda (k)
     (parameterize ((add-to-search-schedule
                     add-to-breadth-first-search-schedule)
                    (*search-schedule*
                     (empty-search-schedule))
                    (*top-level* k))
       (problem-thunk)))))
```

이 프로시저들은 *search-schedule*와 *top-level*를 동적으로 바인딩해서 지역적으로 다시 초기화한다. 이 덕분에 범위(scope)가 아니라 수명(extent)으로 일정을 관리할 수 있다. 더 이상의 대안이 없는 경우 yield는 검색을 종료하고 with-...-first-schedule의 호출자에게 no-more-alternatives를 돌려줄 수 있다. 다음은 이상의 코드로 깊이 우선 탐색과 너비 우선 탐색을 수행하는 예이다.

```
(define search-order-demo
  (lambda ()
    (let ((x (amb 1 2)))
      (pp (list x))
      (let ((y (amb 'a 'b)))
        (pp (list x y))))
    (amb)))
(with-depth-first-schedule search-order-demo)
(1)
(1 a)
(1 b)
(2)
(2 a)
(2 b)
no-more-alternatives
(with-breadth-first-schedule search-order-demo)
(1)
(2)
(1 a)
(1 b)
(2 a)
(2 b)
no-more-alternatives
```

검색 순서 프로시저들은 저수준 스택 변이자(mutator)와 대기열 변이자로 구현한다. 깊이 우선 검색 프로시저는 대안들을 검색 일정의 앞쪽에 삽입하는 반면, 너비 우선 프로시저는 검색 일정의 끝에 추가한다. 두 경우 모두, 대안들은 amb에 지정된 순서대로 검색 일정에 추가된다.

```
(define (add-to-depth-first-search-schedule alternatives)
  (for-each (lambda (alternative)
              (push! (*search-schedule*) alternative))
            (reverse alternatives)))
(define (add-to-breadth-first-search-schedule alternatives)
  (for-each (lambda (alternative)
              (add-to-end! (*search-schedule*) alternative))
            alternatives))
```

매개변수 객체 *top-level*는 대안이 더 이상 없는 경우 시스템이 주어진 result로 REPL 을 계속 진행하도록 초기화된다. (앞의 코드에서 yield는 기호 no-more-alternatives를 최 상위로 전달한다.) with-...-first-schedule가 *top-level*을 다시 바인딩함을 주목하기 바란다.

```
(define *top-level*
  (make-parameter
    (lambda (result)
      (abort->nearest
       (cmdl-message/active
        (lambda (port)
          (fresh-line port)
          (display "; " port)
          (write result port)))))))
```

모든 것을 시작하는 수단도 필요하다.

```
(define (init-amb)
  (reset-deque! (*search-schedule*))
  (set! *number-of-calls-to-fail* 0)
  'done)
```

마지막으로, amb를 사용하는 거의 모든 프로그램에는 require가 필요하다.

```
(define (require p)
  (if (not p) (amb) 'ok))
```

이게 전부이다! call/cc로 할 수 있는 일은 놀랍다. 스킴처럼 기본 환경 자체가 call/cc를 제공한다면, 내장 시스템이 굳이 amb를 구현할(§5.4.2에서 했던 것처럼) 필요가 없다.

시도해 볼 만한 다른 방법들

만일 어떤 부분 문제(subproblem)를 푸는 방법이 여러 개이고 그중 일부만 더 큰 문제를 푸는 데 적합하다면, 생성 및 판정(generate-and-test) 메커니즘(그림 1.2)에서처럼 그 방법들을 차례로 시도해 보는 것만이 유일한 접근 방식은 아니다. 예를 들어 일부 선택이 어떤 판정 자에서는 아주 긴(어쩌면 무한히 긴) 계산으로 이어지고 또 어떤 판정자에서는 빠르게 성공하거나 실패한다면, 선택들을 각각 하나의 스레드에 할당해서 동시에(concurrently) 실행하는 것이 바람직할 것이다. 이를 위해서는 스레드들이 서로 통신하는 수단이 필요하며, 어쩌면 성공한 스레드가 다른 동기 스레드들을 죽이는 수단이 필요할 수도 있다. 이 모든 것을 후속 프로시저를 이용해서 안배할 수 있다. 스레드 대 스레드 통신은 트랜잭션^{transaction}을 중심으로 조직화하면 된다.

■ **연습문제 5.22 너비 대 깊이**

다소 막무가내식으로 피타고라스 삼조를 찾는 프로그램을 p.331에서 언급했다. 너비 우선 검색과 깊이 우선 검색의 성능을 비교하기 위해, 그 프로그램이 시도한 삼조(세값쌍)의 개수를 세는 카운터를 검색자(searcher)에 삽입해 보자.

```
(define (a-pythagorean-triple-between low high)
  (let ((i (an-integer-between low high)))
    (let ((j (an-integer-between i high)))
      (let ((k (an-integer-between j high)))
        (set! triples-tested (+ triples-tested 1))
        (require (= (+ (* i i) (* j j))
                    (* k k)))
        (list i j k)))))
(define triples-tested 0)
```

먼저 너비 우선부터 시험해 보자.

```
(begin (init-amb)        ; 실패 카운터를 재설정하기 위해
       (set! triples-tested 0)
       (with-breadth-first-schedule
       (lambda ()
         (pp (a-pythagorean-triple-between 10 20)))))
(12 16 20)
triples-tested
246
*number-of-calls-to-fail*
282
```

그리고 다음은 깊이 우선 탐색의 경우이다.

```
(begin (init-amb)
    (set! triples-tested 0)
    (with-depth-first-schedule
    (lambda ()
      (pp (a-pythagorean-triple-between 10 20)))))
(12 16 20)
triples-tested
156
*number-of-calls-to-fail*
182
```

a. 깊이 우선 검색과 너비 우선 검색에서 `triples-tested`의 차이를 설명하라(정확한 수치가 아니라 대략적인 관점에서).

b. 시도된 삼조의 개수와 `*number-of-calls-to-fail*`의 값이 왜 차이가 나는지 설명하라. 여분의 실패 횟수는 어디서 온 것일까?

c. 앞의 실험 결과는 너비 우선 검색이 더 많은 일을 한다는 점을 보여준다. 그런데도 다음의 `a-pythagorean-triple-from` 검색이 너비 우선 검색 전략에서는 잘 작동하지만 깊이 우선 검색 전략에서는 사용할 수 없을 정도로 느린 이유가 무엇일까?

```
(define (a-pythagorean-triple-from low)
  (let ((i (an-integer-from low)))
    (let ((j (an-integer-from i)))
      (let ((k (an-integer-from j)))
        (require (= (+ (* i i) (* j j)) (* k k)))
        (list i j k)))))
(define (an-integer-from low)
  (amb low (an-integer-from (+ low 1))))
(with-depth-first-schedule
  (lambda ()
    (pp (a-pythagorean-triple-from 10))))
```

■ **연습문제 5.23 덜 결정론적인 비결정론**

에바 루 에이터는 우리의 amb 구현이 그리 비결정론적이지 않음을 지적한다. 구체적으로 말하면, 대안들의 목록이 amb 특수형에 주어졌을 때, 이 구현은 항상 제일 왼쪽 대안에서 시작해서 오른쪽으로 가면서 대안들을 차례로 선택한다.

에바의 제안은 그런 왼쪽-오른쪽 순서를 고정하는 대신, 오른쪽-왼쪽 순서나 무작위 순서 등등 대안 선택 순서를 사용자가 임의로 바꿀 수 있게 하자는 것이다. 구체적으로, 에바는 다음과 같은 수단들을 추가하고 싶어 한다.

```
(with-left-to-right-ordering 문제-성크)
(with-right-to-left-ordering 문제-성크)
(with-random-ordering 문제-성크)
```

에바는 이러한 순서 선택이 검색 순서(깊이 우선, 너비 우선 등등)와는 독립적이어야 한다는 점도 잊지 않고 지적한다.

a. 순서 없는(무작위 순) amb가 유용한 경우는 어떤 때인가? 구체적인 짧은 예제를 만들어서 부문제 **b**를 위한 검례(test case)로 사용하라.

b. 앞에서 언급한 세 가지 선택 순서를 구현하고 각각의 사용 예를 제시하라. 단순함과 통일성을 위해, 기존의 with-depth-first-schedule, add-to-depth-first-search-schedule 등과 동일한 형태로 코드를 작성할 것. 힌트: 스킴의 내장 random 프로시저를 사용해도 좋다.

■ **연습문제 5.24 중첩된 전략**

본문에서 우리는 너비 우선 검색 전략과 깊이 우선 검색 전략이 검색들 안에서 얼마든지 여러 번 중첩될 수 있게 하고자 했다. 현재의 구현에서, 깊이 우선 검색 일정과 너비 우선 검색 일정을 중첩해도 검색이 정확하게 진행될까? 버그가 있다면 그것을 드러내고 없다면 검색이 정확히 진행되는 사례들을 보여주는 실험을 설계하라. 여러분이 얻은 답의 합리적 근거(rationale)를 설명하라.

이 문제를 풀려면, 깊이 우선 탐색 전략과 너비 우선 탐색 전략을 구분하고 그것들을 흥미로운 방식으로 조합해서 중첩된 검색들에 대한 지역 제어를 시연하는 실험을 만들어야 할 것이다.

이러한 유연성이 그저 요점을 증명하기 위한 편법이 아니라 실제로도 유용할 만한 부류의 문제들을 찾아보라.

§5.4.2에 나온 amb의 내장 해석기 버전에서는 두 종류의 배정을 활용하는 방법을 살펴보았다. 하나는 set!로 대표되는 통상적인 영구적 배정이고 다른 하나는 maybe-set!로 대표되는 취소 가능 배정이다. 후자는 역추적에 의해 기존 배정이 취소된다. 이번 절의 네이티브 코드 구현에서 이러한 취소 가능 효과를 위한 일반적인 래퍼를 구현한다면 다음과 같은 모습이 될 것이다.

```
(define (effect-wrapper doer undoer)
  (force-next
   (lambda () (undoer) (yield)))
  (doer))
(define (force-next thunk)
  (push! (*search-schedule*) thunk))
```

이 래퍼를 이용해서 maybe-set!를 다음과 같이 하나의 매크로로 구현할 수 있다.

```
(define-syntax maybe-set!
  (syntax-rules ()
    ((maybe-set! var val)
     (let ((old-val var))
       (effect-wrapper
        (lambda ()
          (set! var val))
        (lambda ()
          (set! var old-val)))))))
```

안타깝게도 이것은 깊이 우선 검색에서만 말이 되고, 너비 우선 검색에서는 말이 되지 않는다. 왜 그런지 설명하라. 이 문제를 고칠 수 있을까?

■ **연습문제 5.26 내장 시스템의 검색 제어**

성공 후속과 실패 후속을 가진 조합자 분석 능력을 갖춘 §5.4.2의 내장 시스템은 깊이 우선 검색만 지원한다. 너비 우선 검색도 지원하도록 이 내장 시스템을 수정하려면 어떻게 해야 할까? 여러분의 수정 전략을 설명하고, 검색 순서를 제어할 수 있도록 시스템을 재구현하라. 참고: 코드를 상당히 크게 뜯어고쳐야 할 것이다.

5.6 큰 힘과 큰 책임

이번 장에서는 처치–튜링 계산 범용성(Church–Turing universality of computation)이 가져다주는 커다란 힘을 만끽했다. 이제 우리는 "이 언어로는 이걸 표현할 수 없어!" 같은 불평을 할 수 없다. 그 어떤 프로그래밍 언어이든, 해석과 컴파일의 요령들을 익히기만 하면 언어의 제약에서 탈출할 수 있다. 해석과 컴파일 능력이 있으면 주어진 문제에 적합한 DSL을 구축하는 것이 항상 가능하기 때문이다. 이번 장에서는 스킴을 바탕 언어로 사용해서 강력한 리스프 기반 언어를 스킴 위에 구축했다. 리스프를 택한 이유는, 리스프 문법을 이용하면 이번 장의 개념들을 아주 간단하게 보여줄 수 있기 때문이다. (중위 표기법에 대한 연습문제 5.7이 좋은 예이다. 문법이 복잡한 언어를 사용했다면 그 문제를 풀기가 훨씬 지루하고 시간이 오래 걸릴 것이다.) 그렇긴 하지만, 해석의 위력은 튜링 범용 언어(Turing–universal language)이기만 하면 그 어떤 언어에서도 사용할 수 있다.

미래의 유연성을 위해서는 언어를 단순하고 일반적으로 구축하는 것이 중요하다. 그러한 언어에는 아주 적은 수의 메커니즘만, 구체적으로 말하면 기본 요소들과 조합 수단들, 그리고 추상 수단들만 있어야 한다. 언어를 필요에 따라 확장할 수 있어야 하고, 부품들을 이리저리 조합해서 프로그램을 구성할 수 있어야 한다. 그리고 가장 중요하게는, 그런 언어가 여러 개이고 각각이 문제의 특정 부분에 적합하다면, 그 언어들이 연동하게 하는 좋은 수단들이 반드시 있어야 한다.

큰 힘에는 그보다 더 큰 책임이 따른다. 언어를 하나 만들 때마다, 그 언어를 다른 사람들도 배울 수 있도록 문서화에 힘써야 한다. 오늘 우리가 작성하는 프로그램을 나중에 읽고 고치는 사람은 우리가 아닐 수 있기 때문이다. (사실, 작년에 작성한 프로그램을 내가 직접 읽어도 이해하기가 아주 어려울 수 있다. 작년에 프로그램을 어떻게 작성했는지에 관한 세부 사항을 모두 기억하기란 어렵기 때문이다.) 따라서 이 큰 힘은 아주 가끔씩만 사용하는 것이 중요하다. 그리고 이 힘을 사용할 때는 반드시 그 결과를 세심하게 문서화해야 한다. 그렇지 않으면 다음 프로그래머(어쩌면 우리 자신일 수도 있다)가 청소하고 재작성해야 할 해독 불가능한 쓰레기를 남겨주는 셈이 되기 때문이다. '바벨탑' 건축에 참여하지는 말아야 한다.

UNIX에서 파생된 운영체제들은 이 문제의 좋은 측면과 나쁜 측면을 모두 보여준다. UNIX류 운영체제에는 자신만의 언어를 가진 명령이 많다. 예를 들어 awk와 sed, grep은 모두 고유한 언어를 사용하는데, 그 언어들에는 §2.2에서 논의한 지저분하고 부적절하게 정의된 정규표현식 언어도 포함되어 있다. 그 언어들이 당면한 문제들을 푸는 데 도움이 되는 것은 사실이다. 그렇지만 이들은 하나의 일관된 개념을 바탕으로 하지 않기 때문에 배우고 익히기가 어렵다. 셸의 인용 관례와 grep의 인용 관례가 어떻게 상호작용하고 충돌하는지 생각하면 이 점을 이해할 수 있을 것이다. UNIX '도사(guru)'가 되려면 개별 명령에 특화된 까다로운 세부 사항을 많이 배워야 한다. 한편 UNIX 자체는 여러 명령을 놀랄 만큼 간단하고 우아한 방식으로 연동하는 수단을 제공한다. 스트림이 바로 그것이다. 모든 기본 UNIX 유틸리티는 스트림을 입력받고 스트림을 출력한다. 파이프를 이용해서 한 명령의 출력을 다른 명령의 입력으로 연결할 수 있다. 이러한 UNIX의 철학은 곱씹어 볼 가치가 아주 크다.

제6장

계층화

프로그래밍 분야가 건축 분야에서 배울 점이 있다는 생각을 §1.1에서 이야기했다. 프로그래머가 어떤 착안을 시험해 볼 때 무작정 코드를 짜는 것이 아니라 파르티parti, 즉 '실행 가능한 뼈대 계획'에서 출발하는 것이 도움이 될 수 있다. 파르티가 충분히 좋아 보이면 거기에 더 많은 정보를 추가해서 살을 붙여 나가면 된다.

예를 들어, 매개변수의 형식(type)을 선언하는 기능을 구현해 두면 효율적인 코드의 컴파일이 가능해지고 형식 오류를 방지할 수 있다. 차원 선언과 단위 선언은 몇몇 종류의 버그를 방지하고 문서화에 도움이 된다. 술어 단언(predicate assertion)은 실행 시점에서 발생하는 오류를 지역화(localization)하는 데 도움이 되며, 코드의 '정확성(correctness)'을 자동으로 또는 수동으로 증명하는 데에도 도움이 된다. 수치적 수량과 산술 연산의 정밀도를 선언하는 기능은 수치 해석 문제를 명확하게 만든다. 대안 구현 제시 능력이 있으면, 유용한 축중성(degeneracy; §1.3)을 구현에 도입할 수 있다. 의존성 정보가 있으면 결과의 출처를 추적할 수 있다.

그런데 이런 중요하고도 강력한 기능들을 프로그래머들이 흔히 사용하는 방법으로 프로그램에 추가하다 보면 프로그램 텍스트가 점점 더 복잡하고 지저분해진다. 건축의 비유를 계속하자면, 그런 방법은 '서비스받는 공간(served space)'과 '서비스하는 공간(servant space)'을 분리하지 않는다. 프로그램의 '본질적(essential)' 기능(프로그램의 행동을 정의하는 코드)과 '우발적(accidental)' 기능(컴파일러를 위한 형식 정보나 로깅을 위한 코드 등)의 분리는 예전부터 중요한 논제였다. 관점 지향 프로그래밍(aspect-oriented programming; 또는 측면 지향 프로그래밍)[67]은 로깅logging 같은 '횡단 관심사(cross-cutting concern)'들을 명시적으로 식별함으로써 이 문제의 일부를 해결하려는 시도였다. 이러한 분리에 영향을 주는 또 다른 방법이 이번 장의 주제인 계층화(layering)이다. 임의의 데이터나 코드 조각에 다른 데이터나 코드를 주해(annotaion)로 다는 것은 유연한 시스템의 구축에 꼭 필요한 메커니즘이다. 이런 식으로 값을 장식(decoration)하는 것은 제3장에서 확장성 있는 일반적 연산을 지원하는 데 사용한 태깅tagging의 일반화에 해당한다. 이번 장에서는 **계층적 프로그래밍(layered programming)**이라는 개념을 소개한다. 이번 장에서는 데이터와 프로시저(데이터를 처리하는)를 여러 계층으로 구축해서, 프로그램 텍스트가 지저분해지는 일 없이 가산적으로 주해를 달 수 있게 한다.

6.1 계층 활용

계층을 이용하면 일단 계산의 개요만 서술한 후 계산 과정에서 처리되는 메터데이터를 추가해서 계산을 좀 더 정교하게 만들 수 있다. 그럼 여러 상황에서 유용하다고 우리 저자들이 판단한 주해 몇 가지를 살펴보자. 예를 들어 뉴턴의 중력 법칙을 프로그램에서 사용해야 한다고 가정하자.

```
(define (F m1 m2 r)
  (/ (* G m1 m2) (square r)))
```

간단한 수치 계산이지만, 여기에 지지(support) 정보를 담은 계층과 단위(unit)에 관한 계층을 추가해서 계산을 정교화할 수 있다.

먼저 뉴턴 중력 상수 *G*를 정의한다. 다음은 NIST(미국 국립표준기술연구소)가 2018년 발표한 측정치를 반영한 코드이다.

```
(define G
  (layered-datum 6.67408e-11
    unit-layer (unit 'meter 3 'kilogram -1 'second -2)
    support-layer (support-set 'CODATA-2018)))
```

이 코드에는 측정된 수치와 측정 단위($m^3/(kg\ s^2)$), 해당 수치의 출처(지지 정보)가 있다. 측정의 불확실성을 나타내는 오차 범위에 대한 계층을 추가해서 이를 더 확장할 수 있겠지만, 일단은 이 정도로 만족하자.

다음으로, 지구의 질량과 달의 질량, 지구와 달의 거리(장축)도 다른 출처들에서 찾아서 정의한다.

```
(define M-Earth
  (layered-datum 5.9722e24
                 unit-layer (unit 'kilogram 1)
                 support-layer
                 (support-set 'Astronomical-Almanac-2016)))
(define M-Moon
  (layered-datum 7.342e22
                 unit-layer (unit 'kilogram 1)
                 support-layer
                 (support-set 'NASA-2006)))
(define a-Moon
  (layered-datum 384399e3
                 unit-layer (unit 'meter 1)
                 support-layer
                 (support-set 'Wieczorek-2006)))
```

이제 "이 거리에서 지구와 달의 중력 인력은 얼마인가?"라는 질문의 답을 구할 수 있다.

```
(pp (F M-earth M-Moon a-moon))
#[layered-datum 1.9805035857209e20]
(base-layer 1.9805035857209e20)
(unit-layer (unit kilogram 1 meter 1 second -2))
(support-layer
 (support-set Wieczorek-2006
              NASA-2006
              Astronomical-Almanac-2016
              CODATA-2018))
```

출력에는 수치 결과와 함께 결과의 단위와 결과가 의존하는 출처들이 나와 있다.

6.2 계층화 구현

계층화는 두 부분으로 구성된다. 첫 부분은 다수의 정보층으로 이루어진 데이터를 만드는 수단을 갖추는 것이다. 지금 예에서는 layered-datum이 그러한 수단이다. 둘째 부분은 각 계층을 (어느 정도는) 독립적으로 처리할 수 있도록 프로시저를 개선하는 수단을 갖추는 것이다. 이런 식으로 개선한 프로시저를 **계층적 프로시저**(layered procedure; 또는 계층화된 프로시저)라고 부른다.

또한 계층에 이름을 배정하는 방법도 있어야 한다. 각 계층에는 이름이 있어야 한다. 그래야 데이터에 그 계층을 지정할 수 있다. 계층의 이름은 계층적 프로시저가 그 계층의 처리를 입력 데이터의 해당 계층과 연결할 때도 쓰인다. 지금 예제에서는 변수를 이용해서 계층 이름을 지칭한다. 예를 들어 unit-layer는 주어진 변수를 계층의 이름으로 바인딩한다. 이렇게 하면 사용자 인터페이스가 구체적인 계층 이름 지정 방식과는 독립적으로 작동할 수 있다. 차차 보겠지만, 이는 유용한 특징이다.

계층 이름과 관련해서 주목할 또 다른 측면은, 다른 계층들과 구별되는 **기반층**(base layer)이 하나 있어야 한다는 것이다. 기반층은 수행할 바탕 계산 전체를 대표한다. layered-datum을 이용하는 지금 예제에서 기반층의 값은 그것이 첫 번째 인수라는 점과 연관된 이름이 없다는 점에서 다른 계층들과 구별된다.

계층적 데이터를 단순 자료 구조로부터 구축할 수 있다. 계층 이름을 값과 연관시킬 수 있고 그런 연관을 여러 개 둘 수 있는 자료 구조라면 어떤 것이든 편한 것을 사용하면 된다. 기반층을 특별한 이름으로 식별할 수도 있는데, 그러면 자료 구조가 단순해지고 일관성이 생긴다.

계층적 프로시저를 구축하는 것은 좀 더 복잡하다. 대부분의 계층은 처리 시 기반층의 계산에서 비롯한 어느 정도의 정보가 필요하기 때문이다. 예를 들어 지지 정보가 포함된 두 수를 곱한다고 하자. 보통의 경우 곱셈 결과의 지지 정보는 인수들의 지지 정보들의 합집합이다. 그러나 만일 한 인수의 기반층 값이 0이면 계산 결과의 지지 정보는 0의 지지 정보이며, 다른 인수의 지지 정보와는 무관하다.

기반층은 다른 비기반층(non-base layer; 기반층이 아닌 계층)에 의존하지 않아야 한다. 비기반층에 의존한다는 것은, "다른 계층들이 개선할 바탕이 되는 독립적인 계산을 대표한다"라는 기반층의 목적에 위배된다. 그리고 비기반층은 다른 비기반층에 의존하지 않는 것이 바람직하다. 일반적으로, 비기반층은 다른 비기반층과 정보를 공유하지 않아야 한다. 정보를 공유하게 되면 비기반층의 행동이 다른 계층의 존재 또는 부재에 따라 달라질 것이기 때문이다. 이는 프로그램을 가산적으로 구축해 나가는 우리의 일반적인 접근 방식과 맞지 않는다.

정리하자면, 계층적 프로시저의 구축에는 기반층과 비기반층이 정보를 공유한다는 측면과 그 외의 대부분의 경우에서 비기반층들을 격리한다는 측면의 균형이 관여한다. 다음 절들에서 계층화 구현의 세부 사항을 논의하면서 이 문제도 좀 더 살펴보기로 하겠다.

6.2.1 계층적 데이터

계층적 데이터 항목은 하나의 기반값(base value)에,♦ 그 값에 관한 추가 정보를 주해로 단 것이다. 이때 주해(annotation)는 계층 이름과 주해 내용의 쌍이다. 예를 들어 2라는 수치는 여러 데이터 항목에서 기반값으로 쓰일 것이다. 그러나 이 수치의 의미는 프로그램에 따라 다르다. 감자를 다루는 프로그램에서 2는 2달러 가격표일 수도 있고, 아니면 2파운드 자루일 수도 있다. 이 두 가지 인스턴스는 단위층의 값(달러 또는 파운드)이 다른, 서로 구별되는 데이터 항목들이다. 단위층 이외의 계층들도 있을 수 있다. 예를 들어 2달러 가격이 농부에서 구매한 산지 가격과 수송 및 처리 비용 등에서 유도한 것이라면, 그러한 정보를 담은 또 다른 계층들을 추가할 수 있을 것이다.

이런 개념을 지원하기 위해 **계층적 데이터**(layered data)라는 요소를 도입하기로 한다. 계층적 데이터는 계층과 그 값의 연관들을 담은 하나의 번들bundle(§B.2.2)로 표현한다. 추가 정보를 담은 계층들 덕분에 감자 2파운드와 감자 가격 2달러는 같은 수치 2에 기반하지만 서로 다른 계층적 데이터 항목이 된다.

```
(define (make-layered-datum base-value alist)
  (if (null? alist)
      base-value
      (let ((alist
             (cons (cons base-layer base-value)
                   alist)))
```

♦ 옮긴이 '기준값'이라는 용어도 흔히 쓰이지만, 이 번역서에서는 기반층(base layer)과의 일관성을 위해 '기반값'을 사용한다.

```
(define (has-layer? layer)
  (and (assv layer alist) #t))
(define (get-layer-value layer)
  (cdr (assv layer alist)))
(define (annotation-layers)
  (map car (cdr alist)))
(bundle layered-datum?
        has-layer? get-layer-value
        annotation-layers))))
```

계층과 그 값의 연관은 **연관 목록**(association list)으로 표현한다. 연관 목록은 키-값 쌍들의 목록으로, 코드에서는 alist로 표기한다.

편의를 위해 layered-datum이라는 프로시저를 두기로 한다. 이 프로시저는 **속성 목록**(property-list; p.362의 예제에 쓰인 것처럼 계층 이름과 그 값이 번갈아 나열된 목록)의 형태로 계층 인수들을 받고 해당 연관 목록으로 make-layered-datum을 호출한다.

```
(define (layered-datum base-value . plist)
  (make-layered-datum base-value (plist->alist plist)))
```

이 설계는 대단히 유연하다. 계층적 데이터가 어떤 계층을 몇 개나 사용해야 하는지에 대한 제약은 없으므로, 무수히 많은 종류의 계층적 데이터를 만들 수 있다. 모든 종류의 계층적 데이터가 가진 공통의 특징은 base-layer라는 특별한 계층이 하나 존재한다는 것뿐이다. 이 '기반층'에는 다른 모든 계층 값이 주해로 달린 하나의 객체가 있다.

하나의 계층은 그 계층의 세부 사항을 담은 번들로 표현된다. 가장 단순한 계층은 기반층이다.

```
(define base-layer
  (let ()
    (define (get-name) 'base)
    (define (has-value? object) #t)
    (define (get-value object)
      (if (layered-datum? object)
          (object 'get-layer-value base-layer)
          object))
    (bundle layer? get-name has-value? get-value)))
```

이 프로시저는 계층에 대한 기본 연산인 get-value 연산을 정의한다. get-value는 계층의 값을 돌려주는데, 값이 없으면 정해진 기본값을 돌려준다. 기반층의 경우 기본값은 객체 자체이다.

주해층(annotation layer)은 좀 더 복잡하다. 앞에서 이야기한 기반층의 기능과 더불어, 주해층은 기명(named; 명명된) 프로시저들의 집합도 관리한다. 기명 프로시저 집합은 잠시 후에 계층적 프로시저를 살펴볼 때 다시 이야기하겠다. make-annotation-layer 프로시저는 모든 주해층이 사용하는 공통의 기반구조를 제공한다. 이 프로시저는 자신의 constructor 인수를 호출해서 계층 고유의 부품들을 공급한다.

```
(define (make-annotation-layer name constructor)
  (define (get-name) name)
  (define (has-value? object)
    (and (layered-datum? object)
         (object 'has-layer? layer)))
  (define (get-value object)
    (if (has-value? object)
        (object 'get-layer-value layer)
        (layer 'get-default-value)))
  (define layer
    (constructor get-name has-value? get-value))
  layer)
```

다음은 make-annotation-layer를 이용해서 단위층을 구축하는 프로시저이다.

```
(define unit-layer
  (make-annotation-layer 'unit
    (lambda (get-name has-value? get-value)
      (define (get-default-value)
        unit:none)
      (define (get-procedure name arity)
        구체적인 정의는 p.371에 나옴)
      (bundle layer?
              get-name has-value? get-value
              get-default-value get-procedure)))))
```

이 구현은 계층 구조의 나머지 부분, 즉 기본값 제공자와 get-procedure 프로시저를 보여준다. get-procedure는 계층적 프로시저를 위한 이 계층의 지지(support)를 구현한다. get-procedure의 구체적인 정의는 다음 절(p.371)에 나온다.

공통의 용례를 위한 편의 수단으로, `layer-accessor` 프로시저는 계층의 `get-value` 대리 (delegate) 프로시저를 호출하는 것에 해당하는 접근자(accessor) 프로시저를 생성한다.

```
(define (layer-accessor layer)
  (lambda (object)
    (layer 'get-value object)))
(define base-layer-value
  (layer-accessor base-layer))
```

6.2.2 계층적 프로시저

프로시저도 계층화할 수 있는 데이터이다. 계층적 프로시저는 서로 다른 인수 형식에 대한 처리부들을 가진 일반적 프로시저와 비슷하다. 단, 계층적 프로시저는 인수 형식별 처리부가 아니라 입력 데이터의 개별 계층별 구현들을 가지며, 그 구현들로 계층들을 모두 처리해서 하나의 계층적 결과(layered result)를 산출한다.[1] 예를 들어 수치층(numeric layer)과 단위층을 함께 지원하는 프로시저는 주어진 인수의 수치 부분을 해당 수치층으로 처리할 뿐만 아니라 인수의 단위 부분을 단위층으로 처리한다.

§6.1의 수치 계산 예제에서, 뉴턴의 힘을 나타내는 코드 F는 하나의 파르티, 즉 수행할 계산의 본질적인 계획에 해당한다. 이 계획은 수치들을 다루며, 단위는 수치에 대한 주해이다. 산술(곱셈 등) 연산자를 구현하는 계층화된 일반적 프로시저에는 기반층에서 수치들에 대해 작동하는 기반 구성요소가 있으며, 그 수치 기반층의 주해에 해당하는 여러 계층을 위한 기타 구성요소들도 있을 수 있다. 단위층은 데이터와 계산에 관한 추가 정보를 제공하는 하나의 주해층일 뿐, 계산에 꼭 필요한 계층은 아니다.

계층적 시스템에서 기반층은 다른 계층들을 참조하지 않고 계산을 수행할 수 있어야 한다. 그러나 주해층들은 기반층의 정보에 접근해야 할 수 있다. 주어진 인수에 주해층이 없는 경우 프로시저의 주해층은 그냥 기본값을 사용할 수도 있고 실행을 아예 생략할 수도 있다. 어떤 경우이든 기반층은 항상 실행된다.

---

[1] 계층적 프로시저의 계층 구현 자체가 일반적 프로시저일 수도 있다. 마찬가지로, 일반적 프로시저의 한 처리부가 계층적 프로시저일 수 있다.

계층적 프로시저를 만들려면 프로시저의 고유한 이름(name)과 항수(arity), 그리고 기반층의 계산을 구현한 기반 프로시저(base-procedure)가 필요하다.

```
(define (make-layered-procedure name arity base-procedure)
  (let* ((metadata
          (make-layered-metadata name arity base-procedure))
         (procedure
          (layered-procedure-dispatcher metadata)))
    (set-layered-procedure-metadata! procedure metadata)
    procedure))
```

각 계층적 프로시저에 관한 정보는 그 프로시저의 메타데이터에 보관된다. 그 메타데이터는 기반층과 주해층들의 처리부(계층 구현)들도 관리한다.

계층적 프로시저의 메타데이터는 번들로 구현한다. 메타데이터는 해당 계층적 프로시저의 이름 name과 항수 arity, 기반 프로시저 base-procedure(기반층의 처리부)로 구성된다. 메타데이터는 이 속성들 각각에 대한 접근 수단을 제공한다. 또한, 주해층 처리부를 설정하는 set-handler!와 그 처리부를 조회하는 get-handler도 제공한다.

unit-layer 같은 주해층은 주어진 이름과 항수에 해당하는 자신의 처리부를 돌려주는 get-procedure를 제공한다. 계층적 메타데이터가 제공하는 get-handler는 먼저 해당 계층에 대한 처리부가 메타데이터에 있는지 점검해서, 있으면 그 처리부를 돌려주고 없으면 계층의 get-procedure가 돌려준 처리부를 돌려준다.

```
(define (make-layered-metadata name arity base-procedure)
  (let ((handlers (make-weak-alist-store eqv?)))
    (define (get-name) name) (define (get-arity) arity)
    (define (get-base-procedure) base-procedure)
    (define has? (handlers 'has?))
    (define get (handlers 'get))
    (define set-handler! (handlers 'put!))
    (define (get-handler layer)
      (if (has? layer)
          (get layer)
          (layer 'get-procedure name arity)))
    (bundle layered-metadata?
            get-name get-arity get-base-procedure
            get-handler set-handler!)))
```

계층적 프로시저를 적용하는 실제 작업은 layered-procedure-dispatcher가 담당한다. 이 디스패처는 계층적 프로시저의 기반 프로시저와 주해층 프로시저에 접근할 수 있어야 한다. 이 모든 정보는 메타데이터가 제공한다.

```
(define (layered-procedure-dispatcher metadata)
  (let ((base-procedure (metadata 'get-base-procedure)))
    (define (the-layered-procedure . args)
      (let ((base-value
             (apply base-procedure
                    (map base-layer-value args)))
            (annotation-layers
             (apply lset-union eqv?
                    (map (lambda (arg)
                           (if (layered-datum? arg)
                               (arg 'annotation-layers)
                               '()))
                         args))))
        (make-layered-datum base-value
          (filter-map           ; #f 값들은 제외한다.
           (lambda (layer)
             (let ((handler (metadata 'get-handler layer)))
               (and handler
                    (cons layer
                          (apply handler base-value args)))))
           annotation-layers))))
    the-layered-procedure))
```

계층적 프로시저는 먼저 인수들의 기반층 값들에 대해 **base-procedure**를 호출해서 기반값을 얻는다. 또한, 계층적 프로시저는 인수들을 조사해서 인수들에 적합한 주해층들을 찾는다. 만일 적절한 처리부가 있는 주해층이 하나도 없으면 make-layered-datum(p.365)은 주해가 달리지 않은 기반층 값을 돌려주므로, 결과적으로 계층적 프로시저의 적용 결과는 그냥 기반층 값이다. 적용 가능한 처리부들이 있으면 그것들을 각각 호출해서 해당 주해층의 값을 얻는다. 계층(주해층) 고유의 처리부들은 계산된 기반값(base-value)과 계층적 프로시저의 인수들에 접근할 수 있다. 계층 고유 처리부는 자신의 값과 기반층의 값만 있으면 된다. 다른 계층의 값은 필요하지 않다. 일반적으로, 최종적인 결과는 기반값과 적용 가능한 주해층 처리부들이 돌려준 값들을 담은 하나의 계층적 데이터이다.

이 모든 것이 실제로 어떻게 작동하는지 이해하기 위해, p.367의 단위층 구현을 살펴보자. 다음 코드에서 보듯이, 계층적 프로시저의 이름이 산술 연산자인 경우 단위층의 get-procedure 처리부는 그 이름으로 계층 고유 처리부를 찾고 각 인수의 단위로 그 처리부를 호출한다. (단, expt는 예외이다. expt의 둘째 인수는 그냥 수치일 뿐, 단위가 장식되어 있지 않다.) 산술 연산자가 아닌 계층적 프로시저에 대해서는 단위 처리부가 정의되어 있지 않으므로, get-procedure는 실패를 보고하기 위해 #f를 돌려준다.

```
(define (get-procedure name arity)
  (if (operator? name)
      (let ((procedure (unit-procedure name)))
        (case name
          ((expt)
           (lambda (base-value base power)
             (procedure (get-value base)
                        (base-layer-value power))))
          (else
           (lambda (base-value . args)
             (apply procedure (map get-value args))))))
      #f))
```

get-procedure는 unit-layer의 내부 프로시저라서 make-annotation-layer(p.367)로부터 get-value를 물려받는다는 점을 유의하자. unit-procedure는 §6.3.1에서 단위의 구현을 이야기할 때 살펴보기로 하겠다.

간단한 실습 예제로, 다음과 같이 주어진 인수를 제곱하는 square라는 간단한 프로시저를 계층적 프로시저로 만들어 보자.

```
(define (square x) (* x x))
```

그냥 make-layered-procedure를 이용해서 원래의 프로시저를 기반층으로 두면 된다.

```
(define layered-square
  (make-layered-procedure 'square 1 square))
```

이제 계층적 제곱 계산 프로시저가 만들어졌다. 보통의 수치가 주어졌을 때는 계층적 버전이 그냥 기반 버전과 동일하게 작동한다.

```
(layered-square 4)
16
(layered-square 'm)
(* m m)
```

그러나, 단위층이 있는 인수가 주어지면 계층적 버전의 장점이 드러난다. 이 경우 기반층과 단위층이 개별적으로 인수를 처리해서 값을 산출하고, 그 값들을 조합한 결과가 반환된다.

```
(pp (layered-square
      (layered-datum 'm
                     unit-layer (unit 'kilogram 1))))
#[layered-datum (* m m)]
(base-layer (* m m))
(unit-layer (unit kilogram 2))
```

6.3 계층적 산술

계층적 프로시저를 만드는 수단이 생겼으니, 이제 산술 패키지도 계층화할 수 있다. 기반 산술의 각 연산에 대한 계층적 프로시저가 있는 산술 패키지를 구축하기만 하면 된다. 잘 정의된 산술 패키지로 출발해서,

```
(define (generic-symbolic)
  (let ((g (make-generic-arithmetic
              make-simple-dispatch-store)))
    (add-to-generic-arithmetic! g numeric-arithmetic)
    (extend-generic-arithmetic! g function-extender)
    (extend-generic-arithmetic! g symbolic-extender)
    g))
```

이에 대한 계층들을 처리하는 확장을 구축해야 한다.

```
(define generic-with-layers
  (let ((g (generic-symbolic)))
    (extend-generic-arithmetic! g layered-extender)
```

```
g))
```

계층적 확장 프로시저 layered-extender를 구현하려면 꽤 많은 작업이 필요하다. 산술 패키지가 계층적 데이터에 대해 작동하게 만드는 것이 이 layered-extender이다. 계층적 확장 산술의 정의역 술어(domain predicate)는 layered-datum?이다. 계층적 산술 연산의 기반 술어는 그냥 바탕 산술의 정의역 술어에 계층적 데이터 항목을 반드시 거부해야 한다는 조항을 추가한 것일 뿐이다.[2] 계층적 산술의 상수들은 기반 산술의 상수들이며, 산술 연산자들은 임의의 인수가 계층적 데이터이면 해당 연산에 대한 계층적 프로시저를 적용한다. 그러한 계층적 프로시저의 기반층은 바탕 산술의 해당 연산 프로시저이다.

```
(define (layered-extender base-arith)
  (let ((base-pred
          (conjoin (arithmetic-domain-predicate base-arith)
                   (complement layered-datum?))))
    (make-arithmetic (list 'layered
                           (arithmetic-name base-arith))
                     layered-datum?
                     (list base-arith)
      (lambda (name base-value)
        base-value)
      (lambda (operator base-operation)
        (make-operation operator
          (any-arg (operator-arity operator)
                   layered-datum?
                   base-pred)
          (make-layered-procedure operator
            (operator-arity operator)
            (operation-procedure base-operation)))))))
```

상수 객체들만 남겨 두는 부분과 연산에 대한 인수 중 적어도 하나는 계층적 데이터이어야 함을 점검하는 부분을 포함해서 이 코드의 거의 전부가 상용구(boilerplate)이다. 흥미로운 부분은 마지막 세 행뿐인데, 이 행들은 기반 산술의 연산 프로시저를 계층적 프로시저로 감싼다. 연산에 필요할 때 해당 처리부를 찾을 수 있도록, 연산자를 해당 계층적 프로시저의 이름으로

---

2 conjoin 프로시저와 complement 프로시저는 술어들의 조합자이다. conjoin은 인수들을 부울 and로 결합하는 새 술어를 만들고, complement는 주어진 인수의 부정(negation)에 해당하는 새 술어를 만든다.

사용한다.

6.3.1 단위 산술

산술 패키지의 단위 주해층이 사용할 단위 산술 패키지가 필요하다. 단위 명세(unit specification)는 명명된(기명) 기본 단위(base unit)들과 각 기본 단위의 지수(exponent)로 구성된다.[3] 단위 산술에서 단위 명세들을 곱하면 새로운 단위 명세가 나오는데, 새 단위 명세의 각 기본 단위의 지수는 인수들의 해당 기본 단위 지수들의 합이다.

```
(unit:* (unit 'kilogram 1 'meter 1 'second -1)
        (unit 'second -1))
(unit kilogram 1 meter 1 second -2)
```

여기서는 기본 단위를 그냥 kilogram 같은 기호로 지칭한다고 가정한다.

단위 명세의 표현

단위 명세를 만들기 쉽도록, 단위 명세를 단위 산술의 외부에 속성 목록(기본 단위 이름과 지수가 교대로 나열된)의 형태로 표현하기로 하겠다. 속성 목록으로 단위 명세를 표현하기로 하자.

그런데 내부적으로는 단위 명세를 하나의 태그된 연관 목록으로 표현하는 것이 편리하다. 그래서 plist->alist를 이용해서 원본 속성 목록을 연관 목록으로 변환한다. 이 연관 목록들을 기본 단위 이름순으로 정렬해 둔다. 이러한 변환 과정에서 몇 가지 오류 점검이 필요하다. unit에 대한 인수 목록은 반드시 속성 목록의 형태이어야 한다. 각 기본 단위 이름과 연관된 지수는 반드시 유리수 참값(exact rational number)이어야 하는데, 보통의 경우에는 정수이다. 또한, 기본 단위 이름들은 고유해야 하며, 만일 중복된 이름이 있으면 오류를 발생해야 한다. 그리고 기본 단위 이름은 반드시 기호이어야 한다. 기호가 아닌 이름이 있으면 정렬 과정에서 오류를 발생한다.

----

3 여기서 '기본 단위(base unit)'는 계층적 데이터 시스템의 기반층(base-layer)과는 다른 것임을 주의해야 한다. 단위 시스템은 킬로그램, 미터, 초 같은 기본 단위들의 집합에 기초한다. 뉴턴 같은 유도 단위는 기본 단위들의 조합이다. 힘의 단위 뉴턴은 $1 \text{ N} = 1 \text{ kg} \cdot \text{m} \cdot \text{s}^{-2}$이다.

```
(define (unit . plist)
  (guarantee plist? plist 'unit)
  (let ((alist
          (sort (plist->alist plist)
                (lambda (p1 p2)
                  (symbol<? (car p1) (car p2))))))
    (if (sorted-alist-repeated-key? alist)
        (error "Base unit repeated" plist))
    (for-each (lambda (p)
                (guarantee exact-rational? (cdr p)))
              alist)
    (alist->unit alist)))
(define (sorted-alist-repeated-key? alist)
  (and (pair? alist)
       (pair? (cdr alist))
       (or (eq? (caar alist) (caadr alist))
           (sorted-alist-repeated-key? (cdr alist)))))
```

alist->unit 프로시저는 해당 연관 목록에 고유한 태그를 붙인다. unit->alist는 단위 명세에서 연관 목록을 추출한다.

```
(define (alist->unit alist)
  (cons %unit-tag alist))
(define (unit->alist unit)
  (guarantee unit? unit 'unit->alist)
  (cdr unit))
```

여기서 %unit-tag의 값은 그냥 단위 명세 연관 목록의 머리(목록의 첫 요소)로 둔 고유한 기호이다. 단위 명세를 출력하면 단위 명세 생성 시 unit에 부여한 속성 목록과 비슷한 모습이 표시되게 하기 위해, 스킴 프린터가 단위 명세를 속성 목록의 형태로 출력하도록 적절히 설정해 두었다(구체적인 방법은 생략했음). 이 속성 목록 출력은 목록의 머리에 있는 %unit-tag 기호가 유발한다.

술어 unit?는 주어진 인수들이 유효한 단위 명세이면 참으로 평가된다.

```
(define (unit? object)
  (and (pair? object)
       (eq? (car object) %unit-tag)
```

```
        (list? (cdr object))
        (every (lambda (elt)
                 (and (pair? elt)
                      (symbol? (car elt))
                      (exact-rational? (cdr elt))))
               (cdr object)))))
```

단위 산술의 연산들

단위 산술 패키지는 필요한 연산들에 대한, 연산자 이름과 해당 연산의 필수 행동을 구현하는
연산 프로시저 사이의 매핑들로 구성된다. π 같은 순수한 수는 단위가 없다. 단위를 가진 수량
(quantity)과 단위 없는 수를 곱한 결과는 단위 있는 수량의 단위를 가진 수치이다. 따라서 단
위 산술 패키지에는 단위 없는 수에 대한 곱셈의 항등원이 있어야 하는데, unit:none이 바로
그것이다. simple-operation 프로시저는 연산자, 적용성(적용 가능 여부) 판정 술어, 그리고
연산을 구현하는 프로시저를 조합한다.

```
(define (unit-arithmetic)
  (make-arithmetic 'unit unit? '()
    (lambda (name)
      (if (eq? name 'multiplicative-identity)
          unit:none
          (default-object)))
    (lambda (operator)
      (simple-operation operator
                        unit?
                        (unit-procedure operator)))))
```

주어진 연산자에 적합한 프로시저는 다음과 같은 unit-procedure 프로시저를 호출해서 찾는다.

```
(define (unit-procedure operator)
  (case operator
    ((*) unit:*)
    ((/) unit:/)
    ((remainder) unit:remainder)
    ((expt) unit:expt)
    ((invert) unit:invert)
    ((square) unit:square)
    ((sqrt) unit:sqrt)
    ((atan) unit:atan)
```

```
((abs ceiling floor negate round truncate)
 unit:simple-unary-operation)
((+ - max min)
 unit:simple-binary-operation)
((acos asin cos exp log sin tan)
 unit:unitless-operation)
((angle imag-part magnitude make-polar make-rectangular
        real-part)
 ;; 첫 근사:
 unit:unitless-operation)
(else
 (if (eq? 'boolean (operator-codomain operator))
     (if (n:= 1 (operator-arity operator))
         unit:unary-comparison
         unit:binary-comparison)
     unit:unitless-operation)))))
```

이 프로시저의 case 문에 나열된 각 경우에 대해 적절한 연산을 제공해야 한다. 예를 들어 다음은 두 단위 있는 수량을 곱하는 연산인데, 단위 있는 수량들을 곱할 때는 기본 단위의 지수들을 짝을 맞추어 더하되 지수가 0인 기본 단위는 모두 제거해야 한다.

```
(define (unit:* u1 u2)
  (alist->unit
   (let loop ((u1 (unit->alist u1)) (u2 (unit->alist u2)))
     (if (and (pair? u1) (pair? u2))
         (let ((factor1 (car u1)) (factor2 (car u2)))
           (if (eq? (car factor1) (car factor2)) ; same unit
               (let ((n (n:+ (cdr factor1) (cdr factor2))))
                 (if (n:= 0 n)
                     (loop (cdr u1) (cdr u2))
                     (cons (cons (car factor1) n)
                           (loop (cdr u1) (cdr u2)))))
               (if (symbol<? (car factor1) (car factor2))
                   (cons factor1 (loop (cdr u1) u2))
                   (cons factor2 (loop u1 (cdr u2))))))
         (if (pair? u1) u1 u2)))))
```

remainder나 expt, invert, square, sqrt, atan 같은 연산자는 특별한 처리가 필요하다. 나머지 연산자들은 몇 가지 단순한 부류들로 나뉜다. negate 같은 단순 단항 연산은 그냥 인수의 단위들을 결과로 전파하기만 한다.

```
(define (unit:simple-unary-operation u)
  u)
```

그러나 덧셈 같은 연산을 구현할 때는 "사과와 오렌지를 조합하는" 오류를 범하지는 않는지 점검해야 한다.

```
(define (unit:simple-binary-operation u1 u2)
  (if (not (unit=? u1 u2))
      (error "incompatible units:" u1 u2))
  u1)
```

■ 연습문제 6.1 유도 단위

지금까지 살펴본 단위 산술이 정확하고 상당히 완결적이긴 하지만, 사용하기가 편하지는 않다. 예를 들어 운동 에너지(p.381 참고)의 단위 명세는 다음과 같다.

```
(unit kilogram 1 meter 2 second -2)
```

이것은 킬로그램, 미터, 초 같은 국제단위계(International System of Units, SI) 기본 단위들을 그대로 사용한 명시적인 단위 명세인데, 실제로 운동 에너지를 다룰 때는 다음과 같은 유도 단위(derived unit) 줄joule을 사용하는 것이 훨씬 편하다.

```
(unit joule 1)
```

SI의 기본 단위는 {킬로그램kilogram, 미터meter, 초(second), 암페어ampere, 켈빈kelvin, 몰mole, 칸델라candela} 일곱 가지이며, 이로부터 유도된 '공인' 유도 단위들이 있다. 다음은 SI가 인정하는 유도 단위의 예이다.

- 뉴턴 = 킬로그램·미터·초$^{-2}$
- 줄 = 뉴턴·미터
- 쿨롱coulomb = 암페어·초
- 와트watt = 줄·초$^{-1}$
- 볼트volt = 와트·암페어$^{-1}$

- 옴^{ohm} = 볼트·암페어$^{-1}$
- 지멘스^{siemens} = 옴$^{-1}$
- 패럿^{farad} = 쿨롱·볼트$^{-1}$
- 웨버^{weber} = 볼트·초
- 헨리^{henry} = 웨버·암페어$^{-1}$
- 헤르츠^{hertz} = 초$^{-1}$
- 테슬라^{tesla} = 웨버·미터$^{-2}$
- 파스칼^{pascal} = 뉴턴·미터$^{-2}$

a. SI 기본 단위들로 구성된 단위 명세를 받고, 가능하다면 유도 단위들을 이용해서 좀 더 단순한 단위 명세를 만들어서 돌려주는 프로시저를 작성하라.

b. 유도 단위들로 서술된 단위 명세 표현은 유일하지 않다. 즉, 같은 단위를 여러 가지 방식으로 표현할 수 있다. 대수 단순화에서도 이와 비슷한 문제가 있지만, 지금 경우에는 "더 단순한"의 조건이 자명하지 않다. 여러분이 선호하는 버전을 만들고 왜 그것을 더 선호하는지 설명하라.

c. 단위의 표준 약자와 곱수(multiplier)를 사용할 수 있으면 좋을 것이다. 예를 들어 0.001 A나 1/1000암페어보다 1mA라는 표기가 더 낫다. 입력과 출력 모두에서 이런 표기상의 편의 수단을 사용할 수 있게 하는 간단한 확장 가능 시스템을 설계하고 구현하라. 단, "문법적 설탕은 세미콜론 암을 유발한다"는 점을 잊어서는 안 된다.

6.4 값의 의존성 주해 추가

프로그램의 일부에 사용하면 유용할 주해의 예로 의존성 추적을 위한 주해가 있다. 모든 데이터(또는 프로시저)에는 출처(source)가 있다. 외부 출처를 이름표로 붙일 수 있는, 하나의 전제(premise)로서 계산에 도입된 데이터가 있는가 하면, 여러 데이터 조각의 조합으로 만들어진 데이터도 있다. 시스템의 기본 연산들에, '근거(justification; 정당성, 명분)'를 가진 데이터를 처리할 때 적절한 근거들을 결과에 주해로 달 수 있는 주해층들을 추가해 보자.

근거는 그 세부 수준이 다양하다. 가장 단순한 종류의 근거는 그냥 새 데이터에 기여한 전제

(premise)들의 집합이다. 덧셈 같은 프로시저는 주어진 인수(가수)들의 근거들에 있는 전제들을 모두 모아서(합집합) 근거를 계산 결과(합)에 부여하면 될 것이다. 곱셈도 비슷하게 처리하면 되지만, 인수(승수) 중 하나라도 0이면 곱은 무조건 0이므로, 곱 0의 근거에 다른 인수들의 근거들은 포함할 필요가 없다.

그런 단순 근거들은 그냥 상수 시간을 크게 넘지 않는 수준으로 계산하고 전달할(carry) 수 있지만, 복잡한 계산 과정을 디버깅할 때나 계산 결과의 정확성을 검증할 때, 또는 부정확성의 근원을 찾을 때 대단히 유용한 정보가 될 수 있다. 이 정도로도 의존성 지향적 역추적(dependency-directed backtracking; §7.5)을 지원하기에 충분하다.

외부에서 공급된 데이터에는 그 출처를 식별하는 전제(premise)를 주해로 달 수 있다. 좀 더 일반화하면, 그 어떤 종류의 데이터 값에도 전제들의 집합을 주해로 달 수 있는데, 그런 집합을 지지 집합(support set)이라고 부른다. 데이터에 주해로 달린 지지 집합을 흔히 그 데이터의 지지(support)라고 부른다. 지지를 인식하는 프로시저를 다수의 인수에 적용하는 경우, 그 프로시저는 반드시 인수 지지 집합들을 조합해서 결과의 지지 집합을 표현해야 한다.

계층적 데이터 메커니즘을 이용하면 지지 집합을 간단하게 관리할 수 있다. 일반적 산술 패키지에 지지 집합을 위한 계층을 추가하면 된다. 이를 지지층(support layer)이라고 부르기로 하자. 지지층은 단위층 같은 다른 계층들과 공존한다. 따라서 이는 가산적 기능의 하나이다.

p.372에서 계층적 데이터와 계층적 프로시저를 지원하는 산술 패키지를 구축했었다.

```
(define generic-with-layers
  (let ((g (generic-symbolic)))
    (extend-generic-arithmetic! g layered-extender)
    g))
(install-arithmetic! generic-with-layers)
```

layered-extender가 어떤 계층들을 지원해야 하는지는 따로 지정할 필요가 없다. layered-extender는 각 계층적 프로시저의 인수들에 있는 계층들을 자동으로 사용하기 때문이다. 예를 들어 단위가 있는 인수들로 +를 호출하면 그 결과에도 단위들이 포함된다. 그러나 단위가 있는 인수가 하나도 없는 경우에는 +의 결과에도 단위가 없으며, 단위 덧셈 프로시저는 호출되지 않는다. 비슷하게, 인수에 지지 집합이 있으면 결과에도 지지 집합이 있으며, 지지 집합이 있는 인수가 하나도 없는 경우에는 결과에 지지 집합이 없고 지지 덧셈 프로시저는 호출되지 않는다.

한 예로, 다음은 질량이 m이고 속도가 v인 입자의 운동 에너지를 정의하는 코드이다.

```
(define (KE m v)
  (* 1/2 m (square v)))
```

이제 단위층과 지지층이 있는 인수들로 운동 에너지를 평가하면 다음과 같은 결과가 나온다.

```
(pp (KE (layered-datum 'm
                       unit-layer (unit 'kilogram 1)
                       support-layer (support-set 'cph))
        (layered-datum 'v
                       unit-layer (unit 'meter 1 'second -1)
                       support-layer (support-set 'gjs))))
#[layered-datum (* (* 1/2 m) (square v))]
(base-layer (* (* 1/2 m) (square v)))
(unit-layer (unit kilogram 1 meter 2 second -2))
(support-layer (support-set gjs cph))
```

각 인수에 단위층과 지지층을 위한 주해들을 달았음을 주목하기 바란다. 지지층에는 전제들의 집합(지지 집합)을 지정하면 되는데, 지금 예에서는 두 인수에 각각 하나의 전제 cph와 gjs를 지정했다. 평가 결과(운동 에너지 값)는 계층이 세 개인 계층적 데이터이다. 기반층은 일반적 산술 계층으로, 그 값은 해당 수식의 결과이다. 그리고 단위층을 보면 운동 에너지의 단위들이 정확하게 계산되었음을 알 수 있다. 마지막으로, 지지층은 결과 값에 기여한 기명(named) 전제들의 집합이다.

여기서는 KE의 정의에 그 프로시저에 대한 지지 집합을 명시적으로 지정하지 않았다. 그러나 일반적인 경우에는 그런 지지 집합을 명시적으로 지정하는 것이 바람직할 수 있다. 예를 들어 KE가 고전 역학의 운동 에너지를 의미하는 KineticEnergy-classical이라는 전제의 지지를 받아야 하며, 어떤 복잡한 계산의 결과가 뭔가 잘못된 것 같고, 수치 또는 기호 입력 값들도 뭔가 이상한 것 같은 상황을 생각해 보기 바란다. 이 문제는 연습문제 6.2에서 공략한다.

계산의 인수들에 있는 모든 전제가 결과에 등장할 필요는 없다. 예를 들어 곱셈의 한 계수가 0이면, 다른 0이 아닌 계수들과는 무관하게 그 사실 하나만으로도 곱(곱셈 결과)이 0인 충분한 근거가 된다. 다음과 같이 질량이 0인 입자로 운동 에너지를 계산하는 예가 이 점을 잘 보여준다.

```
(pp (KE (layered-datum 0
                       unit-layer (unit 'kilogram 1) support-layer
                       (support-set 'jems))
        (layered-datum 'v
                       unit-layer (unit 'meter 1 'second -1)
                       support-layer (support-set 'gjs))))
#[layered-datum 0]
(base-layer 0)
(unit-layer (unit kilogram 1 meter 2 second -2))
(support-layer (support-set jems))
```

이 예에서 결과 수치 0에 대한 지지 집합은 그냥 질량 0에 대한 지지 집합이다.

6.4.1 지지층

그럼 지지층(support layer)의 구현을 살펴보자. 지지층은 단위층과 좀 다른데, 단위층은 기반층을 전혀 참조하지 않고 조합할 수 있지만 지지층의 몇몇 연산은 기반층을 참조해야 하기 때문이다.

지지층의 산술 연산자들은 세 개만 제외하면 기본 산술을 그대로 사용하면 되기 때문에 단위층보다 구현이 간단하다. 결과의 지지 집합은 인수 지지 집합들의 합집합이다.

```
(define support-layer
  (make-annotation-layer 'support
    (lambda (get-name has-value? get-value)
      (define (get-default-value)
        (support-set))
      (define (get-procedure name arity)
        (case name
          ((*) support:*)
          ((/) support:/)
          ((atan2) support:atan2)
          (else support:default-procedure)))
      (bundle layer?
              get-name has-value? get-value
              get-default-value get-procedure))))
(define support-layer-value
  (layer-accessor support-layer))
```

```
(define (support:default-procedure base-value . args)
  (apply support-set-union (map support-layer-value args)))
```

그럼 따로 구현해야 할 산술 연산 세 가지를 살펴보자. 첫째는 곱셈이다. 지지층이 지지 집합을 계산하려면 기반 산술의 인수 값들을 조회해야 한다. 인수 중 하나라도 0이면, 결과의 지지 집합은 인수 0의 지지 집합이다. ◆

```
(define (support:* base-value arg1 arg2)
  (let ((v1 (base-layer-value arg1))
        (v2 (base-layer-value arg2))
        (s1 (support-layer-value arg1))
        (s2 (support-layer-value arg2)))
    (if (exact-zero? v1)
        (if (exact-zero? v2)
            (if (< (length (support-set-elements s1))
                   (length (support-set-elements s2)))
                s1
                s2)    ;그냥 작은 쪽을 선택
            s1)
        (if (exact-zero? v2)
            s2
            (support-set-union s1 s2)))))
```

구현이 필요한 나머지 두 연산은 나눗셈과 역탄젠트(arctangent)인데, 둘이 비슷하므로 나눗셈만 이야기하겠다. 나눗셈과 역탄젠트 역시 인수 0을 특별하게 처리해야 하며, 따라서 기반층을 조회해야 한다. 피제수(나눌 수)가 0이면, 그것만으로도 결과가 0인 이유로 충분하다. 제수(나누는 수)가 0인 것은 허용되지 않으므로 따로 처리하지 않는다. 제수가 0이면 어차피 기반층이 오류를 발생하므로 코드가 실행되지 않는다.

```
(define (support:/ base-value arg1 arg2)
  (let ((v1 (base-layer-value arg1))
        (s1 (support-layer-value arg1))
        (s2 (support-layer-value arg2)))
    (if (exact-zero? v1)
        s1
```

<hr>

◆ 옮긴이 둘 다 0이면 더 작은 지지 집합이 선택된다. 코드의 주석 원문은 "arbitrary"인데, 이는 작은 지지 집합을 선택하는 규칙에 특별한 근거가 있는 것은 아니고 그냥 저자의 선택일 뿐임을 뜻한다.

```
  (support-set-union s1 s2)))))
```

*와 /의 이러한 최적화는 인수가 참값 0임을 증명할 수 있을 때만 말이 된다. 인수가 아직 단순화되지 않은 기호 표현식이면 이러한 최적화가 의미가 없다. (하지만 그 표현식이 실제로 참값 0으로 단순화된다면, 그 사실을 활용할 수 있을 것이다!)

```
(define (exact-zero? x)
  (and (n:number? x) (exact? x) (n:zero? x)))
```

지지 집합 추상은 기호 support-set이 머리(첫 요소)인 목록으로 구현한다.

```
(define (%make-support-set elements)
  (cons 'support-set elements))
(define (support-set? object)
  (and (pair? object)
       (eq? 'support-set (car object))
       (list? (cdr object))))
(define (support-set-elements support-set)
  (cdr support-set))
```

그리고 다음은 이 추상을 완성하기 위한 몇 가지 추가적인 편의 수단이다.

```
(define (make-support-set elements)
  (if (null? elements)
      %empty-support-set
      (%make-support-set (delete-duplicates elements))))
(define (support-set . elements)
  (if (null? elements)
      %empty-support-set
      (%make-support-set (delete-duplicates elements))))
(define %empty-support-set
  (%make-support-set '()))
(define (support-set-empty? s)
  (null? (support-set-elements s)))
```

지지층을 구현하려면 지지 집합들의 합집합을 구하고 새 요소들을 합집합에 추가할 수 있어야 한다. 지지 집합의 요소들을 목록에 담기로 하자. 그러면 스킴의 lset 라이브러리를 이용할

수 있다.[4]

```
(define (support-set-union . sets)
  (make-support-set
    (apply lset-union eqv?
           (map support-set-elements sets))))
(define (support-set-adjoin set . elts)
  (make-support-set
    (apply lset-adjoin eqv? (support-set-elements set) elts)))
```

■ **연습문제 6.2 프로시저의 책임성**

산술 패키지에 기초한 지지층은 극히 낮은 수준에서 작용하는 구성요소이다. 모든 기본 산술 연산은 지지 집합을 인식하며, 공통의 조건들을 위한 작업을 우회하는 방법은 없다. 이에 대한 추상 수단이 필요하다. 예를 들어 함수의 수치 정적분을 계산하는 프로시저가 있다고 하자. 수치 적분의 단위는 피적분함수 수치 값의 단위들과 적분 극한 수치 값의 단위들을 곱한 것이다. (이 때 상계(upper limit)의 단위와 하계의 단위가 반드시 같아야 한다!) 그런데 적분 과정에서 진행되는 모든 세부 산술 계산에 단위 계산이 수반되게 하는 것은 좋은 생각이 아니다. 모든 내부 덧셈과 곱셈을 계층적 데이터에 대한 계층적 프로시저로 두지 않고도 단위들이 정확하게 계산되어야 함을 적분기에게 알려 주는 주해 수단이 있으면 좋을 것이다.

a. 특정한 전제(이를테면 "조지가 작성했음" 같은)를 추가함으로써 복합 프로시저(기본 산술 프로시저들로 구축할 수 있는)가 결과의 지지 집합을 수정할 수 있게 하는(또는, 수정하지 못하게 하는) 기능을 구현하라.

b. 복합 프로시저를 실행할 때 복합 프로시저의 본문을 복합 프로시저의 지지층이 볼 수 없게 하는 기능을 추가하라. 예를 들어 신뢰되는(trusted) 라이브러리 프로시저가 자신의 결과에 적절한 지지 집합을 주해로 달아도, 그 본문의 연산들이 중간 결과들의 지지 집합을 계산하는 추가 부담을 유발하지 않게 하는 것이 가능해야 한다.

c. 지지층은 산술 시스템의 연산자들을 중심으로 조직화된다. 그런데 한 연산자의 특정 출현(인스턴스)을 특별하게 처리하는 것이 유용할 때가 종종 있다. 예를 들어 수치 정밀도를 다룰 때는, 거의 같은 수량들의 뺄셈 때문에 유효자릿수가 줄었다는 점만 알게 되는 것은 그리 도움

---

[4] 지지 집합이 크다면 좀 더 효율적인 자료 구조를 사용해야 하겠지만, 지금은 작은 지지 집합들만 다룬다.

이 되지 않는다. 그보다는, 실제로 그런 뺄셈의 구체적인 인스턴스를 살펴볼 수 있어야 한다. 연산자의 인스턴스들을 식별하는 능력을 지지층에 추가할 방법이 있을까?

■ 연습문제 6.3 편집증적 프로그래밍

어떤 라이브러리의 한 프로시저가 우리가 예상한 대로 작동하는지 확실치 않을 때가 종종 있다. 그런 경우에는 라이브러리 프로시저의 결과를 점검하는 테스트 프로시저로 라이브러리 프로시저를 "감싸는(wrap)" 것이 현명한 처사이다. 예를 들어 연립방정식을 이루는 일단의 방정식들과 그 방정식들에 출현할 수 있는 미지수들을 입력받고 그 방정식들을 충족하는 미지수 값들의 집합을 산출하는 프로그램을 생각해 보자. 그 값들을 실제로 방정식들에 대입했을 때 방정식들이 충족되는지 판정하는 래퍼로 그런 방정식 풀이 프로그램을 감싼다면 방정식 풀이 프로그램이 제대로 작동하는지 확인할 수 있다. 그렇지만 이런 '편집증적' 래퍼를 파르티에 포함시키는 것은 바람직하지 않을 것이다. 이런 래퍼를 하나의 계층으로 구현할 수 있을까? 여러분의 설계를 설명하고 실제로 구현하다.

■ 연습문제 6.4 계층적 프로그램을 위한 IDE

이 연습문제는 본격적인 설계 프로젝트이다. 여러분이 할 일은 계층적 시스템을 위한 IDE (Integrated Development Environment; 통합 개발 환경)를 고안하고 개발하는 것이다.

계층적 데이터와 계층적 프로시저를 이용하는 계층적 프로그램은 아주 매력적인 개념이다. 이런 시스템의 목표는 유용하고 실행 가능한(executable) 메타데이터를, 기반 프로그램의 텍스트를 어지럽히지 않고도 프로그램에 주해로 달 수 있게 하는 것이다. 그런 메타데이터로는 형식 선언, 단언, 단위, 지지 집합 등이 있다. 그런데 프로그램 텍스트는 반드시 주해들의 텍스트와 연결(링크)되어야 한다. 그래야 프로그램의 한 부분을 수정했을 때 관련된 계층들도 변경된다. 예를 들어 어떤 계층적 프로시저의 기반 프로시저를 수정해야 한다고 하자. 계층들은 형식 선언 같은 정보일 수도 있고 단위와 지지 집합의 처리 방식에 대한 것일 수도 있다. 계층적 프로시저에 어떤 계층들이 있는지, 그리고 그 계층들이 기반 프로그램의 텍스트와 어떻게 연결되어 있는지를 편집기가 보여준다면 좋을 것이다. 기반 프로그램의 텍스트를 수정하면 해당 주해층도 수정해야 할 수 있는데, 그런 수정이 자동으로 진행될 수 있는 경우도 있지만 프로그래머가 주해층을 손수 수정해야 하는 경우가 더 많다.

a. 계층적 시스템의 개발을 돕는 IDE의 기능들을 상상해 보라. 화면에 어떤 정보가 나타나면 좋을까? 어떤 부분들의 수정이 동기화되면 좋을까?

b. 이맥스[Emacs]는 그런 IDE를 구축하는 데 적합한 강력한 토대이다. 이맥스는 다중 창 환경과 창별 편집 모드(per-window editing mode)를 지원한다. 이맥스는 스킴을 포함해 여러 컴퓨터 언어의 문법 지원(syntactic support) 기능을 제공한다. 그리고 `org-mode`처럼 계층적 구조의 문서를 지원하는 이맥스 하위 시스템들도 있다. 이를 계층적 프로그래밍을 위해 확장할 수 있을까? 이맥스를 이용해서 계층적 프로그램을 위한 IDE를 구축하는 방법을 개괄적으로 설명하라.

c. 이맥스를 토대로 삼아서, 작지만 확장 가능한 원형(프로토타입) IDE를 구축해 보라. 그 과정에서 어떤 문제점들과 마주치는지 기록하라. 이맥스로 출발하는 것이 좋은 결정이었을까? 아니라면, 왜 아닌가? 실험 결과를 보고하라.

d. 원형 IDE가 쓸만하다면 완결적인 시스템을 개발하고, 우리 모두가 사용할 수 있도록 이맥스에 적재할(load) 수 있는 라이브러리로 변환하라.

6.4.2 근거의 전달

좀 더 복잡한 수준의 근거라면 데이터를 만드는 데 사용한 구체적인 연산들까지도 기록할 것이다. 이런 종류의 주해는 설명(증명)을 제공하는 데 사용할 수 있다. 그렇지만 태생적으로 이런 주해들은 공간 낭비가 심하다. 공간 복잡도가 수행된 연산의 수에 정비례(선형 비례)할 수 있다. 그렇지만 데이터 항목의 유도 과정을 서술하는 상세한 감사 내역(audit history)을 부착하고, 이후 과정에서 그 유도 과정을 다른 어떤 목적으로 활용한다거나 디버깅을 위해 유도의 유효성을 검증하는 등으로 활용하는 것이 적합한 경우도 종종 있다.[5]

----

5 패트릭 수피스[Patrick Suppes]의 아름다운 *Introduction to Logic* [118]은 증명을 네 개의 열(column)로 표시한다. 네 열은 차례대로 행(line)의 식별자, 행의 명제, 이전 행에서 그 행을 유도하는 데 사용한 규칙, 그리고 그 행을 지지하는 전제들의 집합이다. 이번 절에서 설명하는, 근거들과 지지 집합들을 전달하는 방식은 바로 이 증명 구조에서 영감을 얻은 것이다.

법정 논증을 비롯한 여러 상황에서는 데이터의 기원(provenance)을 꼭 알아야 한다. 즉, 데이터를 누가 어디에서 어떻게 수집하고 누가 승인했는지 같은 정보가 꼭 필요하다. 어떤 증거를 법정에서 사용할 수 있는지 판단하려면, 그 증거가 유도된 과정에서 누가 어떻게 기여했는지를 상세히 파악하는 것이 필수일 수 있다.

§3.1에서 구축한 기호 산술 패키지가 그런 시스템을 구축하는 한 수단이 된다. 실제로, 기호 산술을 수치 산술에 대한 하나의 계층으로 사용한다면, 모든 수치에 그 유도 과정이 주해로 달리게 된다. 그러나 기호 산술 주해는 비용이 아주 클 수 있다. 왜냐하면, 수치 연산자의 적용에 대한 기호 표현식에는 입력들의 기호 표현식들이 포함되기 때문이다. 그렇지만 실제로 필요한 것은 각 입력에 대한 포인터뿐이므로, 각 연산의 주해를 위한 공간 및 시간 비용이 적당한 수준일 때도 많다.[6] 따라서 설명을 제공해야 하는 상황에서는 이런 종류의 근거를 위한 계층으로 추가하는 것이 비현실적인 일이 아니다. 또한, 잡아내기 어려운 버그를 추적하기 위해 임시로 그런 계층을 추가하는 것도 가능하다.

■ **연습문제 6.5 근거**

데이터를 위한 근거를 전달하는 데 관련된 문제점들을 개괄하라. 하나의 값의 근거는 그 값을 유도하는 데 사용한 값들에, 그리고 그 값들을 조합하는 방식에 의존함을 주의해야 한다. 심층 신경망(deep neural network)에서처럼 한 값의 근거가 여러 계수의 가중 결합이라면 어떻게 해야 할까? 이것은 우리가 해명할 책임이 있는(accountable) 시스템을 만들기 위해서는 반드시 해결해야 할 연구 질문이다.

6.5 계층화의 약속

지금까지 살펴본 것은 쉽고 편리한 데이터 및 프로그램 계층화 메커니즘으로 할 수 있는 일들의 극히 일부일 뿐이다. 사실 이것은 열린 연구 주제이다. 그런 계층화를 지원하는 시스템의 개

---

6 이것이 아주 사실은 아니다. 문제는, 수치 연산들의 합성은 메모리 접근 비용을 크게 증가하지 않을 수 있어도, 기호 표현식의 구축은 그것이 아무리 작더라도 해도 메모리 접근을 요구한다는 것이다. 그리고 메모리 접근 시간은 CPU 레지스터에서 산술 연산을 수행하는 시간보다 훨씬 크다. (어휴...)

발은 미래에 커다란 영향을 줄 수 있다.

주해 달린 데이터와 계층적 프로시저로 구축할 수 있는 중요한 기능의 하나로 민감도 분석(sensitivity analysis)이 있다. 예를 들어 기계공학에서, 하나의 기준 궤적(reference trajectory)을 중심으로 한 궤적들의 관(tube)이 변형되는 방식을 파악하는 것이 아주 유용할 때가 많다. 미분방정식의 해를 초기 조건들에서 출발해서 점차 개선하는 시스템이 있다고 하면, 흔히 기준 궤적을 따라 변분 시스템(variational system)을 적분함으로써 그러한 변형 방식을 파악한다. 비슷한 예로, 하나의 명목 값(nominal value)을 중심으로 한 값들의 확률 분포를 어떤 분석을 통해 계산한 명목 값과 함께 전달하는 것이 가능하다. 값들에 분포들을 주해로 달고 계층적 프로시저로 명목 값에 따라 그 분포들을 조합하면 될 것이다(이를테면 베이즈 분석을 구현해서). 물론 이를 제대로 해내기가 쉽지는 않다.

이와 관련된 좀 더 흥미로운 개념은 섭동적 프로그래밍(perturbational programming)이다. 앞에서 말한 미분방정식의 예를 다시 들자면, 기호 시스템이 기준 궤적을 중심으로 한 변동(variation)들의 '관'을 전달하도록 프로그램하는 것이, 그럼으로써 한 질의(query)의 작은 변동들을 고려하는 것이 가능할까? 예를 들어 검색을 수행하는 문제를 생각해 보자. 일단의 키워드들을 제공하면 검색 시스템은 어떤 마법을 부려서 그 키워드들과 부합하는 문서들의 목록을 내놓는다. 우리가 키워드들을 하나씩만 바꾼다고 할 때, 검색 결과가 그 키워드에 대해 얼마나 민감할까? 좀 더 중요하게는, 그런 점진적으로 변화하는 검색 과정에서 한 검색의 결과를 얻을 때 이전 검색의 결과를 어느 정도나 재사용할 수 있을까? 이런 질문들에 대한 답을 우리가 아직 알지 못하지만, 가능하다면 일종의 섭동적 프로그램을 기반 프로그램에 대한 하나의 계층으로 두어서 이런 질문들의 해법을 포착할 수 있으면 좋을 것이다.

의존성은 비일관성을 완화한다

데이터에 대한 의존성 주해는 계산 과정을 사람이 하는 것과 비슷한 방식으로 조직화하는 데 아주 유용한 도구이다. 예를 들어 사람은 누구나 비일관적인, 상호 모순된 믿음(belief)들을 가지고 있다. 과학적 방법을 철저히 따르는 지적인 사람도 어떤 미신이나 종교적 의식에 강하게 집착하곤 한다. 모든 인간의 생명이 존엄하다고 강하게 믿으면서도, 경우에 따라서는 사형 제도가 필요하다고 생각하는 사람도 있다. 우리가 참된 논리학자라면 이런 종류의 비일관성이 치명적일 것이다. 만일 정말로 명제 P와 명제 NOT P가 동시에 참이라고 믿는다면, 모든 명제가 참이라고 믿어야 한다. 그래도 우리는, 모든 유용한 사고(thought)를 아예 금지하지는 않는 방식으로 어떻게든 비일관적인 믿음들을 유지한다. 우리의 개인적인 신념 체계는 국소적(지역적)으로 일관된 것으로 보인다. 여기서 "일관된"은 명백한 모순이 없다는 뜻이다. 비일관성을 목격해도 우리의 정신이 무너지지는 않는다. 그냥 불편한 느낌을 받거나, 낄낄대며 (chuckling) 웃어 넘길 뿐이다.

각 명제에 지지 가정(supporting assumption)들의 집합을 부착해서 그 가정 집합에 대한 조건을 연역하는 것이 가능하다. 그러면, 어떤 모순이 발생한 경우 비일관적 가정들로 이루진 구체적인 '노굿 집합(nogood set; §7.5.1)'을 결정하는 과정을 만들 수 있으며, 그러면 시스템은 그런 가정들의 임의의 초집합(superset)에 기초한 유도는 전혀 믿을 수 없음을 깨닫고 그냥 낄낄대며 넘길 수 있다. 이러한 '웃어 넘김' 과정 또는 의존성 지향적 역추적 (dependency-directed backtracking)을 복잡한 검색 과정의 최적화에 사용하는 것이 가능하다. 즉, 검색 과정에서 발생한 실수(mistake)들을 최대한 활용함으로써 검색을 개선할 수 있는 것이다. 그러나 하나의 과정이 상호 모순된 가정 집합들에 기반한 믿음들을 동시에 유지하면서도 논리적 실패를 일으키지 않게 하는 것은 혁명적인 성과이다.

데이터 사용 제한

데이터를 사용하는 방식을 제한해야 할 때가 많다. 그러한 제한들은 법규나 계약 때문일 수도 있고, 관습이나 상식 때문일 수도 있다. 자료의 확산(diffusion)을 제어하기 위한 제한도 있고, 데이터에 대한 연산의 결과를 특정 범위로 한정하기 위한 제한도 있다.

데이터의 허용 가능한 용도를 데이터의 전송자가 더 제한할 수도 있다: "이것은 기밀 정보임을 알려 드립니다. 이 정보를 본사와 경쟁하는 용도로 사용하면 안 되고, 본사의 경쟁 업체에 제공해서도 안 됩니다." 수신자가 데이터의 용도를 제한할 수도 있다: "내 배우자에게 말할 수 없는 것은 알고 싶지 않습니다."

데이터가 한 개인이나 조직에서 다른 개인이나 조직으로 전달되는 과정의 세부 사항은 상당히 복잡하더라도, 데이터 용도 제한이 변하는 방식은 그냥 수식(대수 표현식)으로 표현할 수 있을 정도로 간단할 수 있다. 그런 수식들은 특정 데이터 항목의 용도에 대한 제한들을, 데이터 전송 과정의 각 단계에서 어떤 제한이 추가되고 삭제되었는지에 대한 정보로부터 유도하는 방법을 서술한다. 한 데이터 집합의 일부를 다른 데이터 집합의 일부와 조합할 때, 그 조합에 대한 제약들은 데이터 항목들을 추출하는 방식들에 대한 제약들과 데이터 항목들을 조합하는 방식들에 대한 제약들로부터 결정해야 한다. 이런 과정을 정식화한 것이 데이터 **용도 대수**(data-purpose algebra)[53] 서술이다.

데이터 용도 대수 계층은 감사를 위해, 그리고 데이터의 오남용을 방지하기 위해 민감한 데이터의 배포와 사용을 추적하는 시스템을 구축하는 데 도움이 될 수 있다. 그러나 이런 종류의 응용은 단순한 계층화보다 훨씬 크다. 이런 시스템이 유효하려면, 과정의 보안을 보장하는 방법이 필수이다. 통제되지 않는 통로로 데이터가 유출되거나 추적 계층이 침해되는 일을 미연에 방지해야 한다. 이 분야는 더 연구할 것이 아주 많다.

제 7 장

전파

수십 년의 프로그래밍 경험은 우리 저자들의 집단적 상상력에 피해를 주었다. 우리는 희소성의 문화에서, 그러니까 계산 비용과 메모리 비용이 높으며 동시성을 배치하고 제어하기가 어려운 환경에서 성장했다. 이제는 환경이 달라졌지만, 우리가 사용하는 언어와 알고리즘, 자료구조 등은 여전히 과거의 가정들에 기초한다. 우리의 언어는 기본적으로 순차적이고 일방적(directional)이다. 함수형 언어들조차도 계산이 표현식 트리를 따라 전파되는 값들을 중심으로 조직화된다고 가정한다. 다방향 제약(multidirectional constraint)은 함수형 언어로도 표현하기 어렵다.

폰 노이만의 구속에서 벗어나려면

계산의 전파자 모형(propagator model)[99]은 그런 구속에서 벗어나는 탈출로를 제공한다. 전파자 모형은 전파자라고 부르는 독립적이고 자율적인 기계(컴퓨터)가 계산의 기본 요소라는 생각에 기초한다. 하나의 계산을 구성하는 전파자들은 공유 셀cell들로 연결되어서 서로 통신한다. 각 전파자 기계는 자신이 연결된 셀들을 끊임없이 조사하며, 다른 셀들에서 얻은 정보로 수행한 계산들로 얻은 정보를 일부 셀들에 추가한다. 전파자들은 정보를 산출하고, 그 정보는 셀들에 누적된다.

전파자 기반구조는 상호 연결된 독립적 기계들을 통한 데이터의 전파에 기초하므로, 전파자 구조를 표현하기에는 표현식 트리보다 배선도(wiring diagram)가 더 낫다. 그런 시스템에서는 부분 결과(partial result), 즉 아직 계산이 완료되지 않은 상태의 결과도 유용하다. 예를 들어 제곱근을 계산할 때는 헤론의 방법(Heron's method)을 이용해서 근을 계속 정련하는 계산법을 흔히 사용한다. 전통적인 프로그래밍에서는, 정련을 거듭해서 오차가 허용 오차 이하가 되기 전까지는 제곱근 계산 결과를 얻을 수 없다. 그러나 같은 기능을 수행하는 아날로그 전기회로에서는 부분 결과를 다음 단계의 계산에서 첫 번째 근삿값으로 활용할 수 있다. 이것은 아날로그 대 디지털의 문제가 아니라 구조 자체의 문제이다. 전파자 메커니즘에서는 디지털 계산 과정의 부분 결과를 최종 결과가 나오기 전에도 활용할 수 있다.

그림 7.1 카니자 삼각형은 완성 착시의 고전적인 예이다. 흰 삼각형은 없다!

세부 사항 채우기

전파자 모형은 세부 사항(detail)을 채워 넣는 강력한 시스템을 구축하기 위한 계산 구조로 적합하다. 이 구조는 가산적이다. 정보를 기여하는 새로운 방법들을 도입하려면, 그냥 전파자들의 네트워크에 새로운 부품을 추가하면 된다. 새 부품은 단순 전파자일 수도 있고 완결적인 하나의 부분 네트워크(subnetwork)일 수도 있다. 예를 들어 어떤 불확실한 수량을 하나의 구간(range)으로 표현한다고 할 때, 네트워크의 기존 부분들을 어지럽히지 않고도 구간의 상계(upper bound)를 계산하는 새로운 방법을 추가할 수 있다.

세부 사항 채우기는 우리가 정보를 활용하는 모든 방식에서 중요한 역할을 한다. 예를 들어 [그림 7.1]에 나온 카니자 삼각형(Kanizsa's triangle)을 생각해 보자. 몇 개의 단편적인 증거들이 주어지면 사람의 눈은 존재하지 않는 흰 삼각형을 인식하게 된다(게다가 흰 바탕에서! 심지어는 삼각형이 흰 바탕보다 더 밝게 느끼기까지 한다). 우리 인간은 암시된 도형의 누락된 세부 사항을 스스로 채워 넣는다. 음성을 들을 때도, 관찰된 문맥의 세부 사항을 음성학, 어형론, 구문론, 의미론의 규칙성을 이용해서 채워 넣는다. 전기회로 설계 전문가는 회로도의 일부만 보고도 적당한 메커니즘의 세부 사항을 채워 넣는다. 이러한 세부 사항 채우기가 순차적이지는 않다. 세부 사항 채우기는 주변 단서들로부터 국소적인 연역이 가능할 때마다 시의적절하게 일어난다. 연역이 복합적일 수도 있다. 한 조각을 채워 넣으면 또 다른 단서가 생겨서 다른 조각을 채워 넣게 되는 과정이 반복된다.

의존성과 역추적

계층화(제6장)를 이용하면 의존성(의존 관계)들을 전파자 기반구조에 자연스럽고 효과적인 방식으로 도입할 수 있다. 그러면 각 값의 출처(source)에 관한 정보를 추적하고 보존할 수 있게 된다. 기원(provenance) 정보가 있으면 주어진 값이 어디에서 어떻게 유도되었는지를, 원본 자료의 출처들과 원본 자료를 조합하는 데 쓰인 규칙들을 인용해서 조리 있게 설명할 수 있다. 이런 능력은 출처가 여러 가지이고 각 출처가 값에 관한 부분적인 정보를 제공할 때 특히나 중요하다. 의존성 추적은 또한 디버깅을 위한 정보도 제공한다(그런 정보로 자기 관찰적인 자동 디버깅이 가능할 수도 있겠다).

근본적인 믿음뿐만 아니라 가언(hypothetical)을 amb 메커니즘에 도입할 수도 있다. 가언은 전제(premise)들이 지지하는(support), 그리고 큰 손해 없이 폐기할 수 있는 대안 값을 제공한다. 리스프 같은 표현식 기반 언어를 본뜬 시스템에는 의존성을 오염시키고 역추적 과정에서 이미 계산한 값을 다시 계산하느라 비용을 유발하는 가짜(spurious) 제어 흐름이 존재하지만, 전파자 모형에 기초한 시스템에는 그런 것이 없다.

축중성, 중복성, 병렬성

전파자 모형은 중복된(이미 퇴화한) 부분 시스템의 통합을 지원하는 메커니즘을 포함한다. 덕분에 하나의 문제를 서로 다른 여러 방식으로 공략할 수 있다. 이러한 다중 중복 설계(multiply redundant design)는 해커들의 공격을 방어할 때 효과적일 수 있다. 실행의 흐름이 여러 개이면, 해커가 그중 몇 개를 비활성화하거나 지연시킨다고 해도 다른 경로에서 계산을 계속 진행하면 된다. 중복성과 축중성을 갖춘 병렬 계산은 시스템의 무결성(integrity)과 회복력(resiliency)에 도움이 된다. 서로 다른 여러 경로로 진행된 계산의 결과들을 점검함으로써 무결성을 보장할 수 있다. 스레드 간 불변식(cross-thread invariant) 덕분에, 공격자가 병렬 계산을 침해하려면 더 큰 노력과 작업이 필요하다.

전파자 모형은 본질적으로 동시적, 분산적, 규모 가변적(scalable)이며, 강력한 격리

(isolation)를 제공하고, 병렬 계산에 대한 가정을 내장하고 있다. 전파자 모형에서는 다수의 독립적인 전파자들이 정보를 계산해서 공유 셀들에 기여하며, 그 정보를 병합하는 과정에서 모순들이 검출 및 처리된다.

7.1 예제: 별과의 거리

별과의 거리를 추정하는 천문학 문제를 생각해 보자. 이 문제는 다루는 수치의 규모가 엄청나게 크기 때문에 아주 어렵다. 가장 가까운 별(항성)이라고 해도, 연주시차를 이용해서 거리를 측정한다고 할 때 별 위치의 각도 변이는 지구 공전 궤도의 반지름을 기준으로 해서 몇 분의 1초각(arcsecond)◆ 수준이다. 천문 거리의 단위로 흔히 쓰이는 것은 **파섹**parsec인데, 이것은 지구 공전 궤도의 지름이 밑변이고 별이 꼭짓점인 삼각형의 높이에 기초한 단위이다. 1파섹은 꼭짓점 각도가 2초각인 삼각형의 높이이다(그림 7.2 참고). 별의 연주시차(parallax)는 지구가 태양을 중심으로 공전하는 동안 그 별이 배경 우주에서 얼마나 움직였는지 관찰해서 측정한다.

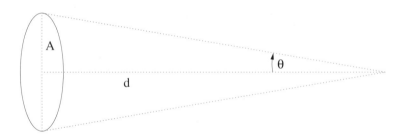

그림 7.2 지구 공전 궤도의 장축과 별로 이루어진 삼각형에서, 별에서 장축으로 벌어진 각도의 절반인 θ를 그 별의 연주시차라고 부른다. $A/d = \tan(\theta)$임을 주목하자. θ가 1초각일 때의 거리 d를 1파섹으로 정의한다. 반장축(semimajor axis) A의 길이는 1AU = 149,597,870,700m 이다.

다음은 별의 라디안 단위 연주시차를 별까지의 파섹 단위 거리에 연관시키는 전파자이다.

◆ 옮긴이 참고로 1초각은 360분의 1도이다. 1도는 60분각(arcminute)이고 1분각은 60초각이다.

```
(define-c:prop (c:parallax<->distance parallax distance)
  (let-cells (t (AU AU-in-parsecs))
    (c:tan parallax t)
    (c:* t distance AU)))
```

여기서 특수형 define-c:prop은 특별한 종류의 프로시저인, c:parallax<->distance라는 생성자를 정의한다. 두 셀(인수 parallax와 distance)로 c:parallax<->distance를 호출하면 c:parallax<->distance는 그 두 셀을 연관시키는 하나의 전파자를 생성한다. 특수형 let-cells는 새 셀 두 개를 생성하는데, 하나는 지역 이름이 t이고 다른 하나는 지역 이름이 AU이다. 셀 t는 초기화하지 않고, 셀 AU는 파섹 단위의 AU(Astronumical Unit; 천문 단위. 지구 공전 궤도의 반장축에 해당) 값으로 초기화한다. parallax라는 이름의 셀과 t라는 이름의 셀을, c:tan으로 생성한 기본 제약 전파자(primitive constraint propagator)를 이용해서 연결한다. 이에 의해, t가 가진 값은 반드시 parallax가 가진 값의 탄젠트이어야 한다는 제약이 가해진다. 이와 비슷하게 t, distance, AU라는 이름의 셀들은 c:*로 생성한 기본 제약 전파자로 연결되며, 이에 의해 셀 t의 내용과 셀 distance의 내용의 곱이 셀 AU의 내용이라는 제약이 가해진다.

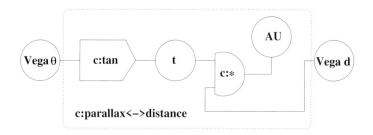

그림 7.3 이것은 Vega-parallax-distance라는 이름의 셀(그림의 베가 d)과 Vega-parallax라는 이름의 셀(그림의 베가 θ)에 대해 c:parallax<->distance를 호출했을 때 생성되는 전파자 시스템의 '배선도'이다. 원은 셀이고 그 밖의 도형은 셀들을 연결하는 전파자이다. 이 전파자들은 방향이 없다. 이들은 대수적(algebraic) 제약을 강제한다. 관례상 제약-전파자 생성자의 이름에는 접두사 c:를 붙인다. 예를 들어 c:*가 생성하는 전파자는 셀 t의 내용과 셀 Vega-parallax-distance의 내용의 곱이 셀 AU의 내용이라는 제약을 강제한다.

그럼 연주시차로 측정한 베가 항성과의 거리를 생각해 보자. 먼저, 거리를 위한 Vega-parallax-distance라는 셀과 연주시차 각도를 위한 Vega-parallax라는 셀을 만든다.

```
(define-cell Vega-parallax-distance)
(define-cell Vega-parallax)
```

다음으로, 이 셀들을 다음과 같이 전파자 생성자로 연결한다.

```
(c:parallax<->distance Vega-parallax Vega-parallax-distance)
```

[그림 7.3]은 지금까지 구축한 셀들과 전파자들의 시스템을 배선도 형태로 표시한 것이다.

이 제약 전파자들 자체는 [그림 7.4]에 나와 있듯이 유향 전파자(directional propagator)들로 구성된다. p:*가 생성하는 승산기(multiplier; 곱셈기) 같은 유향 전파자는 곱 셀(product cell)의 값을 승산기 셀과 피승수 셀(multiplicand cell)의 값들과 모순이 없도록 조정한다. 하나의 전파자 시스템에서 이런 유향 전파자들과 제약 전파자들을 얼마든지 섞어서 사용할 수 있다.[1]

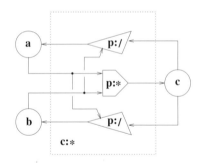

그림 7.4 c:*로 생성한 제약 전파자는 유향 전파자 세 개로 구성된다. 관례상 유향 전파자 생성자의 이름에는 접두사 p:를 붙인다. p:*로 생성한 유향 승산기 전파자는 c의 값이 셀 a와 b에 있는 값들의 곱과 같아지도록 강제한다. p:/로 생성한, 나눗셈을 수행하는 유향 제산기(divider)는

---

1 제약 전파는 데이비드 왈츠가 선 그림(line drawing)의 해석에 관한 박사학위 논문[125]에서 소개했다. 제럴드 제이 서스먼과 리처드 스톨먼은 제약 전파에 기초한 전자회로 분석 도구들을 개발했다[119, 114]. 유진 프로이더는 자신의 학술지 [24]를 통해서 제약 프로그래밍 개념을 주요한 지적 연구 노력으로 변환했다[39]. 가이 스틸은 박사학위 논문[116]에서 제약들에 기초해서 하나의 프로그래밍 언어를 구축하는 방법을 제시했다.

몫(quotient) 셀들(a와 b)의 값이 피제수(dividend) 셀 c의 값을 해당 제수(divisor; 약수) 셀들 (b와 a)의 값으로 나눈 결과와 같아지도록 강제한다.

그럼 이 작은 시스템을 이용해서 계산을 수행해 보자. 1817년에 프리드리히 G. W. 폰 슈트 루페Friedrich G. W. von Struve가 베가의 연주시차 추정치를 발표(출판)했는데, 그 값은 0.125″ ± 0.05″이다.[2] 이것은 출판된 수치로는 최초의 그럴듯한 별 연주시차 측정치였지만, 데이터가 빈약했고 이후 슈트루페 자신이 이 수치가 옳지 않다고 인정했기 때문에, 최초로 진정한 측정 치를 발표한 공로는 1838년 백조자리 61(61 Cygni)의 연주시차를 세심하게 측정한 프레드리 히 빌헬름 베셀에게 돌아갔다. 그렇지만 슈트루페의 추정치는 현재 최선의 베가 연주시차 추정 치에 상당히 가깝다. 다음은 전파자 시스템에게 슈트루페의 추정치 125 밀리초각 ± 50밀리초 각을 말해주는(tell) 코드이다.

```
(tell! Vega-parallax
    (+->interval (mas->radians 125) (mas->radians 50))
    'FGWvonStruve1837)
```

tell! 프로시저는 인수 세 개를 받는데, 차례로 전파자 셀, 그 셀의 값, 그 값의 기원을 나타내 는 전제 기호이다. mas->radians 프로시저는 밀리초각(milliarcsecond; 1,000분의 1초각) 을 라디안 단위로 변환한다. +->interval 프로시저는 첫 인수를 중심으로 한 하나의 구간을 만든다.

```
(define (+->interval value delta)
  (make-interval (n:- value delta) (n:+ value delta)))
```

결과적으로 Vega-parallax 셀에는 다음과 같은 구간이 주어진다.

```
(+->interval (mas->radians 125) (mas->radians 50))
(interval 3.6361026083215196e-7 8.48423941941688e-7)
```

---

2 [127]의 p. 71.

슈트루페가 추정한 오차는 연주시차 추정치의 상당히 큰 비율에 해당한다. 즉, 그의 베가 거리 추정치는 구간이 꽤 크다(대략 5.7에서 13.3파섹, 또는 9.5 ± 3.8 파섹).

```
(get-value-in Vega-parallax-distance)
(interval 5.7142857143291135 13.33333333343721)
(interval>+- (get-value-in Vega-parallax-distance))
(+- 9.523809523883163 3.8095238095540473)
```

이 구간 값을 지지(뒷받침)하는 전제는 FGWvonStruve1837이다.

```
(get-premises Vega-parallax-distance)
(support-set fgwvonstruve1837)
```

inquire 프로시저를 이용하면 셀의 값과 그 값의 지지 정보를 깔끔하게 출력할 수 있다.[3]

```
(inquire Vega-parallax-distance)
((vega-parallax-distance)
 (has-value (interval 5.7143e0 1.3333e1))
 (depends-on fgwvonstruve1837)
 (because
  ((p:/ c:* c:parallax<->distance)
   (au 4.8481e-6)
   (t (interval 3.6361e-7 8.4842e-7)))))
```

다음은 1982년에 러셀 등이 보고한,[106] 구간이 좀 더 좁은 추정치이다.

```
(tell! Vega-parallax
       (+->interval (mas->radians 124.3) (mas->radians 4.9))
       'JRussell-etal1982)
```

---

3 값에는 '이유(reason; 또는 논거)'도 있다. because로 시작하는 목록이 값의 이유이다. 지금 예에서, Vega-parallax-distance 셀의 값은 c:parallax<->distance로 생성한 전파자에 있는 AU 셀의 내용을 t 셀의 내용으로 나누어서 유도한 것이다. 유향 나눗셈 전파자 p:/는 제약 전파자 c:*의 일부였으며, c:* 자체는 제약 전파자 c:parallax<->distance의 일부였다. 값의 이런 이유들은 대단히 장황해질 수 있다. 그래서 앞으로는, 값의 이유가 그리 도움이 되지 않는 경우에는 inquire의 결과에서 because 부분을 생략하겠다. 이 이유들을 재귀적으로 추적해 보면 주어진 값의 유도 과정을 아주 상세하게 파악할 수 있다. 이 이유들은 §6.4.2에 논의한 '근거(justification)'이다.

이 추정치는 슈트루페의 추정치의 구간 중심에 상당히 가까워 보인다. 이 측정치를 적용하면 거리 추정치가 다음과 같이 좁혀진다.

```
(inquire Vega-parallax-distance)
((vega-parallax-distance)
 (has-value (interval 7.7399 8.3752))
 (depends-on jrussell-etal1982))
```

베가와의 거리 추정치가 이제는 러셀의 측정치에만 의존함을 주목하자. 러셀 측정치의 구간은 슈트루페 측정치의 구간에 완전히 포함되므로, 슈트루페 측정치는 더 이상의 정보를 제공하지 않는다. 그러나 셀은 슈트루페 측정치와 그 기원을 기억하므로, 필요하다면 슈트루페 측정치를 복원할 수 있다.

1995년에 더 나은 측정치가 나왔다.[4]

```
(tell! Vega-parallax
       (+->interval (mas->radians 131) (mas->radians 0.77))
       'Gatewood-deJonge1995)
((vega-parallax)
 (has-value (the-contradiction))
 (depends-on jrussell-etal1982 gatewood-dejonge1995)
 (because
  ((has-value (interval 5.7887e-7 6.2638e-7))
   (depends-on jrussell-etal1982))
  ((has-value (interval 6.3137e-7 6.3884e-7))
   (depends-on gatewood-dejonge1995))))
```

출력 결과를 보면 두 정보 출처에 의존하는 모순이 발견되었음을 알 수 있다. 두 정보 출처는 각자 하나의 구간을 제공하는데, 두 구간이 겹치지 않는다. 게이트우드Gatewood와 더용어de Jonge의 측정치가 의심스럽다고 가정하고, 해당 전제를 철회하자(retract).

```
(retract! 'Gatewood-deJonge1995)
```

----

4 여기에는 약간의 조작이 가해졌다. 게이트우드와 더용어의 실제 측정치[43]는 이와 조금 다르다. 그 측정치의 중심은 여기에 인용된 131밀리초각이 아니라 130밀리초각이다. 원본과 다른 값을 사용한 이유는, 잠시 후에 계산상의 논점 하나를 설명하기 위해서이다.

한 전제를 철회하면 그 전체에 의존하는 모든 값이 철회된다. 그래서, 다음에서 보듯이 베가와의 거리가 이전 측정치로 되돌아갔다.

```
(inquire Vega-parallax-distance)
((vega-parallax-distance)
 (has-value (interval 7.7399 8.3752))
 (depends-on jrussell-etal1982))
```

이것은 러셀 등의 측정치이며, 해당 전제는 실제로 이 값을 지지한다.

이것으로 상황이 종료된 것은 아니다. 21세기 들어 히파르코스Hipparcos 인공위성이 베가 연주시차의 아주 인상적인 측정치를 산출했다. 다음은 판 레이우언van Leeuwen의 보고서[83]에 나온 그 측정치를 전파자 시스템에 알려주는 코드이다.

```
(tell! Vega-parallax
       (+->interval (mas->radians 130.23) (mas->radians 0.36))
       'FvanLeeuwen2007Nov)
((vega-parallax)
 (has-value (the-contradiction))
 (depends-on jrussell-etal1982 fvanleeuwen2007nov)
 (because
  ((has-value (interval 5.7887e-7 6.2638e-7))
   (depends-on jrussell-etal1982))
  ((has-value (interval 6.2963e-7 6.3312e-7))
   (depends-on fvanleeuwen2007nov))))
```

이 측정치는 이전 측정치와 모순된다. 둘 중 어떤 것을 믿어야 할까?[5] 이번에는 러셀의 결과를 철회하기로 하자.

```
(retract! 'JRussell-etal1982)
(inquire Vega-parallax-distance)
((vega-parallax-distance)
 (has-value (interval 7.6576 7.7))
 (depends-on fvanleeuwen2007nov))
```

....

5 사실 히파르코스 데이터에는 몇 가지 문제점이 있다. 구체적으로 말하면, 플레아데스 성단 등 몇몇 아주 밝은 성단과의 거리를 히파르코스로 측정한 데이터는 초장기선 간섭 관측법(very long baseline radio interferometry)으로 얻은 더 나은 측정치와 모순된다. 그러나 이러한 불일치가 히파르코스의 다른 측정치를 훼손하지는 않는다.

이제 히파르코스 인공위성의 결과가 격리되었다.

여기에 게이트우드 측정치를 다시 추가하면 어떤 일이 벌어질까?

```
(assert! 'Gatewood-deJonge1995)
(inquire Vega-parallax-distance)
((vega-parallax-distance)
 (has-value (interval 7.6576 7.6787))
 (depends-on gatewood-dejonge1995 fvanleeuwen2007nov))
```

판 레이우언의 구간과 게이트우드의 구간이 겹친 구간이 두 개별 구간보다 더 작기 때문에, 이전보다 더 강력한 결과가 나왔다.[6] (출력에서 게이트우드의 결과 (interval 7.589 7.6787)은 생략했다.)

등급

별까지의 거리를 추정하는 방법은 이외에도 여러 가지이다. 별의 겉보기 밝기(apparent brightness)는 별까지의 거리의 제곱에 비례해서 감소하므로, 별의 본래 밝기(intrinsic brightness)를 안다면 겉보기 밝기로부터 거리를 추정할 수 있다.

현대의 천문학 이론은 몇몇 종류의 별의 본래 밝기를 정확하고 신뢰성 있게 추정할 수 있을 정도로 발전했다. 그런 별들에서 온 빛을 분광분석하면 별의 상태, 화학 성분 구성, 질량 등을 알 수 있으며, 그런 정보로부터 본래의 밝기를 추정할 수 있다. 베가는 우리가 많은 것을 알고 있는 별의 좋은 예이다.

천문학자들은 별의 밝기를 **등급**(magnitude)으로 표현한다. 등급이 5만큼 다른 두 별의 밝기는 100배 차이가 난다.[7] 별의 본래 밝기는 만일 관찰자가 별과 10파섹 떨어진 곳에서 측정했다면 나왔을 등급이다. 이를 별의 절대 **등급**(absolute magnitude)이라고 부른다. 밝기와

---

6 앞에 게이트우드와 더용어의 측정치를 조작한 이유가 바로 이것이다. 원래의 수치를 그대로 사용하면 히파르코스의 결과와 구간이 겹치지 않는다. 사실 히파르코스 측정치는 게이드와 더용어의 오차 구간에 완전히 포함된다.

7 이 명백히 괴상한 체계는 고대 그리스의 천문학자 히파르코스(기원전 190~120년 경)에서 비롯했다. 그는 자신의 카탈로그에 있는 각 별에 수치 밝기를 부여했는데, 가장 밝은 별을 1등급(first magnitude), 그다음으로 밝은 별을 2등급, 가장 어두운 별을 6등급으로 정의했다. ESA의 히파르코스 우주 천문학 미션(p.402 참고)은 히파르코스를 기리는 취지로 명명된 것이다.

등급의 관계는 역제곱 법칙(inverse square law)♦과 등급의 정의를 조합한 깔끔한 공식으로 정의된다. 별의 절대 등급이 M이고 겉보기 등급(apparent magnitude)이 m, 별까지의 거리가 파섹 단위로 d라고 할 때, $m - M = 5(\log_{10}(d) - 1)$이다. 이 공식을 제약 전파자 생성기로 표현할 수 있다.[8]

```
(define-c:prop
  (c:magnitudes<->distance apparent-magnitude
                           absolute-magnitude
                           magnitude-distance)
  (let-cells (dmod dmod/5 ld10 ld
              (ln10 (log 10)) (one 1) (five 5))
   (c:+ absolute-magnitude dmod apparent-magnitude)
   (c:* five dmod/5 dmod)
   (c:+ one dmod/5 ld10)
   (c:* ln10 ld10 ld)
   (c:exp ld magnitude-distance)))
```

그럼 베가에 관한 지식 몇 가지를 추가해 보자. 다음 코드는 겉보기 등급, 절대 등급, 거리에 관한 셀들을 추가하고 전파자로 연결한다.

```
(define-cell Vega-apparent-magnitude)
(define-cell Vega-absolute-magnitude)
(define-cell Vega-magnitude-distance)
(c:magnitudes<->distance Vega-apparent-magnitude
                         Vega-absolute-magnitude
                         Vega-magnitude-distance)
```

다음으로, 몇 가지 측정치를 추가한다. 베가는 아주 밝다. 겉보기 등급이 0에 아주 가깝다. (이 아주 정밀한 측정치는 허블 우주망원경으로 얻었다. 볼린과 길릴런드의 [14]를 보라.)

♦ 옮긴이 역제곱 법칙은 어떤 물리량이 그 근원과의 거리의 제곱에 반비례하는 것을 뜻한다. 이 법칙은 중력, 전자기력을 비롯해 자연계에서 광범위하게 발견된다.

8 표현식의 모든 중간 부분식에 대해 셀을 만들고 이름을 붙여야 한다는 점에서, 이는 상당히 추한 언어이다. 이 전파자 배선도 서술 언어를 더 예쁘게 만드는 것도 얼마든지 가능하겠지만, 개념을 명확하게 설명하는 데에는 이처럼 조잡하지만 아주 구체적인 언어로 시작하는 것이 낫다. 수식 형태로 작성된 제약을 전파자 배선도 조각으로 변환하는 작은 컴파일러를 작성하는 것은 간단한 문제이다. (p.407의 연습문제 7.1과 p.437의 연습문제 7.6을 보라.)

```
(tell! Vega-apparent-magnitude
       (+->interval 0.026 0.008)
       'Bohlin-Gilliland2004)
```

그리고 베가의 절대 등급도 꽤 높은 정밀도로 알려져 있다.[44]

```
(tell! Vega-absolute-magnitude
       (+->interval 0.582 0.014)
       'Gatewood2008)
```

등급 측정치들이 정밀한 덕분에, 이 측정치들에만 의존해서 추정한 베가와의 거리도 꽤 정밀하다.

```
(inquire Vega-magnitude-distance)
((vega-magnitude-distance)
 (has-value (interval 7.663 7.8199))
 (depends-on gatewood2008 bohlingilliland2004))
```

그런데 거리 정보가 서로 다른 두 셀에 있다는 점이 불만스럽다. 그 둘을 전파자로 연결하자.

```
(c:same Vega-magnitude-distance Vega-parallax-distance)
```

이제 베가까지의 좀 더 정확한 거리가 생겼다. 구간의 상계는 p.403에서 구한 것과 같지만, 하계는 그보다 좀 더 높다.

```
(inquire Vega-parallax-distance)
((vega-parallax-distance)
 (has-value (interval 7.663 7.6787))
 (depends-on fvanleeuwen2007nov gatewood-dejonge1995
             gatewood2008 bohlingilliland2004))
```

이 결과에 1995년에 게이트우드와 더용어가 얻은 측정치가 실제로 도움이 되었는지도 확인해 보자.

```
(retract! 'Gatewood-deJonge1995)
```

```
(inquire Vega-parallax-distance)
((vega-parallax-distance)
 (has-value (interval 7.663 7.7))
 (depends-on fvanleeuwen2007nov
             gatewood2008
             bohlingilliland2004))
```

실제로 도움이 되었다. 1995년 측정치는 구간의 상계를 아래로 끌어내렸다.

측정치 개선

이제 베가까지의 거리를 계산하는 방법이 두 개이다. 하나는 연주시차를 이용하는 것이고 다른 하나는 밝기 등급을 이용하는 것이다. 여기서 주목할 점은, 연주시차를 이용한 측정치 구간의 정보로 밝기 등급을 이용한 측정치 구간을 개선할 수 있고, 그 역도 마찬가지라는 것이다. 시스템의 일관성(무모순성)을 위해서는 이러한 개선이 필수이다.

베가의 겉보기 등급을 생각해 보자. 볼린과 길리런드가 제공한 원래의 측정지는 $m = 0.026 \pm 0.008$이다. 이것을 스킴에서 구간으로 표현하면 다음과 같다.

```
(+->interval 0.026 0.008)
(interval .018 .034)
```

우리가 얻은 값의 구간은 이보다 약간 나은 [0.018, 0.028456]이다.

```
(inquire Vega-apparent-magnitude)
((vega-apparent-magnitude)
 (has-value (interval 1.8e-2 2.8456e-2))
 (depends-on gatewood2008
             fvanleeuwen2007nov
             bohlin-gilliland2004))
```

연주시차 측정치의 정보와 일관되려면 상계를 조금 끌어내려야 한다. 다른 측정 가능 수량에 대해서도 마찬가지이다. 게이트우드가 2008년에 제공한 절대 등급(p.405)을 구간으로 표현하면 다음과 같다.

```
(+->interval 0.582 0.014)
(interval .568 .596)
```

그러나 우리의 값은 하계가 더 높다.

```
(inquire Vega-absolute-magnitude)
((vega-absolute-magnitude)
 (has-value (interval 5.8554e-1 5.96e-1))
 (depends-on gatewood2008
             fvanleeuwen2007nov
             bohlin-gilliland2004))
```

연주시차 역시 등급 측정치의 정보 덕분에 개선되었다.

```
(inquire Vega-parallax)
((vega-parallax)
 (has-value (interval 6.2963e-7 6.3267e-7))
 (depends-on fvanleeuwen2007nov
             gatewood2008
             bohlin-gilliland2004))
```

이상의 예에서 보듯이, 전파자 시스템에서는 계산이 모든 방향으로 전파된다. 이런 특성은 임의의 새 정보가 미치는 영향을 파악할 때 사용할 수 있는 강력한 도구이다.

■ 연습문제 7.1 전파자 네트워크를 더 쉽게 작성하는 수단

현재의 전파자 시스템은, 아주 간단한 네트워크를 구축할 때도 상당히 장황한 코드를 작성해야 한다. 코드가 장황해지는 주된 이유는, 모든 내부 노드에 일일이 이름을 붙여야 한다는 점이다. 예를 들어 섭씨온도와 화씨온도를 변환하는 제약 전파자를 정의하려면 다음과 같은 코드를 작성해야 한다.

```
(define-c:prop (celsius fahrenheit)
  (let-cells (u v (nine 9) (five 5) (thirty-two 32))
    (c:* celsius nine u)
    (c:* v five u)
    (c:+ v thirty-two fahrenheit)))
```

몇몇 전파자에 표현식 문법을 사용할 수 있다면 다음과 같이 코드가 더 간결해질 것이다.

```
(define-c:prop (celsius fahrenheit)
```

```
(c:+ (ce:* (ce:/ (constant 9) (constant 5))
           celsius)
     (constant thirty-two)
     fahrenheit))
```

여기서 ce:*와 ce:+는 주어진 값에 대한 셀을 생성하고 그 값을 호출자에게 돌려주는 전파자 생성자이다. ce:+ 프로시저를 구현한다면 이런 모습이 될 것이다.

```
(define (ce:+ x y)
  (let-cells (sum)
    (c:+ x y sum)
    sum))
```

제약 전파자들 외에, p:+ 같은 유향 전파자들도 이런 표현식 버전을 만들 수 있다. p:+의 표현식 버전의 이름으로는 pe:+가 적당할 것이다.

모든 기본 산술 연산자의 이름을 조회하는 수단은 이미 갖추어져 있다. 모든 연산자에 대해 표현식 버전의 유향 및 제약 전파자를 설치하는 프로그램을 작성하라.

■ 연습문제 7.2 전기회로 설계 문제

참고: 이 문제는 전기공학을 잘 알지 못해도 풀 수 있다.

애나 로그$^{Anna Logue}$는 트랜지스터 앰프를 설계하는 중이다. 회로의 한 부분에, 트랜지스터에 바이어스를 걸기 위한 전압 분배기(voltage divider)가 필요하다. 전압 분배기는 저항 값이 각각 R_1과 R_2인 두 저항으로 구성된다. 분배기의 출력 전압은 V_{out}이고 전원 공급 장치에서 온 입력 전압은 V_{in}이며, 그 둘의 비는 ρ이다. 그리고 분배기의 출력 저항은 Z이다.

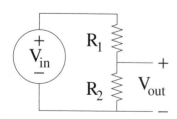

관련 관계식들은 다음과 같다.

$$\rho = \frac{V_{out}}{V_{in}}$$

$$\rho = \frac{R_2}{R_1 + R_2}$$

$$Z = R_1 \rho$$

회로를 설계하다 보면 이런 문제를 자주 풀어야 하기 때문에, 애나는 다음과 같은 제약 전파자 네트워크를 만들었다.

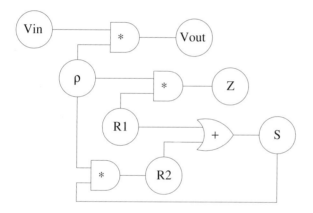

a. 이 배선도를 구현하는 전파자 네트워크를 작성하라.

b. 전원 공급 장치의 전압이 14.5V에서 15.5V이고, 전압 분배기가 3.5V에서 4.0 V를 출력해야 한다고 하자. 즉, $V_{in} \in [14.5, 15.5]$ 이고 $V_{out} \in [3.5, 4.0]$. 이다.

애나는 47,000Ω짜리 저항을 R_2로 사용하기로 했다. 그렇다면 R_1의 저항 값 범위(구간)은 얼마여야 할까? 애나는 설계 명세를 충족하는 R_1의 저항 값을 선택할 수 있을까?

c. 또한, 분배기의 출력 저항이 20,000에서 30,000Ω이어야 한다. 즉, $Z \in [20000, 30000]$ 이다.

따라서 애나의 진짜 문제는, 필요한 전압 분배비 ρ와 출력 저항 Z의 명세가 주어졌을 때 적절한 전압 분배기 저항 R_1과 R_2의 저항 값 구간들을 구하는 것이다.

만일 R_2를 선택하는 대신 Z 명세를 단언하기로 한다면(그런 경우 R_2 값의 지지를 철회해야 한다!), 그에 따라 R_1과 R_2가 결정되어야 한다. 그러나 전파자 네트워크는 R_2의 값을 찾지 못한다! 이 문제점을 설명하라.

d. R_2가 $1,000\Omega$에서 $500,000\Omega$ 사이의 값이라고 전파자 네트워크에 말해주면, 전파자 네트워크는 R_2의 실제 구간에 대한 유용한 답으로 수렴한다. 왜 이렇게 되는지 설명하라.

■ **연습문제 7.3 국소 일관성—프로젝트 하나**

전파는 국소 일관성(local consistency; 지역적 일관성) 문제를 공략하는 한 방법이다. 예를 들어 왈츠 알고리즘[125]은 고형 다면체(solid polyhedron)의 선화(line drawing; 소묘)를 전파를 이용해서 해석한다. 지도 채색 문제와 그와 비슷한 문제들도 전파를 이용해서 성공적으로 공략할 수 있다.

여기서 핵심 개념은, 노드들로 이루어진 그래프가 있고, 각 노드에 일단의 이산적인 이름표(discrete label) 중 하나를 배정하되 한 노드에 어떤 이름표를 배정할 수 있는지는 그 노드의 이웃 노드들에 어떤 이름표가 붙어 있느냐에 제한을 받는다는 것이다. 예를 들어 왈츠 알고리즘에서 하나의 선에는 여러 이름표 중 하나를 배정할 수 있으며, 각 선은 두 정점(vertex; 꼭짓점)을 연결한다. 한 정점에서, 그 정점에서 끝나는 선은 그 정점에 대해 가능한 기하학적 해석 중 하나와 일관되어야 한다. 또한, 한 선의 두 정점에서의 해석은 동일해야 한다.

a. 이런 개념들을 실험해 보려면 이산 집합(discrete set)들에 대한 '산술' 패키지가 필요하다. 이산 집합들의 합집합(union), 교집합(intersection), 여집합(complement)을 구할 수 있어야 한다. 그런 산술 패키지를 구축하라.

b. 한 노드에 대해 가능한 상태(status)들의 집합은 그 노드의 실제 상태에 대한 부분 정보이다. 가능한 상태들의 집합이 작을수록 그 노드에 관해 우리가 알고 있는 정보가 많은 것이다. 노드 상태에 관한 지식을 전파자 셀로 표현한다면, 두 집합의 병합(merge)은 두 집합의 교집합이다. 이는 실숫값 구간들의 교차(intersection)와 일치한다. 이산 집합들의 교집합(교차) 연산을 일반적 `merge`의 한 처리부로 구현하라.

c. 이상의 구성을 이용해서 국소 일관성 문제의 해법을 구축하고 시연하라.

d. 그래프 중에는 한 노드의 배정이 몇 개 안 되는 제약들에만 의존하는 것이 많다. 지지 추적 (support tracking)을 이용해서 한 노드의 배정에 관한 설명을 제공하는 방법을 제시하라.

7.2 전파 메커니즘

전파 메커니즘의 필수 핵심 요소는 셀, 전파자, 스케줄러이다. 하나의 셀에는 한 값에 대한 정보가 누적된다. 셀은 자신이 가진 정보를 조회하는 수단과 그 정보를 갱신하는 수단을 제공해야 한다. 또한, 셀의 내용에 관심이 있는 전파자들에게 셀 내용의 변화를 알려주는 수단도 필요하다. 셀의 내용에 관심이 있는 전파자를 그 셀의 **이웃**(neighbor)이라고 부른다. 셀은 자신의 이웃들의 집합을 관리한다.

전파자는 상태 없는 프로시저(즉, 함수형 프로시저)이다. 전파자가 관심을 둔 셀의 값이 변하면 전파자가 활성화된다. 전파자를 활성화한 셀을 가리켜 전파자의 **입력** 셀이라고 부른다. 한 전파자의 입력 셀이 여러 개일 수 있다. 활성화된 전파자는 입력 셀들에서 정보를 수집하며, 적절한 계산을 수행한 후 하나 이상의 **출력** 셀들을 갱신할 수 있다. 하나의 셀이 한 전파자의 입력 셀이자 출력 셀로 쓰이는 것도 가능하다.

한 셀의 **내용**(content)은 셀의 값에 관해 누적된 정보이다. 값을 요청하면(이를테면 전파자가) 셀은 자신이 제공할 수 있는 **가장 강한**(strongest) 값, 줄여서 최강값을 돌려준다. 이 점은 천문학 예제의 거리 추정치 구간과 관련해서 실제로 체험했었다. 그 예제에서, 셀은 자신의 값에 관해 알려진 가장 좁은 구간을 돌려준다. 셀이 새로운 정보를 입력받으면, 셀은 그 정보를 반영했을 때 최강값이 변하는지 판정한다. 만일 최강값이 변한다면 셀은 그 사실을 자신의 이웃들에게 **통지**(alert)한다. 그러면 스케줄러가 이웃(전파자)들을 활성화한다. 스케줄러 scheduler는 활성화된 전파자들에게 계산 자원을 할당하는 책임도 진다. 전파자의 계산 결과는 스케줄링의 세부 사항이나 순서와는 독립적이어야 한다.

셀과 전파자는 위계구조(hierarchy)로 조직화되는 요소들이다. 각 셀과 각 전파자에는 이름과 부모가 있으며, 자식들도 있을 수 있다. 이들에 의해 각 셀 또는 전파자는 위계구조 안에서 고유한 경로 이름을 가지게 된다. 경로 이름(path name)은 한 요소에 접근하는 수단이자 출력에서 한 요소를 식별하는 수단으로 쓰인다. 셀 또는 전파자는 사용자나 복합 전파자가 사용한다. 매개변수 *my-parent*는 동적으로 부모에 바인딩된다. 이에 의해 새 셀 또는 전파자가 하나의 '가족(family)'에 편입된다.

7.2.1 셀

여기서는 셀을 bundle 매크로를 이용해서 메시지 수신 프로시저로 구현한다. 셀은 자신의 정보를 content 변수에 담고 갱신한다. 처음에는 이 변수가 the-nothing이라는 값(술어 nothing?로 식별된다)으로 초기화되는데, 이 값은 셀이 자신의 값에 관해 아무런 정보도 가지고 있지 않음을 나타낸다. 값을 요청하면 셀은 그 시점에서 최강값을 돌려주는데, 이를 위해 셀은 strongest에 현재까지의 최강값을 담아 둔다. 셀은 또한 최강값이 변했을 때 통지할 전파자들의 목록을 neighbors로 관리한다. 마지막으로, 셀에는 가족 관계를 담는 데 사용하는 보조 자료 구조 relations가 있다.

다음은 셀 생성자의 틀이다. 관심을 가질 부분은 곧 설명할 add-content!와 test-content! 이다.

```
(define (make-cell name)
  (let ((relations (make-relations name (*my-parent*)))
        (neighbors '())
        (content the-nothing)
        (strongest the-nothing))
    (define (get-relations) relations)
    (define (get-neighbors) neighbors)
    (define (get-content) content)
    (define (get-strongest) strongest)
    (define (add-neighbor! neighbor)
      (set! neighbors (lset-adjoin eq? neighbors neighbor)))
    (define (add-content! increment)
      (set! content (cell-merge content increment))
      (test-content!))
    (define (test-content!)
      정의는 p.413에)
    (define me
      (bundle cell? get-relations get-neighbors
              get-content get-strongest add-neighbor!
              add-content! test-content!))
```

```
    (add-child! me (*my-parent*))
    (set! *all-cells* (cons me *all-cells*))
    me))
```

셀은 add-content!를 통해서 새 정보 또는 '증분'을 뜻하는 increment를 받아서 content에 있는 기존 정보와 병합한다. 일반적으로 병합 과정은 해당 정보의 종류에 따라 달라야 하므로, 셀의 병합 메커니즘을 반드시 지정해야 한다. 그렇지만, 정보의 부재를 의미하는 the-nothing 은 특별하다. 기존 정보와 the-nothing을 병합한 결과는 그냥 기존 정보이다.

기존 정보를 새 정보로 대체(replacement)하지 않고 새 정보를 기존 정보와 병합하는 이유는, 부분 정보를 활용해서 값에 대한 지식을 정련하기 위해서이다.[9] 예를 들어 이전에 살펴본 천문 거리 계산에서는 교차를 통해 구간들을 병합해서 더 나은 추정치를 얻었다. 형식 추론 예제(§4.4.2)에서는 통합(unification)을 통해 서술들을 결합함으로써 더 구체적인 정보를 얻었다. 일반적인 값 병합 문제는 §7.4에서 살펴본다.

두 조각의 정보를 병합하기가 불가능할 때도 있다. 예를 들어 어떤 미지수의 값이 0임과 동시에 1일 수는 없다. 이런 경우 cell-merge는 하나의 모순 객체(contradiction object)를 돌려준다. 모순 객체는 불일치의 세부 사항을 포함할 수 있다. 그러나 그런 추가 정보가 없는 경우 모순 객체는 그냥 the-contradiction 기호이다. 이 기호는 기본 술어 contradiction?를 충족한다. 좀 더 복잡한 모순 객체는 일반적 술어 프로시저 general-contradiction?로 검출한다. 모순은 §7.5에서 설명하는 handle-cell-contradiction으로 해소한다(해소가 가능한 경우).

셀의 최강값이 변하면 이웃들에게 통지가 간다. 최강값에 영향을 미치지 않는 increment는 셀에 아무런 정보도 제공하지 않는다. 그런 경우에는 이웃들에 통지하지 않아야 한다. 그래야 쓸모없는 루프를 방지할 수 있다. 이 모든 작업은 make-cell의 내부에 정의된 test-content! 프로시저가 구현한다.

```
(define (test-content!)
  (let ((strongest* (strongest-value content)))
    (cond ((equivalent? strongest strongest*)
           (set! strongest strongest*)
```

---

9 이는 알렉세이 라둘의 박사학위 논문[99, 100]에 나온 핵심 통찰이다.

```
              'content-unchanged)
             ((general-contradiction? strongest*)
              (set! strongest strongest*)
              (handle-cell-contradiction me)
              'contradiction)
             (else
              (set! strongest strongest*)
              (alert-propagators! neighbors)
              'content-changed))))
```

test-content! 프로시저는 전제의 믿음 상태가 바뀌었을 때 관련 셀들에 그 사실을 통지하는 용도로도 쓰인다. 통지된 각 셀은 자신의 최강값(**strongest** 변수)이 변했는지 점검해서 적절한 행동을 취한다(모순을 보고하거나, 이웃 전파자들에 통지하는 등). 이에 관해서는 §7.3에서 좀 더 이야기하겠다.

셀의 구현 세부 사항을 숨기기 위해, 다음과 같은 편의용 접근 프로시저들을 정의해 두자.

```
(define (add-cell-neighbor! cell neighbor)
  (cell 'add-neighbor! neighbor))
(define (add-cell-content! cell increment)
  (parameterize ((current-reason-source cell))
    (cell 'add-content! increment)))
(define (cell-strongest cell)
  (cell 'get-strongest))
```

add-cell-content! 프로시저의 current-reason-source 매개변수는 모든 값의 이유를 제공하는 계층의 일부이다. 값의 이유 또는 논거에 관해서는 p.400의 각주 3에서 언급했다.

7.2.2 전파자

전파자를 생성하는 생성자는 입력 셀들의 목록과 출력 셀들의 목록, 그리고 통지 시 실행될 activate! 프로시저를 받는다. 생성자는 새로 생성한 전파자를 add-cell-neighbor!를 이용해서 해당 입력 셀들에 소개한다. 생성자는 또한 새 전파자에게 통지해서, 전파자가 필요에 따라 자신의 작업을 실행하게 만든다.

```
(define (propagator inputs outputs activate! name)
```

```
(let ((relations (make-relations name (*my-parent*))))
  (define (get-inputs) inputs)
  (define (get-outputs) outputs)
  (define (get-relations) relations)
  (define me
    (bundle propagator? activate!
            get-inputs get-outputs get-relations))
  (add-child! me (*my-parent*))
  (for-each (lambda (cell)
              (add-cell-neighbor! cell me))
            inputs)
  (alert-propagator! me)
  me))
```

기본 전파자(primitive propagator)는 출력들이 입력들과 겹치지 않는다는 점에서 '유향 (directional)' 전파자에 해당한다. 기본 전파자는 하나의 출력을 산출하는 스킴 프로시저의 형태로 만들기로 하겠다. 기본 전파자를 만들 때는 하나 이상의 입력 셀들과 출력 셀 하나를 지정하되, 출력 셀을 제일 마지막에 둔다. 나머지가 있는 정수 나눗셈처럼 둘 이상의 출력을 산출하는 기본 전파자도 가능하지만, 지금 목적에서는 그런 기본 전파자가 필요하지 않다.

```
(define (primitive-propagator f name)
  (lambda cells
    (let ((output (car (last-pair cells)))
          (inputs (except-last-pair cells)))
      (propagator inputs (list output)
        (lambda ()
          (let ((input-values (map cell-strongest inputs)))
            (if (any unusable-value? input-values)
                'do-nothing
                (add-cell-content! output
                  (apply f input-values)))))
        name))))
```

활성화된 전파자는 필요하다면 f를 이용해서 하나의 결과를 계산한다. 그런 경우 전파자는 입력 값들로 f를 호출한 결과를 출력 셀에 추가한다. 이 선택 과정을 활성화 정책(activation policy)이라고 부른다. 기본 전파자의 활성화 정책에서 모든 입력은 반드시 사용 가능한 (usable) 값이어야 한다. 기본적으로 모순 객체와 the-nothing은 사용 불가(unusable) 값이지만, 필요하다면 이외에도 사용 불가 값을 더 추가할 수 있다. 그리고 다른 활성화 정책을 추가하는 것도 가능하다.

전파자들을 조합해서 복합 전파자(compound propagtor)를 구축할 수도 있다. 복합 전파자를 만들 때는 to-build 프로시저를 이용해서 전파자들로부터 적절한 네트워크를 구축한다. 복합 전파자는 어떤 계산을 수행해야 할 시점이 되기 전까지는 생성되지 않는다. 그리고 계산을 수행할 필요성은 하나 이상의 입력 셀들에서 데이터가 도착해서 복합 전파자가 활성화되는 시점이 되어서야 발생한다. 그런데 입력 셀들에 새 값이 들어올 때마다 복합 전파자 네트워크를 매번 다시 구축하는 것은 바람직하지 않으므로, 복합 전파자 생성자는 네트워크가 한 번만 구축되게 해야 한다. 이를 위해 생성자는 부울 플래그 built?를 이용해서 네트워크 구축 여부를 관리한다.

```
(define (compound-propagator inputs outputs to-build name)
  (let ((built? #f))
    (define (maybe-build)
      (if (or built?
              (and (not (null? inputs))
                   (every unusable-value?
                          (map cell-strongest inputs))))
          'do-nothing
          (begin (parameterize ((*my-parent* me))
                   (to-build))
                 (set! built? #t)
                 'built)))
    (define me
      (propagator inputs outputs maybe-build name))
    me))
```

복합 전파자의 활성화 정책은 기본 전파자의 활성화 정책과 다르다. 복합 전파자는 입력 중 하나라도 사용 가능한 값이면 네트워크를 구축한다. 모든 입력이 주어지지는 않았어도 네트워크의 일부에서 유용한 계산을 수행할 수 있는 상황이 존재하므로, 이런 정책이 바람직하다.

parameterize 메커니즘은 전파자 요소들의 위계구조 조직화를 지원한다. parameterize는 복합 전파자를 네트워크 구축 과정에서 생성된 모든 셀과 전파자의 부모로 설정한다.

p.398의 [그림 7.4]에서 설명했듯이, 제약 전파자는 유향 전파자들을 조합해서 생성한다. 예를 들어 다음은 두 셀 값의 곱이 셋째 셀의 값과 같아야 한다는 제약을 강제하는 전파자를 만드는 코드이다.

```
(define-c:prop (c:* x y product)
  (p:* x y product)
  (p:/ product x y)
  (p:/ product y x))
```

이 코드는 유향 전파자 세 개를 조합해서 제약 전파자를 만든다. 이런 조합이 가능한 것은 값들을 대체하는 것이 아니라 병합한다는 점과 동등한 값들은 전파되지 않는다는 점 덕분이다. 동등한 값들이 전파되면 c:* 전파자 같은 전파자는 무한 루프가 되어 버린다.[10]

define-c:prop 매크로는 그냥 문법적 설탕이다. 매크로가 생성하는 실제 코드는 다음과 같다.

```
(define (c:* x y product)
  (constraint-propagator
    (list x y product)
    (lambda ()
      (p:* x y product)
      (p:/ product x y)
      (p:/ product y x))
    'c:*))
```

여기서 constraint-propagator는 그냥 다음과 같이 간단한 프로시저이다.

```
(define (constraint-propagator cells to-build name)
  (compound-propagator cells cells to-build name))
```

제약 전파자와 연관된 모든 셀은 입력 셀이자 출력 셀이다.

7.3 다중 대안 세계관

천문 거리 예제에서 보았듯이, 각 값에는 그 값의 계산에 쓰인 전제들의 지지 집합과 그 값의 '이유(reason; 그 값을 만들어 낸 전파자와 그 과정에 쓰인 값들)'가 있다. 이러한 값 구조에는

----

10 지금 우리는 참값이 아닌 수량들의 동등성을 결정하는 중요한 문제를 애써 외면하고 있다. 동등성 또는 동치관계에 대한 그 어떤 전역적인 개념도, 추가적인 국소 정보를 도입하지 않고서는 동등성에 대한 조건을 표현할 수 없다. 각 셀에 국소 동등성 술어를 제공하고 참값을 위한 기본값을 두어서 이 문제를 풀 수도 있을 것이다.

§6.4에서 소개한 계층적 데이터 메커니즘이 쓰인다. 그런데 '사실(fact)'들 중에는 일관되지 않은, 즉 서로 모순되는 것들이 존재한다. 앞의 예제에서는 전제들의 믿음을 조정함으로써 국소적으로 일관된 세계관(world view)을 얻었다. 어떤 세계관을 얻게 되는지는 어떤 전제를 믿을 것인지 선택하느냐 따라 달라진다.

하나의 전제는 세계관 안에(in) 있거나 바깥에(out) 있다. 전자는 믿기로 한 전제이고 후자는 믿지 않기로 한 전제이다. 이 예제 시스템의 사용자는 assert!를 이용해서 전제를 안으로 들여오거나 retract!를 이용해서 바깥으로 내보낼 수 있다. 이 시스템의 '마법'은, 셀들에 있는 관측 가능한 값들은 항상 완전히 지지되는(fully supported; 줄여서 '완전 지지') 값, 즉 모든 지지 전제가 in인(심지어 전제들의 믿음들이 변해도) 값들이라는 것이다.[11]

지지 집합의 믿음 상태가 변할 때마다 모든 값을 다시 계산하는 것은 비합리적이다. 현재 완전 지지가 아닌 값들을 기억해서 필요한 값들만 계산하는 것이 더 낫다. 그러면 전제의 재단언(reassertion)이 가능해지며, 전제가 지지하는 값들을 다시 계산하지 않고도 그 값들을 복원할 수 있다. 전제의 믿음 상태가 변하면 셀들은 자신의 최강값이 변했는지 점검해야 한다. 이 재점검은 모든 셀에 대해 test-content!를 호출함으로써 진행된다. 최강값이 변한 셀들은 자신의 값에 의존하는 전파자들에게 통지한다. 그러면 각 전파자는 입력 셀들의 최강값들을 입력받아서 출력 값들을 계산(또는 재계산!)한다. 출력 값이 출력 셀에 이미 저장되어 있는 최강값과 동등하면 그것으로 처리가 끝난다. 출력 셀에 들어 있는 최강값의 믿음 상태가 변하면, 그 셀의 이웃 전파자들이 재계산을 수행하게 된다. 그런데 출력 셀의 최강값이 독립적인 지지 집합을 가질 수도 있다. 그런 경우 전파는 그 지점에서 끝난다.

이런 전파가 가능하게 하기 위해, 각 셀의 content에 보통의 값 하나가 아니라 값들의 집합(간단히 값 집합(value set))과 그 값들이 의존하는 전제들이 저장될 수도 있게 한다. 셀은 strongest-value를 이용해서 content에서 최강값을 추출해서 지역 변수 strongest에 담아둔다. 이 최강값은 cell-strongest로 접근할 수 있다. 값 집합을 가진 셀의 경우 최강값은 값

---

11 우리의 구현에는 아주 나쁜 발상이 숨어 있다. 이 시스템은 한 전제의 믿음 상태의 변경을 하나의 전역 연산으로 구현하는데, 병렬 프로세스의 시뮬레이션에서 이런 전역 연산은 결코 좋은 생각이 아니다. 그보다는, 지역 프로세스들에서 믿음의 변화를 전파하는(셀이 지지하는 값들이 전파되는 방식과 비슷하게) 것이 더 나은 구현일 것이다. 우리 저자들이 그런 구현 방법을 사용하지 않은 점을 독자에 사과한다.

집합에 있는 완전 지지 값 중 가장 나은 것이다.[12] 단, 값 집합에 완전 지지 값이 하나도 없으면 the-nothing이 최강값이 된다.

이제 최강값을 관리하는 strongest-value를 살펴보자. strongest-value는 원본 데이터 (raw data)뿐만 아니라 계층적 값과 값 집합도 다룰 수 있어야 한다. 따라서 일반적 프로시저로 구현해야 마땅하다. 주해가 달리지 않은 원본 데이터 항목의 최강값은 그냥 그 데이터 항목 자체이며, 이것이 기본 경우에 해당한다.

```
(define strongest-value
  (simple-generic-procedure 'strongest-value 1
                            (lambda (object) object)))
```

계층적 데이터 항목이 완전 지지 데이터이면, 최강값은 그 데이터 항목 자체이다. 완전 지지가 아니면 최강값에 관한 정보가 없는 것이므로 the-nothing을 선택한다.

```
(define-generic-procedure-handler strongest-value
  (match-args layered-datum?)
  (lambda (elt)
    (if (all-premises-in? (support-layer-value elt))
        elt
        the-nothing)))
```

값 집합의 최강값은 그 집합에서 가장 강한 귀결(consequence)이다.

```
(define-generic-procedure-handler strongest-value
  (match-args value-set?)
  (lambda (set) (strongest-consequence set)))
```

strongest-consequence 프로시저는 그냥 값 집합의 완전 지지 값들을 병합하고, merge-layered를 이용해서 값 집합의 완전 지지 값 중 '최선의 선택'을 결정한다(§7.4.2 참고). 값 집합에 완전 지지 값이 없다면 최강값에 관한 정보가 없는 것이므로, 결과는 the-nothing이다.

---

12 사실, 가장 나은 값을 선택하기란 상당히 복잡하다. 덜 구체적인 지지 값보다는 더 구체적인 지지 값(이를테면 더 좁은 구간이) 더 나은 선택이다. 그리고 "동등한" 값 중에 전제가 더 적은 값이 더 나은 선택인데, 왜냐하면 그런 값은 믿어야 할 전제가 더 적기 때문이다. 이러한 선택 과정은 §7.4.3에서 설명할 값 집합 병합 메커니즘이 구현한다.

```
(define (strongest-consequence set)
  (fold (lambda (increment content)
            (merge-layered content increment))
        the-nothing
        (filter (lambda (elt)
                    (all-premises-in?
                      (support-layer-value elt)))
                (value-set-elements set))))
```

7.4 값들의 병합

값들의 병합이 구체적으로 어떻게 일어나는지는 아직 이야기하지 않았다. 값 병합은 세 부분으로 구성되는 복잡한 과정인데, 첫 부분은 수치나 구간 같은 기반값(base value)들의 병합이고, 둘째 부분은 지지되는 값들의 병합, 마지막 부분은 값 집합들의 병합이다. 병합이 제대로 일어나려면, add-content!의 cell-merge 프로시저에 전파 중인 데이터에 적합한 병합기가 배정되어 있어야 한다. p.435의 setup-propagator-system은 cell-merge를 값 집합 병합을 위한 merge-value-sets로 초기화한다.

7.4.1 기반값들의 병합

이 예제 전파자 시스템에는 기반값 형식이 몇 개 되지 않는다. 기반값에 해당하는 것은 the-nothing, the-contradiction, 수치, 부울, 구간(interval)뿐이다. 수치와 부울 값의 병합은 간단하다. 수치와 부울 형식은 동등한 값들만 병합할 수 있으며, 병합이 불가능한 값들은 모순에 해당한다. 그 어떤 값이든, the-nothing과 병합한 결과는 그 값 자신이다. 반면, 그 어떤 값이든 the-contradiction과 병합한 결과는 the-contradiction이다. merge 프로시저는 여러 기반값 형식에 대한 일반적 프로시저인데, 기본 처리부는 구간을 제외한 나머지 모든 단순 경우를 처리한다.

```
(define merge
  (simple-generic-procedure 'merge 2
    (lambda (content increment)
```

```
    (cond ((nothing? content) increment)
          ((nothing? increment) content)
          ((contradiction? content) content)
          ((contradiction? increment) increment)
          ((equivalent? content increment) content)
          (else the-contradiction)))))
```

천문 거리 예제에서는 구간 산술도 사용했다. 따라서 구간들을 병합하는 기능도 필요하다.

```
(define (merge-intervals content increment)
  (let ((new-range (intersect-intervals content increment)))
    (cond ((interval=? new-range content) content)
          ((interval=? new-range increment) increment)
          ((empty-interval? new-range) the-contradiction)
          (else new-range))))
```

수치 하나와 구간 하나를 병합하는 것도 가능하다. 수치가 구간 안에 있다면 병합 결과는 그 수치이고, 그렇지 않으면 모순이다.

```
(define (merge-interval-real int x)
  (if (within-interval? x int)
      x
      the-contradiction))
```

다음은 이 모든 병합을 하나의 일반적 프로시저로 합친 것이다.

```
(define-generic-procedure-handler merge
  (any-arg 2 interval? real?)
  (lambda (x y)
    (cond ((not (interval? x)) (merge-interval-real y x))
          ((not (interval? y)) (merge-interval-real x y))
          (else (merge-intervals x y)))))
```

지금까지 이야기한 것 이외의 기반값 병합 방식은 없다.

7.4.2 지지되는 값들의 병합

지지되는 값(supported value)은 전파할 기반값과 그것을 지지하는 지지층으로 구성된 계층적 데이터 항목으로 표현된다. 따라서 지지되는 값들을 위한 병합기 역시 계층적 프로시저여야 한다.

```
(define merge-layered
  (make-layered-procedure 'merge 2 merge))
```

지지층은 support:merge를 이용해서 병합을 구현한다. support:merge는 세 개의 인수를 받는데, 차례대로 기반층이 계산한 병합된 값, 현재 내용, 증분(새 정보)이다. support:merge의 임무는 병합된 값에 적합한 지지 집합을 제공하는 것이다. 병합된 값이 셀 내용의 값이나 증분의 값과 같으면, 해당 인수의 지지 집합을 사용하면 된다. 그러나 병합된 값이 다르다면 지지 집합들을 합쳐야 한다.

```
(define (support:merge merged-value content increment)
  (cond ((equivalent? merged-value
                      (base-layer-value content))
         (support-layer-value content))
        ((equivalent? merged-value
                      (base-layer-value increment))
         (support-layer-value increment))
        (else
         (support-set-union
           (support-layer-value content)
           (support-layer-value increment)))))
(define-layered-procedure-handler merge-layered support-layer
  support:merge)
```

여기서 define-layered-procedure-handler는 support:merge 프로시저를 하나의 지지층 (support-layer) 처리부로서 계층적 프로시저 merge-layered에 부착하는 역할을 한다.

7.4.3 값 집합들의 병합

값 집합들을 병합할 때는, 그냥 증분의 요소들을 셀 내용에 추가해서 새 집합을 만든다. ->value-set이 인수들을 하나의 값 집합으로 강제 변환한다는(coerce) 점을 유의하기 바란다.

```
(define (merge-value-sets content increment)
  (if (nothing? increment)
      (->value-set content)
      (value-set-adjoin (->value-set content) increment)))
```

새 요소를 셀 내용에 덧붙일 때는, 먼저 새 요소가 내용의 기존 요소에 포섭(subsumption)되지는 않는지 점검한다. 포섭된다면 추가하지 않는다.

```
(define (value-set-adjoin set elt)
  (if (any (lambda (old-elt)
             (element-subsumes? old-elt elt))
           (value-set-elements set))
      set
      (make-value-set
       (lset-adjoin equivalent?
                    (value-set-elements set)
                    elt))))
```

포섭 판정의 기준은 다소 복잡하다. 요소 A의 기반값이 적어도 요소 B의 기반값만큼의 정보를 가지고 있다면, 그리고 요소 A의 지지 집합이 요소 B의 지지 집합의 부분집합이면, 요소 B는 요소 A에 포섭된다. (주의: 더 작은 지지 집합이 더 강한 지지 집합이다. 작을수록 더 적은 전제들에 의존하기 때문이다.)

```
(define (element-subsumes? elt1 elt2)
  (and (value-implies? (base-layer-value elt1)
                       (base-layer-value elt2))
       (support-set<= (support-layer-value elt1)
                      (support-layer-value elt2))))
```

value-implies? 프로시저는 구간을 비롯해 다양한 종류의 기반 데이터를 다루어야 하기 때문에 일반적 프로시저이다.

■ 연습문제 7.4 통합을 이용한 병합

하나의 수치 값을 부분적으로 명시하는 구간들을 병합해서 그 값에 관한 좀 더 구체적인 정보를 얻는 예제를 앞에서 살펴보았다. 누락된 정보를 채워 넣을 '구멍'들이 있는 기호 패턴도 부분 정보의 일종이다. 이런 종류의 정보를 §4.4에서 설명한 통합을 이용해서 병합할 수 있다. §4.4에서는 간단한 형태의 형식 추론을 구현하는 데 통합을 사용했지만, 부분적으로만 명시된 기호 표현식들을 조합하는 좀 더 일반적인 문제에도 통합을 사용할 수 있다. §4.4에 나온, 벤저민 프랭클린에 관한 레코드들을 조합하는 예제에서 힌트를 얻을 수 있을 것이다.

전파자 시스템의 구조를 이해하는 한 가지 방법은, 각 셀이 어떤 특정한 대상에 관한 정보만 담을 수 있는 작은 데이터베이스라고 생각하는 것이다. 그런 셀들을 연결하는 전파자들은 그런 셀들에 담긴 정보로부터 어떤 결론을 연역하는 수단이라고 할 수 있다. 이런 접근 방식을 적용하기에 유망한 문제 영역 중 하나는 점 집합 위상구조(point-set topology)에서 위상 공간(topological space)들을 분류하는 문제이다. 또 다른 예로는 인간의 생활 집단, 이를테면 방들의 인접 관계나 입주자들의 사회적 관계를 조직화하는 것을 들 수 있다. 여러분이 흥미를 느끼는 문제 영역을 하나 골라서 고찰해 보기 바란다. 상상력을 발휘할 것!

a. 특정 종류의 기호 정보를 담은 셀들로 이루어진 전파자 네트워크를 설계하라. 예를 들어 각 셀이 특정 MIT 학생에 관한 정보, 이를테면 이름, 주소, 전화번호, 학년, 전공, 생년월일, 절친 같은 정보를 담을 수도 있겠다. 이런 정보를 비롯해 필요하다면 더 많은 종류의 정보를 담을 수 있도록 확장성 있는 자료 구조를 설계해야 한다. 또한, 사람들을 연관 짓는 전파자들도 필요하다. 어떤 사람에 관한 정보를 한 사람에게 얻을 수도 있고 여러 사람에게 얻을 수도 있어야 한다. 이런 네트워크는 뒷소문(gossip)의 그럴듯한 모형일 수 있다. 이런 기호적 수량들을 조작하는 기본 전파자를 몇 가지 만들고, 셀들과 연결해서 흥미로운 네트워크를 구성해 보라.

b. 통합을 merge를 위한 일반적 프로시저로 구현하고, 그것을 이용해서 여러 출처에서 온 부분적 기호 정보를 조합하는 방법을 제시하라.

c. 관련된 주제들의 연결 관계들의 공통적인 조합들을 표현하는 데 사용할 수 있는 흥미로운 복합 기호 전파자 몇 가지를 고안하라.

7.5 가능한 세계 검색

검색이 아예 필요하지 않다면 좋겠지만, 현실에서는 참이 아닐 수도 있는 뭔가를 "논증을 위해 일단 참이라고 가정하는" 것이 도움이 되는 종류의 문제들이 많다. 일단은 참이라고 가정하고 논증을 진행한 후, 그 가정의 귀결들을 고찰한다. 만일 그 가정이 모순으로 이어진다면, 다시 돌아가서 다른 뭔가를 시도해 본다. 어떤 경우이든, 그러한 가정은 문제를 푸는 데 도움이 되는 다른 어떤 연역들을 가능하게 만들 수 있다.

amb를 소개하고 검색 문제에 사용해 본 §5.4에서 이런 개념을 처음으로 살펴보았다. amb 관련 예제에서 우리는, 실행 순서가 표현식이 평가되는 방식에 제약을 받는 표현식 지향적 언어를 다루었다. 평가자가 후속 프로시저들을 이리저리 전달하도록 구조를 짜거나(§5.4.2), call/cc를 통해서 스킴의 암묵적 후속 기능을 사용하는 등(§5.5.3), 고생스럽게 후속 프로시저를 활용해서 그런 제약에서 어느 정도 빠져나올 수 있었다. 그렇지만 call/cc에서도 검색 과정을 충분히 제어할 수 없었다.

§6.4에서는 각 값에 지지 집합, 즉 그 값이 의존하는 전제들의 집합을 연관시키는 방법을 살펴보았다. 각 가정에 새 전제를 꼬리표(태그)로 달아 두면, 정확히 어떤 가정들의 조합이 모순으로 이어졌는지 파악할 수 있다. 좀 더 교묘하게 처리한다면, 검색의 이후 단계에서 그러한 가정 조합의 단언(assertion)을 피할 수도 있다. 그러나 표현식 평가 과정에서는 가정들의 단언을 제어 흐름에서 분리하기가 어렵다.

문제는, 표현식 언어에서는 표현식을 평가하는 과정에서 선택이 결정되며, 선택에 따라 분기(branch; 가지)가 생기는 하나의 분기 결정 트리(branching decision tree)가 만들어진다는 점이다. 이 분기 결정 트리를 깊이 우선 순서로 평가할 수도 있고 너비 우선이나 그 밖의 순서로 평가할 수도 있다. 그 어떤 결정 순차열(sequence of decisions)이라도, 그 귀결(consequence)들은 결정이 내려진 후에 평가된다. 실패가 발생했을 때(즉, 어떤 모순이 발견되었을 때), 문제의 원인이 될 수 있는 '용의자' 결정들은 해당 분기에 있는 것들뿐이다. 그런데 그 분기의 결정 중 일부만 용의자이고, 다른 결정들은 마지막 용의자 이후에 내려진 것일 수도 있다. 그 마지막 용의자로 후퇴하면, '결백한' 결정들에만 의존하는 계산은 무효가 된다. 따라서 한 분기에서 이전 결정으로 후퇴하려면 다수의 유용한 연역들이 소실될 위험이 있다.

반면, 실제 문제들에서는 결정의 귀결이 국소적이고 제한적일 때가 많다. 예를 들어 십자말풀이(크로스워드 퍼즐)를 풀다 보면 그 어떤 빈칸도 확신 있게 채울 수 없는 지경에 빠질 때가 종종 있다. 그렇지만 특정 빈칸에 특정 글자가 있다고 가정하고(그 가정에 대한 아주 좋은 증거가 없다고 해도) 풀이를 진전시키다 보면 의외로 문제가 풀리기도 한다. 그 빈칸에 그 글자가 있다고 가정하면 추가적인 연역이 가능해진다. 그 가정이 모순으로 이어진다면, 가정을 철회하고 원래의 지점으로 돌아가야 한다. 그러나 그때까지의 연역 중에는 그 가정에 의존하지 않는, 그래서 그 가정과는 무관하게 옳은 것들도 많다. 잘못된 과정의 귀결들을 제거하기 위해 그런 옳은 연역들까지 철회할 필요는 없다. 잘못된 가정의 실제 귀결들만 철회하고, 다른 가정들의 귀결들은 남겨 두는 것이 바람직하다. 표현식 지향적 언어 시스템에서는 이런 식으로 처리되도록 프로그램을 조직화하기가 어렵다.

전파자 시스템은 제어 흐름이 표현식의 평가 순서에 제약을 받지 않는다. 대신, 여러분은 전파자들을 병렬로 실행되는 독립적인 기계로 보는 관점에 익숙해져야 한다. 전파자 셀의 값 집합에 계층적 데이터를 담을 수 있으며, 각 값에 지지 집합을 연관시킬 수 있다. 전파자 시스템에서 하나의 값은 지지 집합의 모든 전제가 믿어질 때만 믿어진다. 그리고 오직 믿어진 값들만 전파된다. 이 덕분에, 각 전제의 믿음 상태를 개별적으로 조정해서 세계관을 바꿀 수 있게 된다.

전제들의 조합이 모순일 수도 있다. 모순은 시스템이 서로 호환되지 않는 완전 지지 값들을 병합할 때 발견된다. 그러면 모순 객체가 만들어진다. 모순 객체의 지지 집합은 해당 모순을 함의하는 전제들로 이루어진다.

이러한 시스템이 작동하게 만들기 위해, amb와 비슷한 선택 전파자(choice propagator)를 도입한다. 선택 전파자는 자신이 제어하는 셀의 값에 관한 가정(assumption)들과 각 가정을 지지하는 가언 전제(hypothetical premise)들을 만든다. 선택 전파자는 가언 전제들을 필요에 따라 단언하거나 철회한다. 전파자 네트워크는 선택 전파자들이 만든 각 가정의 값에 여러 가지 배정을 시도해서 하나의 일관된 배정을 찾는다.

예제: 피타고라스 삼조

10까지의 자연수들로 피타고라스 삼조(Pythagorean triple)들을 찾는 문제를 생각해 보자. (비슷한 문제를 p.331에서 고찰했다. 여기서는 그때보다 더 멍청한 알고리즘을 세운다!) 이 문제를 다음과 같이 하나의 전파자 문제로 정식화(formulation)할 수 있다.

```
(define (pythagorean)
  (let ((possibilities '(1 2 3 4 5 6 7 8 9 10)))
    (let-cells (x y z x2 y2 z2)
```

```
(p:amb x possibilities)
(p:amb y possibilities)
(p:amb z possibilities)
(p:* x x x2)
(p:* y y y2)
(p:* z z z2)
(p:+ x2 y2 z2)
(list x y z))))
```

이 코드는 승산기(곱셈) 전파자 세 개와 가산기(덧셈) 전파자 하나로 구성된 전파자 네트워크를 구축한다. 이 네트워크는 셀 x, y, z에 담긴 값들이 피타고라스 삼조이면 충족된다. 이 셀들 각각은 p:amb로 생성한 선택 전파자로 연결된다. 이 선택 전파자는 possibilities에서 하나의 요소를 선택한다.

이 코드를 실행하려면 먼저 전파자 시스템을 초기화해야 한다.

```
(initialize-scheduler)
```

이제 전파자 네트워크를 구축할 준비가 되었다. pythagorean 프로시저는 전파자 네트워크를 구축하고, 세 셀의 값들로 이루어진 목록을 돌려준다. run 프로시저는 스케줄러를 활성화하며, 이에 의해 네트워크가 실행된다. 네트워크가 실행되면 선택 전파자들은 해소 불가능한 모순이 발견되거나 네트워크의 활동(전파)이 정지될 때까지 x, y, z의 대안 값들을 제시한다. 모순이 발견되지 않고 네트워크가 멈추면 run은 done을 돌려주며, 각 셀의 최강값의 기반값이 출력된다. 그런 다음에는 인위적으로 그 세 값의 조합을 기각(reject)한다. 그러면 또다시 run이 호출되어서 다른 세 값의 조합을 시도하게 된다.

```
(let ((answers (pythagorean)))
  (let try-again ((result (run)))
    (if (eq? result 'done)
        (begin
          (pp (map (lambda (cell)
                     (get-base-value
                      (cell-strongest cell)))
                   answers))
          (force-failure! answers)
          (try-again (run)))
        result)))
```

```
(3 4 5)
(4 3 5)
(6 8 10)
(8 6 10)
;Value: (contradiction #[cell x])
```

7.5.1 의존성 지향적 역추적

의존성 지향적 역추적(dependency-directed backtracking)은 이전에 발견된 모순을 지지하는 전제 집합의 단언을 피함으로써 역추적 검색을 최적화하는 강력한 기법이다.[13] 이번 절에서 사용하는 의존성 지향적 역추적 전략은 **노굿 집합**(nogood set)이라는 개념에 기초한다. 어떤 전제들의 논리곱(conjunction)이 모순을 지지한다는 점이 밝혀진다면, 그 전제들을 모두 동시에 믿을 수는 없다. 노굿 집합은 그런 전제들로 이루어진 집합이다. 하나의 셀에 서로 모순되는 둘 이상의 값이 있을 때, 그 값들의 지지 집합들의 합집합이 노굿 집합이다.

모순이 발견되면, 그 모순에 대한 노굿 집합을 저장해 둔다. 이후 역추적기는 저장된 노굿 집합을 참조해서 해당 조합(모순이 발견된)의 시도를 피한다. 역추적 메커니즘의 편의를 위해, 노굿 집합을 직접 저장하지는 않기로 한다. 노굿 집합은 노굿 집합을 이루는 전제들에 분산되어 있다. 각 전제는 자신이 제거된 노굿 집합의 복사본을 받는다. 예를 들어 노굿 집합이 {A B C ...}이라고 할 때, 전제 A는 집합 {B C ...}을 받고 전제 B는 {A C ...}을 받는 식이다. 임의의 한 전제에 대해, 그 전제가 관여하는 모순들로부터 누적된 모든 부분 노굿 집합의 목록을 접근자 `premise-nogoods`로 얻을 수 있다.

노굿 집합을 저장한 후 역추적기는 노굿 집합에서 가언 전제 하나를 선택해서 철회한다. 그러면 이전에 그 가언 전제가 지지했던 값들을 담은 셀들의 이웃들에 해당하는 전파자들이 활성

---

13 의존성 지향적 역추적은 리처드 스톨먼과 제럴드 제이 서스먼이 전기회로 분석의 맥락에서 처음으로 소개했다.[114] 이와 아주 비슷한 기법인 '절 학습(clausal learning)'을 논리학의 맥락에서 칼 리버헤어가 개발한 바 있다.[84] 현재 절 학습은 최고 수준의 SAT 해결기(SAT solver)들에 쓰인다. 라민 자비, 데이비드 매컬리스터, 데이비드 채프먼은 이 기법을 리스트 코드로 구축하는 방법 하나를 제시했다.[132] 가이 스틸은 의존성 지향적 역추적을 제약 언어에 통합하는 우아한 방법을 보여주었다.[116] 존 도일[30]과 데이비드 매컬리스터[88]의 성과에 기초해서, 켄 포버스와 요한 드 클리어는 의존성과 '진리 유지 체계(truth-maintenance system)'의 이론과 실제를 정교하게 발전시켰다[36]. 진리 유지 체계는 의존성과 역추적을 고찰하는 일반적인 방법이다. 이 책에서 의존성 지향적 역추적을 구현하는 데 사용하는 방법은 알렉세이 라둘과 제럴드 제이 서스먼이 개발했다.[99, 100]

화되는데, 여기에는 애초에 그 가언을 단언했던 전파자도 포함된다. 결과적으로 그 전파자는 이전과는 다른 가언을 단언하게 된다(가능한 경우). 노굿 집합에 가언 전제가 하나도 없으면, 더 이상 손을 쓸 수 없는 상황이므로 역추적기는 실패를 돌려준다.

물론 이상은 개괄적인 설명이고, 실제 작동을 위해서는 다양한 관리 작업이 필요하다. 그럼 의존성 지향적 역추적을 구현하는 방법을 좀 더 구체적으로 살펴보자.

가언들을 생성하고 제어하는 binary-amb

가장 간단한 선택 전파자는 binary-amb로 생성한다. 한 셀에 대해 binary-amb를 호출한 결과는 그 셀을 입력 셀이자 출력 셀로 사용하는 이진 중의적 전파자(binary-amb propagator)이다. 이진 중의적 전파자는 일관된 배정이 발견될 때까지 셀의 값을 참 또는 거짓으로 변조한다.

binary-amb 프로시저는 가언 전제로 쓰일 새 전제 두 개를 도입한다. 가언 전제는 믿음 상태가 필요에 따라 자동으로 변할 수 있는 전제이다.

binary-amb 프로시저는 하나의 모순으로 셀을 초기화한다. 이 프로시저가 호출하는 make-hypotheticals는 새 가언 전제가 지지하는 참 값과 거짓 값을 생성하고, 두 값을 셀의 내용에 추가한다. 두 값을 추가하면 셀이 활성화되어서 셀의 test-content! 프로시저가 호출된다. 이 프로시저는 모순 처리 메커니즘을 시동하며, 결과적으로 모순된 셀의 이진 중의적 전파자에 통지가 간다. 그러면 이진 중의적 전파자의 활성화 프로시저(생성 시 activate! 인수로 지정한)인 amb-choose가 모순을 해소한다.

```
(define (binary-amb cell)
  (let ((premises (make-hypotheticals cell '(#t #f))))
    (let ((true-premise (car premises))
          (false-premise (cadr premises)))
      (define (amb-choose)
        (let ((reasons-against-true
                (filter all-premises-in?
                        (premise-nogoods true-premise)))
              (reasons-against-false
                (filter all-premises-in?
                        (premise-nogoods false-premise))))
          (cond ((null? reasons-against-true)
                 (mark-premise-in! true-premise)
                 (mark-premise-out! false-premise))
```

```
        ((null? reasons-against-false)
         (mark-premise-out! true-premise)
         (mark-premise-in! false-premise))
        (else
         (mark-premise-out! true-premise)
         (mark-premise-out! false-premise)
         (process-contradictions
          (pairwise-union reasons-against-true
                          reasons-against-false)
          cell)))))
  (let ((me (propagator (list cell) (list cell)
                        amb-choose 'binary-amb)))
    (set! all-amb-propagators
      (cons me all-amb-propagators))
    me))))
```

amb-choose 프로시저는 참 값을 지지하는 전제를 믿을지 아니면 거짓 값을 지지하는 전
제를 믿을지를 전제 노굿(premise nogood)들을 이용해서 결정한다. 각 전제의 premise-
nogoods에는 전제 노굿들이 들어있다. 한 전제의 premise-nogoods에 있는 각 전제 노굿은,
만일 그 노굿의 모든 전제를 믿는다면 원래의 전제를 믿을 수 없게 된다는 조건을 충족한다. 따
라서, 만일 amb-choose가 주어진 전제의 premise-nogoods에서 완전 지지 전제 노굿을 찾아
낸다면, 주어진 전제는 믿을 수 없다.

참 값을 지지하는 전제나 거짓 값을 지지하는 전제 중 하나를 믿을 수 있다면, amb-choose
는 그에 따라 참 또는 거짓을 단언한다. 둘 다 믿을 수 있다면 이는 모순이다. 그런 경우 상위
수준의 모순 처리부(process-contradictions)에 처리를 맡긴다(이후 다른 전제들의 믿음
상태들이 조정된 후 이 전파자를 다시 활성화했을 때 참 또는 거짓을 단언할 수 있으리라는 희
망으로).

process-contradictions 프로시저에는 pairwise-union으로 생성한 노굿들의 집합이 전
달된다. 이 노굿들 각각은 참 값을 선택하지 못하게 하는 전제들의 집합과 거짓 값을 선택하지
못하게 하는 전제들의 집합의 합집합이다. 따라서, 이 노굿들 중 임의의 하나만으로도 두 대안
의 선택이 모두 방지된다.[14]

---

14 pairwise-union 프로시저는 논리학의 절단 규칙(cut rule)을 이용해서 합집합을 만든다. 절단 규칙은 전건 긍정
(modus ponens)의 일반화이다. 명제논리에서는 절단 규칙을 $(A \lor B) \land (\neg B \lor C) \vdash (A \lor C)$로 표기한다. 이 규칙
과 통합(§4.4)의 조합이 바로 로빈슨이 고안한 유명한 분해(resolution) 정리 증명 알고리즘의 토대이다.[104]

```
(define (pairwise-union nogoods1 nogoods2)
  (append-map (lambda (nogood1)
                (map (lambda (nogood2)
                       (support-set-union nogood1 nogood2))
                     nogoods2))
              nogoods1))
```

모순에서 배우기

process-contradictions 프로시저는 자신이 받은 모든 노굿을 저장하되, 그 노굿들의 정보를 전제들의 전제 노굿들에 분산해 둔다. 이후 프로시저는 가언 전제 중 하나를 철회해서, 불신할(disbelieve; 믿지 않기로 할) 노굿 하나를 선택한다(있는 경우).

```
(define (process-contradictions nogoods complaining-cell)
  (update-failure-count!)
  (for-each save-nogood! nogoods)
  (let-values (((to-disbelieve nogood)
                (choose-premise-to-disbelieve nogoods)))
    (maybe-kick-out to-disbelieve nogood complaining-cell)))
```

save-nogood! 프로시저는 nogood 인수로 주어진 노굿 집합의 각 전제에 있는 premise-nogoods를, 그 전제와 호환되지 않는 다른 전제들의 집합으로 증강한다. 이에 의해 시스템의 과거 실패로부터 배우게 된다. 갱신 중인 전제는 자신의 전제 노굿 집합들에 포함되지 않는데, 이는 주어진 전제가 자신과 호환되지 않을 수도 있기 때문이다.

```
(define (save-nogood! nogood)
  (for-each (lambda (premise)
              (set-premise-nogoods! premise
                (adjoin-support-with-subsumption
                 (support-set-remove nogood premise)
                 (premise-nogoods premise))))
            (support-set-elements nogood)))
```

새 전제 노굿이 기존 전제 노굿 중 하나를 포섭하거나 하나에 포섭될 수도 있다. 가장 작은 전제 노굿이 가장 유용하다.

모순의 해소

모순은 모순을 지지하는 노굿 집합의 전제 중 하나를 철회해서 해소한다. 가언 전제, 즉 "논증을 위해 일단 참이라고 가정해 둔" 전제만 철회할 수 있다. 모순을 지지하는 노굿 집합이 여러 개일 때는 가언 전제가 제일 적은 것을 택한다. 큰(가언 전제가 많은) 노굿 집합을 불신할 때보다 작은 노굿 집합을 불신할 때 더 많은 선택지가 제외되기 때문이다.

```
(define (choose-premise-to-disbelieve nogoods)
  (choose-first-hypothetical
   (car (sort-by nogoods
          (lambda (nogood)
            (count hypothetical?
                   (support-set-elements nogood)))))))
```

그런데 선택된 노굿 집합에서 기각할 가언 전제를 선택하는 방법이 명확하지는 않다. 여기서는 그냥 노굿 집합의 첫 가언 전제를 택하기로 한다.

```
(define (choose-first-hypothetical nogood)
  (let ((hyps (support-set-filter hypothetical? nogood)))
    (values (and (not (support-set-empty? hyps))
                 (car (support-set-elements hyps)))
            nogood)))
```

모순 해소 과정은 maybe-kick-out 프로시저에서 끝난다. 선택자가 불신할 적절한 가언 전제를 찾았다면, 그 가언 전제를 철회한다. 그러면 전파가 보통의 방식으로 진행된다. 찾지 못했다면, 전파 과정을 중지하고 사용자에게 모순을 보고한다.

```
(define (maybe-kick-out to-disbelieve nogood cell)
  (if to-disbelieve
      (mark-premise-out! to-disbelieve)
      (abort-process (list 'contradiction cell))))
```

셀에서 발견된 모순의 처리

새 정보를 셀에 추가하는 과정에서 모순이 발견되면, 그 셀은 자신을 인수로 해서 handle-cell-contradiction을 호출한다. 그 시점에서 셀의 최강값은 모순 객체이며, 그 모순 객체의 지지 집합은 문제의 원인이 된 노굿 집합이다. 이 노굿 집합을 process-contradictions 프로시저에 넘겨서 처리한다.

```
(define (handle-cell-contradiction cell)
  (let ((nogood (support-layer-value (cell-strongest cell))))
    (process-contradictions (list nogood) cell)))
```

이제 의존성 지향적 역추적을 지원하는 데 필요한 요소들이 완성되었다.

비이진 amb

binary-amb를 다양한 문제를 정식화하는 데 사용할 수 있긴 하지만, 대부분의 선택은 선택지가 셋 이상인 '비이진(non-binary)' 선택이다. binary-amb로 다항 선택 메커니즘을 구축하는 것도 가능하다. 참/거짓이 이진 중의적 전파자로 조정되는 조건부 전파자들을 셀들이 제어하는 형태로 네트워크를 구성하면 된다. 그렇지만 이는 대단히 비효율적이며, 추가적인 보조 수단이 많이 필요하다. 그래서 p:amb를 이용한, 고유한 다항 선택 메커니즘을 도입하기로 한다. p:amb 프로시저는 binary-amb의 다항 버전이다. binary-amb는 셀의 값으로 선택할 수 있는 것이 #t와 #f 두 가지뿐이며, 각 값은 각각 하나의 가언 전제가 지지한다. 반면, p:amb를 하나의 셀과 그 셀이 가질 수 있는 값들의 목록에 적용하면 make-hypotheticals 프로시저가 그 값들을 셀에 추가한다. 그 값들은 각각 하나의 새로운 가언 전제가 지지한다.

p:amb로 생성한 전파자가 활성화되면 amb-choose 프로시저가 호출된다. amb-choose 프로시저는 먼저 여러 가언 전제 중 믿을 수 있는, 즉 자신의 premise-nogoods와 모순되지 않은 가언 전제 하나를 찾는다. 그런 전제가 있다면, 그 전제를 in으로 표시하고 다른 전제들은 모두 out으로 표시한다. 결과적으로, 그 전제가 지지하는 값이 셀의 값으로 선택된다. 믿을 만한 전제가 하나도 없으면 모든 전제를 out으로 두고 노굿들의 집합을 새로 만들어서 process-contradictions에 넘긴다. process-contradictions는 그 노굿 중 하나의 가언 전제 하나를 철회한다(가능하다면). cross-product-union은 셋 이상의 노굿 집합을 받도록 pairwise-union 프로시저를 일반화한 프로시저이다. 이전과 마찬가지로, 이것은 하나의 분해(resolution) 단계이다.

```
(define (p:amb cell values)
  (let ((premises (make-hypotheticals cell values)))
```

```
(define (amb-choose)
  (let ((to-choose
          (find (lambda (premise)
                  (not (any all-premises-in?
                            (premise-nogoods premise))))
                premises)))
    (if to-choose
        (for-each (lambda (premise)
                    (if (eq? premise to-choose)
                        (mark-premise-in! premise)
                        (mark-premise-out! premise)))
                  premises)
        (let ((nogoods
                (cross-product-union
                 (map (lambda (premise)
                        (filter all-premises-in?
                                (premise-nogoods premise)))
                      premises))))
          (for-each mark-premise-out! premises)
          (process-contradictions nogoods cell)))))
  (let ((me (propagator (list cell) (list cell)
                        amb-choose 'amb)))
    (set! all-amb-propagators
          (cons me all-amb-propagators))
    me)))
```

p:amb로 구축한 선택 전파자들이 도입하는 가언 전제의 개수는 선택지의 수와 정확히 같다. 반면, binary-amb를 기반으로 구축한 다항 선택 메커니즘은 그 두 배의 전제를 도입한다.

7.5.2 조합 퍼즐 풀기

의존성 지향적 역추적으로 조합 퍼즐(combinatorial puzzle)을 효율적으로 푸는 방법을, 유명한 '공동 주거(multiple dwelling)' 문제를 통해서 살펴보자. 이 문제는 다음과 같다.[29]

베이커Baker, 쿠퍼Cooper, 플레처Fletcher, 밀러Miller, 스미스Smith가 5층 아파트의 서로 다른 층에 살고 있다. 베이커는 최상층에 살지 않는다. 쿠퍼는 최하층에 살지 않는다. 플레처는 최상층에도, 최하층에도 살지 않는다. 밀러는 쿠퍼보다 위쪽 층에 산다. 스미스는 플레처와 인접한 층에 살지 않는다. 플레처는 쿠퍼와 인접한 층에 살지 않는다. 이 다섯 사람이 각각 몇 층에 사는지 밝혀라.

이것을 하나의 전파자 문제로 정식화할 수 있다. 다음은 이 문제의 대단히 정교하지 않은 정식화이다.

```
(define (multiple-dwelling)
  (let-cells (baker cooper fletcher miller smith)
    (let ((floors '(1 2 3 4 5)))
      (p:amb baker floors)  (p:amb cooper floors)
      (p:amb fletcher floors)  (p:amb miller floors)
      (p:amb smith floors)
      (require-distinct
       (list baker cooper fletcher miller smith))
      (let-cells ((b=5 #f)   (c=1 #f)   (f=5 #f)
                  (f=1 #f)   (m>c #t)   (sf #f)
                  (fc  #f)   (one 1)    (five 5)
                  s-f  as-f  f-c  af-c)
        (p:= five baker b=5)       ;베이커는 5층이 아님
        (p:= one cooper c=1)       ;쿠퍼는 1층이 아님
        (p:= five fletcher f=5)    ;플레처는 5층이 아님
        (p:= one fletcher f=1)     ;플레처는 1층이 아님
        (p:> miller cooper m>c)    ;밀러는 쿠퍼보다 위쪽 층
        (c:+ fletcher s-f smith)   ;플레처와 스미스는
        (c:abs s-f as-f)           ; 인접한 층들이 아님
        (p:= one as-f sf)
        (c:+ cooper f-c fletcher)  ;쿠퍼와 플레처는
        (c:abs f-c af-c)           ; 인접한 층들이 아님
        (p:= one af-c fc)
        (list baker cooper fletcher miller smith)))))
```

이 코드에는 베이커, 쿠퍼, 플레처, 밀러, 스미스가 모두 5층 중 한 층에서 살기로 선택했으며, 그 선택들이 반드시 서로 달라야(distinct) 함이 표현되어 있다. 또한, 그 선택들에 대한 제약들이 하나의 전파자 네트워크로 표현되어 있다. b=5를 비롯해 몇몇 셀은 구체적인 부울 값으로 초기화된다. 따라서 (p:= five baker b=5)는 베이커가 5층에 살지 않는다는 제약을 나타낸다. 쿠퍼와 플레처가 인접한 층들에 살지 않는다는 제약은 fc에 #f를 배정한 것과 마지막 세 제약으로 구현된다.

이 전파자 시스템을 사용하려면 모든 기본 전파자를 정의하고 데이터를 적절히 계층화해야 한다.

```
(define (setup-propagator-system arithmetic)!!
  (define layered-arith
    (extend-arithmetic layered-extender arithmetic))
  (install-arithmetic! layered-arith)
  (install-core-propagators! merge-value-sets
                             layered-arith
                             layered-propagator-projector))
```

다소 복잡한 이 설정 프로시저는 전파자들을 구축하고 설치하는 데 필요한 정보인, 디버깅을 위해 추적하고 추론할(reason) 수 있도록 전제들로 계층화된 산술 패키지를 인수로 받는다. 이 조합 퍼즐을 풀기 위해, 수치 데이터를 위한 산술 패키지로 전파자 시스템을 설정하자.

```
(setup-propagator-system numeric-arithmetic)
```

이제 퍼즐을 풀 준비가 되었다.

```
(initialize-scheduler)
(define answers (multiple-dwelling))
(run)
(map (lambda (cell)
       (get-base-value (cell-strongest cell)))
     answers)
;Value: (3 2 4 5 1)
*number-of-calls-to-fail*
;Value: 106
```

첫 결과의 목록이 이 퍼즐의 답(정답)이다. 목록의 수치들은 순서대로 베이커, 쿠퍼, 플레처, 밀러, 스미스가 사는 층을 뜻한다. 또한, 정답을 구하기까지 대략 100번의 배정이 실패했다는 결과도 나와 있다.[15] 참고로 이 정답 배정은 유일하다. 제약들과 모순되지 않는 다른 배정은 없다.

아무 제약이 없을 때 가능한 배정의 수는 총 $5^5 = 3125$이지만, 우리는 약 100번의 시도 만에 정답을 얻었다. 이것이 가능한 이유는, 시스템이 실수로부터 배우기 때문이다. 선택이 실패

---

[15] 실패한 선택 배정의 정확한 횟수는 계산의 세부 사항에 크게 의존한다. 지금 문제에서 실패한 선택의 수는 전파자들의 활성화 순서에 따라 약 60에서 200 사이이다. 그렇지만 지금과 같은 정식화에서 평균 실패 횟수는 약 110이다.

할 때마다 동시에 믿을 수 없는 전제들의 집합에 관한 정보가 누적된다. 이 정보를 제대로 사용하면, 이전 실험들의 결과에 비추어 볼 때 가망이 전혀 없는 경로들을 쓸데없이 조사하는 일을 방지할 수 있다.

■ 연습문제 7.5 요트 이름 퍼즐

다음 퍼즐을 전파자를 이용해서 정식화하고 해답을 구하라.[16]

> 메리 앤 무어Mary Ann Moore의 아버지와 아버지의 네 친구 다우닝 대령(Colonel Downing), 홀 씨(Mr. Hall), 버너클 후드 경(Sir Barnacle Hood), 파커 박사(Dr. Parker)는 각각 요트를 한 채 가지고 있다. 이들은 각자 다른 사람의 딸 이름을 따서 요트에 이름을 붙였다. 버너클 경의 요트는 가브리엘Gabrielle이고, 무어 씨의 요트는 로나Lorna이다. 홀 씨의 요트는 로절린드Rosalind이다. 다우닝 대령의 요트 멜리사Melissa는 버너클 경의 딸 이름을 딴 것이고, 가브리엘의 아버지가 소유한 요트는 파커 박사의 딸 이름을 땄다. 로나의 아버지는 누구인가?

■ 연습문제 7.6 공동 주거 문제

공동 주거 문제를 제5장의 amb 평가자로 손쉽게 정식화할 수 있다. 사실 전파자 시스템으로 정식화하기 보다 쉬운데, 왜냐하면 문제를 표현식들로 고찰하고 표현할 수 있기 때문이다. 예를 들어 플레처와 쿠퍼가 인접한 층들에 살지 않는다는 제약을 다음과 같이 표현할 수 있다.

```
(require (not (= (abs (- fletcher cooper)) 1)))
```

전파자 시스템에서는 다음과 같이 좀 더 장황하게 표현해야 했다.

```
(c:+ cooper f-c fletcher)
(c:abs f-c af-c)
(p:= one af-c fc)
```

게다가 f-c, af-c, fc 같은 셀들을 반드시 선언해야 하고 one과 fc를 초기화해야 한다. 이런

---

16 이 퍼즐은 1960년대에 *Litton Industries*가 출판한 ***Problematical Recreations***라는 소책자에서 발췌한 것이다. 그 책자에 따르면 퍼즐의 출처는 *Kansas State Engineer*(캔자스 주립대 공대가 발행하는 잡지이다—옮긴이)라고 한다.

장황함은 전파자 시스템이 표현식 시스템이 아니라 일반적인 배선도 시스템이기 때문이다.

a. 공동 주거 문제를 §5.4의 amb 평가자를 이용해서 정식화하라. 실패 횟수를 측정하는 수단을 시스템에 추가해야 한다. 실패 횟수는 몇인가?

b. 표현식으로 작성된 제약을 전파자 네트워크의 요소들로 변환하는 작은 컴파일러를 작성하라. 아주 쉽게 작성할 수 있음을 알게 될 것이다. 이런 접근 방식을 연습문제 7.1(p.407)에서 간단하게나마 맛보았다. 하지만 이번에는 정식으로, §5.4에 나온 코드의 틀에 맞는 전파자용 컴파일러를 만들어야 한다. 부문제 a의 정식화를 컴파일한 코드가 실제로 공동 주거 문제의 정답을 산출함을 시연하라.

c. 컴파일된 전파자 네트워크가 정답을 얻기까지 겪는 실패는 몇 회인가? 만일 200회 이상이라면 아주 나쁜 코드로 컴파일된 것이다!

■ **연습문제 7.7 카드 게임 퍼즐 재고찰**

연습문제 5.17을 전파자를 이용해서 다시 풀어라.

■ **연습문제 7.8 형식 추론**

§4.4.2에서 통합 부합(unification matching)의 응용 사례로 형식 추론 엔진을 구축했었다. 이번 연습문제에서는 전파의 이점을 살려서 형식 추론을 구현해 본다(이 연습문제는 꽤 본격적인 프로젝트임을 주의할 것).

a. 하나의 스킴 프로그램이 주어졌을 때, 프로그램에서 형식을 부여하면 유용할 만한 모든 지점(locus)에 대해 각각 하나의 셀이 있는 전파자 네트워크를 구축하라. 그러한 셀은 프로그램의 해당 지점에 누적되는 형식 정보를 담는 저장소 역할을 한다. 그런 셀들을 연결하고 프로그램 구조가 암시하는 형식 제약들을 가하는 전파자들을 작성하라. 통합 부합을 cell-merge 연산으로 사용할 것. 형식을 제대로 부여할 수 없는 프로그램의 경우 통합이 모순을 만들어낼 수 있다.

b. 프로그램에는 이웃 셀들의 형식들로는 충분히 제약되지 않는 형식의 셀이 있을 수도 있다. 그런 경우에도, 그런 셀 안에 일반적인(general) 형식 변수 하나를 투하하고(drop) 전파 과정에서 그 변수에 제약들이 누적되게 하면 여전히 전파 과정을 시뮬레이션할 수 있다. 이런 기

법을 '플렁킹plunking'이라고 부른다. 이 기법을 한 번 시도해 보라.

c. 어려운 형식 추론 사례에서는 일단 형식을 추측하고(가언들을 이용해서) 모순이 발견되면 역추적을 적용하는 식으로 진행해야 할 수도 있다. 이런 처리가 필요한 사례들을 제시하라.

d. 전제와 이유를 추적하면 유용한 정보를 제공하는 오류 메시지를 만들어 낼 수 있지만, 그러려면 프로그램의 각 지점과 해당 셀을, 전파 과정에서 배운 것을 해당 프로그램 코드와 연결지을 수 있는 방식으로 연관시켜야 한다. 프로그램 지점과 셀을 양방향으로 연관시키는 데는 일종의 '포스트잇' 같은 것을 사용하면 될 것이다. 어떤 연관 방법을 사용하든, 주어진 한 프로그램 지점에 특정 형식이 부여된 이유를 잘 설명하도록, 또는 프로그램에 일관성 있게 형식을 지정할 수 없는 이유를 잘 설명하도록 형식 추론 구현을 개선하라.

e. 이런 형식 추론 구현이 실용적일까? 실용적인 이유 또는 그렇지 않은 이유를 설명하라. 실용적이지 않다면 어떻게 개선해야 할까?

이 이야기의 교훈

조합 퍼즐을 푸는 것이 재미있긴 하지만, 재미가 지금까지 우리가 해온 일의 진정한 가치는 아니다. 'SAT 해결기(SAT solver)'가 이런 종류의 실제 문제들을 풀 때 중요한 것은 사실이다. 그렇지만 여기에는 계산 시스템의 설계에 관한 좀 더 깊은 교훈이 숨어 있다. 이번 장에서 프로그래밍을 표현식 구조에서 배선도로 일반화한(배선도가 표현식보다 다루기 불편할 수는 있지만, 컴파일러를 도입해서 불편함을 줄일 수 있다) 덕분에, 비결정론적 선택을 자연스럽고 효율적인 방식으로 프로그램에 통합할(integrate) 수 있었음을 주목하기 바란다. 배선도 구조에서는 고통 없이 폐기할 수 있는 명제들이 지지하는 대안 값들을 제공하는 가언들을 도입할 수 있다. 그러면 이차방정식 같은 것들을 취급할 수 있는 자유가 생긴다. 이차방정식의 해(근)은 두 개인데, 그 어떤 계산이든 하나의 해를 선택해서 계산을 진행하다가 여의치 않으면 그 선택을 철회하고, 다른 해를 이용해서 결과를 산출하는 것이 가능하다(계산이 더 오래 걸릴 수는 있겠지만). 예를 들어 p:sqrt가 전통적인 양의 제곱근을 돌려준다고 할 때, 사용자가 (숨겨진) 다른 제곱근을 선택할 수 있게 하는 유향 전파자(입력 셀이 x^2이고 출력 셀이 x인)를 만들 수 있을 것이다. 다음의 p:honest-sqrt가 그러한 유향 전파자를 생성하는 생성자이다.

```
(define-p:prop (p:honest-sqrt (x∧2) (x))
  (let-cells (mul +x)
    (p:amb mul '(-1 +1))
    (p:sqrt x∧2 +x)
    (p:* mul +x x)))
```

여기서 중요한 것은, 중의성을 처리하는 능력을 갖추도록 기존 코드를 변경하지 않고도 이런 선택 기능을 도입할 수 있다는 점이다. 예를 들어 수치와 그 제곱을 연관시키는 제약 전파자는 그냥 p:honest-sqrt를 그대로 사용하기만 하면 된다.

```
(define-c:prop (c:square x x∧2)
  (p:square x x∧2)
  (p:honest-sqrt x∧2 x)))
```

7.6 전파는 축중성을 가능하게 한다

어느 정도 규모가 있는 시스템이라면 어떤 것이든, 설계 과정에서 모든 세부 수준의 모든 구성 요소에 대해 수많은 구현 계획이 제시된다. 그렇지만 최종적으로 사용자에게는, 그런 계획들의 다양성이 모두 사라지고 오직 하나의 통합된 계획만 채용·구현된 시스템만 인도될 때가 많다. 생태계와 비슷하게, 전통적인 공학적 공정에서 다양성의 손실은 심각한 후과를 초래한다.

우리 개발자들이 프로그램에 축중성을 도입하는 경우는 드물다. 축중성은 비용이 크다는 점이 한 가지 이유이고, 전통적으로 우리는 프로그램의 용법을 중재하는 형식적 메커니즘(formal mechanism)을 제공하지 않았다는 점이 또 다른 이유이다. 그러나 전파 개념은 축중성을 도입하기에 자연스러운 메커니즘이다. 셀에서 부분 정보 구조(라둘과 서스먼이 소개한[99])를 사용하는 덕분에, 다수의 출처(서로 겹칠 수도 있는)에서 온 정보를 병합할 수 있다. 이 점은 §7.1의 천문 거리 예제에서 구간들을 통해서 설명했다. 그밖에도 부분 정보를 병합하는 방법은 여러 가지이다. §4.4.2에서 살펴보았듯이, 부분적으로 명시된 기호 표현식들을 통합을 통해서 병합할 수 있다. 이 점은 부분적으로 명시된 정보가 전파자들로 구축된 시스템에만 국한되지는 않음을 보여준다. 그러나, 연습문제 7.8(p.438)에서 제안한 것처럼 이를 전파자 시스템으로 구현한다면, 서로 다른 여러 메커니즘의 기여들을 조합하는 하나의 패러다임이 갖추어진 셈이 된다. 이와 비슷하게, AI(인공지능)를 이용한 문제 해결 분야의 축중적 설계 개념인 '목표 지향적 호출(goal-directed invocation)'을 빌려올 수도 있다. 목표 지향적 호출에 깔린 착안은, 정해진 목표를 "어떻게(how)" 달성할 것인지를 해당 프로시저(절차)의 이름을 명시해서 기계에게 알려주는 대신 "무엇을(what)", 즉 어떤 목표를 달성해야 하는지 명시하고 그 목표를 달성하는 데 사용할 수 있는 프로시저들을 그 목표에 연결한다는 것이다. 그러한 연결에 흔히 패턴 부합이 쓰이지만, 이는 본질적(essential)이라기보다는 우발적(accidental)이다.[17] 목표를 달성하는 방법이 여러 개일 때는, 적절한 프로시저의 선택을 하나의 선택 지점(choice point)으로 등록해서 역추적을 적용할 수 있다. 그렇지만 표현식 지향적 언어의 제어 흐름에 제약을 받는 연대순 역추적(chronological backtracking)은 효율이 극히 나쁘다. 의존성 지향적 역추적이 제대로 작동하려면 표현식 평가 구조에서 벗어나야 하는데, 그런 목적에 적합한 것 하나는 바로 전파 메커니즘이다. 검색의 시간 복잡도는 여전히 지수적이지만, 그래도 경험에서 배운 노굿 집합들을 이용해서 나쁜 선택들을 많이 제거할 수 있어서 조합의 수가 유의미하게 줄어든다.

물론, 목표를 달성하는 특정한 방법을 선택하는 데 역추적 검색을 사용하는 것 말고도 목표가 축중적 메서드들을 호출하는 방법은 여러 가지이다. 예를 들어 한 문제를 푸는 여러 가지 해법을 병렬로 실행해서 가장 먼저 나온 답을 선택할 수도 있다.

어떤 일반적인(엄밀하게 명시된 것은 아닌) 부류의 문제들을 풀도록 설계된 프로시저들이 있으며, 그 프로시저들이 각자 개별적으로 구현된다고 하자. 일단은, 각 프로시저 설계가 비슷한 수준의 경쟁력을 갖추었으며, 실제 운영에서 마주칠 수 있는 대부분의 문제를 정확하게 풀 수 있다고 가정한다. 그렇다고 할 때, 주어진 임의의 문제에 대해 이 프로시저들을 각각 호출하고 가장 나은 답을 선택하는 좀 더 큰 시스템으로 이 프로시저들을 조합함으로써 더욱더 강건한 시스템을 구축할 수 있다. 받아들일 수 있는 답을 판정하는 방법 역시 다양하게 설정할 수 있게 시스템을 설계한다면 더욱더 좋을 것이다. 그렇지만 그냥 다수결 같은 간단한 방법을 사용한다고 해도, 좀 더 큰 해 공간(space of solutions)을 신뢰성 있게 포괄하는 시스템이 만들어진다. 더 나아가서, 설계 중 하나가 실패하는 모든 사례를 자동으로 기록하게 한다면, 운영상의 피드백을 실패한 프로시저의 성능을 개선하는 데 사용할 수 있다.

---

17 패턴에 따른 호출(pattern-directed invocation)은 칼 휴잇이 PLANNER[56]에서, 그리고 알랭 콜메로에가 Prolog[78]에서 소개했다. 이 착안은 다른 여러 시스템과 언어로 전파되었다.

이러한 축중적 설계 전략은 모든 세부 수준에 적용할 수 있다. 각 하위 시스템(subsystem)의 모든 구성요소에 개별적으로 축중적 설계를 적용할 수 있다. 하위 시스템들이 그런 구성요소들을 공유한다면, 상당히 강력한, 통제된 중복성(redundancy)이 생긴다. 그것으로 만족할 필요는 없다. 개별적으로 설계된 하위 시스템들의 중간 결과의 일관성(무모순성)을 점검하는 메커니즘을 제공할 수도 있는데, 심지어 한 하위 시스템의 특정한 값이 다른 시스템의 특정한 값에 대응되지 않는 경우에도 가능하다.

간단한 예로, 같은 결과를 산출하되 그 계산 방식이 서로 완전히 다른 두 하위 시스템이 있다고 하자. 그리고, 한 하위 시스템의 특정 지점에서, 그 하위 시스템에 있는 두 변수의 곱이 반드시 다른 하위 시스템에 있는 두 변수의 합과 같아야 한다는 점을 하위 시스템 설계자들이 합의했다고 가정하자.[18] 그렇다면, 이 조건을 점검하는 술어를 그 네 값 모두가 사용 가능해진 즉시 실행하지 않을 이유가 없다. 그러면 실행 시점에서 일관성이 점검되며, 설계자들은 강력한 디버깅 정보를 얻게 된다. 이런 기능을 지역적으로 내장된(locally embedded) 제약 네트워크로 구현할 수 있다.

---

18 이것이 완전히 작위적인 가정은 아니다. 변분 역학(variational mechanics)에서, 르장드르 변환(Legendre transformation)으로 연관된 한 시스템의 라그랑지언Lagrangian과 해밀토니언Hamiltonian의 합은 일반화 운동량 1형식(generalized momentum 1-form)과 일반화 속도 벡터의 내적이다.[121]

제**8**장

맺음말

본격적인 공학의 역사는 몇천 년밖에 되지 않는다. 대단히 복잡하고 견고한 시스템을 계획적으로 제작하고자 하는 우리 개발자들의 노력은 좋게 말해도 아직 미성숙 단계이다. 생물이 지난 수십억 년간 진화를 통해 배운 교훈들을 우리는 아직 배우지 못했다.

우리는 생체계(biological system)에서 볼 수 있는 종류의 견고성(진화 가능성과 유연성, 공격에 대한 저항의 최적화에서 비롯한)보다는 효율성과 정확성을 더 신경 써왔다. 작동에 꼭 필요한 정도의 자원만으로 실행되는 미션 크리티컬mission-critical한 시스템을 개발할 때는 그런 자세가 합당하다. 그러나 초소형 전자 기술이 빠르게 발전하면서 대부분의 응용에서 자원 문제가 어느 정도 해결되었다. 계산 및 통신 기반구조에 대한 의존성이 늘고 그런 기반구조에 대한 공격 기법이 더욱더 정교하게 발전한 만큼, 이제는 우리의 관심을 견고성으로 돌릴 때가 되었다.

이 책이 생체 모방 시스템(biomimetics)을 만들어야 한다고 주장하는 것은 아니다. 그렇지만 생체계를 관찰하면 강력한 견고성 원리들을 우리의 공학적 실천에 도입하는데 유용한 힌트를 얻을 수 있다. 그런 원리 중에는 소프트웨어 분야에 확립된, 효율성을 위한 최적화 관행(practice)들과 충돌하거나 정확성 증명에 필요한 기법들과 충돌하는 것이 많다. 이 책에서 우리 저자들은 그런 확립된 관행들을, 유연성을 위한 최적화의 가능성을 탐색하기 위해 의도적으로 위반했다. 우리의 접근 방식에 동기가 된 사실은, 시간의 시련을 이겨낸 대부분의 시스템이 시스템의 특정 부분을 쉽게 구축하는 데 적합한 여러 DSL(영역 특화 언어)들을 조립해서 구축되었다는 점이다.

공교롭게도, 인공지능 공동체가 인공지능 기호 시스템을 구축하는 노력의 일환으로 개발한 기술적 도구 중에는 유연하고 견고한 설계의 원리들을 지원하는 데 사용할 수 있는 것들이 있다. 예를 들어 역추적은 검색을 조직화하는 한 방법으로 고안된 것이지만, 복잡한 시스템을 이루는 구성요소들의 일반적인 적용성(applicability)을 증대하는 데에도 사용할 수 있다. 그러면 외부에서 가해진 제약들을 충족하기 위해 스스로 조직화하는 시스템을 만드는 것이 가능하다. 이러한 새로운 합성 접근 방식을 추구하면 더 나은 하드웨어 시스템과 소프트웨어 시스템을 만들 수 있다는 것이 우리 저자들의 믿음이다.

본격적인 논의는 제2장에서 시작했다. 제2장에서는 먼저 보편적으로 적용할 수 있는, 상당히 무던한 기법들을 제시했다. 표준화된 인터페이스를 가진 매개변수적 부품들의 라이브러리인 조합자 시스템을 구축하는 전략을 소개했는데, 그런 부품들을 여러 가지 방식으로 조합함으로써 대단히 다양한 요구를 충족할 수 있다. 이러한 개념을 정규표현식 언어 부합기의 구축을 단순화하는 데 사용할 수 있음을 예제를 통해서 살펴보았다. 그리고 부품을 만들 때는 고려하지 않은 응용 프로그램들(서로 다른 표준을 가진)에 맞게 부품들을 적응시킬 수 있는 래퍼 시스템을 소개하고, 이를 이용해서 단위 변환 래퍼들의 언어를 만들었다. 그런 다음, 체커 같은 보드게임의 규칙을 표현하는 언어를 위한 규칙 해석기를 구축하는 예제로 나아갔다.

제3장에서는 흥분되고 위험한 모험에 뛰어들었다. 언어의 기본 프로시저들의 의미를 변조할 수 있으면 어떤 일이 가능한지 살펴보았다. 수치뿐만 아니라 기호 표현식과 함수도 다룰 수 있도록 산술 패키지를 확장했으며, 확장성 있는 일반적 프로시저를 만들고 확장 메커니즘을 이용해서 순방향 모드 자동 미분을 우리의 산술 패키지에 통합했다. 이런 종류의 확장이 위험하긴 하지만, 조심해서 사용한다면 기존 프로그램의 능력을 훼손하지 않고 새 능력을 추가할 수 있다. 이런 전략을 효율적이고 더욱 강력하게 만들기 위해, 하위 형식 관계를 선언할 수 있는 사용자 정의 형식 시스템을 만들고 이를 이용해서 간단하지만 손쉽게 확장할 수 있는 어드벤처 게임을 만들었다.

제4장에서 소개한 패턴 부합과 패턴 지향적 호출은 DSL 구축에 필수적인 기법이다. 제4장은 수식 단순화를 위한 항 재작성 규칙들로 시작했다. 그런 다음, 패턴들을 패턴 부합 조합자 시스템의 기본 패턴 부합기들의 합성으로 컴파일하는 우아한 전략 하나를 제시했다. 더 나아가서, 패턴 부합 도구들을 부합의 양변에 패턴 변수를 둘 수 있도록 확장하고, 통합도 구현했다. 그리고 통합을 이용해서 기본적인 형식 추론 시스템도 만들어 보았다. 마지막으로는 표현식 트리뿐만 아니라 임의의 그래프와 부합하는 부합기들을 만들고 그래프와 그래프 부합 시스템을

이용해서 체스의 기물 이동 규칙들을 우아한 방식으로 표현했다.

모든 컴퓨터 언어는 범용적(보편적)이므로, 프로그래머에게 "이 언어로는 이 해법을 표현할 수 없다" 같은 변명은 허용되지 않는다. 지금 사용 중인 언어의 한계 때문에 막다른 골목에 몰려도, 훌륭한 프로그래머라면 다른 적합한 언어를 위한 해석기(인터프리터)나 컴파일러를 지금 언어로 구현하는 것이 여전히 가능하다. 이는 그리 어려운 일이 아닐 뿐더러, 아마도 그런 상황에서 프로그래머가 할 수 있는 가장 강력한 방책일 것이다. 제5장에서는 해석과 컴파일을 이용해서 강력한 언어를 점진적으로 구축해 나갔다. 처음에는 스킴과 비슷한 언어를 위한, 간단한 적용 순서 해석기로 출발했는데, 확장성을 위해 일반적 프로시저들로 해석기를 만들었다. 그런 다음에는 프로시저 정의에서 지연(lazy) 형식 매개변수를 선언하는 기능을 추가했고, 언어를 실행 프로시저들의 조합으로 컴파일하는 기능도 추가해서 하나의 조합자 시스템을 구축했다. 다음으로는 amb 연산자를 이용해서 비결정론적 평가 모형을 추가했다. 마지막으로, 바탕 후속 프로시저들을 노출함으로써 바탕 스킴 시스템에 있는 amb의 위력을 활용하는 방법도 살펴보았다.

제6장에서는 다층 계산(multilayer computation)을 살펴보기 시작했다. 이 다층 계산은 일반적 프로시저와 밀접히 관련된 한 혁신적인 메커니즘에 기반한 것이다. 다층 계산의 예로 제6장에서는 이전 장들에서 만든 산술 패키지를 적절히 확장해서, 수치 인수들로부터 수치 결과를 계산하는 프로그램의 기존 코드를 수정하지 않고도 프로그램이 단위(unit)가 부여된 수치 결과를 계산하게 만들었다. 결과의 단위는 입력들의 단위로부터 자동으로 유도되며, 단위들의 조합의 일관성도 자동으로 점검된다. 예를 들어 5kg에 2m를 더하려 하면 오류가 발생한다. 이와 동일한 계층화 메커니즘을, 프로그램의 요소들이 의존성 정보를 가지고 다니도록 프로그램을 증강하는 데에도 사용했다. 이렇게 하면 프로그램의 결과에는 그 결과를 만드는 데 쓰인 재료들의 출처와 근거에 대한 참조들이 자동으로 부여된다.

사실 제7장의 전파자 모형은 대형 시스템을 어떻게 조립하고 연결할 것인지 고민하는 방법의 하나이다. 비록 제7장의 예제들에서는 전파자들이 그냥 단순한 산술 함수나 관계식이지만, 전파자라는 개념 자체는 그보다 훨씬 일반적이다. 예를 들어 소프트웨어뿐만 아니라 하드웨어 형태의 전파자도 있을 수 있다. 즉, 전파자가 그냥 단순한 하나의 함수일 수도 있지만, 엄청나게 많은 수치를 계산하는 거대한 컴퓨터일 수도 있다. 소프트웨어 형태의 전파자는 그 어떤 언어로도 작성할 수 있다. 사실, 하나의 시스템을 구성하는 전파자들이 모두 같은 형태일 필요도 없다. 서로 다른 방식으로 구축된 다양한 전파자들로 시스템을 구축하는 것이 가능하다. 셀들 역시 각자 다른 종류의 정보를 담고 각자 다른 방식으로 자신의 정보를 병합하도록 특수화할 수 있다. 전파자들과 셀들의 통신도 마찬가지이다. 통신이 하나의 칩^{chip}에 대한 신호일 수도 있고, 전 지구적 네트워크에 대한 신호일 수도 있다. 중요한 것은, 전파자가 셀에게 정보를 질의하는, 그리고 셀에 정보를 추가하는 프로토콜이다.

이 책은 수많은 프로그래밍 개념을 제시했다. 그것들을 평가하고(eval) 적용하는(apply) 것은 여러분의 몫이다.

지원 소프트웨어

이 책에 나오는 모든 코드와 그것을 지원하는 기반 코드(이하 '지원 소프트웨어(supporting software)')를 담은 압축 파일을 다음 주소에서 내려받을 수 있다.

```
http://groups.csail.mit.edu/mac/users/gjs/sdf.tgz
```

이 압축 파일은 하나의 디렉터리 트리를 통째로 묶은 것인데, 하위 디렉터리들은 이 책의 절 (section)들과 거의 그대로 대응된다. 지원 소프트웨어는 MIT/GNU 스킴 버전 10.1.10 이 상에서 실행할 수 있다. 다음은 MIT/GNU 스킴을 구할 수 있는 주소이다.

```
http://www.gnu.org/software/mit-scheme
```

지원 소프트웨어는 MIT/GNU 구현에 고유한 여러 기능을 사용하므로, 다른 스킴 구현 배포판 에서는 실행되지 않는다. 다른 배포판에 맞게 이식하는 것이 가능하겠지만, 우리 저자들은 시 도하지 않았으며 아마 꽤 많은 노력이 필요할 것이다. 이것은 GPL 사용권을 따르는 자유 소프 트웨어이므로, 얼마든지 수정해서 다른 사람들에게 배포해도 된다.

지원 소프트웨어를 담은 sdf.tgz 파일은 tar 명령으로 생성한 압축 아카이브 파일인데, 다 음 명령을 이용해서 풀 수 있다.

```
tar xf .../sdf.tgz
```

이 tar 명령은 현재 디렉터리에 sdf라는 디렉터리를 생성하고 그 안에 파일들을 풀어 넣는다.

지원 소프트웨어의 기본 인터페이스는 지원 소프트웨어에 포함된 관리자(manager) 프로그램이다. 이 프로그램을 사용하려면, MIT/GNU 스킴을 실행한 후 다음 명령으로 현재 환경에 적재해야 한다.

```
(load ".../sdf/manager/load")
```

여기서 .../는 앞에서 압축 파일을 풀기 위해 `tar를 실행한 디렉터리를 가리킨다. 이 명령으로 관리자 프로그램을 적재하면(load) 전역 환경에 manage라는 정의 하나가 생성된다. 일단 한 번 적재하고 나면 스킴의 새 인스턴스를 시작하기 전까지는 다시 적재할 필요가 없다.

예를 들어 여러분이 §4.2 "항 재작성"을 공부하면서 예제 프로그램을 실행해 보거나 연습문제를 푼다고 하자. §4.2를 위한 코드와 그것을 적재하는 프로그램이 하위 디렉터리 .../sdf/term-rewriting에 있다. 그러나 적재 프로그램의 작동 방식을 여러분이 알 필요는 없다. (물론 관리자 코드를 읽어 봐도 좋다. 상당히 흥미로운 코드이다.)

다음 manage 명령은

```
(manage 'new-environment 'term-rewriting)
```

새 최상위 환경을 생성하고, §4.2절에 필요한 모든 파일을 적재하고, REPL(read–eval–print loop; 읽기–평가–출력 루프)을 그 환경으로 옮긴다. 그 절을 다 공부한 후에는 term-rewriting 대신 다른 절의 이름으로 manage를 호출해서 다른 절을 위한 코드를 적재하면 된다.

일반적으로 (manage 'new-environment ...)의 인수로 사용할 이름은 원하는 절에 해당하는 하위 디렉터리의 이름이다. 이런 문맥에서 쓰이는 하위 디렉터리 이름을 향(flavor)이라고 부른다. 그런데 하나의 하위 디렉터리가 여러 개의 향을 가진 경우도 있다. 그럴 때는 향의 이름이 하위 디렉터리의 이름과 다르다.

책의 절들과 지원 소프트웨어의 하위 디렉터리/향 이름의 대응 관계는 다음 파일에 들어 있다. ◆

◆ 옮긴이 번역서에서는 절 이름으로 향 이름을 찾기가 쉽지 않을 것이다. 번역서 절 번호(§1.1 등)와 향 이름의 대응 관계가 https://occamsrazr.net/book/SD4Flex의 '장/절 향' 섹션에 있다.

그밖에, 본문의 장이나 절에 대응되지 않는 특별한 하위 디렉터리들도 있다. common 디렉터리에는 자주 쓰이는 공유 파일들이 있고, manage 디렉터리에는 manager의 구현이 들어 있다.

소프트웨어 관리 프로그램 manage에는 다른 유용한 기능도 많다. 예를 들어 작업 환경을 이름으로 관리하는 기능, 특정한 이름이 정의된 파일들과 이름을 참조하는 파일들을 찾는 기능, 단위 테스트(unit test)를 실행하는 기능이 있다. 좀 더 자세한 정보는 manager 하위 디렉터리에 있는 문서를 참고하자.

지원 소프트웨어를 사용하려면 본문에서 명시적으로 언급하지 않은 추가적인 단계(초기화 등)가 필요할 수 있음을 유의하기 바란다. 각 하위 디렉터리에는 테스트 파일이 포함되어 있다. 이름이 test-*FOO*.scm 형태인 스킴 파일은 테스트 파일인데, 다른 프로그래밍 언어의 것과 비슷한 테스트 프레임워크를 이용해서 코드를 테스트한다. 또한, 각 하위 디렉터리의 load-spec 파일에는 다른 테스트에 대한 참조가 inline-test?로 명시되어 있는데, 이런 테스트들은 표준 테스트에 쓰이는 것과는 다른, REPL 세션을 기록한 것과 비슷한 테스트 프레임워크를 사용한다. 그런 부분을 살펴보면 예제 프로그램들을 실행하는 방법에 관한 힌트를 얻을 수 있을 것이다.

스킴

프로그래밍 언어는 기능을 자꾸 추가하는 식으로 설계할 것이 아니라 기능이 더 필요해 보이게 만드는 약점과 제약을 제거하는 식으로 설계해야 마땅하다. 스킴은 아주 적은 수의, 표현식 작성에 대한 제약이 전혀 없는 표현식 형성 규칙만으로도 실질적이고 효율적인, 그리고 오늘날 통용되는 대부분의 주요 프로그래밍 패러다임을 지원할 정도로 유연한 프로그래밍 언어를 만들 수 있음을 잘 보여준다.

IEEE Standard for the Scheme Programming Language[61], p.3

부록 B는 리스프Lisp의 방언(파생 언어)인 스킴Scheme을 간결하게 소개한다. 더 긴 입문서를 원한다면 교과서 *Structure and Interpretation of Computer Programs (SICP)*[1]를 보기 바란다.

스킴 언어를 좀 더 정밀하게 서술한 문헌으로는 IEEE 표준 명세서[61]와 제7차 개정 보고서 *Revised Report on the Algorithmic Language Scheme (R7RS)*[109]가 있다.

이 책의 몇몇 프로그램은 MIT/GNU 스킴에 있는 비표준 기능을 사용한다. MIT/GNU 스킴 시스템의 문서화는 *MIT/GNU Scheme Reference Manual*[51]이다. 그리고 다른 어딘가에 서술된 스킴 기능들에 관해서는, *MIT/GNU Scheme Reference Manual*의 찾아보기(index) 항목을 따라가다 보면 적당한 참고 문서를 찾을 수 있을 것이다.

B.1 스킴의 기초

스킴은 표현식(expression)에 기반한 간단한 프로그래밍 언어이다. 하나의 표현식은 하나의 값(value)을 지칭한다. 예를 들어 하나의 수치 리터럴로 된 표현식 3.14는 다들 아는 수학 상수의 한 근삿값을 지칭하며, 표현식 22/7은 그 상수의 또 다른 근삿값을 지칭한다. 방금 예로 든 수치 리터럴처럼 바로 우리가 직접 인식할 수 있는 기본 표현식(primitive expression) 외에, 스킴은 다양한 종류의 복합 표현식을 지원한다.

복합 표현식(compound expression), 줄여서 복합식은 괄호로 구분된다. if 같은 특별한 키워드로 시작하는 표현식을 특수형(special form) 표현식이라고 부른다. 특수형이 아닌 표현식들은 조합(combination)이라고 부르는데, 이런 표현식은 프로시저procedure(절차)를 인수들에 적용한다.

B.1.1 조합

프로시저 적용(procedure application)이라고도 부르는 조합(combination)은 일련의 표현식을 괄호로 감싼 것이다.

(연산자 피연산자-1 ... 피연산자-n)

하나의 조합에서 첫 번째 부분 표현식(subexpression; 줄여서 부분식)을 연산자(operator)라고 부른다. 연산자는 적용할 프로시저를 지칭한다. 나머지 부분식들은 피연산자(operand)라고 부른다. 피연산자들은 연산자가 지칭하는 프로시저에 대한 인수(argument)들이다. 주어진 인수들에 적용된 프로시저가 돌려주는 값은 조합이 지칭하는 값이다. 다음 예를 보자.

```
(+ 1 2.14)
3.14
(+ 1 (* 2 1.07))
3.14
```

두 표현식 모두 동일한 수 3.14를 지칭한다.[1] 기호 +와 *는 각각 덧셈과 곱셈을 수행하는 프로시저들을 지칭한다. 임의의 표현식에서 임의의 부분식을 그것과 동일한 대상을 지칭하는 다른

....

[1] 이 책의 예제들에서 입력 표현식 다음 줄에 *기울어진 코드 글꼴*로 표시된 문구는 스킴 시스템이 출력한 값이다.

부분식으로 대체해도, 전체 표현식은 여전히 이전과 동일한 대상을 지칭한다.

스킴에서 모든 괄호는 필수임을 유념하자. 괄호를 추가해도 안 되고 생략해도 안 된다.

B.1.2 람다 표현식

수를 지칭하기 위해 수치 리터럴을 사용하는 것과 비슷하게, 프로시저를 지칭할 때는 키워드 lambda로 시작하는 특수형 표현식인 lambda 표현식을 사용한다.[2] 예를 들어 다음은 입력을 제곱하는 프로시저이다.

```
(lambda (x) (* x x))
```

이 표현식은 "하나의 인수 x를 받으며, x에 x를 곱하는 프로시저"를 뜻한다. 이 표현식을 그런 프로시저가 필요한 모든 문맥에서 사용할 수 있다. 다음이 그러한 예이다.

```
((lambda (x) (* x x)) 4)
16
```

다음은 lambda 표현식의 일반적인 형태이다.

```
(lambda 형식-매개변수들 본문)
```

여기서 형식-매개변수들은 보통의 경우 프로시저의 형식 매개변수(formal parameter) 이름들에 해당하는 일련의 기호(§B.1.9)들을 괄호로 감싼 것이다. 프로시저를 인수들에 적용하면 그 인수들이 형식 매개변수들의 값이 된다. 본문(body)은 형식 매개변수들이 언급된 표현식이다. 프로시저 적용의 값은 인수들을 형식 매개변수들에 대입해서 계산된 프로시저 본문의 값이다.[3]

앞의 예제에서 기호 x는 (lambda (x) (* x x))가 지칭하는 프로시저의 유일한 형식 매개변

---

2 논리학자 알론조 처치Alonzo Church는 기명(named; 이름이 붙은) 매개변수를 가진 익명 함수를 명시하기 위해 λ 표기법을 고안했다.[16] λ 표기법에서 $\lambda x[x$가 있는 표현식]은 "인수를 표현식의 x에 대입해서 얻은 결과가 함수의 값인, 인수 하나짜리 함수"를 뜻한다.

3 이를 두고 형식 매개변수들이 인수들에 묶인다 또는 **바인딩**binding된다고 말한다. 이러한 바인딩의 범위(scope)는 프로시저 본문이다.

수이다. 이 프로시저는 수치 리터럴 4의 값에 적용되므로, 본문 (* x x)에서 기호 x의 값은 4가 되며, 따라서 조합 ((lambda (x) (* x x)) 4)의 값은 16이다.

앞에서 형식 매개변수를 설명할 때 "보통의 경우"라고 말한 것은 예외가 있기 때문이다. 수들을 곱하는 프로시저(기호 *가 지칭하는) 같은 몇몇 프로시저는 미리 정해지지 않은 개수의 인수들을 받을 수 있다. 이에 관해서는 잠시 후에(p.462) 설명한다.

B.1.3 정의

define 특수형(define 키워드로 시작하는 특수형 표현식)을 이용해서 임의의 객체(object)에 이름을 부여할 수 있다. 그러한 이름은 그 객체가 값인 하나의 변수(variable)를 지칭하게 된다. 예를 들어 다음과 같은 두 정의(definition)가 있다고 하자.

```
(define pi 3.141592653589793)
(define square (lambda (x) (* x x)))
```

그러면 해당 수치나 해당 lambda 표현식이 필요한 어디에서든 기호 pi와 square를 사용할 수 있다. 한 예로, 다음은 반지름이 5인 구의 면적이다.

```
(* 4 pi (square 5))
314.1592653589793
```

스킴은 프로시저를 좀 더 편하게 정의할 수 있는 일종의 편의 구문 또는 '문법적 설탕 (syntactic sugar)'을 제공한다. 다음은 앞의 square 프로시저를 편의 구문을 이용해서 간결하게 정의한 것이다.

```
(define (square x) (* x x))
```

이 정의는 "x의 제곱(square)을 구하기 위해 x와 x를 곱한다"라는 프로시저를 좀 더 직접적으로 표현한다.

스킴에서 프로시저는 일급(first-class) 객체이다. 즉, 프로시저를 인수로서 전달하거나, 결과 값으로 돌려주거나, 자료 구조에 포함할 수 있다. 예를 들어 두 함수의 합성(composition)

이라는 수학 개념을 구현하는 프로시저를 만드는 것도 가능하다. 다음이 그러한 예이다.[4]

```
(define compose
  (lambda (f g)
    (lambda (x)
      (f (g x)))))
((compose square sin) 2)
.826821810431806
(square (sin 2))
.826821810431806
```

여기서 한 가지 주목할 것은, 반환된 프로시저 (lambda (x) (f (g x)))에 있는 f와 g의 값이 바깥쪽 프로시저 (lambda (f g) ...)의 형식 매개변수들의 값이라는 점이다. 이것이 스킴이 사용하는 어휘순 범위 적용(lexical scoping) 원칙의 핵심이다. 한 변수의 값은 어휘순으로 그 변수와 가장 가까운 문맥 안에 있는 변수 바인딩에 따라 결정된다. 하나의 스킴 프로그램에는 시스템이 전역적으로 정의한, 모든 변수에 대한 암묵적 문맥이 존재한다. (예를 들어 +는 시스템이 수들을 더하는 프로시저에 전역적으로 바인딩한 기호이다.)

square 프로시저에서 보았던 편의 구문을 이용하면 compose 프로시저를 좀 더 간결하게 정의할 수 있다.

```
(define (compose f g)
  (lambda (x)
    (f (g x))))
```

MIT/GNU 스킴에서는 편의 구문을 재귀적으로 사용할 수 있다. 다음은 이를 이용해서 compose 프로시저를 더욱더 간결하게 정의한 예이다.

```
(define ((compose f g) x)
  (f (g x)))
```

상황에 따라서는 어떤 정의를 다른 어떤 정의에만 국한된 지역(local) 정의로 만드는 것이

---

[4] 가독성을 위해 예제 코드에 줄 바꿈과 들여쓰기를 적용했다. 스킴은 여분의 공백(whitespace)을 신경 쓰지 않으므로, 읽기 좋은 코드를 위해 얼마든지 빈칸, 탭, 줄 바꿈을 추가해도 된다.

이득이 되기도 한다. 다음은 지역 정의를 사용하는 예이다.

```
(define (compose f g)
  (define (fog x)
    (f (g x)))
  fog)
```

이 예에서 compose 정의 바깥에 fog라는 이름이 정의되어 있지는 않으므로, fog를 지역에서 정의한다고 해서 특별히 유용하지는 않다. 그렇지만 좀 더 큰 코드에서는 내부 구성요소에 이름을 붙이면 코드를 읽기 쉬워질 때가 많다. 프로시저의 내부 정의(지역 정의)는 프로시저 본문에서 정의되지 않은 다른 모든 표현식보다 우선시된다.

B.1.4 조건부 표현식

조건부 표현식(conditional expression)은 여러 표현식 중 하나를 조건에 따라 선택해서 그 값을 취한다. 예를 들어 다음은 조건부 표현식을 이용해서 절댓값 함수를 구현한 프로시저이다.

```
(define (abs x)
  (cond ((< x 0) (- x))
        ((= x 0) x)
        ((> x 0) x)))
```

cond 표현식, 즉 키워드 cond로 시작하는 조건부 표현식은 여러 개의 절(clause)을 받는다. 각 절은 하나의 술어 표현식(predicate expression; 줄여서 술어식)과 하나의 귀결 표현식(consequent expression; 또는 줄여서 귀결식)으로 구성된다. 술어 표현식은 그 값이 참(true) 아니면 거짓(false)인 표현식이다. cond 표현식의 값은 해당 술어 표현식이 참인 첫 절의 귀결 표현식의 값이다. 조건부 표현식의 일반적인 형태는 다음과 같다.

```
(cond (술어-1 귀결-1)
      ...
      (술어-n 귀결-n))
```

편의를 위해 스킴은 cond의 마지막 절에 술어로 사용할 수 있는 else라는 특수 키워드도 제공한다.

이분법적인 상황, 즉 선택할 수 있는 것이 단 두 가지인 상황에서는 if 특수형으로 조건부 표현식을 만들 수 있다. 예를 들어 다음 프로시저 abs는 인수가 음수일 때만 특별한 처리를 적용해서 절댓값 함수를 구현한다.

```
(define (abs x)
  (if (< x 0)
      (- x)
      x))
```

if 표현식의 일반적인 형태는 다음과 같다.

```
(if 술어 귀결 대안)
```

if 표현식의 값은 만일 술어가 참이면 귀결의 값이고, 그렇지 않으면 대안(alternative)의 값이다.

B.1.5 재귀 프로시저

조건부 표현식과 표현식 정의 기능을 이용하면 재귀 프로시저(recursive procedure)를 작성할 수 있다. 다음은 n의 계승(factorial)을 계산하는 예이다.

```
(define (factorial n)
  (if (= n 0)
      1
      (* n (factorial (- n 1)))))
(factorial 6)
720
(factorial 40)
815915283247897734345611269596115894272000000000
```

B.1.6 지역 이름

let 표현식은 지역 문맥(local context)에서 객체에 이름을 부여하는 데 쓰인다. 다음이 그러한 예이다.

```
(define (f radius)
```

```
  (let ((area (* 4 pi (square radius)))
        (volume (* 4/3 pi (cube radius))))
    (/ volume area)))
(f 3)
1
```

let 표현식의 일반적인 형태는 다음과 같다.

```
(let ((변수-1 표현식-1)
      ...
      (변수-n 표현식-n))
  본문)
```

let 표현식의 값은 본문 표현식의 값인데, 본문 표현식의 값을 평가할 때 변수 *변수-i*의 값은 표현식 *표현식-i*의 값이다. 이때 표현식 *표현식-i*는 let 표현식에서 값이 주어진 다른 임의의 지역 변수 *변수-j*를 참조하면 안 된다.

let* 표현식은 let 표현식과 같되, *표현식-i*가 let* 표현식에서 이전에 값이 주어진 다른 변수 *변수-j*를 참조할 수 있다는 점이 다르다.

let 표현식을 약간 변형한 표현식을 이용하면 루프loop(반복문)를 간편하게 작성할 수 있다. 다음은 앞에서 본 것과는 다른 계승 계산 알고리즘을 구현하는 프로시저이다.

```
(define (factorial n)
  (let factlp ((count 1) (answer 1))
    (if (> count n)
        answer
        (factlp (+ count 1) (* count answer)))))
(factorial 6)
720
```

여기서 let 다음의 기호 factlp는 변수 count와 answer를 형식 매개변수로 삼는 프로시저를 지역에서 정의한다. 프로시저 factorial은 먼저 1과 1로 지역 프로시저 factlp를 호출하며, 이에 의해 루프가 시작된다. 이후 factlp라는 이름의 프로시저가 호출될 때마다 두 변수에는 각각 피연산자 표현식 (+ count 1)과 (* count answer)의 값이 새 값으로 주어진다.

다음은 이 프로시저를, 내부 프로시저를 명시적으로 정의해서 표현한 것이다.

```
(define (factorial n)
  (define (factlp count answer)
    (if (> count n)
        answer
        (factlp (+ count 1) (* count answer)))))
  (factlp 1 1))
```

프로시저 factlp는 지역에서 정의된다. 이 프로시저는 factorial의 본문 안에서만 존재한다. factlp가 어휘순으로 factorial 정의 안에 들어 있으므로, factlp 본문 안에서 n의 값은 factorial의 형식 매개변수의 값이다.

B.1.7 복합 데이터: 목록, 벡터, 레코드

개별 데이터를 모아서 복합(compound) 자료 구조를 만들 수 있다. 목록(list) 또는 리스트는 요소들이 차례로 연결된(linked) 자료 구조이다. 벡터^{vector}는 요소들이 하나의 선형 배열(linear array) 안에 밀집된 자료 구조이다. 목록은 요소 추가를 지원하지만, 목록의 n째 요소에 접근하려면 n에 비례하는 계산 시간이 소비된다. 반면 벡터는 길이(요소 개수)가 고정되어 있으며, 임의의 요소에 상수 시간으로 접근할 수 있다. 레코드^{record}는 벡터와 비슷하되 색인 번호가 아니라 이름을 이용해서 개별 요소('필드^{field}')에 접근한다는 점이 다르다. 레코드는 또한 새로운 데이터 형식(data type; 자료형)을 제공하는데, 레코드 데이터 형식은 형식 술어에 의해 구별되며 다른 형식과의 차별화가 보장된다.

여러 구성요소를 조합해서 복합 데이터 객체를 생성하는 프로시저를 생성자(constructor)라고 부르고, 복합 데이터 객체의 특정 구성요소에 접근하는 프로시저를 선택자(selector)라고 부른다.

스킴에 미리 정의된 list라는 프로시저는 목록의 생성자이다. list?라는 프로시저는 주어진 인수가 목록이면 참, 그렇지 않으면 거짓을 돌려준다.[5]

다음은 list와 list?를 사용하는 예이다.

---

5 술어는 참 또는 거짓을 돌려주는 프로시저이다. 스킴 문화에서는 술어에 물음표(?)로 끝나는 이름을 붙이는 것이 관례이다. 단, 초등 산술 비교 술어 =, <, >, <=, >=는 예외이다. 이것은 단지 코딩 스타일상의 관례일 뿐, 스킴 문법이 요구하는 것은 아니다. 스킴은 물음표를 그냥 보통의 문자로 취급한다.

```
(define a-list (list 6 946 8 356 12 620))
a-list
(6 946 8 356 12 620)
(list? a-list)
#t
(list? 3)
#f
```

여기서 #t와 #f는 부울(boolean) 값 참과 거짓의 출력(문자열) 표현이다.[6]

목록은 요소 두 개짜리 쌍(pair)으로부터 만들어진다. 쌍의 생성자는 cons이고, 두 요소에 대한 선택자는 car와 cdr('쿠더could-er'라고 읽는다)이다.[7]

```
(define a-pair (cons 1 2))
a-pair
(1 . 2)
(car a-pair)
1
(cdr a-pair)
2
```

목록은 쌍들이 사슬처럼 엮인 것이다. 각 쌍의 car는 목록의 요소이고 cdr는 사슬의 다음 쌍이다. 단, 마지막 쌍의 cdr는 빈 목록을 뜻하는 ()이다. 다음 예가 이해에 도움이 될 것이다.

```
(car a-list)
6
(cdr a-list)
(946 8 356 12 620)
(car (cdr a-list))
946
(define another-list
  (cons 32 (cdr a-list)))
another-list
```

----

6 조건부 표현식(if와 cond)은 명시적으로 거짓(#f)이 아닌 모든 술어 값을 참으로 취급한다. 이는 편리한 특성이지만, 가끔 성가실 때도 있다.

7 이 이름들은 역사의 산물이다. 이들은 각각 'Contents of the Address part of Register(레지스터 주소부 내용)'와 'Contents of the Decrement part of Register(레지스터 감소부 내용)'를 나타내는데, 그 두 용어는 1950년대 후반 리스프의 첫 구현에 쓰였다. 스킴은 리스프의 한 방언이다.

```
(32 946 8 356 12 620)
(car (cdr another-list))
946
```

목록 a-list와 another-list는 꼬리(tail; 즉 cdr)를 공유한다.

술어 pair?는 주어진 인수가 쌍이면 참을, 그 외의 데이터 형식이면 거짓을 돌려준다. 술어 null?는 오직 빈 목록에 대해서만 참을 돌려준다.

벡터는 목록보다 단순하다. 벡터를 만드는 생성자는 vector이고 벡터의 한 요소(성분)에 접근하는 선택자는 vector-ref이다. 스킴에서 모든 생성자는 수치 색인을 사용하는데, 첫 요소의 색인은 0이다.

```
(define a-vector
  (vector 37 63 49 21 88 56))
a-vector
#(37 63 49 21 88 56)
(vector-ref a-vector 3)
21
(vector-ref a-vector 0)
37
```

벡터의 출력 표현은 목록의 출력 표현과는 달리 왼쪽 괄호 앞에 # 문자가 있다.

벡터에도 형식 식별 술어가 있다. 술어 vector?는 주어진 인수가 벡터이면 참을, 그 밖의 데이터 형식이면 거짓을 돌려준다.

벡터의 선택자와 비슷하게, 스킴은 목록의 요소들에 대한 수치 색인 기반 선택자 list-ref를 제공한다.

```
(list-ref a-list 3)
356
(list-ref a-list 0)
6
```

레코드는 좀 더 복잡하다. 레코드는 선언한 후에야 생성할 수 있다. 다음은 point라는 간단한 레코드를 선언하는 예이다.

```
(define-record-type point
  (make-point x y)
  point?
  (x point-x)
  (y point-y))
```

point 레코드를 선언한 후에는 다음과 같은 방식으로 point 인스턴스를 생성한다.

```
(define p (make-point 1 2))
(point? p)
#t
(point-x p)
1
(point-y p)
2
```

수치, 프로시저, 목록, 벡터, 레코드 등 그 어떤 종류의 데이터도 목록, 벡터, 레코드의 요소
가 될 수 있다. 지금까지 이야기한 것 외에도 목록, 벡터, 레코드를 다루는 수많은 프로시저가
스킴 온라인 문서화에 나와 있으니 참고하기 바란다.

B.1.8 인수 개수가 정해지지 않은 프로시저

지금까지 살펴본 프로시저들은 형식 매개변수들(프로시저가 호출될 때 인수들에 바인딩되는)
을 명시적으로 지정해서 정의했다. 그런데 인수들의 개수가 미리 정해지지 않는 프로시저도 많
다. 예를 들어 수들을 곱하는 산술 프로시저는 임의의 개수의 인수를 받는다. 그런 프로시저
를 정의하려면 형식 매개변수들을 기호들의 목록이 아니라 하나의 기호로 지정해야 한다. 그
하나의 기호는 프로시저 호출 시 인수들의 목록에 바인딩된다. 예를 들어 이항 곱셈 프로시저
*:binary가 있다고 할 때, 임의의 개수의 인수들을 곱하는 프로시저 *를 다음과 같이 정의할
수 있다.

```
(define * (lambda args (accumulate *:binary 1 args)))
```

여기서 accumulate의 정의는 다음과 같다.

```
(define (accumulate proc initial lst)
```

```
(if (null? lst)
    initial
    (proc (car lst)
          (accumulate proc initial (cdr lst)))))
```

더 나아가서, 기명(named, 명명된) 인수 몇 개 다음에 임의의 개수의 인수들을 받는 프로시저가 필요할 때도 있다. 프로시저 정의의 매개변수 목록에서 마지막 매개변수 이름 앞에 마침표를 붙이면(이를 꼬리점 표기(dotted-tail notation)라고 부른다), 그 마지막 매개변수는 임의의 개수의 나머지 인수들로 이루어진 목록에 바인딩된다. 앞의 * 예에서는 초기 기명 인수들이 없으므로, args의 값은 모든 인수의 목록이다. 따라서, 꼬리점 표기를 이용해서 *를 정의한다면 다음과 같은 모습이 된다.

```
(define (* . args) (accumulate *:binary 1 args))
```

다음은 뺄셈을 수행하는 -라는 프로시저이다. 이 프로시저는 적어도 하나의 인수를 요구한다는 점에서 앞의 것보다 좀 더 흥미롭다. 인수가 하나만 주어지면 -는 그것의 부정(negation)을 돌려주고, 둘 이상이면 첫 인수에서 인수들을 뺀 결과를 돌려준다.

```
(define (- x . ys)
  (if (null? ys)          ; 인수가 하나뿐?
      (-:unary x)
      (-:binary x (accumulate +:binary 0 ys))))
```

이 프로시저를 다음과 같이 작성할 수도 있다.

```
(define -
  (lambda (x . ys)
    (if (null? ys)
        (-:unary x)
        (-:binary x (accumulate +:binary 0 ys)))))
```

이상의 예제들에 나온 args나 ys처럼 나머지 인수들에 바인딩되는 매개변수를 나머지 매개변수(rest parameter)라고 부른다.

B.1.9 기호

기호(symbol)는 프로그램과 수식(algebraic expression; 대수 표현식)을 만드는 데 쓰이는 대단히 중요한 기본 데이터 형식이다. 스킴 프로그램이 그냥 일단의 목록들처럼 보인다고 생각한 독자도 있을 텐데, **실제로 그렇다**. 하나의 스킴 프로그램은 하나 이상의 목록들일 뿐이다. 프로그램을 구성하는 목록들의 요소 중 일부는 +나 vector 같은 기호이다.[8]

프로그램들을 조작하는 프로그램을 만들려면 표현식 안에서 기호 자체를 지칭할 수 있어야 한다. 이를 위한 메커니즘이 인용(quotation)이다. 기호 +의 이름을(기호 자체가 아니라) 표현식 안에서 지칭할 때는 '+라는 표현식을 사용한다. 일반화하자면, 어떤 표현식의 이름은 그 표현식 앞에 작은따옴표를 붙인 것이다. 예를 들어 표현식 (+ 3 a)의 이름은 '(+ 3 a)이다.

두 기호가 동일한지는 eq?라는 술어로 판정할 수 있다. 예를 들어 다음은 주어진 표현식이 덧셈(+)인지 판정하는 프로시저와 그 사용 예이다.

```
(define (sum? expression)
  (and (pair? expression)
       (eq? (car expression) '+)))
(sum? '(+ 3 a))
#t
(sum? '(* 3 a))
#f
```

만일 표현식 (sum? '(+ 3 a))에서 작은따옴표를 생략하면 어떤 결과가 나올지 생각해보자. 작은따옴표가 없는 요소는 평가(evaluation)된다. 따라서, 변수 a의 값이 4라면, 표현식 전체는 그냥 7이 덧셈인지 묻는 것이 된다. 지금 예에서 우리가 알고자 하는 것은 표현식 (+ 3 a) 자체가 덧셈인지이므로, 반드시 작은따옴표를 붙여주어야 한다.

B.1.10 역따옴표

목록 기반 구문의 패턴과 기타 여러 형태를 조작할 때는 하나의 표현식 안에 인용되는 부분들과 평가되는 부분들이 뒤섞여 있을 때도 많다. 리스프는 그런 표현식의 작성을 돕는 유사 인용(quasiquotation)이라는 메커니즘을 제공한다.

---

8 기호는 임의의 개수의 문자로 이루어진다. 일반적으로는 기호 이름에 공백 문자나 구분 문자(괄호, 대괄호, 물음표, 쉼표, #)가 있으면 안 된다. 그러나 그런 문자들을 허용하는 특별한 표기법도 존재한다.

작은따옴표는 보통의 인용을 뜻하지만, 역따옴표(backquote)[9]는 유사 인용을 뜻한다. 유사 인용 표현식 또는 부분적으로 인용된 표현식은 앞에 쉼표가 붙은 요소와 그렇지 않은 요소가 섞여 있는 목록의 형태인데, 쉼표가 붙은 요소는 평가되고 붙지 않은 요소는 인용된다. 다음 예를 보면 이해가 될 것이다.

```
`(a b ,(+ 20 3) d)
(a b 23 d)
```

역따옴표 메커니즘은 또한 표현식 요소들을 하나의 평평한 목록 표현으로 "접합(splicing)" 하는 기능도 제공한다. 즉, 평가된 요소는 하나의 목록이 되고, 그 목록이 그것을 감싸는 바깥쪽 목록 안으로 접합된다. 다음 예를 보자.

```
`(a b ,@(list (+ 20 3) (- 20 3)) d)
(a b 23 17 d)
```

유사 인용의 좀 더 자세한 사항은 Scheme Report[109]를 참고하기 바란다.

B.1.11 효과

종종 계산 과정 도중에 화면에 그래프를 그리거나 값을 출력하는 등의 어떤 '동작(action)'을 수행해야 할 때도 있다. 그런 동작을 효과(effect)[10]라고 부른다. 예를 들어 계승 프로그램이 답을 계산하는 과정을 좀 더 자세히 조사하고 싶다고 하자. 다음은 factorial 프로시저의 내부 프로시저 factlp 본문에 count와 answer의 값을 출력하는 write-line 문을 추가한 것이다. 이렇게 하면 반복마다 현재 카운터(반복 횟수)와 중간 계산 결과가 출력된다.

```
(define (factorial n)
  (let factlp ((count 1) (answer 1))
    (write-line (list count answer))
    (if (> count n)
        answer
```

---

9 통상적인 PC용 키보드에서 역따옴표 문자 는 Esc 키 아래에 있는, Shift 버전이 ~(물결표 또는 틸더)인 키로 입력할 수 있다.

10 효과는 컴퓨터 과학의 전문용어이다. 효과란 뭔가가 바뀌는 것을 뜻한다. 예를 들어 write-line은 디스플레이에 뭔가를 출력함으로써 디스플레이에 변화를 가한다.

```
    (factlp (+ count 1) (* count answer)))))
```

수정된 factorial 프로시저를 호출하면 카운터가 증가하면서 답이 만들어지는 과정을 눈으로 확인할 수 있다.

```
(factorial 6)
(1 1)
(2 1)
(3 2)
(4 6)
(5 24)
(6 120)
(7 720)
720
```

효과가 있는 문장은 프로시저의 본문, let 표현식, cond 표현식의 귀결 절에서 사용할 수 있다. 일반적으로 효과 문장의 값 자체는 별로 의미가 없다. 본문이나 절의 값은 본문이나 절의 마지막 표현식이 산출하는 값이다. 지금 예에서 if 표현식은 factorial의 값을 산출한다.

B.1.12 배정

값을 출력하거나 그래프를 그리는 등의 효과가 눈길을 끌긴 하겠지만, 그보다 훨씬 강력한(따라서 위험한) 효과가 있다. 바로 배정(assignment)이다. 배정은 변수 또는 자료 구조의 한 요소의 값을 바꾼다. 프로그램이 계산하는 거의 모든 것은 수학 함수이며, 수학 함수는 같은 입력에 대해 항상 같은 결과를 산출한다. 그러나 배정을 이용하면 객체의 행동 방식을 바꿀 수 있다. 예를 들어 set!를 이용하면 호출될 때마다 카운터를 증가하는 장치를 만들 수 있다.[11]

```
(define (make-counter)
  (let ((count 0))
    (lambda ()
      (set! count (+ count 1))
      count)))
```

....

11 "부수 효과(side effect; 부작용)"를 가지는 프로시저의 이름에 느낌표(!)를 붙이는 것은 스킴 문화의 또 다른 관례이다. 이 느낌표는 독자에게 효과들의 순서를 바꾸면 프로그램 실행 결과가 바뀔 수 있음을 경고한다.

카운터를 두 개 만들어 보자.

```
(define c1 (make-counter))
(define c2 (make-counter))
```

이 두 카운터는 각자 독립적인 지역 상태를 가진다. 카운터를 호출하면 카운터는 자신의 지역 상태 변수 count를 1 증가한 후 그 값을 돌려준다.

```
(c1)
1
(c1)
2
(c2)
1
(c1)
3
(c2)
2
```

쌍이나 목록, 벡터 같은 자료 구조의 요소를 배정하는 용도로 스킴은 다음과 같은 프로시저들을 제공한다.

```
(set-car! 쌍 새값)
(set-cdr! 쌍 새값)
(list-set! 목록 색인 새값)
(vector-set! 벡터 색인 새값)
```

레코드의 경우에는 필드 배정 수단을 선택적으로 정의할 수 있다(p.461의 정의와 비교해 보라).

```
(define-record-type point
    (make-point x y)
    point?
  (x point-x set-x!)
  (y point-y set-y!))
(define p (make-point 1 2))
(point-x p)
1
```

```
(point-y p)
2
(set-x! p 3)
(point-x p)
3
(point-y p)
2
```

일반적으로 배정은 최대한 피하는 것이 좋지만,[12] 필요할 때도 있으므로 스킴은 이런 배정 수단들을 제공한다.

B.2 기타 고급 기능

여기서 설명하지는 않지만, 스킴에는 지금까지 이야기한 것보다 강력한 기능이 많이 있다. 예를 들어 해시 테이블도 스킴에서 만들 수 있다. 일반적으로 가장 좋은 참고자료는 *Revised Report on the Algorithmic Language Scheme (R7RS)*[109]와 *MIT/GNU Scheme Reference Manual*[51]이다. 여기서는 이 책의 본문을 읽을 때 필요할 만한 꽤 복잡한 기능 두 가지만 설명하고자 한다.

B.2.1 동적 바인딩

어떤 평가나 동작이 일어나는 방식을 지정하고 싶을 때가 종종 있다. 예를 들어 어떤 수를 항상 십진수로 출력하는 것이 아니라 임의의 진수로 출력할 수 있어야 한다고 하자. 그럴 때 필요한 것이 매개변수(parameter)라고 부르는 객체이다.

예를 들어 스킴 프로시저 number->string은 주어진 기수(radix)에 해당하는 진법으로 표현한 문자열을 산출한다.

```
(number->string 100 2)
"1100100"
```

---

[12] 배정이 없는 프로그래밍 패러다임을 함수형 프로그래밍(functional programming)이라고 부른다. 대체로, 함수형 프로그래밍으로 작성한 프로그램이 명령형 프로그래밍(imperative programming)으로 작성한 프로그램보다 이해하기 쉽고 버그도 적다.

```
(number->string 100 16)
"64"
```

myprog를 호출해서 실행하는 어떤 복잡한 프로그램의 여러 장소에서 number->string이 쓰인다고 하자. 그리고 number->string에 사용할 기수를 프로그램 실행 시 지정해야 한다고 하자. 방법은 기수를 매개변수에 담아서 사용하는 것이다. 다음은 기본값이 10인 매개변수 radix를 정의하는 표현식이다.

```
(define radix (make-parameter 10))
```

아무 인수 없이 매개변수를 호출하면 매개변수의 값이 산출된다.

```
(radix)
10
```

number->string 대신 number->string을 특수화한 버전을 정의해서 사용할 수도 있다.

```
(define (number->string-radix number)
  (number->string number (radix)))
```

(myprog)를 호출하면 모든 number->string-radix 호출은 십진수 문자열을 산출한다. 이는 (radix)의 기본값이 10이기 때문이다. 그러나 다음처럼 프로그램을 parameterize로 감싸 다른 기수를 지정함으로써 프로그램의 행동을 바꾸는 것도 가능하다.

```
(parameterize ((radix 2))
  (myprog))
```

parameterize의 구문은 let의 구문과 동일하지만, make-parameter로 만든 매개변수 객체만 지정할 수 있다는 제약이 있다.

B.2.2 번들

MIT/GNU 스킴은 서로 연관된, 그리고 상태를 공유하는 프로시저들의 컬렉션을 만드는 간단한 메커니즘을 제공한다. 번들bundle이 바로 그것이다. 번들은 일단의 기명 프로시저들에 처리를 맡기는(delegate) 프로시저이다. 번들의 첫 인수는 대리 프로시저(delegate procedure; 실제로 처리를 담당하는 프로시저)의 이름이고, 나머지 인수들은 그 대리 프로시저에 전달된다. 이는 몇몇 객체 지향 언어(object-oriented language)의 작동 방식과 비슷하지만, 훨씬 간단하고 클래스나 상속 같은 것은 없다.

번들을 메시지 수신 프로시저(message-accepting procedure)라고 부르기도 하는데, 이때 메시지의 종류는 대리 프로시저 이름이고 메시지의 본문은 나머지 인수들이다.[13] 메시지 수신 프로시저라는 용어는 번들이 메시지 전달 프로토콜을 지원한다는 점과 번들이라는 것을 통신 네트워크의 한 노드node로 간주할 수 있다는 점을 강조한다.

간단한 예를 보자.

```scheme
(define (make-point x y)
  (define (get-x) x)
  (define (get-y) y)
  (define (set-x! new-x) (set! x new-x))
  (define (set-y! new-y) (set! y new-y))
  (bundle point? get-x get-y set-x! set-y!))
```

프로시저 make-point는 네 개의 내부 프로시저를 정의한다. 그 내부 프로시저들은 상태 변수 x와 y를 공유한다. bundle 매크로는◆ 주어진 대리 프로시저들로 이루어진 번들 프로시저를 생성한다.

bundle 매크로의 첫 인수는 make-bundle-predicate를 이용해서 정의한 술어이다. 생성된 번들은 이 술어를 충족한다.

```scheme
(define point? (make-bundle-predicate 'point))
(define p1 (make-point 3 4))
(define p2 (make-point -1 1))
(point? p1)
#t
(point? p2)
#t
```

....

13 이러한 어법은 ACTOR 프레임워크[58]와 스몰토크Smalltalk 프로그래밍 언어[46]에서 유래한 것이다.

◆ 옮긴이 스킴의 매크로macro는 새로운 표현식 형식을 파생하는 수단이다. 제5장 p.295의 각주 8에서 매크로의 문제점을 언급한다.

```
(point? (lambda (x) x))
#f
```

make-bundle-predicate의 인수는 디버깅 시 해당 술어를 식별하는 데 쓰이는 기호이다.

술어가 필요 없을 때는 bundle의 첫 인수로 #f를 지정해도 된다. 단, 이렇게 하면 생성된 번들 프로시저를 다른 프로시저와 구별할 수 없다.

bundle 매크로의 나머지 인수는 대리 프로시저 이름들이다. 이 예에서는 get-x, get-y, set-x!, set-y!를 지정했다. 스킴은 이 이름들을 매크로의 어휘순 환경에서 조회해서 해당 대리 프로시저를 얻는다. 그런 다음 스킴은 각 이름을 해당 대리 프로시저와 연관시켜서 하나의 번들 프로시저를 만든다.

생성된 번들 프로시저를 호출할 때, 첫 인수는 반드시 대리 프로시저 중 하나를 지칭하는 기호이어야 한다. 스킴은 번들 프로시저를 만들 때 파악한 연관 관계를 이용해서 적절한 기명 대리 프로시저를 선택하고, 번들 프로시저의 나머지 인수들을 그 대리 프로시저에 전달한다.

설명은 좀 복잡했지만, 번들을 사용하기는 쉽다.

```
(p1 'get-x)
3
(p1 'get-y)
4
(p2 'get-x)
-1
(p2 'get-y)
1
(p1 'set-x! 5)
(p1 'get-x)
5
(p2 'get-x)
-1
```

참고문헌

[1] Harold Abelson, Gerald Jay Sussman, Julie Sussman, *Structure and Interpretation of Computer Programs* (제2판). Cambridge, MA: MIT Press, 1996.

[2] Harold Abelson, Don Allen, Daniel Coore, Chris Hanson, George Homsy, Thomas F. Knight Jr., Radhika Nagpal, Erik Rauch, Gerald Jay Sussman, Ron Weiss; "Amorphous Computing," *Communications of the ACM*, 43(5) (2000년 5월): 74-82.

[3] Lee Altenberg; "The Evolution of Evolvability in Genetic Programming," *Advances in Genetic Programming*, 엮은이 Kenneth E. Kinnear Jr., 47-74. Cambridge, MA: MIT Press, 1994.

[4] *The ARRL Handbook for Radio Amateurs*, American Radio Relay League, Newington, CT (annual).

[5] Jean-Paul Arcangeli, Christian Pomian; "Principles of Plasma Pattern and Alternative Structure Compilation," *Theoretical Computer Science*, 71 (1990): 177-191.

[6] Franz Baader, Wayne Snyder; "Unification theory," *Handbook of Automated Reasoning*, 엮은이 Alan Robinson, Andrei Voronkov. Elsevier Science Publishers B.V., 2001.

[7] Jonathan B.L. Bard; *Morphogenesis*, Cambridge: Cambridge University Press, 1990.

[8] Alan Bawden, Jonathan Rees; "Syntactic closures," *Proc. Lisp and Functional Programming* (1988).

[9] Jacob Beal; *Generating Communications Systems Through Shared Context*, S.M. thesis, 학위논문, MIT 및 Artificial Intelligence Laboratory Technical Report 2002-002, 2002년 1월.

[10] Jacob Beal; "Programming an Amorphous Computational Medium," *Unconventional Programming Paradigms International Workshop* (2004년 9월). Updated version in Lecture Notes in Computer Science, 3566 (2005년 8월).

[11] M.R. Bernfield, S.D. Banerjee, J.E. Koda, A.C. Rapraeger; "Remodelling of the basement membrane as a mechanism of morphogenic tissue interaction," *The role of extracellular matrix in development*, 엮은이 R.L. Trelstad, 542-572. New York: Alan R.

Liss, 1984.

[12] Martin Berz; "Automatic differentiation as nonarchimedean analysis," *Computer Arithmetic and Enclosure Methods*, 엮은이 L. Atanassova, J. Herzberger. Elsevier Science Publishers B.V. (North—Holland), 1992.

[13] Philip L. Bewig; *Scheme Requests for Implementation* 41: *Streams* (2008). https://srfi.schemers.org/srfi-41/

[14] R.C. Bohlin, R.L. Gilliland; "Hubble Space Telescope Absolute Spectrophotometry of Vega from the Far—Ultraviolet to the Infrared," *The Astronomical Journal*, 127(6) (2004년 6월): 3508 – 3515.

[15] J.P. Brocks; "Amphibian limb regeneration: rebuilding a complex structure," *Science*, 276 (1997): 81 – 87.

[16] Alonzo Church; *The Calculi of Lambda—Conversion*. Princeton, NJ: Princeton University Press, 1941.

[17] Alonzo Church; "An Unsolvable Problem of Elementary Number Theory," *American Journal of Mathematics*, 58 (1936): 345 – 363.

[18] Alonzo Church; "A Note on the Entscheidungsproblem," *Journal of Symbolic Logic*, 1 (1936): 40 – 41.

[19] Lauren Clement, Radhika Nagpal; "Self—Assembly and Self—Repairing Topologies," *Workshop on Adaptability in Multi—Agent Systems*, RoboCup Australian Open, 2003년 1월.

[20] William Kingdon Clifford; "Preliminary sketch of bi—quaternions," *Proceedings of the London Mathematical Society*, 4 (1873): 381 – 395.

[21] William Clinger; "Nondeterministic Call by Need is Neither Lazy Nor by Name," *Proceedings of the 1982 ACM symposium on LISP and functional programming*, 226 – 234 (1982년 8월).

[22] William Clinger, Jonathan Rees; "Macros that work," *Proceedings of the 1991 ACM Conference on Principles of Programming Languages*, 155 – 162 (1991).

[23] A Colmerauer., H. Kanoui, R. Pasero, P. Roussel; *Un système de communication homme—machine en français*, Technical report, Groupe Intelligence Artificielle,

Université d'Aix Marseille, Luminy, 1973.

[24] *Constraints, An International Journal* ISSN: 1383–7133 (Print) 1572–9354 (Online).

[25] continuation(후속)에 관한 영문 위키백과 페이지. https://en.wikipedia.org/wiki/Continuation

[26] Haskell Brooks Curry; "Grundlagen der Kombinatorischen Logik," *American Journal of Mathematics*. Baltimore: Johns Hopkins University Press, 1930.

[27] Johan deKleer, Jon Doyle, Guy Steele, Gerald J. Sussman; "AMORD: Explicit control of reasoning," *Proceedings of the ACM Symposium on Artificial Intelligence and Programming Languages*, 116–125 (1977).

[28] E.M. del Pino, R.P. Elinson; "A novel developmental pattern for frogs: gastrulation produces an embryonic disk," *Nature*, 306 (1983): 589–591.

[29] Howard P. Dinesman; *Superior Mathematical Puzzles*. New York: Simon and Schuster, 1968.

[30] Jon Doyle; "A truth maintenance system," *Artificial Intelligence*, 12 (1979): 231–272.

[31] K. Dybvig, R. Hieb, C. Bruggerman; "Syntactic abstraction in Scheme," *Proc. Lisp and Symbolic Computation* (1993).

[32] G.M. Edelman, J.A. Gally; "Degeneracy and complexity in biological systems," *Proceedings of the National Academy of Sciences*, 98 (2001): 13763–13768.

[33] M. D. Ernst, C. Kaplan, C. Chambers; "Predicate Dispatching: A Unified Theory of Dispatch," *ECOOP'98—Object–Oriented Programming: 12th European Conference, Proceedings*, 엮은이 Eric Jul, 186–211, Lecture Notes in Computer Science, 1445. Berlin: Springer, 1998.

[34] Zsuzsa Farkas; "LISTLOG—A PROLOG extension for list processing," *TAPSOFT 1987*, 엮은이 Ehrig H., Kowalski R., Levi G., Montanari U., Lecture Notes in Computer Science, 250. Berlin: Springer, 1987.

[35] Robert Floyd; "Nondeterministic algorithms," *Journal of the ACM*, 14(4) (1967): 636–644.

[36] Kenneth D. Forbus, Johan de Kleer; *Building Problem Solvers*. Cambridge, MA: MIT Press, 1993.

[37] Stefanie Forrest, Anil Somayaji, David H. Ackley; "Building Diverse Computer Systems," *Proceedings of the 6th workshop on Hot Topics in Operating Systems*, 67–72. Los Alamitos, CA: IEEE Computer Society Press, 1997.

[38] Joseph Frankel; *Pattern Formation, Ciliate Studies and Models*. New York: Oxford University Press, 1989.

[39] Eugene C. Freuder; *Synthesizing Constraint Expressions*. AI Memo 370, MIT Artificial Intelligence Laboratory, 1976년 7월.

[40] Daniel P. Friedman, David S. Wise; "Cons should not evaluate its arguments," *Automata Languages and Programming*; Proc. Third International Colloquium at the University of Edinburgh, 엮은이 S. Michaelson, R. Milner, 257–284 (1976년 7월).

[41] Daniel P. Friedman, Mitchell Wand, Christopher T. Haynes; *Essentials of Programming Languages*. Cambridge, MA: MIT Press/McGraw–Hill, 1992.

[42] Richard P. Gabriel, Linda DeMichiel; "The Common Lisp Object System: An Overview," *Proceedings of ECOOP'87. European Conference on Object–Oriented Programming*, 엮은이 Jean Bezivin, Jean–Marie Hullot, Pierre Cointe, Henry Lieberman, 151–170. Paris: Springer, 1987.

[43] George Gatewood, Joost Kiewiet de Jonge; "Map–based Trigonometric Parallaxes of Altair and Vega," *The Astrophysical Journal*, 450 (1995년 9월): 364–368.

[44] George Gatewood; "Astrometric Studies of Aldebaran, Arcturus, Vega, the Hyades, and Other Regions," *The Astronomical Journal*, 136(1) (2008): 452–460.

[45] Kurt Gödel; "On Undecidable Propositions of Formal Mathematical Systems," *Lecture notes taken by Kleene and Rosser at the Institute for Advanced Study* (1934), 재발행 Martin Davis, *The Undecidable: Basic Papers on Undecidable Propositions, Unsolvable Problems and Computable Functions*, 39–74. New York: Raven, 1965.

[46] Adele Goldberg, David Robson; *Smalltalk–80: The Language and Its Implementation*. Reading, MA: Addison–Wesley, 1983.

[47] Michael Gordon, Robin Milner, Christopher Wadsworth; *Edinburgh LCF*, Lecture Notes in Computer Science, 78. New York: Springer–Verlag, 1979.

[48] Cordell Green; "Application of theorem proving to problem solving," *Proceedings of*

the International Joint Conference on Artificial Intelligence, 219 – 240 (1969).

[49] Cordell Green, Bertram Raphael; "The use of theorem–proving techniques in question–answering systems," *Proceedings of the ACM National Conference*, 169 – 181 (1968).

[50] John V. Guttag; "Abstract data types and the development of data structures," *Communications of the ACM*, 20(6) (1977): 397 – 404.

[51] Chris Hanson; *MIT/GNU Scheme Reference Manual*. https://www.gnu.org/software/mit-scheme/

[52] Chris Hanson; SOS software: Scheme Object System, 1993.

[53] Chris Hanson, Tim Berners–Lee, Lalana Kagal, Gerald Jay Sussman, Daniel Weitzner; "Data–Purpose Algebra: Modeling Data Usage Policies," *Eighth IEEE International Workshop on Policies for Distributed Systems and Networks (POLICY'07)*, (2007년 6월).

[54] Hyman Hartman, Temple F. Smith; "The Evolution of the Ribosome and the Genetic Code," *Life*, 4 (2014): 227 – 249.

[55] Jacques Herbrand; "Sur la non–contradiction de larithmetique," *Journal fur die reine und angewandte Mathematik*, 166 (1932): 1 – 8.

[56] Carl E. Hewitt; "PLANNER: A language for proving theorems in robots," *Proceedings of the International Joint Conference on Artificial Intelligence*, 295 – 301 (1969).

[57] Carl E. Hewitt; "Viewing control structures as patterns of passing messages," *Journal of Artificial Intelligence*, 8(3) (1977): 323 – 364.

[58] Carl Hewitt, Peter Bishop, Richard Steiger; "A Universal Modular ACTOR Formalism for Artificial Intelligence," *IJCAI-73: Proceedings of the Third International Joint Conference on Artificial Intelligence*, 235 – 245 (1973).

[59] Edwin Hewitt; "Rings of real–valued continuous functions. I," *Transactions of the American Mathematical Society*, 64 (1948): 45 – 99.

[60] Paul Horowitz, Winfield Hill; *The Art of Electronics*. Cambridge: Cambridge University Press, 1980.

[61] IEEE Std 1178–1990, *IEEE Standard for the Scheme Programming Language*, Institute of Electrical and Electronic Engineers, Inc., 1991.

[62] Paul—Alan Johnson; *The Theory of Architecture: Concepts, Themes, & Practices*. New York: Van Nostrand Reinhold, 1994.

[63] Jerome H. Keisler; "The hyperreal line. Real numbers, generalizations of the reals, and theories of continua," *Synthese Library*, 242, 207 – 237. Dordrecht: Kluwer Academic, 1994.

[64] Richard Kelsey, William Clinger, Jonathan Rees (엮음); *Revised⁵ Report on the Algorithmic Language Scheme* (1998).

[65] Richard Kelsey; *Scheme Requests for Implementation 9: Defining Record types* (1999). https://srfi.schemers.org/srfi-9/

[66] Gregor Kiczales; Tiny CLOS software: Kernelized CLOS, with a metaobject protocol, 1992.

[67] Gregor Kiczales, John Lamping, Anurag Mendhekar, Chris Maeda, Cristina Videira Lopes, Jean—Marc Loingtier, John Irwin; "Aspect—oriented programming," *ECOOP'97: Proceedings of the 11th European Conference on Object—Oriented Programming*, 220 – 242 (1997).

[68] Gregor Kiczales, Jim des Rivieres, Daniel G. Bobrow; *The Art of the Metaobject Protocol*. Cambridge, MA: MIT Press, 1991.

[69] Simon Kirby; *Language evolution without natural selection: From vocabulary to syntax in a population of learners.*, Edinburgh Occasional Paper in Linguistics EOPL—98—1, University of Edinburgh Department of Linguistics (1998).

[70] Marc W. Kirschner, John C. Gerhart; *The Plausibility of Life: Resolving Darwin's Dilemma*. New Haven: Yale University Press, 2005.

[71] Marc W. Kirschner, Tim Mitchison; "Beyond self—assembly: from microtubules to morphogenesis," *Cell*, 45(3) (1986년 5월): 329 – 342.

[72] D. Knuth, P. Bendix; "Simple word problems in universal algebras," *Computational Problems in Abstract Algebra*, 엮은이 John Leech, 263 – 297. London: Pergamon Press, 1970.

[73] E. Kohlbecker, D. P. Friedman, M. Felleisen, B. Duba; "Hygienic Macro Expansion," *ACM Conference on LISP and Functional Programming* (1986).

[74] E. Kohlbecker, Mitchell Wand; "Macro-by-example: Deriving syntactic transformations from their specifications," *Proc. Symposium on Principles of Programming Languages* (1987).

[75] Milos Konopasek, Sundaresan Jayaraman; *The TK!Solver Book: A Guide to Problem-Solving in Science, Engineering, Business, and Education.* Berkeley, CA: Osborne/McGraw-Hill, 1984.

[76] Robert Kowalski; *Predicate logic as a programming language*, Technical report 70, Department of Computational Logic, School of Artificial Intelligence, University of Edinburgh, 1973.

[77] Robert Kowalski; *Logic for Problem Solving.* New York: North-Holland, 1979.

[78] Robert M. Kowalski; "The Early Years of Logic Programming," *Communications of the ACM*, 31(1) (1988년 1월): 38-43.

[79] Temur Kutsia; "Pattern Unification with Sequence Variables and Flexible Arity Symbols," *Electronic Notes in Theoretical Computer Science*, 66(5) (2002): 52-69.

[80] Butler Lampson, J. J. Horning, R. London, J. G. Mitchell, G. K. Popek; *Report on the programming language Euclid*, Technical report, Computer Systems Research Group, University of Toronto, 1981.

[81] Peter Landin; "A correspondence between Algol 60 and Church's lambda notation: Part I," *Communications of the ACM*, 8(2) (1965): 89-101.

[82] Henrietta S. Leavitt; "1777 variables in the Magellanic Clouds," *Annals of Harvard College Observatory*, 60 (1908): 87-108.

[83] Floor Van Leeuwen; "Validation of the new Hipparcos reduction," *Astronomy & Astrophysics*, 474(2) (2007): 653-664.

[84] Karl Lieberherr; *Informationsverdichtung von Modellen in der Aus-sagenlogik und das P=NP Problem*, ETH Dissertation, 1977.

[85] Barbara H. Liskov, Stephen N. Zilles; " Specification techniques for data abstractions," *IEEE Transactions on Software Engineering*, 1(1) (1975): 7-19.

[86] Harvey Lodish, Arnold Berk, S Lawrence Zipursky, Paul Matsudaira, David Baltimore, James E Darnell; *Molecular Cell Biology* (제4판). New York: W. H.

Freeman & Co., 1999.

[87] Oleksandr Manzyuk, Barak A. Pearlmutter, Alexey Andreyevich Radul, David R. Rush, Jeffrey Mark Siskind; "Confusion of Tagged Perturbations in Forward Automatic Differentiation of Higher-Order Functions," arxiv:1211.4892 (2012).

[88] David Allen McAllester; *A three-valued truth-maintenance system*, AI Memo 473, MIT Artificial Intelligence Laboratory, 1978.

[89] David Allen McAllester; *An outlook on truth maintenance*, AI Memo 551, MIT Artificial Intelligence Laboratory, 1980.

[90] John McCarthy; "A basis for a mathematical theory of computation," *Computer Programming and Formal Systems*, 엮은이 P. Braffort and D. Hirshberg, 33 – 70. Amsterdam: North-Holland, 1963.

[91] MDL에 관한 위키백과 페이지. https://en.wikipedia.org/wiki/MDL (programming language)

[92] Piotr Mitros; *Constraint-Satisfaction Modules: A Methodology for Analog Circuit Design*, PhD thesis, MIT, Department of Electrical Engineering and Computer Science, 2007.

[93] Paul Penfield Jr.; *MARTHA User's Manual*, MIT Research Laboratory of Electronics, Electrodynamics Memorandum No. 6 (1970).

[94] Barak A. Perlmutter, Jeffrey Mark Siskind; "Lazy Multivariate Higher-Order Forward-Mode AD," *Proc. POPL'07*, 155 – 160. New York: ACM, 2007.

[95] Tim Peters; *PEP 20—The Zen of Python*. http://www.python.org/dev/peps/pep-0020/

[96] *POSIX*.1–2017, "Base Definitions," Chapter 9, "Regular Expressions." http://pubs.opengroup.org/onlinepubs/9699919799/

[97] Jonathan Bruce Postel; *RFC 760: DoD standard Internet Protocol* (1980년 1월). http://www.rfc-editor.org/rfc/rfc760.txt

[98] W. H. Press, B. P. Flannery, S. A. Teukolsky, W. T. Vetterling; "Richardson Extrapolation and the Bulirsch-Stoer Method," *Numerical Recipes in C: The Art of Scientific Computing* (제2판), 718 – 725. Cambridge: Cambridge University Press, 1992.

[99] Alexey Andreyevich Radul, Gerald Jay Sussman; "The Art of the Propagator," MIT

CSAIL Technical Report MIT−CSAIL−TR−2009−002; Abridged version in *Proc. 2009 International Lisp Conference* (2009년 3월). http://hdl.handle.net/1721.1/44215

[100] Alexey Andreyevich Radul; *Propagation networks: a flexible and expressive substrate for computation*, PhD thesis, MIT, Department of Electrical Engineering and Computer Science, 2009. http://hdl.handle.net/1721.1/54635

[101] Eric Raymond; *The New Hacker's Dictionary* (제2판). Cambridge, MA: MIT Press, 1993.

[102] Jonathan A. Rees, Norman I. Adams IV; "T: A dialect of Lisp or, lambda: The ultimate software tool," *Conference Record of the 1982 ACM Symposium on Lisp and Functional Programming*, 114 – 122 (1982).

[103] John C. Reynolds; "The discoveries of continuations," *Proc. Lisp and Symbolic Computation*, 233 – 248 (1993).

[104] J.A. Robinson; "A Machine−Oriented Logic Based on the Resolution Principle," *Journal of the ACM*, 12(1) (1965년 1월): 23 – 41.

[105] Guido van Rossum; *The Python Language Reference Manual*, 엮은이 Fred L. Drake Jr., Network Theory Ltd, 2003.

[106] Jane L. Russell, George D. Gatewood, Thaddeus F. Worek; "Parallax Studies of Four Selected Fields," *The Astronomical Journal*, 87(2) (1982년 2월): 428 – 432.

[107] Erik Sandewall; "From systems to logic in the early development of nonmonotonic reasoning," *Artificial Intelligence*, 175 (2011): 416 – 427.

[108] Moses Schönfinkel; "Uber die Bausteine der mathematischen Logik," *Mathematische Annalen*, 92 (1924): 305 – 316.

[109] Alex Shinn, John Cowan, Arthur Gleckler (editors); *Revised^7 Report on the Algorithmic Language Scheme* (2013). http://www.r7rs.org/

[110] Alex Shinn; *Scheme Requests for Implementation 115: Scheme Regular Expressions* (2014). https://srfi.schemers.org/srfi-115/

[111] Jeffrey Mark Siskind, Barak A. Perlmutter; "Perturbation confusion and referential transparency: Correct functional implementation of forward−mode AD," *Implementation and application of functional languages – 17th international workshop,*

엮은이 Andrew Butterfield, Trinity College Dublin Computer Science Department Technical Report TCD−CS−2005−60, 2005.

[112] Brian Cantwell Smith; *Procedural Reflection in Programming Languages*, PhD thesis, MIT, Department of Electrical Engineering and Computer Science, 1982.

[113] Richard Matthew Stallman; *EMACS: The Extensible, Customizable, Self-Documenting Display Editor*, AI Memo 519A, MIT Artificial Intelligence Laboratory, 1981년 3월.

[114] Richard Matthew Stallman, Gerald Jay Sussman; "Forward Reasoning and Dependency−Directed Backtracking in a System for Computer−Aided Circuit Analysis," *Artificial Intelligence*, 9 (1977): 135−196.

[115] Guy Lewis Steele Jr.; *Common Lisp the language*. Maynard, MA: Digital Equipment Corporation, 1990.

[116] Guy L. Steele Jr.; *The Definition and Implementation of a Computer Programming Language Based on Constraints*, PhD 학위논문, MIT 및 Artificial Intelligence Laboratory Technical Report 595, 1980년 8월.

[117] Guy Lewis Steele Jr., Donald R. Woods, Raphael A. Finkel, Mark R. Crispin, Richard M. Stallman, Geoffrey S. Goodfellow; *The Hacker's Dictionary*. New York: Harper & Row, 1983.

[118] Patrick Suppes; *Introduction to Logic*. New York: D. Van Nostrand, 1957.

[119] Gerald Jay Sussman, Richard Matthew Stallman; "Heuristic Techniques in Computer−Aided Circuit Analysis," *IEEE Transactions on Circuits and Systems*, 22(11) (1975년 11월): 857−865.

[120] Gerald Jay Sussman, Guy L. Steele Jr; "The First Report on Scheme Revisited," *Higher−Order and Symbolic Computation*, 11(4) (1998년 12월): 399−404.

[121] Gerald Jay Sussman, Jack Wisdom; *Structure and Interpretation of Classical Mechanics*. Cambridge, MA: MIT Press, 2001/2014.

[122] Gerald Jay Sussman, Jack Wisdom, Will Farr; *Functional Differential Geometry*. Cambridge, MA: MIT Press, 2013.

[123] *The TTL Data Book for Design Engineers*, Engineering Staff of Texas Instruments Incorporated, Semiconductor Group 공저.

[124] Alan M. Turing; "On Computable Numbers, with an Application to the Entscheidungsproblem," *Proceedings of the London Mathematical Society (Series 2)*, 42 (1936): 230–265.

[125] David L. Waltz; *Generating Semantic Descriptions From Drawings of Scenes With Shadows*, PhD 학위논문, MIT 및 Artificial Intelligence Laboratory Technical Report 271, 1972년 11월. http://hdl.handle.net/1721.1/6911

[126] Stephen A. Ward, Robert H. Halstead Jr.; *Computation Structures*. Cambridge, MA: MIT Press, 1990.

[127] Stephen Webb; *Measuring the Universe: The Cosmological Distance Ladder*. Springer-Praxis Series in Astronomy and Astrophysics. Berlin: Springer, 1999.

[128] Daniel J. Weitzner, Hal Abelson, Tim Berners-Lee, Chris Hanson, Jim Hendler, Lalana Kagal, Deborah McGuinness, Gerald Jay Sussman, K. Krasnow Waterman; *Transparent Accountable Data Mining: New Strategies for Privacy Protection*, MIT CSAIL Technical Report MIT-CSAIL-TR-2006-007, 2006년 1월.

[129] Robert Edwin Wengert; "A simple automatic derivative evaluation program," *Communications of the ACM*, 7(8) (1964): 463–464.

[130] Carter Wiseman; *Louis I. Kahn: Beyond Time and Style: A Life in Architecture*. New York: W.W. Norton, 2007.

[131] Lewis Wolpert, Rosa Beddington, Thomas Jessell, Peter Lawrence, Elliot Meyerowitz, Jim Smith; *Principles of Development* (제2판). Oxford: Oxford University Press, 2001.

[132] Ramin Zabih, David McAllester, David Chapman; "Non-deterministic Lisp with dependency-directed backtracking," *AAAI-87*. (1987): 59–64.

INDEX

이 찾아보기에 부정확한 점이 있다면, 그것은 이 찾아보기를 컴퓨터의 도움으로 만들어 냈기 때문일 것이다.

도널드 E. 커누스[Donald E. Knuth], 『컴퓨터 프로그래밍의 예술 1: 기초 알고리즘』

- 스킴 프로시저의 정의가 있는 페이지는 *293*처럼 이탤릭으로 표시했다.
- 페이지 번호 다음의 ㉮는 해당 항목이 각주에 있음을 뜻한다.
- 페이지 번호 다음의 괄호 안에 있는 '연습'은 연습문제를 뜻한다.

INDEX

INDEX

INDEX

INDEX

INDEX

INDEX

INDEX